主 编 王振耀　副主编 章高荣

以法促善

中国慈善立法现状、挑战及路径选择

Improving Philanthropy through Legislation

The Context, Challenges and Paths

SSAF

社会科学文献出版社

SOCIAL SCIENCES ACADEMIC PRESS (CHINA)

序　言

　　《以法促善——中国慈善立法现状、挑战及路径选择》是中国慈善立法研究项目的重要成果之一，该项目2012年启动，作为中国公益研究院重点研究项目，旨在通过对我国慈善立法现状和挑战进行系统研究，探索中国慈善立法的路径与办法，有效推动中国慈善法律体系的发展与完善。该项目通过建立由国内外专家和研究机构组成的中国慈善立法研究课题组，系统总结国际慈善立法的经验与成就，推动中国地方慈善立法创新，从而为完善中国慈善法律体系提供理念借鉴和操作方案。

　　项目在执行过程中组建了由国内外专家学者、非营利领域从业者及相关政府部门工作人员组成的专家团队，团队成员有：亚洲非营利法基金会筹办人 Brian W. Tang、慈善事业法国际研究所主席 Karla Simon 教授、美国威斯康星大学法律与社会政策教授 Mark Side、北京大学法学院副教授金锦萍、原广东省民政厅政策法规处处长王先胜、中国社科院研究生院民间组织与公共治理研究中心博士后王世强、广州市民政局宣传和政策法规处处长王福军等。

　　此外，中国慈善立法研究项目在执行的过程中得到了亚洲基金会和河仁慈善基金会的主要资助。亚洲基金会为本课题开展国际比较研究和系列交流研讨活动联络了国内外专家，并在项目执行过程中协助项目负责人同中国香港、美国等地政府部门、研究机构及资深学者建立了较为密切的联系；河仁慈善基金会为本项目开展地方慈善立法创新等活动提供了重要帮助，同时还为本项目组提供了诸多行政支持。对亚洲基金会及河仁慈善基金会的支持，中国公益研究院表示由衷的感谢！

　　本报告具体内容由金锦萍、王世强、王先胜、孔璨、黎颖露、张其伟、陈文静、雷建威、周文洁执笔，其中金锦萍、陈文静撰写"非营利组织财务收入法律政策的国际比较研究"；王世强撰写"社会企业认定规则国际比较研究"；王先胜、雷建威、周文洁撰写"广东省慈善事业立法所涉主要问题及挑战"；孔璨撰写部分"中国慈善立法现状、挑战及路径选择"及"中国慈善税收法律现状、挑战及展望";黎颖露撰写部分"中国慈善立法现状、挑战及路径选择"及"中国公益信托政策与实践发展";张其伟撰写部分"中国慈善立法现状、挑战及路径选择";"广州市募捐条例评估报告"由广州市民政局提供资料、孔璨根据资料及广州调研资料整理完成。

鉴于时间仓促,且资料来源有限,书中信息难免出现偏误,欢迎各方人士及时指正。

中国慈善立法研究课题组

2014 年 5 月

目　录

总报告

专题报告

地方实践

总报告

中国慈善立法现状、挑战及
路径选择

一　中国慈善的基本法律体系

慈善法律体系指的是一国现行有关慈善的所有法律规范形成的相互有机联系的统一整体，在我国由相互独立的捐赠法、税法、组织法和募捐法等构成。从纵向来看，该法律体系呈现的是从法律到规范性文件，自上而下的不同效力层级的法律规范的总和；从横向来看，它是基于具体对象的组织法、捐赠法、税法、募捐法、信托法和志愿服务法等。我国尚无一部统一的慈善法律法规，与慈善相关的规定散见于其他的法律规范之中。

总体而言，我国慈善法律体系基本完备，而慈善基本法、募捐和志愿服务的法律和行政法规则相对缺位。本部分将梳理现行的慈善法律体系，作为健全和完善慈善立法的基础。

（一）捐赠法律为慈善事业发展提供基本规范

捐赠领域的主要法律规范包括《中华人民共和国公益事业捐赠法》

（〔1999〕主席令 19 号）（以下简称《公益事业捐赠法》）以及《救灾捐赠管理办法》（〔2008〕民政部令 35 号）。《公益事业捐赠法》是慈善领域代表性的法律，对鼓励捐赠，保护捐赠人、受赠人和受益人的合法权益，促进公益事业的发展，具有重要意义。《救灾捐赠管理办法》则是专门规范救灾捐赠领域捐赠受赠行为的部门规章。

1.《公益事业捐赠法》统一规范慈善捐赠

《公益事业捐赠法》作为目前慈善领域代表性和主要法律，对慈善捐赠和受赠进行了全面的规定。自 1999 年施行以来，该法在鼓励捐赠，规范捐赠和受赠行为，保护捐赠人、受赠人和受益人的合法权益，促进公益事业的发展方面，发挥了重要作用。该法包含总则、捐赠和受赠、捐赠财产的使用和管理、优惠措施、法律责任和附则等六章，共 32 条。施行 10 余年来，为推动我国慈善事业的发展提供了基本的法律保障。

该法对公益事业的基本界定是：（1）救助灾害、救济贫困、扶助残疾人等困难的社会群体和个人的活动；（2）教育、科学、文化、卫生、体育事业；（3）环境保护、社会公共设施建设；（4）促进社会发展和进步的其他社会公共和福利事业。捐赠应当是自愿和无偿的，禁止强行摊派或变相摊派。这些规定表明，"公益事业"是指不以营利为目的并促进社会发展和进步的、使众多民众或全体社会成员受益的社会福利事业和社会公共事业。其中，不以营利为目的、使社会公众受益则是"公益事业"的本质特征。

该法主体部分系统规定了捐赠者、受赠者的权利和义务，以及县级以上政府的义务和责任。

捐赠者享有的权利

一是决定受赠者和具体捐赠细节的权利。第九条规定，"自然人、法人或者其他组织可以选择符合其捐赠意愿的公益性社会团体和公益性非营利的事业单位进行捐赠"。第十二条第一款规定，"捐赠人有权决定捐赠的数量、用途和方式"，即是说，捐赠多少财产，捐赠的财产采取货币形式还是非货币形式，捐赠的财产用于哪一种公益事业，惠及哪些人，是公开捐赠还是匿名捐赠，都由捐赠者自主决定。

二是捐赠留名的权利。第十四条规定，"捐赠人对于捐赠的公益事业工程项目可以留名纪念；捐赠人单独捐赠的工程项目或者主要由捐赠人出资兴建的工程项目，可以由捐赠人提出工程项目的名称，报县级以上人民政府批准"。

三是关于捐赠信息的知情权。第二十一条规定，"捐赠人有权向受赠人查询捐赠财产的使用、管理情况"，并有权对捐赠财产的使用管理"提出意见和建议"。

四是享受税收优惠。第二十四条规定，"公司和其他企业依照本法的规定捐赠财产用于公益事业，依照法律、行政法规的规定享受企业所得税方面的优惠"。第二十五条规定，"自然人和个体工商户依照本法的规定捐赠财产用于公益事业，依照法律、行政法规的规定享受个人所得税方面的优惠"，这两条规定是公益性捐赠税前扣除的主要依据；此外第二十六条还规定，境外捐赠的用于公益事业的物资，依法"减征或者免征进口税和进口环节的增值税"。

捐赠者应尽的义务

首先是及时如数移交捐赠财产义务。《公益事业捐赠法》第十二条第二款规定，"捐赠人应当依法履行捐赠协议，按照捐赠协议约定的期限和方式将捐赠财产转移给受赠人"。这是捐赠者要依法履行的基本义务，即无论口头捐赠协议还是书面捐赠协议，都应当在承诺的交付期限内，按照承诺的交付方式，如数将捐赠款物移交给受赠人，不得拖延，更不得违约。

其次是与受赠人订立捐赠协议义务。《公益事业捐赠法》第十三条规定，"捐赠人捐赠财产兴建公益事业工程项目，应当与受赠人订立捐赠协议，对工程项目的资金、建设、管理和使用作出约定"。

受赠者应尽的义务

《公益事业捐赠法》中有权接受公益捐赠的"受赠者"只有三类：公益性社会团体、公益性非营利的事业单位和县级以上人民政府及其部门（主要是民政部门）。该法中的公益性社会团体是指依法成立的，以发展公益事业为宗旨的基金会、慈善组织等社会团体；公益性非营利的事业单位是指依法成立的，从事公益事业的不以营利为目的的教育机构、科学研究机构、医疗卫生机构、社会公共文化机构、社会公共体育机构和社会福利机构等。需要注意的是，县级以上人民政府及其部门只有在发生自然灾害时或者在境外捐赠人的要求下，才能成为受赠人。

受赠者的义务具体包括四个方面。

一是出具收据和登记财产的义务。第十六条规定，在接受捐赠后，"向捐赠人出具合法、有效的收据，将受赠财产登记造册，妥善保管"。

二是公布通报相关信息的义务。第十三条规定在捐赠的公益事业工程项目竣工后，及时"将工程建设、建设资金使用和工程质量验收情况向捐赠人通报"。第二十二条规定，"公开接受捐赠的情况和受赠财产的使用、管理情况，接受社会监督"。

三是按约定合理使用捐赠财产的义务。第十七、十八条规定"不得擅自改变捐赠财产的用途"。

四是财产管理和增值保值的义务。第十九条规定，"依照国家有关规定，建立健全财务会计制度和受赠财产的使用制度，加强对受赠财产的管理"。第十七条规定了公益性社会团体"积极实现捐赠财产的保值增值"的义务。

县级以上政府的义务

在我国公益慈善事业发展的初级阶段，县级以上政府的大力扶持和有效监管对于公益慈善的快速发展起着特别重要的作用。《公益事业捐赠法》因此明确了政府的义务。

一是扶持义务，"对公益性社会团体和公益性非营利的事业单位给予扶植和优待"。二是对捐赠者实行税收优惠，并大力表彰其中对公益事业发展有突出贡献者。三是加强对受赠人使用和管理受赠财产的监督。

十一届全国人大五次会议期间，有代表提出三项建议，提出尽快修改《公益事业捐赠法》，强化政府部门对公益事业捐赠行为的宏观管理，完善捐赠优惠政策以及对受赠人和受益人的权利保护。

全国人大法律委员会认为，《公益事业捐赠法》实施十几年来，为推动我国公益捐赠和慈善事业发展起到了积极的促进作用。随着我国经济社会发展，公益捐赠活动中出现了一些新情况和新问题，为了适应公益捐赠和慈善事业发展的需要，有必要加强有关方面的立法工作。法律委员会建议，将制定"慈善事业法"列入十二届全国人大常委会立法规划，对《公益事业捐赠法》的修改与"慈善事业法"的制定做统筹考虑。

2. 救灾捐赠立法进一步完善，向民间组织与地方放权

2000 年制定的《救灾捐赠管理暂行办法》（以下简称为《暂行办法》）对救灾类捐赠进行了全面的规定。该《暂行办法》共分为五章，对接受捐赠、境外救灾捐赠、救灾捐赠款物的管理和使用进行规定。为适应救灾捐赠工作的新要求，进一步规范管理救灾捐赠工作，2008 年民政部对《救灾捐赠管理暂行办法》进行了修订，并颁布了《救灾捐赠管理办法》（〔2008〕民政部令 35 号）（以下简称为《管理办法》）。《管理办法》专门增加了"组织捐赠和募捐"一章，并对有关规定做了一些新的调整，进一步扩大民间组织与地方在救灾捐赠领域的权限。

第一，明确了具有救灾宗旨的公募基金会是救灾募捐主体。《暂行办法》第七条规定，"在发生特大自然灾害情况下，国务院民政部门组织开展跨省（自治区、直辖市）或者全国性救灾捐赠活动，县级以上地方人民政府民政部门组织实施。在本行政区域发生较大自然灾害情况下，经同级人民政府批准，县级以上地方人民政府民政部门组织开展本行政区域内的救灾捐赠活动，但不得跨区域开展。县级以上人民政府民政部门统一组织救灾捐赠工作，各系统、各部门只能在本系统、本单位内组织救灾捐赠活动"。《暂行办法》基本上是将救灾募捐的主体限定为政府部门。而《管理办法》第二条规定，"本办法所称救灾募捐主体是指在县级以上人民政府民政部门登记的具有救灾宗旨的公募基金会"。

第二，救灾捐赠受赠人范围扩大。按照《暂行办法》第三条的规定，救灾受赠的民间组织只包括经县级以上人民政府民政部门认定具有救灾宗旨的公益性社会团体。而《管理办法》第五条将其范围扩大至县级以上人民政府民政部门委托的社会捐助接收机构及经认定具有救灾宗旨的公益性民间组织，即将社会团体、基金会、民办非企业单位都包括在内，进一步扩大了民间组织的权限。

第三，下放分配、调拨救灾捐赠款物和变卖救灾捐赠物资的权限。《暂行办法》第二十七条第二款规定，变卖救灾捐赠物资应当由省级人民政府民政部门统一组织实施。《管理办法》第二十七条规定，对灾区不适用的境内救灾捐赠物资，经捐赠人书面同意，报县级以上地方人民政府民政部门批准后可以变卖。对灾区不适用的境外救灾捐赠物资，应当报省级人民政府民政部门批准后方可变卖。变卖救灾捐赠物资应当由县级以上地方人民政府民政部门统一组织实施，一般应当采取公开拍卖方式。

第四，确定政府部门和民间组织在捐赠款中列支费用上的不同权限。《管理办法》第三十一条规定各级民政部门在组织救灾捐赠工作中，不得从捐赠款中列支费用。经民政部门授权的社会捐助接收机构、具有救灾宗旨的公益性民间组织，可以按照国家有关规定和自身组织章程，在捐赠款中列支必要的工作经费。捐赠人与救灾捐赠受赠人另有协议的除外。

第五，规定了救灾捐赠受赠人对不依照协议转移捐赠财产的追要程序和手段，并增加了相关法律责任。《管理办法》第三十三条规定，"捐赠人应当依法履行捐赠协议，按照捐赠协议约定的期限和方式将捐赠财产转移给救灾捐赠受赠人。对不能按时履约的，应当及时向救灾捐赠受赠人说明情况，签订补充履约协议。救灾捐赠受赠人有权依法向协议捐赠人追要捐赠款物，并通过适当方式向社会公告说明"。

2013年雅安地震之后，民政部门对救灾捐赠的规定进一步放开。2013年4月22日，地震后两天，民政部在其官网上发布了《关于四川芦山7.0级强烈地震抗震救灾捐赠活动的公告》，将接收救灾捐赠的主体定为"依法登记、有救灾宗旨的公益慈善组织和灾区民政部门"。而在实际的灾后募捐管理当中，民政部门更放开了募捐的限制，只是强调接收捐赠组织作好信息公开、资金使用统计和反馈工作。在这样的背景下，一些成立宗旨中并不包含救灾的民间基金会，如安利公益基金会、北京市搜候中国城市文化基金会等在雅安地震之后都有筹措赈灾款物的活动。

（二）慈善税收法律体系基本建立

税收激励是规范、引导慈善行为和慈善组织发展的最主要激励机制之一。我国按照税种设置税收制度，对非营利组织没有设立专门的税收制度。税收优惠按照主体划分主要分为非营利组织本身享有的税收优惠和捐赠者享有的税收优惠。

我国现行慈善税收相关法律规范如下。

1. 法律与规范性文件规制下的慈善税收减免

我国针对捐赠税收减免的相关法律法规较为广泛，各种税收优惠条款散见于基本税法和各个部门法，基本上形成了一套比较统一和完善的税收优惠政策体系。而根据税收法定原则的要求，有关非营利组织的课税要素，如纳税主体、征税对象、税目、税率、税收优惠等都应由成文法律来明确规定，亦可由立法机关明确授权范围进行授权立法。

目前，我国共有《中华人民共和国公益事业捐赠法》（〔1999〕主席令19号）、《中华人民共和国红十字会法》（〔1993〕主席令14号）、《中华人民共和国企业所得税法》（〔2007〕主席令63号）、《中华人民共和国个人所得税法》（〔2011〕主席令48号）、《中华人民共和国税收征收管理法》（〔2001〕主席令49号）、《中华人民共和国民办教育促进法》（〔2002〕主席令80号）六部法律和《中华人民共和国税收征收管理办法实施细则》《中华人民共和国企业所得税法实施条例》《中华人民共和国个人所得税法实施条例》等15部行政法规和规范性条例中有关于慈善税收优惠的相关规定。

除上述21部法律以外，还有包括财政部、国家税务总局等单位单独或联合下发的约55部规范性文件，对税收减免进行了更为细致的规定。

在这些法规中，尤以企业所得税法及其实施条例、个人所得税法与慈善捐赠税收减免的相关性最大。

2.《中华人民共和国企业所得税法》对税收优惠的规定及优惠幅度的变化

2008年起实施的《中华人民共和国企业所得税法》对慈善捐赠税收减免的相关规定做了较大的修改，不仅提高了税收优惠服务，也基本统一了不同捐赠对象扣除比率不同的问题。

具体来说《中华人民共和国企业所得税法》（以下简称"新法"）与《中华人民共和国企业所得税暂行条例》（以下简称"旧法"）在慈善捐赠税收减免上的区别主要有两点（见表1）。

（1）新法规定，公益性捐赠扣除的限额从旧法一般情况下的3%和特殊情况下的1.5%、10%、100%变成统一为一般情况下的12%（见表1）。

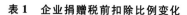

表1　企业捐赠税前扣除比例变化

旧　法	新　法
1994年开始实施的《中华人民共和国企业所得税暂行条例》规定："纳税人用于公益、救济性的捐赠，在年应纳税所得额3%以内的部分准予扣除。" 由于金融、保险企业的特殊性，《财政部、国家税务总局关于金融、保险企业有关所得税问题的通知》（〔1994〕财税27号）规定：金融、保险企业用于公益、救济性的捐赠支出，在不超过企业当年应纳税所得额1.5%的标准以内可以据实扣除。 《财政部国家税务总局关于宣传文化增值税和营业税优惠政策的通知》（〔2006〕财税153号）规定：自2006年1月1日起至2010年12月31日，对企事业单位、社会团体和个人等社会力量通过国家批准成立的非营利性的公益组织或国家机关对宣传文化事业的公益性捐赠，经税务机关审核后，纳税人缴纳企业所得税时，在其年度应纳税所得额10%以内的部分，可在计算应纳税所得额时予以扣除。 企业通过非营利性的社会团体和国家机关对以下事业或机构的捐赠，准予在税前全额扣除，具体包括：红十字会、福利性及非营利性的老年服务机构、农村义务教育组织、公益性青少年活动场所。	《中华人民共和国企业所得税法》规定："企业发生的公益性捐赠支出，在年度利润总额12%以内的部分，准予在计算应纳税所得额时扣除。"……

（2）公益性捐赠标准的判断基数从旧法的应纳税所得额变成了年度利润总额（见表2）。

表2　"应纳缴所得额"改为"年度利润总额"

旧　法	新　法
1994年开始实施的《中华人民共和国企业所得税暂行条例》（〔1993〕国务院令137号）第六条第四款："纳税人用于公益、救济性的捐赠，在年度应纳税所得额3%以内的部分，准予扣除。"	2008年开始实施的《中华人民共和国企业所得税法》（〔2007〕主席令63号）第九条："企业发生的公益性捐赠支出，在年度利润总额12%以内的部分，准予在计算应纳税所得额时扣除。"

除上述企业所得税法在优惠程度相关内容上的改变之外，另一个较为巨大的突破是发改委、财政部、人力资源社会保障部于 2013 年 2 月共同发布的《关于深化收入分配制度改革的若干意见》。其中第 20 条规定："大力发展社会慈善事业。积极培育慈善组织，简化公益慈善组织的审批程序，鼓励有条件的企业、个人和社会组织举办医院、学校、养老服务等公益事业。落实并完善慈善捐赠税收优惠政策，对企业公益性捐赠支出超过年度利润总额 12% 的部分，允许结转以后年度扣除。加强慈善组织监督管理。"至此，我国首次在政府部门发布的文件中对慈善税收减免的结转问题有了明确的规定。

3.《个人所得税法》及相关通知明确捐赠税收优惠条件

（1）一般性税收规定：按 30% 比例税前扣除。根据《个人所得税法》（〔2011〕主席令 48 号）及其实施条例的规定，纳税人将其所得通过中国境内的社会团体、国家机关向教育和其他社会公益事业以及遭受严重自然灾害地区、贫困地区的捐赠，捐赠额未超过纳税人申报的应纳税所得额 30% 的部分，可以从其应纳税所得额中扣除。如果实际捐赠额大于捐赠限额时，只能按捐赠限额扣除；如果实际捐赠额小于或者等于捐赠限额，按照实际捐赠额扣除。

与企业所得税一样，纳税人直接向受赠人捐赠的，不允许从个人所得税应纳税所得额中扣除。

（2）特殊税收规定：允许 100% 全额扣除。享受全额免除个人所得税优惠政策的主要有六种情形。

一是向红十字事业的捐赠。为支持红十字事业的发展，从 2000 年 1 月 1 日起，对个人通过非营利性的社会团体和国家机关（包括中国红十字会）向红十字事业的捐赠，在计算缴纳个人所得税时准予全额扣除〔《财政部、国家税务总局关于企业等社会力量向红十字事业捐赠有关所得税政策问题的通知》（财税〔2000〕30 号）；《财政部、国家税务总局关于企业等社会力量向红十字事业捐赠有关问题的通知》（财税〔2001〕28 号）〕。

二是向公益性青少年活动场所的捐赠。从 2000 年 1 月 1 日起，对个人通过非营利性的社会团体和国家机关对公益性青少年活动场所（其中包括新建）的捐赠，在缴纳个人所得税前准予全额扣除。公益性青少年活动场所，是指专门为青少年学生提供科技、文化、德育、爱国主义教育、体育活动的青少年宫、青少年活动中心等校外活动的公益性场所［《财政部、国家税务总局关于对青少年活动场所电子游戏厅有关所得税和营业税政策问题的通知》（财税〔2000〕21 号）］。

三是向农村义务教育的捐赠。从 2001 年 7 月 1 日起，对个人通过非营利的社会团体和国家机关向农村义务教育的捐赠，准予在缴纳个人所得税税前的所得额中全额扣除。文件所称农村义务教育的范围，是指政府和社会力量举办的农村乡镇（不含县和县级市政府所在地的镇）、村的小学和初中以及属于这一阶段的特殊教育学校。纳税人对农村义务教育与高中在一起的学校的捐赠，也享受本文件规定的所得税税前扣除政策［《财政部、国家税务总局关于纳税人向农村义务教育捐赠有关所得税政策的通知》（财税〔2001〕103 号）］。

四是对老年服务机构的捐赠。从 2000 年 10 月 1 日起，对个人通过非营利性的社会团体和政府部门向福利性、非营利性的老年服务机构的捐赠，在缴纳个人所得税时准予全额扣除。老年服务机构，是指专门为老年人提供生活照料、文化、护理、健身等多方面服务的福利性、非营利性的机构，主要包括：老年社会福利院、敬老院（养老院）、老年服务中心、老年公寓（含老年护理院、康复中心、托老所）等［《财政部、国家税务总局关于对老年服务机构有关税收政策问题的通知》（财税〔2000〕97 号）］。

五是向中华健康快车基金会等单位的捐赠。对个人向中华健康快车基金会和孙冶方经济科学基金会、中华慈善总会、中国法律援助基金会和中华见义勇为基金会、宋庆龄基金会、中国福利会、中国残疾人福利基金会、中国扶贫基金会、中国煤矿尘肺病治疗基金会、中华环境保护基金会、中国老龄事业发展基金会、中国华文教育基金会、中国绿化基金会、中国妇女发展基金会、中国关心下一代健康体育基金会、中国生物多样性保护基金会、中国儿童少年基金会和中国光彩事业基金会、中国医药卫生事业发展基金会、中国教育发展基金会等单位的公益性捐赠，准予在个人所得税税前全额扣除［《财政部、国家税务总局关于向中华健康快车基金会等 5 家单位的捐赠所得税税前扣除问题的通知》（财税〔2003〕204

号）；《财政部、国家税务总局关于向宋庆龄基金会等6家单位捐赠所得税政策问题的通知》（财税〔2004〕172号）；《财政部、国家税务总局关于中国老龄事业发展基金会等8家单位捐赠所得税政策问题的通知》（财税〔2006〕66号）；《财政部、国家税务总局关于中国医药卫生事业发展基金会捐赠所得税政策问题的通知》（财税〔2006〕67号）；《财政部、国家税务总局关于中国教育发展基金会捐赠所得税政策问题的通知》（财税〔2006〕68号）〕。

六是向地震灾区的捐赠。对个人通过公益性社会团体、县级以上人民政府及其部门向汶川地震灾区的捐赠、玉树地震灾区和舟曲灾区的捐赠，允许在当年个人所得税税前全额扣除〔《国家税务总局关于个人向地震灾区捐赠有关个人所得税征管问题的通知》（国税发〔2008〕55号）；《财政部、海关总署、国家税务总局关于支持玉树地震灾后恢复重建有关税收政策问题的通知》（财税〔2010〕59号）；《财政部、海关总署、国家税务总局关于支持舟曲灾后恢复重建有关税收政策问题的通知》（财税〔2010〕107号）〕。

除以上六大类以外，还包括向北京奥运会、上海世博会等特定事项的捐赠等。

4. 公益性转让可享受土地增值税、印花税等多项优惠政策

（1）契税。《中华人民共和国契税暂行条例》（〔1997〕国务院令224号）规定，土地使用权赠与、房屋赠与，承受的单位和个人均为契税的纳税义务人。但对《中华人民共和国继承法》（〔1985〕主席令24号）规定的法定继承人（包括配偶、子女、父母、兄弟姐妹、祖父母、外祖父母）继承土地、房屋权属的，不征契税。

（2）土地增值税。土地增值税除下列两种房地产赠与行为外，其他赠与行为都应按规定缴纳土地增值税。一是房产所有人、土地使用权所有人将房屋产权、土地使用权赠与直系亲属或承担直接赡养义务人的；二是房产所有人、土地使用权所有人通过中国境内非营利的社会团体、国家机关将房屋产权、土地使用权赠与教育、民政和其他社会福利、公益事业的。上述社会团体是指中国青少年发展基金会、希望工程基金会、宋庆龄基金会、减灾委员会、中国红十字会、中国残疾人联合会、全国老年基金会、老区促进会以及经民政部门批准成立的其他非营利的公益性组织。

（3）印花税。印花税对捐赠行为的优惠政策主要有四个方面，一是财产所有人将财产赠给政府、社会福利单位、学校所立的书据免征印花税；二是财产所有人将财产（物品）捐赠给第29届奥运会组委会所书立的产权转移书据免征应缴纳的印花税；三是对财产所有人将财产捐赠给上海世博会所书立的产权转移书据，免征财产所有人和上海世博会应缴纳的印花税；四是为鼓励社会各界支持汶川、玉树、舟曲灾后恢复重建，对财产所有人将财产（物品）直接捐赠或通过公益性社会团体、县级以上人民政府及其部门捐赠给灾区或受灾居民所书立的产权转移书据，免征印花税。①

5. 股权捐赠政策从禁止到允许的转变

在美国，1917年税法就已经包含了税收优惠政策，规定了三种捐赠形式可在税前扣除，即现金、带有长期资本增益或称长期资本利得性质的财物（如股权、知识产权）和带有普通所得性质的财物（如不动产、有形个人财产）。因此可以说，自1917年起，股权捐赠就已经成为受美国税法保护的一种捐赠形式。我国对股权捐赠政策的规定也经历了从禁止到许可的变化过程。

根据《财政部关于加强企业对外捐赠财务管理的通知》（财企〔2003〕95号）规定："企业可以用于对外捐赠的财产包括现金、库存商品和其他物资。企业生产经营需用的主要固定资产、持有的股权和债权、国家特准储备物资、国家财政拨款、受托代管财产、已设置担保物权的财产、权属关系不清的财产，或者变质、残损、过期报废的商品物资，不得用于对外捐赠。"上述通知明确规定，企业持有的股权和债权不得对外捐赠。这一规定在2009年得到了改变。

2009年颁布的《关于企业公益性捐赠股权有关财务问题的通知》（财企〔2009〕213号）规定"为了进一步推进社会公益事业的发展，引导企业规范公益性捐赠……"，允许企业进行公益性股权捐赠。至此，股权捐赠始合法化。

---

① 数据来源：中华会计网校，http://www.chinaacc.com/new/253_402_201108/19wa2212129304.shtml，访问时间：2013年7月5日。

（三）三大条例统领社会组织管理，双重管理体制逐步取消

早在新中国成立之初的 1950 年，我国就出台了相关政策管理社会团体的登记注册。在经历了"文化大革命"期间社会管理工作的瘫痪之后，1980 年代社会组织的活动得到了全面恢复，相应的法规也先后出台，对包括慈善组织在内的社会组织管理逐渐走向规范化。

1998 年出台的《社会团体登记管理条例》（〔1998〕国务院令 250 号）、《民办非企业单位登记管理暂行条例》（〔1998〕国务院令 251 号）和 2004 年出台的《基金会管理条例》（〔2004〕国务院令 400 号）成为我国社会组织管理领域的纲领性文件，并一举确立了"归口登记"、"双重负责"和"分级管理"三大社会组织管理基本原则。2006 年之后，随着地方上社会组织直接登记试点的逐步展开，社会组织双重管理体制正逐步走向瓦解。2013 年，《国务院机构改革和职能转变方案》提出取消公益慈善等类型社会组织的业务主管单位。2013 年 3 月底，国务院办公厅又发布了《国务院办公厅关于实施〈国务院机构改革和职能转变方案〉任务分工的通知》（〔2013〕国办发 22 号），要求民政部会同国务院法制办在 2013 年 12 月底前完成《社会团体登记管理条例》等相关行政法规修订工作，实现行业协会商会类、科技类、公益慈善类、城乡社区服务类社会组织在民政部门的直接登记。

1. 慈善组织登记管理在 1980 年代得到全面恢复

我国最早与慈善组织相关的法律，是 1950 年由当时的政务院所颁布的《社会团体登记暂行办法》（以下简称《暂行办法》）与随后政务院授权内务部制定的《社会团体登记暂行办法实施细则》。《暂行办法》第三条将社会团体分为五类，包括人民群众团体、社会公益团体、文艺工作团体、学术研究团体和宗教团体，其中社会公益团体可看作是当前慈善组织的早期形式。另外，《暂行办法》从第九条到第十二条规定了社会团体登记管理的责任机关：全国性的社会团体向中央人民政府内务部申请登记，由内务部审查批准并发给登记证；地方性的社会团体向当地政府申请成立，由省（市）或大行政区人民政府批准并发给登记证；而县级社会团体的批准权属于地方专署，由专署批准后呈请省人民政府发给登记证。1950～1965

年，全国性的社会团体从 44 个增加到近 100 个，而地方性社会团体在 1965 年有 6000 个左右。①

1965～1978 年，由于"文化大革命"的影响，全国社会管理陷入了近乎瘫痪的境地，包括慈善组织在内的社会组织的规范发展客观上陷入停滞状态，而不规范的各类"红卫兵组织"广泛发展，在"造反有理"的政策指导下确立了一种非法治的结社自由。1978 年后，各类规范的社会组织恢复活动，并在 20 世纪 80 年代末增长到了 20 多万家。随着数量的急剧增长，且各类社会组织良莠不齐，对社会组织管理的无章可依问题日益暴露了出来。国家对此高度重视，于 1988 年明确将社会团体登记管理工作重新由民政部统一负责。社会组织的立法工作也于当年重新启动。

1988 年 9 月，国务院发布了《基金会管理办法》（〔1988〕国务院令 18 号）（以下简称《管理办法》），明确基金会"是指对国内外社会团体和其他组织以及个人自愿捐赠资金进行管理的民间非营利性组织，是社会团体法人"，并将基金会的活动宗旨定为"通过资金资助推进科学研究、文化教育、社会福利和其他公益事业的发展"。根据《管理办法》，建立基金会的审查批准由人民银行完成，登记注册许可则由民政部门完成，同时还须向人民政府登记备案。全国性和地方性的基金会分别由不同级别的人民银行和民政部门完成上述工作。另外，《管理办法》还规定了基金会的注册资金为人民币 10 万元以上。在 2004 年《基金会管理条例》（〔2004〕国务院令 400 号）颁布之后，《基金会管理办法》宣告废止。

1989 年 10 月，《社会团体登记管理条例》（〔1989〕国务院令 43 号）（以下简称《社团条例》）也由国务院颁布。该条例共六章 32 条，对社会团体的成立条件、登记程序和监督管理做了明确规定，并首次确定了双重管理和归口管理的原则。《社团条例》第二条规定，社会团体的范围包括"协会、学会、联合会、研究会、基金会、联谊会、促进会、商会等"；第六条规定，"社会团体的登记管理机关是中华人民共和国民政部和县级以上地方各级民政部门，社会团体的业务活动受有关业务主管部门的指导"；第七条则规定，"成立全国性的社会团体，向民政部申请登记。成立地方

---

① 朱健刚主编《中国公益发展报告（2011）》，社会科学文献出版社，2012，第 130 页。

性的社会团体，向其办事机构所在地相应的民政部门申请登记。成立跨行政区域的社会团体，向所跨行政区域的共同上一级民政部门申请登记"。《社团条例》还明确了登记管理机关的三点监督管理职责：一是监督社会团体遵守宪法和法律；二是监督社会团体依照该条例的规定，履行登记手续；三是监督社会团体依照登记的章程进行活动。1998 年修订后的《社会团体登记管理条例》（〔1998〕国务院令 250 号）颁布之后，1989 年版的《社团条例》宣告废止。

《基金会管理办法》（〔1988〕国务院令 18 号）与《社会团体登记管理条例》（〔1989〕共国务院令 43 号）代表了我国社会组织登记管理体制的全面恢复。到 1991 年年末，民政部公布的全国社会团体数量达到了 82814 个。①

2. 三大条例确立慈善组织管理三大原则

进入 20 世纪 90 年代，与慈善组织相关的立法开始逐步增多，中国的社会组织进入了快速发展阶段，公益慈善类的组织也因此受益。1992 年邓小平南方谈话以后，民政部召开了新中国成立以来首次"全国社会团体管理工作会议"；1995 年"世界妇女大会"在北京召开，其中非政府组织论坛产生了特别的社会影响。1996 年 7 月，中共中央专门研究了民间组织工作；1997 年 10 月，党的十五大报告提出要培育和发展社会中介组织，并以此作为促进经济和政治体制改革的一项重要措施。这一阶段的主要特点：一是社会组织的影响渗透到政治、经济和社会各个领域；二是伴随着城市单位体制的深化改革和社会福利服务社会化改革的深入，一种新的社会组织形式，即"民办非企业单位"开始出现。②

1997 年之前与慈善相关的法律只有关于红十字会的法律。这部法律是在第八届全国人民代表大会常务委员会第四次会议上通过，于 1993 年 10 月颁布的《中华人民共和国红十字会法》（〔1993〕主席令 14 号）（以下简称《红十字会法》）。尽管从具体定位上来讲，红十字会是人道主义组

---

① 数据来源：中国社会组织网《民间组织历年统计数据》，http：//www.chinanpo.gov.cn/2201/20151/yjzlkindex.html，访问时间：2013 年 7 月 11 日。

② 葛道顺：《中国社会组织发展：从社会主体到国家意识》，《江苏社会科学》2011 年第 3 期。

织，其具体所涉及的事务并不仅限于人道领域。因红十字会系统在救助灾害、救济贫困等领域所起到的巨大作用，《红十字会法》的颁布对慈善界来讲意义重大。《红十字会法》所规定的红十字会系统主要工作包括"救灾准备工作和伤病人员救助工作，卫生救护和防病工作与其他人道主义服务活动，以及青少年活动"。另外，《红十字会法》明确了红十字会系统内各组织的社团法人资格，提出在县级以上行政区域建立地方各级红十字会，全国性行业根据需要可以建立行业红十字会，而在中央层面建立中国红十字会总会。

在 20 世纪 90 年代，基金会审查批准仍然由人民银行来完成。1995 年 4 月，中国人民银行发布了《中国人民银行关于进一步加强基金会管理的通知》（银发〔1992〕97 号）（以下简称《通知》），对基金会的资助领域做出了要求，"必须是对国家、对社会具有较大影响、国内外各界热心给予捐赠的科学研究、文教卫生、社会公益等方面的事业和项目"。同时，《通知》对基金会的资助领域提出了限定，并要求凡成立基金会必须"具备最低 10 万元人民币注册资金"，以及有"200 万元人民币活动基金"。另外，《通知》要求基金会每年的资助基金数额不得少于上年末基金余额的 10%。2000 年 8 月，该《通知》被中国人民银行废止。

1998 年是对包括公益慈善类组织在内的社会组织发展具有里程碑意义的一年。这年 6 月，为加强社会组织的管理，国务院在原来社会团体管理局的基础上批准成立了民政部民间组织管理局；同月，民政部发布《民政部主管的社会团体管理暂行办法》（民社发〔1998〕6 号），其中规定了刚成立四年的中华慈善总会由民间组织管理局主管。

更大的立法突破发生在 1998 年 10 月，国务院发布了《民办非企业单位登记管理暂行条例》（〔1998〕国务院令 251 号），并修订了《社会团体登记管理条例》（〔1998〕国务院令 250 号）。民政部民间组织管理局以及各级民政部门的民间组织管理机构依据相应法规开始对我国社会组织进行登记管理。我国社会组织从此走上了规范化发展的轨道。

《民办非企业单位登记管理暂行条例》（以下简称《民非条例》）共五章 32 条，对民办非企业单位的成立条件、登记程序和监督管理作了明确规定。《民非条例》将民办非企业单位定义为"企业事业单位、社会团体和其他社会力量以及公民个人利用非国有资产举办的，从事非营利性社会服务活动的社会组织"，明确"国务院民政部门和县级以上地方各级人民政府民政部门是本级人民政府的民办非企业单位登记管理机关"，而"国务院有关部门和县级以上地方各级人民政府的有关部门、国务院或者县级以上地方各级人民政府授权的组织，是有关行业、业务范围内民办非企业单位的业务主管单位"。

《民非条例》强调了登记管理机关和业务主管单位共同管理监督民办非企业单位的成立、变更、注销、年检等事宜，但没有对成立民办非企业单位的注册资金作详细规定。此外，《民非条例》还分别规定登记管理机关和业务主管单位的监督管理责任，其中登记管理机关的监督管理职责包括三点：一是负责民办非企业单位的成立、变更、注销登记；二是对民办非企业单位实施年度检查；三是对民办非企业单位违反本条例的问题进行监督检查，对民办非企业单位违反本条例的行为给予行政处罚。而业务主管单位的监督管理职责包括五点：一是负责民办非企业单位成立、变更、注销登记前的审查；二是监督、指导民办非企业单位遵守宪法、法律、法规和国家政策，按照章程开展活动；三是负责民办非企业单位年度检查的初审；四是协助登记管理机关和其他有关部门查处民办非企业单位的违法行为；五是会同有关机关指导民办非企业单位的清算事宜。业务主管单位履行前述规定的职责，不得向民办非企业单位收取费用。

修订后的《社会团体登记管理条例》（以下简称"新《社团条例》"）共七章 40 条，同《民非条例》一样，进一步明确并强调了登记管理机关和业务主管单位的双重管理体制，并对两者的职责进行了规定。在新《社团条例》中，社会团体被定义为"中国公民自愿组成，为实现会员共同意愿，按照其章程开展活动的非营利性社会组织"。社会团体的登记管理机关和业务主管单位与民办非企业单位相仿，也是各级民政部门以及各级有关单位。与成立民办非企业单位稍有不同的是，成立社会团体有注册资金的要求：全国性的社会团体要求有 10 万元以上活动资金，地方性的社会团体和跨行政区域的社会团体则须有 3 万元以上活动资金。与《民非条例》一样，新《社团条例》也分别规定了登记管理机关和业务主管单位的管理监督职责，且内容也与《民非条例》基本相同。

1999 年 6 月，《中华人民共和国公益事业捐赠法》（〔1999〕主席令 19 号）（以下简称《公益事业捐赠法》）在第九届全国人民代表大会常务委员会第十次会议获得通过。在《公益事业捐赠法》中，接收捐赠的主体得到了明确，分别为公益性社会团体和公益性非营利的事业单位。其中，公益性社会团体指的是"依法成立的，以发展公益事业为宗旨的基金会、慈善组织等社会团体"；公益性非营利的事业单位则是指"依法成立的，从事公益事业的不以营利为目的的教育机构、科学研究机构、医疗卫生机构、社会公共文化机构、社会公共体育机构和社会福利机构等"。这两大主体概念的提出，为慈善组织的定义提供了具体可依据的参考。

同样是在 1999 年，民政部颁布了《社会团体设立专项基金管理机构暂行规定》（民发〔1999〕50 号）（以下简称《基金管理规定》），规范了社会团体下设专项基金的管理。在《基金管理规定》中，社会团体专项基金被定义为"社会团体利用政府部门资助、国内外社会组织及个人定向捐赠、社会团体自有资金设立的，专门用于资助符合社会团体宗旨、业务范围的某一项事业的基金"。《基金管理规定》要求，"全国性社会团体专项基金总额超过 100 万元人民币，或地方性社会团体专项基金总额超过 50 万元人民币的，应当到社会团体登记管理机关申请设立专项基金管理机构"，但"专项基金管理机构是社会团体的分支机构，不具备独立的法人资格，应当在其所归属的社会团体的领导下开展活动"，这一部门规章，至今仍被用于规范各类慈善基金的设立。

《民非条例》和新《社团条例》实施六年之后，2004 年 3 月，现行社会组织三大管理条例中的相当有意义的一部行政法规——《基金会管理条例》（〔2004〕国务院令 400 号）对外公布。这标志着基金会成为社会组织中的一个独立类型，我国慈善组织的法律法规体系得到了扩充。

《基金会管理条例》共七章 48 条，规定了基金会登记管理的总原则，基金会的设立、变更和注销以及政府和社会对基金会的监督管理等内容。《基金会管理条例》将基金会定义为"利用自然人、法人或者其他组织捐赠的财产，以从事公益事业为目的，按照本条例的规定成立的非营利性法人"，把基金会划分为"公募基金会"和"非公募基金会"两类，首次允许以企业和个人的名义设立非公募基金会。在登记管理方面，《基金会管理条例》延续了《民非条例》和新《社团条例》中的双重管理体制，要求基金会在申请成立时须寻找登记管理机关和业务主管单位。而与后两者相比，《基金会管理条例》最大的不同是，它详细规定了基金会的原始基金比例和支出要求：在原始基金方面，全国性公募基金会的原始基金不得低于 800 万元人民币，地方性公募基金会的原始基金不低于 400 万元人民币，非公募基金会的原始基金不低于 200 万元人民币，且各类型基金会的原始基金必须为到账货币资金。在支出方面，公募基金会每年用于从事章程规定的公益事业支出，不得低于上一年度收入的 70%。非公募基金会每年用于从事章程规定的公益事业支出，不得低于上一年基金余额的 8%。基金会工作人员工资福利和行政办公支出不得超过当年总支出的 10%。

自《基金会管理条例》（〔2004〕国务院令 400 号）出台以来，三大条例成为我国政府管理包括公益慈善类组织在内社会组织的最重要的核心法规，三大条例所体现出的"归口登记"（社会组织统一由民政部门登记）、"双重负责"（社会组织同时接受登记管理机关和业务主管单位的管理）和"分级管理"（社会组织按照行政层级管理，分层设置）也成为我国社会组织管理的基本原则，在三大条例未得到正式修改的情况下这些原则沿袭至今。

3. 地方试点推动双重管理体制逐步取消

2007 年，中共十七大报告第一次使用"社会组织"一词，同时提出在基层民主政治建设中要"发挥社会组织在扩大群众参与、反映群众诉求方面的积极作用，增强社会自治功能"。而 2012 年党的十八大报告更进一步提出要建立"政社分开、权责明确、依法自治"的现代社会组织体制，还要求"改进政府提供公共服务方式，加强基层社会管理和服务体系建设，增强城乡社区服务功能，充分发挥群众参与社会管理的基础作用"。这两次大会，为包括慈善组织在内的社会组织发展提供了政治保证，并将社会组织的发展提到了战略高度。

《基金会管理条例》颁布以来慈善组织立法上的变化，主要是从地方政府的改革试验开始的，这也是中国改革的重要特色。在中央政府特别是民政部的具体指导下，近八年来，部分省市出台了慈善事业促进条例，定义了"慈善组织的概念"；一些省的民政部门开始尝试破除社会组织双重管理体制，实现社会组织的直接登记；还有一些省级民政部门开始大胆放权，将基金会的登记管理权限下放到市（县）级民政部门。

（1）多地出台慈善条例，定义慈善组织概念。2010年1月，江苏省第十一届人民代表大会常务委员会第十三次会议发布《江苏省慈善事业促进条例》（〔2010〕江苏省第十一届人民代表大会常务委员会公告第34号）（以下简称《江苏慈善条例》），成为全国第一个发布促进慈善事业发展的地方性法规的省份。在《江苏慈善条例》中，慈善组织被定义为"依法登记成立，以慈善为唯一宗旨的非营利性社会组织"。这也是"慈善组织"的概念第一次在地方性法规中被明确定义。此外，《江苏慈善条例》还规定了慈善组织开展活动的范围，慈善组织的治理制度和财务制度，以及慈善组织应当向社会公开的具体信息，并明确强调了慈善组织"应当厉行节约，降低工作成本，除必要的工作经费和工作人员的工资外，慈善组织受赠的财产及其增值应当全部用于慈善事业"。

2011年，宁波市和宁夏回族自治区又先后在8月和9月发布了各自的慈善事业促进条例〔以下分别简称《宁波慈善条例》（〔2011〕宁波市第十三届人民代表大会常务委员会公告第29号）和《宁夏慈善条例》（〔2011〕宁夏回族自治区人民代表大会常务委员会公告第92号）〕。与《江苏慈善条例》相比，这两地的慈善条例对慈善组织的定义大体相同，也强调了"以慈善为宗旨"和"非营利性组织"，同时也都要求慈善组织"厉行节约"和"降低管理成本"。略有不同的是，《宁夏慈善条例》在第十条中明确提出慈善组织"应当保证募捐资金的保值、增值，提高救助能力"，同时对慈善组织各项信息公开的时间也作了"于每年1月30日前在其网站和民政部门网站向社会公布信息"的要求。

2012年4月，长沙市第十三届人民代表大会常务委员会第四十次会议公布了《长沙市慈善事业促进条例》（〔2012〕长沙市人民代表大会常务委员会公告第3号）（以下简称《长沙慈善条例》）。《长沙慈善条例》主要规范的是各项慈善活动尤其是慈善募捐活动，其中并未定义"慈善组织"，而代之以"慈善公募募捐人"等概念。《长沙慈善条例》也是我国近年正式出台的一部促进慈善事业发展的地方性法规。

（2）地方民政部门试点取消双重管理。自《民非条例》颁布以来，地方民政部门一直秉持社会组织管理三大基本原则，负责地方性民办非企业单位、社会团体和基金会的登记工作，而这些社会组织的管理任务，则由地方民政部门和其他地方政府有关部门以及授权组织共同负责。然而，2005年国家召开"中华慈善大会"并颁布《中国慈善事业发展指导纲要》，提出了多项改革措施。从2006年开始，地方政府部门开始尝试突破传统的双重管理体制，试行社会组织的直接登记政策，而公益慈善类组织成为地方试点的普遍选择。

地方政府对社会组织登记注册的放开始于深圳。2006年年底，深圳市组建民间组织管理局，实行行业协会直接由民政部门登记，这是中国最早的社会组织直接登记举措。2008年9月，深圳规定工商经济类、社会福利类、公益慈善类社会组织直接由民政部门登记，无须再寻找主管机构，再一次在全国首开先河。同样是在2008年9月，福建省民政厅出台《关于社区社会组织培育发展和登记管理工作意见》（闽民管〔2008〕285号），宣布将在全省范围内简化社区社会组织的登记程序，社区社会组织可实行直接登记制。这是我国最早的由省级民政机关出台确认试行社会组织直接登记的文件。随后几年中，北京、天津、四川、江苏等地也先后在一定范围内尝试过这项举措。

2011年11月，广东省民政厅拟定的《关于广东省进一步培育发展和规范管理社会组织的方案》（粤发〔2012〕7号）（以下简称《广东方案》），并在2012年4月由广东省人民政府发布。《广东方案》规定，从2012年7月1日开始，除特别规定外，广东将社会组织的业务主管单位改为业务指导单位，社会组织可直接向民政部门申请成立，无须业务主管单位前置审批。此举在全国范围内引起了广泛关注。2011年12月23日的全国民政工作会议上，民政部部长李立国便明确表示，要推进社会组织管理体制改革创新。一个具体的举措，就是推广广东经验，推行公益慈善、社会福利、社会服务等领域的社会组织直接向民政部门申请登记，而无须再寻找业务主管单位。

在这样的背景下，2012年一整年，多个省级行政区的民政部门在本省或部分地级市范围内进行了社会组织直接登记的尝试。从2012年2月上海民政局在全市民政会议上宣布试行社会组织直接登记管理到12月河北省民政厅出台《河北省公益性、服务性社会组织注册登记管理办法》（冀民〔2012〕122号），共有10个省、自治区、直辖市加入到这股开放社会组织登记注册的浪潮中。2013年，又有7个省级或市级民政部门发布了社会组织直接登记相关政策。到2013年年底，全国开展或试行社会组织直接登记的省级行政区已接近九成。仅在2012年和2013年两年，全国各省级行政区直接登记的社会组织就达到了19000家。①

随着地方改革试点的广泛开展，施行多年的社会组织双重管理体制开始出现松动的迹象：2013年"两会"期间，《国务院机构改革和职能转变方案》提出取消公益慈善等类型社会组织的业务主管单位，在中央层面上释放出取消社会组织双重管理体制的信号。随后在3月底，国务院办公厅又发布了《国务院办公厅关于实施〈国务院机构改革和职能转变方案〉任务分工的通知》（〔2013〕国办发22号），要求民政部会同国务院法制办在2013年12月底前完成《社会团体登记管理条例》等相关行政法规修订工作，实现行业协会商会类、科技类、公益慈善类、城乡社区服务类社会组织在民政部门的直接登记。

（3）基金会登记管理权限逐步下放至市级。地方民政部门在基金会登记方面也进行了大胆的尝试。从2009年开始，陆续有市级民政部门获得基金会的登记管理权限。2009年3月，安徽民政厅发布《关于推进合芜蚌试验区社会组织改革发展的意见》，在合肥、芜湖、蚌埠三市开展了以行业协会为主的社会组织管理体制改革创新试点，其中明文规定，"试验区内市级人民政府民政部门可直接受理本行政区域非公募基金会的申请登记并履行登记管理职责"，同时报省人民政府民政部门备案即可。同年7月，民政部和深圳市共同签署了《推进民政事业综合配套改革合作协议》，宣布"将驻在深圳的涉外基金会的登记管理权限下放深圳市，授权深圳市开展基金会、跨省区行业协会、商会登记管理试点"。随后在2010年年底，深圳成为全国最早获得地方性公募基金会登记资格的城市。

---

① 数据来源：中国社会组织网，http://www.chinanpo.gov.cn/1938/74245/index.html，访问时间：2014年5月18日。

2012 年 3 月，在第十三次全国民政会议上，民政部公开表态将在全国下放非公募基金会审批权、异地商会审批权等，促进行政效能的提高。5 月，广西壮族自治区民政厅制定出台了《关于委托下放基金会及其分支（代表）机构成立、变更、注销登记审批的方案》，将基金会的登记审批权从民政厅下放到设区的市、县民政局，而自治区民政厅不再负责办理市、县范围内基金会及其分支机构的成立、变更、注销的登记审批。8 月，广东省民政厅转发了民政部关于同意将非公募基金会登记管理权限下放到广州市民政局的通知，这是广东省民政厅第一次正式发文授权地级以上市登记管理非公募基金会。不过，并非所有非公募基金会都有权在广州市民政局登记，有两类基金会仍须向民政部提交设立申请：一是拟由非内地居民担任法定代表人的非公募基金会；二是境外非公募基金会在中国内地设立的代表机构。12 月，安徽省人民政府通过并公布《安徽省人民政府关于公布省级行政审批项目清理结果的决定》中，直接将"非公募基金会及其分支机构和代表机构设立、变更、注销登记"的权力下放给了设区的市民政主管部门。至此，安徽省非公募基金会的登记管理权限被全面下放到了所有市。省内非公募基金会及其分支机构和代表机构设立、变更、注销登记在市级民政主管部门就可进行，无须再到省民间组织管理局办理。

进入 2013 年，施行基金会登记权限下放的省份数量进一步增加。广东、浙江、福建、安徽、湖北、江西、山东、甘肃、广西九个省区先后有 38 个地级市的市级民政机关完成了 96 家基金会的登记。其中，年初才开放基金会直接登记的浙江省温州市全年完成了 13 家基金会的成立审批，在全国地级市当中仅次于广东省深圳市（27 家）。另外，广东省和广西壮族自治区共有三家基金会在县级民政部门登记成立。非公募基金会登记权限的下放，正成为越来越多省级民政部门的政策选择。

（四）慈善募捐地方立法持续创新

《公益事业捐赠法》（〔1999〕主席令 19 号）虽然规范了与捐赠相关的主体和行为，但是与募捐法有着本质的不同。《公益事业捐赠法》对于主动开展募捐活动的规范几乎空白，甚至没有"募捐"一词。这不仅造成我国慈善法制度的空白，也是导致我国募捐市场不规范的重要原因。部分地方政府在这种情况下率先根据实践发展的需要制定地方性的法规来规范慈善募捐行为，这些法规形式多样，既有专门性的地方性法规也有地方性规范性文件，还有地方性的慈善事业促进条例。

1. 三部地方性法规对慈善募捐进行全面规范

目前，我国对募捐活动进行全面规范的地方性法规有三部，分别是2010年11月7日颁布的《湖南省募捐条例》（〔2010〕湖南省第十一届人民代表大会常务委员会公告第45号）、2012年2月2日颁布的《广州市募捐条例》（〔2012〕广州市第十四届人民代表大会常务委员会公告第2号）和2012年6月7日颁布的《上海市募捐条例》（〔2012〕上海市人民代表大会常务委员会公告第49号）。这三部法规从募捐活动、募捐组织和信息公开等角度对慈善募捐的各个方面进行了细致的规范。除此之外，已知黑龙江省哈尔滨市人大常委会已将《哈尔滨市募捐条例》列为2014年立法调研项目，但并无具体立法规划。

三部法规对募捐活动的规定并不完全相同，主要有两项区别。

（1）募捐主体放开程度不同。《广州市募捐条例》对募捐主体的规定相对比较宽泛，第五条规定："红十字会、慈善会和公募基金会可以开展募捐活动，但应当在其章程规定的宗旨、业务范围和地域范围内开展，并向市民政局备案。前款规定以外的为扶老、助残、救孤、济困或者赈灾目的而设立的公益性的社会团体、民办非企业、非营利性的事业单位经申请取得募捐许可后，在许可的范围和期限内开展募捐活动。"《湖南省募捐条例》也对募捐主体进行了确认，但较《广州市募捐条例》，则没有了对民办非企业单位募捐的认可。条例规定：依法成立的红十字会、慈善会、公募基金会按照法律、法规规定可以开展与其宗旨相适应的募捐活动（第六条）。第六条规定以外的公益性社会团体和公益性非营利的事业单位，为了开展公益活动，需要面向社会公众募集财产，具备以下条件，并经当地人民政府民政部门许可，可以在许可范围内开展募捐活动：①有开展募捐、进行公益活动的人员、场地等条件；②财务会计制度和信息公开制度合法、规范、有效；③法律、法规规定的其他条件（第七条）。《上海市募捐条例》也同样没有赋予民办非企业募捐资格，第四条规定："本条例所称募捐组织，是指依法可以开展募捐活动的下列组织：（一）红十字会；
（二）公募基金会；（三）经依法登记，以发展公益事业为宗旨，通过资助
或者志愿服务等形式向社会公众提供服务的社会团体。"

（2）募捐活动申请的形式不同。《广州市募捐条例》中规定不同类型
的慈善组织采取的申请募捐形式不同，第五条规定："红十字会、慈善会
和公募基金会可以开展募捐活动，但应当在其章程规定的宗旨、业务范围
和地域范围内开展，并向市民政部门备案。"第六条规定："本条例第五条
第二款规定的公益性社会团体、民办非企业单位和非营利的事业单位开展
募捐活动的，应当向市民政部门申请募捐许可。"

《湖南省募捐条例》规定慈善组织需要进行书面申请才可以进行慈善
募捐。第八条规定："申请募捐许可应当向当地人民政府民政部门提交募
捐活动申请书、募捐活动计划以及相关证明材料。"

《上海市募捐条例》规定慈善组织需进行备案才能进行慈善募捐，第
十一条规定："募捐组织开展募捐活动，应当制定募捐方案，并在募捐活
动开始十个工作日前，向募捐活动所在地的区、县民政部门办理备案手
续；其中，跨区、县开展募捐活动的，向市民政部门办理备案手续。"

2. 第一部地方性规范性文件专门规范慈善募捐许可

2010 年 9 月 14 日颁布的《江苏省慈善募捐许可办法》（〔2010〕苏民
规 4 号）（以下简称《许可办法》），从募捐许可这一角度对江苏省慈善募
捐活动进行了规制。

《许可办法》规定了部分组织可以不经过许可自行开展慈善募捐，第
三条规定："下列募捐行为不需要行政许可：（一）慈善组织和法律、行政
法规规定可以开展慈善募捐活动的组织在其宗旨、业务范围内开展的慈善
募捐活动。（二）为帮助特定对象在本单位或者本社区等特定范围内开展
的互助性募捐活动。"除上述部分组织外，办法对可以申请行政许可的组
织也做了详细的规定，其中第四条规定："除第三条规定的情形外，其他
组织开展面向公众的募捐活动，都应当取得慈善募捐行政许可。自然人不
得开展面向公众的募捐活动。"第五条规定："申请慈善募捐许可的组织应
当具备下列条件：（一）依法登记的公益性社会团体和公益性非营利的事
业单位；（二）具备开展慈善募捐活动和救助的能力。包括有规范的章程、

健全的组织框架、固定的办公和服务场所，有开展募捐和救助的从业人员及服务条件；（三）财务管理符合法律、法规和规章的规定；（四）决策、执行、信息公开制度健全规范，并能得到有效实施。"

3. 地方慈善事业促进条例对慈善募捐活动进行规范

除以上专门对慈善募捐活动进行规范的规范性文件和地方性法规、地方性规范文件外，在江苏、宁夏、宁波和长沙四个地方的慈善事业促进条例中，均包含有对慈善募捐活动的规定。

《江苏省慈善事业促进条例》（〔2010〕江苏省第十一届人民代表大会常务委员会公告第 34 号）第二十一条规定："本条例所称慈善募捐，是指本条第二款、第三款规定的组织（以下称具有募捐主体资格的组织）基于慈善宗旨面向社会开展的募集捐赠活动。慈善组织和法律、行政法规规定可以开展慈善活动的组织在其宗旨业务范围内开展慈善募捐活动。前款规定以外的其他组织依照本条例规定取得慈善募捐活动许可证后，可以在特定的时间和地域范围内以规定的方式开展慈善募捐活动。"《江苏省慈善事业促进条例》所列申请许可者必备条件是：依法登记的公益性社会团体和公益性非营利的事业单位；具备开展慈善募捐活动和救助的能力，包括有规范的章程、健全的组织框架、固定的办公和服务场所，有开展募捐和救助从业人员及服务条件；财务管理符合法律、法规和规章的规定；决策、执行、信息公开制度健全规范，并能得到有效实施。第二十五条规定："开展慈善募捐应当遵循自愿、无偿的原则，不得摊派或者变相摊派。"第二十六条规定："具有募捐主体资格的组织在开展慈善募捐前，应当将组织登记证书或者慈善募捐许可证等能够证明具有募捐主体资格的材料，以及募捐的目的、时间和地点、方式、救助对象、使用范围以及其他有关事项在媒体上或者通过其他有效方式向社会公告。""募捐所得使用计划执行完毕后三十日内，具有募捐主体资格的组织应当将其使用情况向社会公告，并报所在地的民政部门备案，同时接受审计监督。"第二十七条规定："以义演、义赛、义卖、义拍等方式开展慈善捐赠的，应当会同具有募捐主体资格的组织进行，并向社会公告。义演、义赛、义卖、义拍等方式取得的收入，扣除必要的成本开支后，应当及时全部移交具有募捐主体资格的组织。"

《宁夏回族自治区慈善事业促进条例》（〔2011〕宁夏回族自治区人民代表大会常务委员会公告第92号）第二十条规定，"除依法批准具有公开募捐资质的慈善会、红十字会、公募基金会等组织外，任何单位和个人不得以慈善名义向社会开展募捐活动。单位内部组织的募捐活动，不适用本条例"。第二十三条规定，"慈善组织接收捐赠，应当向捐赠人出具由自治区财政部门统一印制的《宁夏回族自治区接受捐赠专用收据》。捐赠人放弃开具收据的，慈善组织应当如实记录，并将开具的专用收据存档。捐赠记录和专用收据，应当永久存档保留"。第二十四条规定，"慈善组织在开展慈善募捐前，应当将组织登记证书以及募捐的目的、时间和地点、方式、救助对象等事项向社会公告"。第二十五条规定，"慈善组织面向社会募捐，应当在募捐场所悬挂或者摆放由民政部门颁发的慈善募捐标识。没有慈善募捐标识不得进行募捐。慈善募捐标识由自治区民政部门统一监制"。第二十六条规定，"针对特定事件或者群体募捐的，慈善组织应当在募捐终止之日起十五日内，向社会发布募捐情况公告。募捐情况公告应当载明下列事项：（一）募捐的起止时间；（二）募捐财产的种类及数量；（三）捐赠人姓名或者名称（捐赠人要求保密的除外）及其捐赠公益行为种类或者财产的种类、数量，捐赠时间；（四）其他需要说明的事项"。

《宁波市慈善事业促进条例》（〔2011〕宁波市第十三届人民代表大会常务委员会公告第29号）第十七条规定，本条例所称募捐，是指基于慈善目的面向社会开展的募集、捐赠活动。慈善组织可以开展与其宗旨、业务范围一致的募捐活动。慈善组织以外的其他组织需要开展募捐活动的，可以委托或联合慈善组织进行，所募得的财产纳入慈善组织管理。慈善组织以外的其他组织也可以依照本条例的规定在特定的时间和地域范围内以规定的方式单独开展募捐活动。第十八条规定，单独开展募捐活动的组织应当具备以下条件：①依法成立的公益社会团体和事业单位；②具备开展募捐活动和慈善服务的能力；③财务会计制度和信息公开制度合法、规范；④法律、法规规定的其他条件。单独开展募捐活动的组织应当在开展募捐活动之前，向募捐地民政部门备案，备案时应当报送组织登记证书和募捐活动方案等材料。募捐活动方案应当载明募捐项目、目的、时间、地域、方式、所募捐财产用途等内容，民政部门应当及时对报送备案的材料进行审查，发现可能存在违反本条例规定的情形的，应当要求其及时补充材料或者停止募捐活动。第十九条规定，为帮助特定对象或应对突发事件，经单位或自治组织同意，可以在本单位、本社区开展募捐，所募财产、使用情况及时公布。第二十条规定，开展募捐活动不得以虚构或夸大事实的方式骗取募捐，不得以募捐名义从事营利活动。第二十二条规定，募捐主体，应当事先制定募捐活动方案，并将组织登记证书等证明材料和募捐活动方案通过媒体、网站向社会公布。第二十三条规定，募捐主体以义演、义赛、义卖、义拍的方式所募财产，扣除必要成本全部用于募捐活动方案确定的用途，并按受审计监督，通过媒体、网站向社会公告。第二十四条规定了捐赠专用收据的使用和募捐活动结束后 20 日内将募捐情况向社会公告（媒体、网站）并报当地民政部门备案。

《长沙市慈善事业促进条例》（〔2012〕长沙市人民代表大会常务委员会公告第 3 号）第五条，原则限定两类对象可以募捐（同湖南省，但未规定许可条件）。第八条第一款规定，慈善公募募捐人应当建立募集财产和使用情况跟踪核查、评估、反馈工作等制度，并向社会公开。第九条第一款规定，慈善公募募捐人应当按照国家和省有关规定，建立财务会计制度和受赠财产的使用制度，向财政、审计等相关部门报告受赠财产的管理和使用情况，并接受监督。第十、十一条则规定了使用募捐财产的要求和利益冲突处理办法。

（五）信托法专章规定公益信托，基本规则初步确立

2001 年通过的《中华人民共和国信托法》（〔2001〕主席令 50 号）（以下简称《信托法》）对"公益信托"专列一章，附有 15 条原则性规定。这 15 条规定涵盖了公益信托的设立、变更和终止，公益信托财产及收益用途，公益信托监察人、受托人，公益信托的经营问题，终止财产的处置，国家鼓励公益信托等内容。除此之外，没有公益信托的专门立法。俗称的信托"两规"，即《信托公司管理办法》与《信托公司集合资金信托计划管理办法》也未就信托机构受理公益信托做出具体规定。银监会 2008 年发布的《关于鼓励信托公司开展公益信托业务支持灾后重建工作的通知》（以下简称《通知》），对一法两规中公益信托的设立方式、集合信托

单位金额门槛、委托人资格与数量的规定进行了突破，在公益信托的制度完善上具有一定意义。然而不可否认的是，该通知的适用范围仅限于汶川灾后重建，法律效力层级太低，无法解决公益信托的审批和税收等关键问题，实质推动作用有限。

1. 公益信托制度性原则初步建立

《信托法》的一般规定和"公益信托"一章涵盖了的公益信托的设立条件：包括公益目的的界定、管理机构审批、采取书面形式等；而《通知》则对书面形式的要求做出了突破。《信托公司集合资金信托计划管理办法》限定了集合信托单位金额和委托人资格及数量，而《通知》也对采取集合信托形式的公益信托的委托人和金额要求松绑。

（1）公益目的。《信托法》第六十条规定，为了下列公共利益目的之一而设立的信托，属于公益信托：①救济贫困；②救助灾民；③扶助残疾人；④发展教育、科技、文化、艺术、体育事业；⑤发展医疗卫生事业；⑥发展环境保护事业，维护生态环境；⑦发展其他社会公益事业。该公益目的的界定范围宽于《公益事业捐赠法》的范围。

（2）书面形式。《信托法》第八条规定，设立信托，应当采取书面形式。

《通知》第四条规定，信托公司设立公益信托，可以通过媒体等方式公开进行推介宣传，信托公司应当在商业银行开立公益信托财产专户，并可以向社会公布该专户账号。这就打破了《信托法》中规定的书面形式的固有模式。

（3）管理机构审批。《信托法》第六十二条规定，公益信托的设立和确定其受托人，应当经有关公益事业的管理机构（以下简称公益事业管理机构）批准。未经公益事业管理机构的批准，不得以公益信托的名义进行活动。公益事业管理机构对于公益信托活动应当给予支持。

（4）集合信托的委托人和单位金额。具体就集合资金信托计划①（我国实践中现有的公益信托基本采取这种形式）的设立而言，《信托公司集

---

① 由信托公司担任受托人，按照委托人意愿，为受益人的利益，将两个以上（含两个）委托人交付的资金进行集中管理、运用或处分的资金信托业务活动，适用此办法。

合资金信托计划管理办法》）限定了信托单位金额和委托人资格及数量。《信托公司集合资金信托计划管理办法》第五条规定，信托公司设立信托计划，应当符合以下要求：①委托人为合格投资者；②参与信托计划的委托人为唯一受益人；③单个信托计划的自然人人数不得超过50人，合格的机构投资者数量不受限制等。第六条进一步界定了前条所称合格投资者，即符合下列条件之一，能够识别、判断和承担信托计划相应风险的人：①投资一个信托计划的最低金额不少于100万元人民币的自然人、法人或者依法成立的其他组织；②个人或家庭金融资产总计在其认购时超过100万元人民币，且能提供相关财产证明的自然人；③个人收入在最近三年内每年收入超过20万元人民币或者夫妻双方合计收入在最近三年内每年收入超过30万元人民币，且能提供相关收入证明的自然人。

以上限定的要求比较严格，不适于鼓励社会大众参与公益信托。所以《通知》规定公益信托的委托人可以是自然人、机构或者依法成立的其他组织，其数量及交付信托的金额不受限制，即对《信托公司集合资金信托计划管理办法》的限定做出了突破。值得注意的是，《通知》只适用于灾后重建，不具有普遍约束力。一般情况下，如信托公司发行集合类的公益信托，依然受到《信托公司集合资金信托计划管理办法》中相关条款限制，甚至根据"参与信托计划的委托人为唯一受益人"之规定，信托公司无权通过集合信托的方式设立公益信托。

（5）公益信托财产及收益用途。《信托法》规定公益信托的财产及其收益，不得用于非公益目的。《通知》进一步明确了信托财产及收益投资的领域，及其受托人管理费和信托监察人报酬的比例上限。

《信托法》第六十三条规定，"公益信托的信托财产及其收益，不得用于非公益目的"。

《通知》第六条规定，"信托公司管理的公益信托财产及其收益，应当遵守以下规定：（一）全部用于公益事业；（二）不得用于非公益目的；（三）不得为自己或他人牟取私利；（四）只能投资于流动性好、变现能力强的国债、政策性金融债及中国银监会允许投资的其他低风险金融产品"。第三条规定，受托人管理费和信托监察人报酬，每年度合计不得高于公益信托财产总额的千分之八。

（6）公益信托的经营。《信托法》等只对信托公司的一般商事信托的经营范围做出规定，却没有对公益信托做出特别规定。《通知》对此进行了补充规定。第六条第四款规定，（公益信托财产及其收益）只能投资于流动性好、变现能力强的国债、政策性金融债及中国银监会允许投资的其他低风险金融产品。

（7）公益信托受托人与监察人。《信托法》在公益信托受托人上进行了有别于一般受托人的规定，包括未经批准不得辞任、报告公告义务和变更受托人等，以加强对受托人的监管，最大限度地保证公益目的的实现。

第六十六条规定，公益信托的受托人未经公益事业管理机构批准，不得辞任。第六十七条规定，公益事业管理机构应当检查受托人处理公益信托事务的情况及财产状况。受托人应当至少每年一次做出信托事务处理情况及财产状况报告，经信托监察人认可后，报公益事业管理机构核准，并由受托人予以公告。第六十八条规定，公益信托的受托人违反信托义务或者无能力履行其职责的，由公益事业管理机构变更受托人。

《信托法》对于公益信托设置信托监察人进行了强制性的规定。第六十四条规定，公益信托应当设置信托监察人。信托监察人由信托文件规定。信托文件未规定的，由公益事业管理机构指定。第六十五条规定，信托监察人有权以自己的名义，为维护受益人的利益，提起诉讼或者实施其他法律行为。

（8）公益信托变更、终止及其财产处置。《信托法》规定了信托变更和终止受托人义务，以及对公益信托常见的"近似原则"进行了确认。

在变更方面，第六十九条规定，"公益信托成立后，发生设立信托时不能预见的情形，公益事业管理机构可以根据信托目的，变更信托文件中的有关条款"。

在终止方面，第七十条规定，"公益信托终止的，受托人应当于终止事由发生之日起十五日内，将终止事由和终止日期报告公益事业管理机构"。第七十一条规定公益信托终止的，受托人做出的处理信托事务的清算报告，应当经信托监察人认可后，报公益事业管理机构核准，并由受托人予以公告。第七十二条规定，公益信托终止，没有信托财产权利归属人或者信托财产权利归属人是不特定的社会公众的，经公益事业管理机构批准，受托人应当将信托财产用于与原公益目的相近似的目的，或将信托财产转移给具有近似目的的公益组织或者其他公益信托。

2. 银监会《通知》突破一法两规，引导公益信托突围

《通知》第四条规定，信托公司设立公益信托，可以通过媒体等方式公开进行推介宣传，信托公司应当在商业银行开立公益信托财产专户，并可以向社会公布该专户账号。这就打破了书面形式的固有模式，便利了面向大众的集合类公益信托的设立。同时，《通知》还规定公益信托的委托人可以是自然人、机构或者依法成立的其他组织，其数量及交付信托的金额不受限制，进一步降低了设立门槛。

《通知》第六条规定，信托公司管理的公益信托财产及其收益，应当遵守以下规定：①全部用于公益事业；②不得用于非公益目的；③不得为自己或他人牟取私利；④只能投资于流动性好、变现能力强的国债、政策性金融债及中国银监会允许投资的其他低风险金融产品。第三条规定，受托人管理费和信托监察人报酬，每年度合计不得高于公益信托财产总额的千分之八。这进一步明确了《信托法》中的所有财产及其收益用于公益目的的含义，规定了管理成本上限，以及补充了公益信托经营性规定，增加了公益信托规范的可操作性。

正是在《通知》的推动下，我国法律意义上的公益信托——"西安信托'5·12'抗震救灾公益信托计划"才得以正式出炉。该信托计划总规模为人民币1000万元；信托期限3年；以陕西省内因"5·12"大地震而受灾受损的中小学重建，或援建新的希望小学为目的；所募集资金及其收益全部用于捐赠（从资金闲置期间的收益里提取千分之六作为管理费，提取千分之一作为信托监察人的报酬，低于《通知》千分之八的要求）。

从以上的法条不难看出，"公益事业管理机构"究竟是哪些机关，现行规定不明确；信托监察人制度中信托监察人的选任方式和相关的权利义务不明确[①]；虽然规定了"国家鼓励发展公益信托"，但是相关文件没有对税收等激励手段做出任何规定；《通知》规定的内容虽然具有突破意义，

---

① 资料来源：用益信托网，http://www.yanglee.com/Content.aspx? ItemID = 23594，访问时间：2010年7月21日。

但是这一通知适用范围较窄，仅仅适用于灾后重建领域，法律效力层级太低，仍然没有涉及税收优惠等关键性的激励因素。

（六）志愿服务相关办法出台，首次尝试全国性志愿服务管理

虽然地方性立法已相当普遍，中央层面仍未出台志愿服务领域的法律和行政法规。2012 年，中央层面的志愿服务领域的首个规章《志愿服务记录办法》出台。这是我国行政机关首次进行全国性志愿服务管理的尝试。随后在 2013 年，志愿服务发展领域的政策体系进一步完善，相关枢纽组织的诞生，更加强了政策的可行性。

1.《志愿服务记录办法》量化志愿者贡献

2012 年 10 月底，《志愿服务记录办法》（〔2012〕民函 340 号）（以下简称《记录办法》）正式出台，填补了我国志愿服务领域政府层面政策的空白。志愿服务记录是对公民参加志愿服务情况的客观记载。根据《记录办法》第五条至第十二条规定，志愿者的个人基本信息、志愿服务信息、培训信息、表彰奖励信息、被投诉信息等五类关键环节信息是志愿服务记录必须包括的内容，在每一类信息中，又分别确定了一些必记信息项。这些记录信息范围的确定，主要出于三方面考虑：一是管理上必需；二是任务上适度；三是内容上适当。维护志愿者权益，激发更多的人参与志愿服务是建立志愿服务记录的目的之一。确定记录信息的范围要考虑社会的接受度，要尽可能为志愿者着想，为社会公众参与志愿服务提供便利。

志愿服务时间作为志愿服务信息记录的一项核心内容，是衡量志愿者贡献的重要依据。《记录办法》从志愿精神本质出发，按照实际服务时间记录，不区分服务种类。《记录办法》第八条规定："志愿服务时间是指志愿者实际提供志愿服务的时间，以小时为计量单位，不包括往返交通时间。"不按种类、明确记录志愿服务时间，这能更好地鼓励社会各界广泛参与各类志愿服务。

志愿服务记录可以在机构间转移和共享。《记录办法》第十六条规定："经志愿者本人同意，志愿服务记录可以在其所加入的志愿者组织、公益慈善类组织和社会服务机构之间进行转移和共享。志愿者组织、公益慈善类组织和社会服务机构应当对接收的志愿服务记录进行核实，并妥善保

管。"民政部开发了全国性志愿者队伍建设信息系统,为方便快捷实现志愿服务记录转移和共享提供了技术支撑,有利于保持志愿服务记录的连续性、完整性。

《记录办法》第二十一条规定:"志愿者组织、公益慈善类组织和社会服务机构应当建立以服务时间和服务质量为主要内容的志愿者星级评定制度。"此举是为了激励、肯定优秀志愿者,更好地进行志愿服务、弘扬志愿者精神。

《记录办法》第三条强调,志愿服务记录要遵循"安全"的原则,明确要求"任何单位和个人不得用于商业交易或者营利活动,也不得侵犯志愿者个人隐私"。保护好志愿服务记录信息的安全是志愿者组织、公益类慈善组织和社会服务机构的重要职责。《记录办法》第四条规定,志愿者组织、公益慈善类组织和社会服务机构应当安排专门人员对志愿服务记录进行保护。第十五条进一步明确规定,"志愿服务记录应当长期妥善保存。未经志愿者本人同意,不得公开或者向第三方提供志愿服务记录"。只有切实做好对志愿者个人信息的保护,才能为志愿服务提供法律保障。

这部《记录办法》作为全国层面的志愿服务管理的首次尝试,虽然仅聚焦于志愿服务记录,但跨出了国内志愿服务管理体系化的重要一步。

2. 注册志愿者管理进一步得到规范

2013年11月,共青团中央对2006年颁布的《中国注册志愿者管理办法》进行了修订,进一步健全已注册志愿者的管理、保障和激励机制。根据中国青年网披露的信息,该办法的重点修订内容包括四个方面。

一是完善志愿者权益保障制度。增加志愿者"个人信息保密"工作制度,并在现有权益保障规定基础上,增加"各级团组织、志愿者组织逐步建立志愿者权益保障机制。依据有关法律法规、政策规定维护志愿者正当权益,推动建立志愿者保险和应急基金,做好相关救助和慰问工作"的内容。

二是优化志愿者激励机制。对认定星级志愿者服务时间标准,根据各地实践经验,并参考民政部《志愿服务记录办法》规定做了适当调整。增加"完善志愿者评价机制"内容,对"星级认证制度、评选表彰和奖章授予制度"等激励表彰制度的组织实施进行简化和明确,将共青团中央、中国青年志愿者协会"中国青年志愿者优秀个人奖、组织奖、项目奖评选表彰活动"纳入管理办法。此举有利于进一步调动激发注册志愿者的积极性。

三是探索志愿者注册管理信息化手段。增加"各级团组织、志愿者组织要推进志愿服务平台建设，形成实体型、网络型、复合型平台"，"鼓励依托网络新媒体组织开展志愿服务活动"等内容。进一步提升志愿者注册管理工作的信息化水平。

此外，修订还明确了注册志愿者、志愿服务的定义，扩展志愿服务领域，将"国家"作为志愿服务对象纳入志愿者、志愿服务的概念等；增加志愿者精神、志愿服务日等内容，完善志愿者标志、志愿者誓词等内容；还制定了志愿服务的强制性指标，即每名注册志愿者根据个人意愿至少选择参加一个志愿服务项目或活动，每年参加志愿服务时间累计不少于 20 小时。

3. 纲要明确志愿服务体系化发展方向

近年来，志愿者成为提供社会服务的重要载体，活跃在对老人、儿童、残疾人等特殊群体进行关怀的大小活动中，与社会组织从业人员密切配合，执行社会服务项目。鉴于社会服务志愿者的重要性，民政部在 2013 年 12 月发布《中国社会服务志愿者队伍建设指导纲要（2013—2020 年）》（以下简称《志愿者纲要》），以推进社会服务事业中志愿活动的规范化和制度化建设。

《志愿者纲要》提出了直到 2020 年我国社会服务志愿者队伍建设的总体目标，包括扩大队伍规模、提升能力素质、优化队伍结构、改善发展环境，以及增强服务效益。其中在"改善发展环境"这一目标下，《志愿者纲要》明确提出要完善"社会服务志愿者招募、注册、培训、管理、考核、评价、激励、保障等方面政策"，要全面建立志愿服务记录制度。可以说，《志愿者纲要》的要求，也正是我国志愿服务管理体制体系化的主要方向。

而要完成这一总体目标，《志愿者纲要》提出了六个方面的相应举措，分别是"规范招募注册"、"深化教育培训"、"加强记录管理"、"完善评价激励"、"加快平台建设"和"推进服务开展"。其中志愿服务统计体系和服务成效评估体系的建立，以及全国志愿者基础信息网络的建设等内容，都堪称切中了当前亟须深化的志愿者管理重点。

与全国立法相比，地方的志愿服务立法比较迅速，通过地方志愿服务法规的省（区）或地级市已达到 34 个。地方立法虽然迅速，但从立法内容上看，明显体现出规范不一的特点。如对志愿服务组织的界定、对志愿者的奖励措施和奖励标准，志愿服务中法律责任等方面，各地差异明显。

二 中国慈善立法面临的主要挑战

当前我国尚无慈善领域的基本法，甚至还没有一部国家层面的法律法规名称中含有"慈善"一词。慈善法律体系由各自独立的组织法、募捐法、捐赠法、税法构成。分散的立法将许多共性的内容分散化，容易出现立法空白，加大协调和执行的成本，对规范管理不利。比如，慈善组织的统一界定或认定、慈善募捐的统一法律规则在法律和行政法规层面处于空白状态；民办非企业单位营利分配制度上还存在根本性的分歧等。

此外，法律体系还存在以下不足：第一，我国慈善立法层级较低，属于法律层级的只有五部，大量的规章和规范性文件适用面较窄，约束力度不大；第二，立法内容过于原则，可操作性不强。基本上位阶较高的法律法规存在原则性规定较多，缺乏可操作性的问题。《公益事业捐赠法》（〔1999〕主席令 19 号）则是此问题上的显例，导致现实中的捐赠行为有法难依。《信托法》中公益信托的操作性问题更为严重，加之相关细则一直缺位，导致公益信托在实践中几乎未能得到采用。我国慈善立法的具体问题可从六个方面进行梳理。

（一）慈善税收减免范围有限，减免程序复杂

1. 股票等非现金捐赠无法享受税收减免，捐赠接收对象有限

（1）非现金捐赠难以获得减免。[①] 货物、股权、公益性劳务捐赠等非

---

① 目前，《企业所得税法》及其实施条例和规范性文件中关于慈善捐赠税收抵扣政策对于非现金捐赠是适用的，企业非现金捐赠可以按照市值在年度利润总额 12% 的比例内得到扣除。但非现金捐赠被视同销售，征收高额的所得税，无法从成本中直接扣除，本段中的减免特指从成本中直接扣除的优惠方式。

货币资产捐赠是企业捐赠的重要形式，2008 年的汶川地震，全国各界向汶川地区物资捐赠折合约 208 亿元，占当年全国接受社会捐赠总额的 19.5%。根据《中华人民共和国企业所得税法实施条例》（〔2007〕国务院令 512 号）第二十五条规定，企业发生非货币性交换，以及将货物、财产、劳务用于捐赠、偿债、赞助、集资、广告、样品、职工福利和利润分配等用途的，应视同销售货物、转让财产和提供劳务，都必须按照公允价值视同销售确认收入计算企业所得税。《增值税暂行条例》（〔2008〕国务院令 538 号）及实施细则也规定，将自产、委托加工或购买的货物无偿赠送他人的，视同销售货物，要缴纳增值税。外购和委托加工收回的应税消费品用于捐赠时，其已纳消费税不允许抵扣；个人自产自用的应税消费品，除用于连续生产应税消费品外，凡用于其他方面（含捐赠）的，于移送使用时缴纳消费税。从 2009 年开始，个人将不动产无偿赠与他人，视同销售不动产征收营业税。

根据《国家税务总局关于执行〈企业会计制度〉需要明确的有关所得税问题的通知》（国税发〔2003〕45 号）的规定，企业以资产对外捐赠，应当分解为按照公允价值视同对外销售和捐赠两项业务进行所得税处理。因此如果以股权进行捐赠，就得先按照对外销售进行所得税处理，然后再以公允价值在 12% 的比例内实现税前扣除。在这样的规定下，捐赠股票给慈善机构首先需要将股票的市值计算出来，这个过程就需要缴纳相应的所得税，这一比例最高可达相当于其市值的 25%。以上这些规定都严重限制非现金捐赠的发展。

（2）捐赠可免税对象范围有限。公益性捐赠要通过符合条件的社会团体或者县级以上（含县级）人民政府及其部门和直属机构进行。从现实情况来看，能够获得公益性捐赠税前扣除资格的组织有限，尽管 2012 年该类组织数量有大幅提升，据不完全统计其比例仍不超 10%。这意味着捐赠人如要获得税收减免就必须向具有公益性捐赠税前扣除资格的慈善组织捐赠，或者通过人民政府及其部门和直属机构进行，这严重限制了捐赠人的捐赠方向，也不能照顾到捐赠人的捐赠意愿。

（3）税收减免程序复杂。我国的税收减免程序一直没有在法律法规中得到明确的规定，各地的规定也不尽相同，图 1 是从上海市税务局网站上

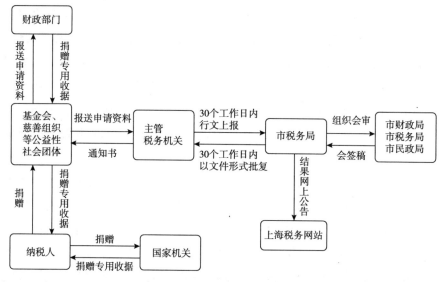

图1 上海市非营利组织税收减免流程

找到的税收减免流程。上海已经是慈善税收减免相对规范的地区，但是其程序的复杂性一眼便可看出。

2. 公益组织经营型收入无法免税，公益捐赠税前扣税资格难获得

（1）经营性收入无法获得税收减免。随着我国社会主义市场经济体制的建立，非营利组织的活动领域和范围不断扩大，多数非营利组织从事一些经营性活动或设立收费项目。而根据《关于非营利组织企业所得税免税收入问题的通知》，非营利组织的下列收入为免税收入：

①接受其他单位或者个人捐赠的收入；

②除《中华人民共和国企业所得税法》第七条规定的财政拨款以外的其他政府补助收入，但不包括因政府购买服务取得的收入；

③按照省级以上民政、财政部门规定收取的会费；

④不征税收入和免税收入孳生的银行存款利息收入；

⑤财政部、国家税务总局规定的其他收入。

从上述法律条文中可以看出，非营利组织的经营性收入无法获得税收减免。而对于基金会等非营利组织投资等营利性收入征收企业所得税，将会产生严重影响。

（2）公益性捐赠税前扣除资格难以获得。根据《企业所得税法实施条例》第五十二条的规定，公益性社会团体必须符合以下八个条件：依法登记，具有法人资格；以发展公益事业为宗旨，且不以营利为目的；全部资产及其增值为该法人所有；收益和营运结余主要用于符合该法人设立目的的事业；终止后的剩余财产不归属任何个人或者营利组织；不经营与其设立目的无关的业务；有健全的财务会计制度；捐赠者不以任何形式参与社会团体财产的分配。此后，《财政部、国家税务总局、民政部关于公益性捐赠税前扣除有关问题的通知》（〔2008〕财税160号）又对公益团体公益性捐赠税前扣除提出了除上述八条外，还需要满足"申请前3年内未受到行政处罚；基金会在民政部门依法登记3年以上（含3年）的，应当在申请前连续2年年度检查合格，或最近1年年度检查合格且社会组织评估等级在3A以上（含3A），登记3年以下1年以上（含1年）的，应当在申请前1年年度检查合格或社会组织评估等级在3A以上（含3A）；公益性社会团体（不含基金会）在民政部门依法登记3年以上，净资产不低于登记的活动资金数额，申请前连续2年年度检查合格，或最近1年年度检查合格且社会组织评估等级在3A以上（含3A），申请前连续3年每年用于公益活动的支出不低于上年总收入的70%（含70%），同时需达到当年总支出的50%以上（含50%）"等三条要求。

此外，《财政部、国家税务总局、民政部关于公益性捐赠税前扣除有关问题的通知》还要求，申请捐赠税前扣除资格的公益性社会团体需报送以下五项材料：

申请报告；民政部或地方县级以上人民政府民政部门颁发的登记证书复印件；组织章程；申请前相应年度的资金来源、使用情况，财务报告，公益活动的明细，注册会计师的审计报告；民政部门出具的申请前相应年度的年度检查结论、社会组织评估结论。

由以上规定我们可以看出，申请公益性捐赠税前扣除资格的要求非常高，申请程序也非常复杂。

（二）慈善组织界定有待明确，彻底取消双重管理体制需修订法规

1. 慈善组织有待明确法律定义，涵盖对象存在争议

在现有的法律、法规当中，"慈善组织"并不是一个独立的法律概念，

也没有像政府、企业或事业单位一样，作为一个独立的法人而存在。从功能上来说，慈善组织指的是从事公益慈善事业的组织机构。但在实践中，并非所有投入精力于公益慈善事业的组织都是慈善组织。1999年出台的《中华人民共和国公益事业捐赠法》（〔1999〕主席令19号）将公益事业分成四类，包括（1）救助灾害、救济贫困、扶助残疾人等困难的社会群体和个人的活动；（2）教育、科学、文化、卫生、体育事业；（3）环境保护、社会公共设施建设；（4）促进社会发展和进步的其他社会公共和福利事业。而2001年出台的《中华人民共和国信托法》则将公益事业分为七类：救济贫困、救助灾民、扶助残疾、发展教科文体、发展医疗卫生、发展环保和发展其他社会公益事业。无论按照上述哪一种分类标准，目前我国的政府机构、企业、社会组织及公民个人都在提供公益服务。因此，提供公益服务、参与公益活动并不能作为认定慈善组织的标准，从事公益慈善事业的组织与慈善组织是两个完全不同的概念。

目前一个较为普遍的认识是，慈善组织，指的是公益慈善类的社会组织。在2011年12月民政部颁布的《公益慈善捐助信息公开指引》中曾提到，"本指引中的信息公开主体，是指公益慈善类的社会团体、基金会和民办非企业单位"。在2013年《国务院机构改革和职能转变方案》以及各省级民政机关改革社会组织登记的通知当中，"公益慈善类社会组织"也被作为施行直接登记的社会组织类型而单独划分了出来。

但若完全按照这一标准对慈善组织进行认定，会遇到两方面问题：一方面，社会组织当中哪些组织属于"公益慈善类"有待规范。观察社会组织管理的三大条例，可以发现，《基金会管理条例》规定基金会是指"利用自然人、法人或者其他组织捐赠的财产，以从事公益事业为目的，按照本条例的规定成立的非营利性法人"，因此基金会全部属于慈善组织并无太大争议；《民办非企业单位登记管理暂行条例》将民办非企业单位定义为"企业事业单位、社会团体和其他社会力量以及公民个人利用非国有资产举办的，从事非营利性社会服务活动的社会组织"，并没有强调该类组织活动的公益慈善性质；而《社会团体登记管理条例》则将社会团体定义为"中国公民自愿组成，为实现会员共同意愿，按照其章程开展活动的非营利性社会组织"，范围更为宽泛。在实践中，关于民办非企业单位和社会团体范畴内哪些组织属于公益慈善类组织，也依然存在一些争议。另一方面，由于三种类型的社会组织在成立上都有各自的门槛，许多未达到相关标准的组织，即使从事的是扶贫济困、救残助孤的公益慈善事业，也只能以企业的形式注册或是根本不在有关管理部门注册就直接开展活动。这样的组织，虽然在法律上无法被认定是社会组织中的任何一类，有些甚至没有合法存在的资格，但却实实在在是慈善组织的一部分。

还有一种较为狭义的认定方法，将慈善组织归纳为几类为公众所熟知的组织：第一类是基金会；第二类是红十字系统，即中国红十字总会和地方各级红十字会，由1993年出台的《中华人民共和国红十字会法》规定其职责；第三类是慈善会系统，包括1994年成立的中华慈善总会和地方各级慈善会；第四类是全国范围内的慈善捐助站点和慈善超市。这样的认定方法虽然指向较为明确，但略去了许多提供专业服务的慈善组织，与国际主流趋势不符，也满足不了社会大众的普遍需求。而地方的几部慈善事业促进条例将慈善组织定义为"依法登记成立，以慈善为唯一宗旨的非营利性社会组织"，同样将专业社会服务组织排除在外，其涵盖范围也难说完全。

2. 双重管理体制未完全取消，相关法规尚需修订

长期以来，我国政府对社会组织都采取"双重管理体制"。在社会组织中占据相当比例的慈善组织，自然也被纳入到了这一体制的约束之下。所谓的双重管理体制，指的是对于中国的社会组织，从申请成立到开展活动，都受到登记管理机关和业务主管机关的共同管理。这种管理模式在1989年的《社会团体管理条例》中已经有所体现。到了1998年，在《民办非企业单位登记管理暂行条例》中，国务院强调了登记管理机关和业务主管单位共同管理监督民办非企业单位的成立、变更、注销、年检等事宜，同期颁布的《社会团体登记管理条例》和晚几年颁布的《基金会管理条例》也都遵循了这一立法思路。在基金会管理条例颁布之后的几年时间里，"双重管理体制"始终是所有社会组织要面对的管理方式。

在执行过程中，双重管理体制表现出两个方面的弊端。

第一，双重管理体制要求成立任何社会组织，首先要找到业务主管单位，无形中提高了设立社会组织的条件。有些社会组织由于寻找不到主管

单位或者该主管单位审查标准过严而无从设立，不得不寻找其他变通方法。它们要么到工商登记部门登记；要么成为某个组织的分支机构；更有甚者，到境外登记之后再返回到国内开展活动。

第二，从目前登记管理体制考察，社会组织的登记管理机关为民政部和地方各级民政机关；业务主管机关则因各非营利组织的具体情况而分属不同部门，这样的立法思路残存着计划经济之下的政府部门职能分化的痕迹，对于社会组织发展相当不利，各业务主管部门往往抱着"多一事不如少一事"的态度，对社会组织设立申请采取过严的审查标准。①

2012年4月，广东省政府印发《关于广东省进一步培育发展和规范管理社会组织的方案》，规定从2012年7月1日起，广东省"社会组织的业务主管单位均改为业务指导单位"，同时"放宽社会组织准入门槛，简化登记程序，申请成立社会组织，由民政部门直接审查登记"。这是我国首次在社会组织领域取消"双重管理"的地方改革。随后，全国范围内陆续有19个省级行政区出台了相关通知，成为社会组织登记管理的破冰之举。

2013年，《国务院机构改革和职能转变方案》提出取消公益慈善等类型社会组织的业务主管单位，在中央层面上释放了取消社会组织双重管理体制的信号。但目前，限于社会组织管理的三大条例还没有完成修订，慈善组织的登记门槛降低和双重管理体制的取消等事宜所面临的法律障碍还未被清除，慈善组织的准入机制依然不畅。

除了双重管理体制这一主要障碍之外，慈善组织在成立时还面临资金上的门槛。目前，在社会团体方面，成立全国性的社会团体须有10万元以上的活动资金，地方性的社会团体和跨行政区域的须有3万元以上的活动资金；在基金会方面，全国性公募基金会的原始基金不得低于800万元人民币，地方性公募基金会的原始基金不低于400万元人民币，非公募基金会的原始基金不低于200万元人民币，且各类型基金会的原始基金必须为到账货币资金。与国外同类型组织相比，国内的慈善组织在起步资金方面门槛过高，客观上限制了社会人士的慈善参与度，阻碍了更多慈善组织的成立。

---

① 金锦萍：《社会组织合法性应与登记切割》，《学会》2012年第11期。

3. 公益支出设限影响基金会发展、行政成本低阻碍慈善专业化

目前，我国细致规定慈善组织各项支出比例的法规只有寥寥几部，其中之一是《基金会管理条例》（以下简称《条例》）。按该《条例》第二十九条的规定，"公募基金会每年用于从事章程规定的公益事业支出，不得低于上一年总收入的70%。非公募基金会每年用于从事章程规定的公益事业支出，不得低于上一年基金余额的8%。基金会工作人员工资福利和行政办公支出不得超过当年总支出的10%"。根据《2012 年基金会绿皮书》的调查，国内基金会严格执行了《条例》标准：2010 年 1763 家基金会的工资福利与行政办公的支出仅占总支出的 2.21%。

基金会公益事业支出上的比例要求，带来了两大问题：第一，在公益支出方面，公募基金会由于必须使用上一年收入的 70%，导致了其大部分资产无法用于投资以实现资金保值增值，基金会资金规模的维持便只能靠吸纳捐款，难以扩大规模；而不能公开募集资金的非公募基金会，其资金量的增长更依赖于投资行为。在现有规定下，即便一家非公募基金会的投资收益达到 10%，其收入在缴税之后也无法填补 8% 的公益支出，很容易引发基金会连年亏损的情况。第二，在工资福利和行政办公支出方面，10% 的限定，让慈善组织无力支付给员工保障基本生活的薪酬，吸引不了优秀人才加入到组织当中，同时也无力负担专业的评估、会计系统和高效的物流、采购服务，最终使得整个公益慈善行业的发展陷入瓶颈。

2009 年，财政部和国家税务总局联合发布了《财政部国家税务总局关于非营利组织免税资格认定管理有关问题的通知》（以下简称《通知》）。《通知》规定，非营利组织要想取得免税资格，必须满足一系列条件，其中之一是"工作人员平均工资薪金水平不得超过上年度税务登记所在地人均工资水平的两倍"。此条款进一步加剧了《基金会管理条例》关于工资福利支出比例上限规定所带来的消极影响，意味着即使再出色的公益组织工作人员，其收入也会因为整个组织的薪资水平限制而无法达到与其贡献相匹配的水准，造成了公益慈善行业人员流失现象频发。

除了《基金会管理条例》和《财政部国家税务总局关于非营利组织免税资格认定管理有关问题的通知》之外，我国各项与慈善事业相关的法律、法规、规章及规范性文件中，对于慈善组织的各项支出并无具体要

求：1999 年出台的《公益事业捐赠法》明确了捐赠人与受赠人之间的法律关系，并界定了受赠人的范围和职责。但在该法中并没有具体规定慈善组织在接收捐赠后各方面支出的比例要求。2009 年民政部下发的《关于基金会等社会组织不得提供公益捐赠回扣有关问题的通知》中强调，社会组织可以在接受的公益捐赠中列支公益项目成本，但项目成本必须是直接用于实施公益项目的费用。2011 年开始实施的《湖南省募捐条例》规定，募捐方"因募集财产、开展公益活动所产生的工作成本，即使国家没有规定，但确需在募捐财产中列支工作成本的，应当控制在已经公布的募捐方案所确定的工作成本列支计划之内"。概括这些规定的核心理念，其原则一直是"厉行节约，限制成本"。这样的理念可以敦促慈善组织将资金最大限度地投入到公益慈善事业上，但对公益资金的再积累和公益组织的高效运营并无好处。

（三）募捐管理缺乏全国性法律的统一规范

1. 募捐监管亟待立法

目前我国的社会募捐管理缺少具有针对性、特定性的专门法律。1999 年颁布的《公益事业捐赠法》并非专门规范社会募捐活动的实体法律规范，对一些具体问题，如什么情况下能发起社会募捐、谁有资格发起社会募捐、募捐款物由谁来管理、使用情况由谁来监督等，都没有具体明确的规定。尽管最近几年各地在慈善募捐领域的立法有不少创新，但数量仍然非常有限，目前只有三部地方性法规、一部地方性规范性文件和四部地方慈善事业促进条例对慈善募捐活动进行了规范，从全国视角来看，这些现有的法律法规实在无法实现对募捐活动的全面监管。

2. 公募资格放开不足

从目前已出台募捐相关地方法规的省、自治区、直辖市、计划单列市以及省会城市的情况来看，大多数地区选择了对各类符合要求的社会组织开放募捐权。这些地方法规坚持募捐主体多元化的立场，并且在具体规定上有大体一致的思路，那就是除保留以前法律法规规定的募捐主体红十字会、公募基金会外，同时向其他社会组织适当开放募捐权。然而，我国的大部分地区尚未有慈善募捐相关的法律法规，在这种情况下慈善募捐资格仍限定在公募基金会和红十字会等少数慈善组织，大量的慈善组织是没有办法进行公开慈善募捐的。因此，公募资格需要得到进一步的放开。

3. 新形式募捐带来监管挑战

随着社会的快速发展，各种新型募捐形式层出不穷，通过网络（如微博、募捐网站、淘宝网）、募捐电话、募捐短信进行慈善募捐被越来越多的人所接受，其中发展最快速的就是网络募捐，甚至可以说网络募捐已经成为互联网的一个重要应用功能。各种新型募捐形式都有着非常重要的社会价值，这些募捐活动是否具有合法地位，活动本身的公益性、所涉及主体的多样性等，都决定了政府有义务对其进行行政监管。政府对网络募捐合法适当的干预，是促进网络募捐健康发展的必要保证。然而，政府对网络募捐的监管并不成功，相关法规、监管缺位，只能依靠自我监管或行业组织互相监督，这些都严重制约慈善募捐活动的进一步发展，不能实现合理的监管就无法实现对这些募捐资源的合理利用，这对整个慈善行业都不利，因此，新型募捐形式的监管对慈善募捐来说是非常紧迫和必要的。

（四）慈善信托执行细则和税收优惠缺失阻碍实践

我国虽然早在 2001 年的《信托法》中就专章规定了公益信托，但现实中满足法律定义的公益信托较为罕见，公益信托的发展比较迟缓。现实中大多数所谓的"公益信托"，只能算是"准公益信托"，无法同时满足"获得公益事业管理机构的批准"和"信托财产及收益完全用于公益目的"的两大法定条件。值得注意的是，第一，即便从宽界定，将准公益信托纳入其中，我国的公益信托也屈指可数；第二，目前我国的"公益信托"在性质上基本是集合信托产品，民事类的公益信托形式基本不存在，和英美传统的公益信托形式存在较大差异。

不论从数量还是类型上看，慈善信托在我国都可谓是发展受阻，其原因可以归结为以下三个方面。

1. 信托整体发展不成熟

信托在英美等普通法系国家经历长期的演进，成为公众财产管理和开展慈善事业的一种传统和惯例，但是在大陆法系国家仅作为移植的一种制度，其接受程度还有待提升。以日本为例，日本作为大陆法系国家，在

《日本信托法》确定公益信托制度后 50 年内都未曾适用。最为重要的原因是公益信托的必要性未显现。公益法人制度在信托出现之前已非常成熟，普遍用于公益事业。信托法在制定时，对此就有一些反对意见，认为既然已设立了公益法人制度，就没有必要再规定公益信托制度。^① 不过，首例公益信托出现以后，该制度的优势逐渐为人们认识，加之政府出台了一些便利设立与税收优惠的政策，公益信托数量因而迅速增长。这不难说明，移植制度由于缺乏法律传统的土壤，本来就容易发育不良；如果再加上在制度移植时缺乏本土化的设计——未能凸显其制度的不可替代性，也没有相关配套措施进行激励和推动的话，其制度的落实将会大打折扣。我国也是大陆法系国家，《民法通则》里没有规定信托，《合同法》里也没有信托合同的概念，信托制度在整个民法体系中比较突兀；包括《婚姻法》和《继承法》等民法法律的相关制度也存在需要协调的问题；现有的公益法人，包括社会团体、基金会等发展了多年，但公益信托甚至是信托的优势未被大众所熟知。从行业发展现状而言，20 多年来我国信托业几起几落，经历了六次行业整顿，已使信托业的信用跌入低谷，严重影响信托业的发展。这一点可能也正是即使放宽对于公益信托的认定条件，现实中的公益信托依然不发达的原因之一。

2. 执行细则缺失，设立门槛过高

（1）公益事业管理机构。《信托法》规定的公益信托的审批机构"公益事业管理机构"，虽然存在于所对应的行政主管部门，但仍需制定实施细则或进行法律解释，以使"公益事业管理机构"更为明确。在实践中，"公益事业管理机构"既可以理解为主管公益事业的民政部门，也可以理解为具体公益事业的主管机关，比如教育部、卫生部、文化部等。这种模棱两可导致实践中的审批难，而且也可能对同时具有数个公益目的信托的设立造成障碍。

（2）信托登记。信托登记缺乏配套细则，相关信托登记部门以缺少法定授予的登记权限为由，不愿协助信托登记，导致需要转移的信托财产无

---

① 〔日〕川崎诚一著《信托》，刘丽京、许泽友译，中国金融出版社，1989，第 117~118 页。

法转移，影响信托的有效成立。①

信托登记的作用，一是使设立信托的行为具有法律效力，信托财产的权利依法由委托人转移给受托人；二是实现信托财产的独立性，使其与委托人、受托人、受益人的固有财产相区别；三是使信托登记具有信托公示的效力，除信托法有特别规定外，其他人不得主张对该信托财产的权利，从而便于第三人与委托人或受托人从事交易时了解其实际财产状况。如果落实信托登记，一是有利于建立信托财产的破产隔离机制，彰显信托制度的独特优势；二是公益信托财产免受委托人和受托人自身财产状况的影响。

但是，我国《信托法》对信托财产所有权转移表述含糊。《信托法》模糊了信托财产的所有权关系，除明确信托财产具有独立性（有别于委托人、受托人的固有财产）外，未直接明确规定信托转移了的信托财产的所有权，故其主管登记机关、登记内容变得不明确。由于目前我国尚未建立统一规范的信托登记制度，导致现实中的汽车、房产、股权等财产信托难以生效，信托财产基本上被局限在资金这一类型。

信托登记不是公益信托特有的问题，而是信托制度的一个普遍性问题，而这一问题对公益信托的影响甚重。对于长期存续的公益信托，特别是高端财富人群设立的公益信托，资金仅是信托财产的一小部分，非资金信托的难产将对其规模扩大造成重大影响。

（3）信托监察人。信托监察人制度中信托监察人的任职资格和相关的权利义务不明确。② 依据《信托法》规定，监察人除在公益信托每年的履行情况和信托终止时的清算情况的认可之外，监察人还享有提起诉讼或者实施其他法律行为的权利。但是其他法律行为具体指向哪些行为，是否可以依据法理推定监察人享有受益人一般的非财产性权利？由于受益人可以行使信托法中委托人享有的部分权利，包括查阅、抄录或者复制与信托相关资料，调整该信托财产的管理方法，申请人民法院撤销该处分行为，解

---

① 数据来源：解放网，http：//newspaper.jfdaily.com/shfzb/html/2010-09/21/content_419538.htm#，访问时间：2010年9月21日。

② 数据来源：用益信托网，http：//www.yanglee.com/Content.aspx? ItemID=23594，访问时间：2010年7月21日。

任受托人等,那么是否监察人作为不特定的受益人的代表,上述的权利都一律享有?另外,信托监察人的任职资格、变更、辞任和解任等其他的权利义务,现行法也都未予以明确,操作性亟待增强。

信托监察人作为不特定受益人的代表,是监督受托人管理处分财产的重要主体。虽然公益事业管理机构也承担着监管的重大职责,但公益信托的数目一旦增长并且复杂化,公益事业管理机构将不可能在第一时间主动关注到每一个公益信托的执行情况,比如受托人违反义务或信托发生不可预见的情况,其效率的实现,也须依靠信托监察人履行职责。因此,应当尽快明确和细化监察人的资格和权利义务等事项,提升其实务层面的可操作性。

3. 税收优惠不明确,抑制激励效用

《信托法》第六十一条规定"国家鼓励发展公益信托",而我国未就公益信托制定专门的税收鼓励政策,也未将其纳入现有的公益捐赠税收优惠体系。在我国现行法律框架下,公益法人及其捐赠人都能享有一定的税收优惠,而公益信托具有公益捐赠的本质,却未被纳入税收优惠体系,这些都直接消解了公益信托的优势,抑制了公益信托在实践中的应用。[①]

不仅如此,信托整体税收制度的缺失在一定程度上制约了公益信托税制的完善。

我国现有的税收政策缺乏与信托架构相匹配的税收制度,整体性的纳税主体、征收环节、纳税原则都尚未确立。实践中,信托特殊税制的缺失引发征税过多或者是税收空白的问题,均不利于信托制度的推广适用。比如,征税过多的突出表现是不动产信托业务中的重复纳税问题。因为每一次不动产的转移均涉及契税,导致多个环节重复纳税,信托成本上升,阻碍信托事业的发展。[②]

公益信托的相关税收制度的构建有赖于整体信托税制的完善。比如,不动产作为公益信托财产的重要类型,如果重复纳税问题不解决,将会明显制约不动产公益信托的实践发展。同时,公益信托的相关税收制度的构建也有

---

① 王连洲、王巍:《王连洲口述信托:〈信托法〉的立法解读与实务思考》,《信托周刊》第64期。
② 周小明:《信托税制的构建与金融税制的完善》,《涉外税务》2010年第8期。

赖于公益捐赠税收体系的完善，特别是不动产和股权捐赠视同销售的问题。

（五）社会企业组织形式和发展阶段多样化，缺乏身份认定标准

社会企业是近年来在国际上兴起的一种创新型组织形式，不仅有别于政府和企业，也有别于通常意义上的非营利组织，兼具经济与社会双重目标，引起了广泛的关注。在社会企业的认定标准，社会企业是否作为一个法律形式等问题上都存在一定的争议。

1. 组织形式多元化，缺乏身份认定标准

社会企业实质上是用商业手段来实现公益目的的新型组织形式，区别于纯粹的商业企业和主要依赖于捐赠和拨款的公益组织，可能是非营利性机构采用企业化的管理模式，亦可能是营利性企业涉入公益非营利领域。然而，对于"社会企业"的明确界定至今众说纷纭，国际上也尚无一个统一的定义，其争论仍在进行。① 纵观各国社会企业的相关定义或者描述，一般认为一个严格的"社会企业"定义应该具备四个要素："社会目标""运营模式""利润分配""资产处置"。② 虽然这几个共同要素具有一定共识，但关于要素中的具体标准的分歧较大。有的国家的社会企业倾向于非营利组织，而有的国家的社会企业则更类似于商业企业。

在我国，社会企业不是一种法律形式，社会企业的实践发展先于概念的使用。一般认为，社会企业目前可供选择的形式有两类：在工商部门登记注册的企业；在民政部门登记注册的非营利组织。但是具体符合什么标准的企业和非营利组织属于社会企业的范畴，至今没有统一的认识。学界对社会企业的定义和外延的讨论比较广泛，有的认为除了近年来发展迅速的创业型的社会企业，福利企业、劳动服务企业、非正规（灵活）就业组织、合作社等都是我国既有的社会企业组织形式。③ 有学

---

① 上海财经大学社会企业研究中心等：《中国社会企业和社会影响力投资发展报告》，21 世纪社会创新研究中心网站，http://www.21innovation.org/2012/files/2013040110445.pdf，访问时间：2014 年 4 月 20 日。

② 王世强：《国外社会企业立法现状及对中国社会企业立法的展望》，中国社科院研究生院民间组织与公共治理研究中心博士后论文，第 28～30 页。

③ 时立荣等：《建国以来我国社会企业的产生和发展模式》，《东岳论丛》2011 年第 9 期。

者基于社会企业在实践中的探索，将其分为两种模式：一是依托既有体制的公益创新模式，包括社会福利企业和民办非企业；二是积极引进市场机制的社会创新模式，即创业型社会企业。[①] 可见，我国具有社会企业属性的组织形式众多。从国际做法上来看，社会企业认定的关键不在于包含哪些组织形式，而在于怎样确定更细化的标准从而将这些众多形式中的符合条件的组织纳入到社会企业范畴中来，比如究竟利润分配或弱势群体就业比例多高才被认定为社会企业，"社会目标"这个宽泛的概念怎样具体化。国际上的四大要素的标准是具有参考意义的。

从四大要素之一"利润分配"这一点来考察，我国不同形式的社会企业的利润分配差异较大。注册为非营利组织的社会企业基本不能分红，但是在民办非企业领域存在模糊地带。目前较为活跃的工商注册的社会企业在其章程或其他文件中并未明确规定利润分配。[②] 这可能是由于很多社会企业本身还在起步阶段，同时也和"利润分配"不构成法律意义上的标准相关。而发展较为成熟的福利企业除了在社会目标和员工构成上，满足社会企业的标准，在利润分配、资产处置上依然适用的是一般商业企业的规则，并不存在统一的标准。整体来说，对于最容易量化的标准"利润分配"，我国现阶段实践的发展还未能给立法提供明确的经验参考。所以，社会企业由于其组织形式多样化，发展的早期性，其身份的界定存在不小的难度。现阶段是否有必要进行社会企业统一的身份认定，怎样从众多的社会企业形式中归纳出一个统一的标准，或者是对社会企业组织形式做出一定取舍，都是值得深入探讨的问题。

目前在我国境内，已有宁夏、广东顺德两地率先就社会企业标准进行积极尝试，引起广泛关注。社会企业于近两年引入佛山，却因为资金不足、政府扶持欠缺和发展方向不明确等原因步履维艰，亟待政府在社会企业标准建立的基础上，出台行之有效的社会扶持政策。2013 年 8月，顺德社会企业标准的制定正式启动，迈出社会企业规范和扶持进程的重要一步。宁夏在 2012 年颁布的慈善事业促进条例中以专章规定社会

---

① 王名、朱晓红：《社会企业论纲》，《中国非营利评论》2010 年第 2 期。
② 王世强：《国外社会企业立法现状及对中国社会企业立法的展望》，第 28～30 页。

慈善企业,并明确了多项扶持政策。依据条例规定,社会慈善企业具体认定和管理办法,由自治区人民政府制定。据悉,具体的认定办法正在紧锣密鼓地拟定之中。两地率先尝试社会企业的标准制定,启动政府扶持,对于社会企业的规范化发展将产生重大推动和示范效用。

2. 社会企业的本土化实践——福利企业发展面临困境

尽管学界和业界对社会企业的界定各有不同,但在社会福利企业是社会企业的一种类型这个问题上拥有普遍共识。[1] 社会福利企业是集中安置有劳动能力的残疾人就业的特殊性经济组织。福利企业在我国不是一种注册形式,而是一种资格认定,受残疾人保障法规和福利企业法律的双重规范。我国于1990年颁布的《社会福利企业管理暂行办法》(〔1990〕民福发21号)规定,社会福利企业安置残疾人员应达到生产人员总数的35%以上,且残疾人职工不少于10人。该法于2007年被《福利企业资格认定办法》(〔2007〕民发103号)取代,在《社会福利企业管理暂行办法》中规定,福利企业是指依法在工商行政管理机关登记注册,安置残疾人职工占职工总人数25%以上,残疾人职工数不少于10人的企业。除了雇用一定数量的残疾职工之外,福利企业在经营、管理、利润分配等形式上与一般企业无异,但可以凭借社会福利企业资质享受一定的税费等优惠。社会福利企业被誉为我国社会企业领域本土化的实践范本,历经了几十年的发展,是残疾人就业安置的主战场,在社会服务领域占有重要的一席之地。

大量研究把福利企业在中国的发展划分为四个阶段。

初步发展时期(1949~1977)。这一阶段,福利企业主要安置的是就业困难的贫民、残疾人、烈军属和残废军人,多以"以工代赈"组织、烈军属和贫民生产单位等形式存在[2],而明确的"福利企业"概念尚未产生。

平稳增长时期(1978~1984)。1980年的《关于民政部门举办的福利生产单位缴纳所得税问题的通知》中给予福利企业免缴所得税的优

---

① 王世强:《国外社会企业立法现状及对中国社会企业立法的展望》,第28~30页。

② 时立荣等:《建国以来我国社会企业的产生和发展模式》,《东岳论丛》2011年第9期。

惠，随后中国人民银行对福利工厂的贷款给予了利率 20% 范围内的优惠。随着一系列优惠措施的推进，福利企业在这一时期稳步增长，1984年年底，我国福利企业个数为 6710 个，残疾职工数 11.6 万人，实现利润 1.3 亿元。[①]

急剧扩张期（1985～1995）。这一时期《关于社会福利企业招用残疾职工的暂行规定》《社会福利企业管理暂行办法》《中华人民共和国残疾人保障法》（〔2008〕主席令 3 号）等多部法规的出台，标志着福利企业进入了高速发展时期并于 1995 年达到其历史顶峰。1995 年，福利企业个数达60237 个，残疾职工数 93.9 万人，实现利润 49.1 亿元。[②]

快速收缩期（1996 年至今）。受国内外经济形势影响和福利企业本身因素的制约，福利企业在 1995 年达到顶峰之后开始呈下滑趋势，2005 年仅存 31211 个[③]，仅相当于 1995 年的 51.8%。企业数量不断减少，利润总额和安置残疾人的数量逐渐降低（见图 2、图 3、图 4）。这种发展困境源于福利企业定位不明，以及相关的认定标准和税费缺乏激励作用，政府扶持力度不足。

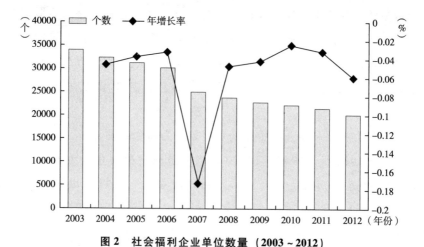

图 2　社会福利企业单位数量（2003～2012）

数据来源：《中国民政统计年鉴》（中国社会服务统计资料）2012。

---

① 民政部：《中国民政统计年鉴》，中国统计出版社，2012。
② 民政部：《中国民政统计年鉴》，2012。
③ 民政部：《中国民政统计年鉴》，2012。

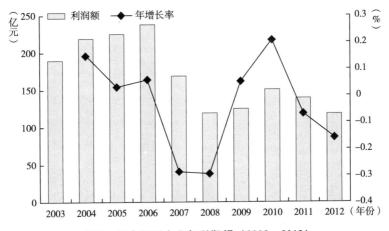

图 3 社会福利企业年利润额（2003～2012）

数据来源：《中国民政统计年鉴》（中国社会服务统计资料）2012。

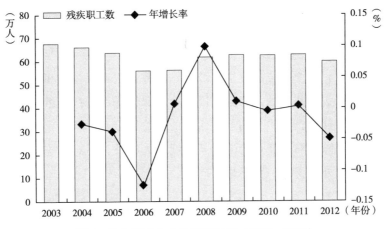

图 4 社会福利企业残疾职工数（2003～2012）

数据来源：《中国民政统计年鉴》（中国社会服务统计资料）2012。

同时，福利企业的发展还存在地区间不平衡的问题，主要体现在企业数量上，东部福利企业数量基本相当于西部、华北、中部、东北四个地区的总和（见图5）。

3. 创新型社会企业处于起步阶段

创新型的社会企业近年来发展迅猛，案例层出不穷。但是整体而言，这些企业规模普遍不大，社会效应不显著：对核心的社会问题还没有触及，例如教育、医疗的质量、可及性和公平性；社会企业的商业模式尚不

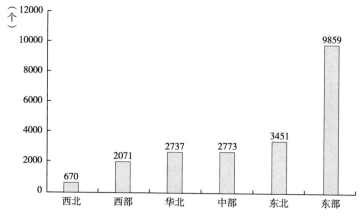

图5　2011年社会福利企业地区分布

数据来源：《中国民政统计年鉴》（中国社会服务统计资料）2012。

成熟，社会企业家的培养相对滞后，资金支持与现实需求存在一定的不匹配性。由于这类社会企业尚处于发展早期，国家的扶持性政策框架尚未建立。

总体上看，整个社会，特别是政府、商界、主流媒体及相关人群，对社会企业的认识非常不足，甚至采用社会企业模式运营社会组织。有一定认识的人，对社会企业的"商业模式下的公益性"也同样心存疑虑。这种现象的改观，除了靠社会企业的不断发展壮大以外，还有赖于政府、商业等各界力量的外部支持、引导与规范。

（六）高层协调性机制缺乏，管理体制有待完善

在现行体制下，慈善事业由多个部门共同管理，缺乏有权威的统一性的管理机构。涉及领域广泛的业务主管单位负责监督、指导社会组织，并协助登记管理机关和其他有关部门查处社会组织的违法行为。登记管理机关则负有登记、年检和行政处罚的义务。即使在民政部，也存在着两个业务性的司和局，即民间组织管理局、社会福利和慈善事业促进司共同负责慈善事务。多头管理往往意味着谁都不管理谁都不负责，权责关系模糊不清，管理效率低下。根据体制内的行政经验，政府需要确立较高的协调机制，厘清相关管理机构的权限，通过公开透明的程序来推动慈善事业发展。

慈善事业行政化倾向明显，慈善资源的行政垄断较为严重。近几年发生的多起质疑慈善公信力的事件，表面上看都是民众对政府背景慈善机构的不信任，实际上是对慈善组织行政化、政府不当干预慈善行业、政府垄断慈善资源的体制不满。行政权力对社会慈善资源的垄断人为造成社会不公平，相关机构在慈善工作的公开透明和高效上缺乏驱动力。一方面是部分慈善机构和慈善行为的行政化倾向；另一方面是民间成立社会组织的门槛过高，缺乏公平的竞争环境和慈善资源，发展受到限制。比如，双重管理体制严重制约了我国民间慈善组织的发展，许多组织由于注册无门只能通过变通的方式设立，难以享受依法注册的慈善组织的优惠待遇；注册的初始资金的要求过高，运营成本控制较严，税收优惠和募捐资格难以获取等。我国社会组织既培育发展不足，又规范管理不够。从根源上来说，这种行政化的慈善管理体制归因于对社会治理主体，政府职能的定位。在这种体制背景下，慈善事业的发展受到重大阻碍，改革势在必行。

三　完善中国慈善立法路径选择

（一）加快慈善法立法进程，加强协商与社会参与

从国际立法经验和实践来看，制定统一的慈善基本法符合国际慈善立法趋势。慈善基本法内容比较全面，一般包括了定义、登记注册制度、慈善组织的权利义务、内部治理结构、慈善管理机构、税收优惠、法律责任和罚则等内容。其法律名称一般为"慈善法""慈善事业法""慈善活动和慈善组织法"等。德国、日本由于其民法典统领下的民事主体制度相对完善和发达，有关税法对慈善组织、慈善捐助活动的税收优惠措施规定较为具体，能够从慈善活动主体、活动规则、引导措施等方面为慈善活动提供最基本的法律保障。即便如此，为了慈善领域的立法更加完善，1998年《日本特定非营利活动促进法》出台，专门详细规定了日本慈善组织、慈善活动、税收优惠等问题，弥补了分散立法模式的不足，使日本慈善立法的模式开始逐步走向统一立法模式。就英美法系而言，英国率先采用了这

一立法模式，进而影响到其他普通法系国家，使得制定综合性慈善法已成为一种共识。

制定统一的慈善基本法也符合我国的现实状况。当下的中国尚未制定《民法典》，现行《民法通则》关于法人的分类未采用大陆法系传统的社团法人、财团法人的分类法，因而没有关于财团法人的完整规定。现行各种分散的组织单行法无法为慈善事业发展提供足够有保障、体系完整统一的主体法律制度，因而无法适应我国慈善事业发展对主体制度的基本要求。我国目前是按税种设置税收制度的，对民间组织没有设立专门的税收制度。在现有与慈善相关的立法中，《公益事业捐赠法》被视为慈善领域有代表意义的法律，但其修订无法肩负构建整个慈善法体系的重任，所以制定一部慈善基本法势在必行。

从 2005 年"慈善法"开始起草，2006 年进入立法程序，直至 2013 年，整整八年间没有根本性进展。这样的久拖不决容易减弱社会参与立法的热情，同时也使立法机关的公信力受损。

2013 年 10 月份全国人大公布十二届全国人大常委会立法规划第一类项目，其中"慈善事业法"由全国人大内务司法委员会牵头。立法模式的改变，无疑会对慈善法立法工作带来极大的积极影响，将解决之前慈善法立法久拖不决的问题。

慈善立法应在更加公开透明和更多社会参与的状态中推进。慈善立法既是一个法律确定过程，又是慈善理念普及和共识达成的过程。以英国 1993 年"慈善法"的修改为例，草案公布后，议会的审议程序持续了约两年半。在审议期间，议会和政府相关部门之间不断交换意见，议会与公众，特别是议会与民间公益性组织之间也进行着不断的互动。此外，立法部门、法律专家和公益组织代表还组成了慈善法修改联合委员会，对新法草案和内政部提交的其他相关文件进行仔细研究，委员会曾发表了长达 400 多个段落的研究报告，具体提出了 54 项修改建议。英国内政部就委员会的质疑与建议公布了《政府回应》逐一详尽解释，进一步澄清了相关的立法考虑，对委员会所提建议表明态度。正是在这样不断地交流和探讨下，才完成了现如今的内容详尽制度完备的英国慈善法。

（二）完善中央慈善管理体制，建立人大慈善工作委员会和国务院国家慈善委员会

根据国际经验，结合中国实际，中央慈善管理体制可以在两个方面做出改进。

第一，在全国人大建立慈善工作委员会，邀请有关社会各界人士公开讨论，加强与社会的沟通协商。在现代体制中，政府与社会的联系依赖于体制性联系，一方面体现为民意的表达（在我国是人民代表大会）；另一方面是执政党通过换届选举而与社会进行广泛的沟通。根据我国的政治结构，在全国人大系统中设立慈善工作委员会是比较适宜的。一个较为活跃的会议机构可以通过定期和不定期的会议来公开讨论慈善领域的一些公共事件，从而促成社会能够达成一定的基本共识。

第二，在国务院系统建立国家慈善委员会，从行政体制上理顺慈善事业发展的管理体制。目前行政管理的最大挑战是，缺乏有权威的统一性的管理机构。因此，十分有必要在国务院系统中设立类似国家减灾委员会那样的综合协调机构，通过召开年度会议，分析行政所遇到的挑战并拟定相应的政策措施。这个委员会需要邀请有关部委的负责人参加，形成一种行政工作协调机制。

此外，要确保慈善事业的社会性，向社会组织放权，向地方放权。慈善事业的健康发展需要减少行政的不当干预，鼓励和培育民间慈善组织，让慈善组织能够在一个平台上竞争发展。公民行善的社会环境大格局应该是政府和社会共同承担未来的社会服务项目，政府承担相当大的资金保障，社会组织则提供多项具体的社会服务。为向社会组织放权，首要的是改革双重管理体制，简化注册程序，降低注册门槛，同时通过一系列的制度完善，加强注册后组织运营的监管。为了便于民间组织的设立和慈善活动的开展，可以适度地向地方放权，减少中央对于微观事务的管理，加强和改善宏观管理，并严格事后监管。比如基金会的注册权，可以从中央、省两级，更多地向地方政府比如县、市一级下放。

（三）建立非货币捐赠税收优惠体系，落实捐赠优惠结转制度

1. 建立股权等非货币捐赠税收优惠制度

与英国和美国相比，我国股票捐赠的税赋最重，除捐赠股票外还需支付捐赠股票增值部分25%左右的所得税及0.05%～0.1%的印花税，该部分费用由捐赠企业支付。而美国一年期以上股票捐赠基本无交易费用。但一年期以内股票捐赠需缴纳20%左右的资本利得税，视同现金捐赠。英国交易费用则更低，不管何种形式股票捐赠都无费用。

此外，我国企业可以获得年度税前利润12%的抵扣额，个人获得30%的抵扣额。但只能在当期抵扣，不能结转，企业按年度计算，个人按月计算。而美国企业可获得10%的税前抵扣，个人依据捐赠对象的不同分别为20%～30%。按年计算，同时可以在五年内抵扣多余部分捐赠。在英国无论个人和企业都可以全额抵扣，但只限于在英国国内上市交易的股票，其他股票无任何优惠（见表3）。

表3　中、美、英三国股权捐赠税收优惠政策比较

		企业捐赠			个人捐赠		
		中	美	英	中	美	英
成本	所得税/（美、英）资本利得税	25%，高新技术企业为15%（所得税）	不征收（一年期以上股票）；20%（一年期以内股票）	不征收	20%（流通后买卖不征税）	不征收（一年期以上股票）征收（一年期以内股票）	不征收
	印花税	0.05%（非上市公司），0.1%（上市公司）	无此税	无此税	0.05%（非上市公司），0.1%（上市公司）	无此税	无此税
收益	所得税税前扣除额	12%	10%	全额（上市公司股票）	30%	20%～30%	全额（上市公司股票）

注：（1）上表只包含主要税种，在中国股权捐赠可能还涉及城市建设等相关费用。

（2）由于涉及企业性质、股票性质等，在实际操作中会有一定的差异，如福耀玻璃为非居民企业，其所得税依据中港协定约为10%等。

资料来源：美国联邦税收部门（IRS），英国税务及海关总署（HM Revenue & Customs）和国内税收相关材料。

结合中国经济的发展状况，我们认为在未来一段时间内，股权捐赠这种新兴的捐赠形式将会成为我国大额捐赠的主要形式。是否能够建立起股权捐赠的免税制度，将会直接影响中国大额捐赠乃至决定中国慈善事业能否做大做强。

2. 对非营利组织经营性收入选择性免税

国际通行对非营利组织从事商业活动的税收规制有四种。

（1）全面征税。即对非营利社会组织的一切行为中的所有利润进行征税。这样的做法虽然在一定程度上保护了国家税收的稳定性，有效地遏制了国家税收的流失，但这会使非营利组织在活动中缺少相对的独立性，阻碍了非营利社会组织的发展壮大。

（2）全面免税。对非营利社会组织的所有商业活动所产生的利润全面免税，不考虑其商业所得是否与慈善性目的相关，这在一定程度上促使非营利组织积极参加社会事务，但这极有可能让非营利组织参与到商业竞争中去，会给其他商业性质的企业带来不公平的待遇，造成恶性竞争或产生偷税漏税问题。

（3）只对非营利组织目的无关的经营性收入征税。对非营利社会组织的与组织宗旨无关的商业收入征税，这种税收政策有效避免了非营利社会组织因免税待遇造成的对其他企业的不公平竞争，也避免国家税收的流失。这也是众多国家所采取的方式之一。

（4）非营利组织参与营利性活动的收入有权享受低于企业所得税率的税收优惠。但是在资金使用上，非营利社会组织的营利性收入不能使私人获利，不能给组织的员工或者领导人私分利润，这样就更多保证了组织整体的利益。

结合我国目前的发展现状，全面禁止和全面免税都不利于慈善组织的发展，建议采取对与非营利组织目的无关的经营性收入征税的方法，明确界定非营利组织目的经营性活动。或采取对非营利组织参与营利性活动的收入给予降低企业所得税税率的优惠，并严格限制其营利性收入不得用于利润分红等。

3. 落实企业捐赠税收抵扣结转具体操作流程

2013年2月发改委、财政部、人力资源社会保障部共同发布了《关于深化收入分配制度改革的若干意见》（下称"若干意见"），其中第 21 条：大力发展社会慈善事业。积极培育慈善组织，简化公益慈善组织的审批程序，鼓励有条件的企业、个人和社会组织举办医院、学校、养老服务等公益事业。落实并完善慈善捐赠税收优惠政策，对企业公益性捐赠支出超过年度利润总额 12% 的部分，允许结转以后年度扣除。加强慈善组织监督管理。因此，税收优惠结转在制度上已经实现了突破，接下来，如何从实际操作层面落实若干意见中的相关规定，将会成为财政部门及慈善组织监管部门的重要任务。

4. 建立个人捐赠税收抵扣结转机制

在企业捐赠税收抵扣结转政策制度实现突破的同时，个人捐赠也面临着同样的困境。根据《国家税务总局关于个人捐赠后申请退还已缴纳个人所得税问题的批复》的规定，"允许个人在税前扣除的对教育事业和其他公益事业的捐赠，其捐赠资金应属于其纳税申报期当期的应纳税所得；当期扣除不完的捐赠余额，不得转到其他应税所得项目以及以后纳税申报期的应纳税所得中继续扣除，也不允许将当期捐赠在属于以前纳税申报期的应纳税所得中追溯扣除"。这意味着个人捐赠只能在当月进行抵扣，而从实际操作层面来看，捐赠发票的开具、向税务部门进行申报都需要较长的时间，上文也已提到税收减免流程的复杂性，在很多情况下，很难在当期完成税收抵扣的工作。此外，不能结转且流程复杂会伤害捐赠人的捐赠热情，这都是阻碍慈善事业发展的不利因素。

因此，建议建立个人捐赠结转机制，允许超过应纳税额 30% 的部分顺延到下一个申报期进行抵扣，或者将期限扩大至整年。

（四）建立慈善组织认定机制，落实直接登记新政

1. 建立慈善组织认定机制，由专门机构负责执行

要想扶持慈善组织，使我国的慈善事业进一步发展，首先应明确慈善组织的界定范围。这是因为慈善组织作为开展慈善活动的公益法人，会享受一些特定法定权利，包括收入上的税收减免，政府在采购社会服务、财政支持方面的政策倾斜。基于此，慈善组织的界定成为一个关键问题。

从我国的基本情况来看，目前国内已有较为完整的社会组织登记管理

体制。无论是民办非企业单位、社会团体还是基金会，都可以在各自领域的条例之下完成登记注册。如再引入"慈善组织"这一法定概念，可能为各类社会组织带来双重身份，引起对慈善组织管理的混乱。

观察国际上的慈善组织界定范例，也能受到一些启发。在英国，一个组织是否算作慈善性组织由慈善委员会决定。该委员会在审查申请要求时，主要依据组织的章程和相关材料决定申请组织是否符合慈善性的标准。[1] 此外，根据社会不断发展的需要，慈善委员会还有权决定新的公益慈善领域和单位。而在美国，慈善机构的范围则由《国内税收法典》的501（c）（3）条款划定，主要指那些为公众服务或使公众受益的组织，这些组织基本被划分为公共慈善机构和私人基金会两种。

结合当前我国的基本情况和国外对慈善组织的认定经验，对慈善组织的界定除了需要规定慈善组织所应具备的基本要素（公益性、非营利性、服务性）之外，当务之急是建立一套慈善组织认定机制，并安排专门机构来负责慈善组织的认定。从目前我国的社会组织管理体制来看，民政部国家民间组织管理局和各省、自治区、直辖市的民间组织管理局是承担这一职能的理想单位。而在免税资格的认定方面，则需要国家税务总局和地方国税局进行配合。

在慈善组织认定的制度安排方面，比较合理的运作制度是对慈善组织进行公益法人认证。认定工作由各类社会组织自行提出申请，各级民间组织管理局负责审核申请组织的宗旨、章程、业务并考察申请组织一段时间内（2~3年）的年检结果、行政执法记录以及公益事业开展情况后，向合格的慈善组织授予公益法人资格。

2. 取消双重管理体制，落实直接登记新政

2013年《国务院机构改革和职能转变方案》提出取消公益慈善等类型社会组织的业务主管单位，困扰包括慈善组织在内的所有社会组织多年的双重管理体制成为历史。因此，下一步的慈善组织方面的立法工作重点，应为修订社会组织管理条例，变双重管理体制为登记主管机关专门管理的

---

① "Taxation of Charities in the UK", Mayer Brown International LLP Research Memorandum, February 2013.

模式。在条例修订之后，登记管理机关既是慈善组织法人资格的登记部门，也是慈善组织活动的监管部门。同时，应该借鉴工商组织的注册经验，尽量使慈善组织的注册简便易行。

当然，取消双重管理体制，并不意味着减少民政系统之外的其他政府部门对慈善组织的管理权限。政府各部门依然可以在自己的职权范围内，对相关领域慈善组织的工作进行监督和指导。比如，对于涉及教育、医疗、环保、艺术等专业领域的慈善组织，行业有一定的技术准入标准。相关领域的行政机关对这些组织进行认证和工作指导，将为这些组织的规范运作提供保障，最终保护受助、受益群体以及全社会的公共利益。

三大条例修订完毕且双重管理体制正式取消之后，应尽快将相关的注册标准和程序文件下发到各地民政机关，赋予各地的登记管理机关公益认证、变更组织章程，以及调查和质询慈善组织的职权，尽快将直接登记注册的实践从 27 个省级行政区扩大到全国范围。

3. 降低注册门槛，普及基层慈善组织

在管理体制改革的同时，还要实现慈善组织注册门槛的降低。非公募基金会 200 万元原始资金，公募基金会 400 万元原始资金的要求，在世界范围内亦属于极高的门槛。与之相对比，在美国成立慈善机构没有注册资金的要求，只需要缴纳较少数额的注册费，就能在几天时间内完成注册。也正因为这样的低标准，欧美年收入 1 万美元、1 万英镑以下的基金会或慈善组织占据半数以上。我们要借鉴国外经验，取消基金会原始基金的数额限制，鼓励小额资本进入慈善领域。小规模基金会的诞生，能迅速激活民间慈善和社区慈善，便于大众参与慈善，形成全民公益的氛围。

我国对基金会公益事业各项支出比例的要求以及对非营利组织员工薪酬的限制，也远远要比国际社会的通行标准更为严格。美国没有慈善组织行政成本的法律规定，同时在实践过程中支出比率也远高于 10%。根据美国慈善导航网（Charity Navigator）的统计，美国年度支出额度排名前十的慈善组织当中，有七家的公益项目支出比例不足 86%，而行政和筹资费用的比例则达到了近 15%，其中更有五家的行政和筹资费用比例达到了 20% 以上。而加拿大和新加坡等国法律允许的筹资成本比例也都达到了 30% 以上。

参考国外的范例，我国基金会的公益项目支出比例应有所下调，给予基金会充分的空间来进行投资，实现慈善资金规模的扩大。而慈善组织工作人员工资福利和行政办公支出比例应放松限制，工资的平均额度也应有所提升，其中工资与行政支出的比例可考虑提升到20%左右，与国际通行标准相接轨，以吸引更多优秀人才投身公益慈善事业。

（五）尽早实现募捐管理全国立法，放开主体及地域限制

1. 募捐权放开，形成多主体募捐局面

从目前已出台募捐相关地方法规的省、自治区、直辖市、计划单列市的情况来看，大多数地区选择了对各类符合要求的社会组织开放募捐权。这些地方法规坚持募捐主体多元化的立场，并且在具体规定上有大体一致的思路，那就是除保留以前法律法规规定的募捐主体红十字会、公募基金会外，同时向其他社会组织适当开放募捐权。这样的理念，也可以运用到全国慈善法的立法思路当中。

在各地的慈善事业促进条例和募捐条例当中，普遍的规定是红十字会和公募基金会可以不受限制，较为随意地开展募捐活动，仅有的要求是上述组织应当在"其章程规定的宗旨、业务范围和地域范围内开展募捐活动"，如广州市募捐条例和湖南省募捐条例都有相关的内容。但在保留老的募捐主体的同时，各地的行政机关正在开拓新的募捐主体。

无论是《江苏省慈善事业促进条例》还是《长沙市慈善事业促进条例》，无论是《湖南省募捐条例》还是《广州市募捐条例》，都明确提出要将"公益性社团和非营利性事业单位"有条件地纳入到募捐主体当中。而纳入的条件，包括依法成立、有固定章程、有固定办公场所，以及向省、市级民政部门备案登记等。还有一些地方法规提出了"慈善组织"的概念，包括《宁波市慈善事业促进条例》和《宁夏回族自治区慈善事业促进条例》都有涉及。在这些条例的定义中，慈善组织是"以慈善为宗旨的非营利性组织"，既可以包括基金会、民办非企业单位、社会团体（宁夏），又可以囊括自然人、法人和其他组织根据国家有关管理规定向当地民政部门申请成立的组织。

从地方立法的进展可以看出，募捐权的放开已是大势所趋。因此，国家层面的慈善立法，也应考虑扩大募捐主体的范围，不再让公开募捐成为公募基金会、慈善会以及红十字会的专利。当然，在实现主体扩大之前，要制定出详尽的慈善组织认定标准，尽量让获取公开募捐资格的组织都属于慈善组织的范畴之内；确保所有获取募捐资格的慈善组织，向民政部门提交详尽的备案登记材料；募捐主体应具有公益事业捐赠票据领取资格，以保障捐赠者的正当利益不受到侵害。

2. 突破地域对募捐活动的限制

《基金会管理条例》第三条规定，"基金会分为面向公众募捐的基金会（以下简称公募基金会）和不得面向公众募捐的基金会（以下简称非公募基金会）。公募基金会按照募捐的地域范围，分为全国性公募基金会和地方性公募基金会"。因此，全国性公募基金会的公开募捐活动可以在全国范围内开展，地方性公募基金会的公开募捐活动只能在登记注册的行政区域内开展。这一规定或许是出于对地方慈善资源保护的目的，但是，从全国慈善公益事业发展的角度来说，取消公开募捐活动的地域限制可以更大程度地实现慈善资源的合理配置，也能够给成立于经济不发达，慈善捐赠不发达的地区的慈善组织提供更多的机会。

在当前的法律规范下，亟须获得慈善资源的经济欠发达地区很大程度上需要经济发达地区的具有公募资格的组织在当地进行募款，再联络经济欠发达地区的慈善组织进行落实，而一旦突破这种地域限制，经济欠发达地区的公募组织可以直接在经济发达、慈善文化先进的地区进行慈善募捐，减少在资源配置过程中不必要的时间及经济成本。

3. 备案制度为主，审批制度为辅

对依法具有公募权的红十字会、公募基金会是否可以随时、自由开展以慈善为宗旨的募捐，各地规定基本相似但略有不同。《广东省慈善事业条例》草案拟对红十字会、公募基金会开展慈善公募进行规范，即同样要向民政部门备案申领募捐证书后才能开展慈善募捐。原因是红十字会作为救助性社会团体，其宗旨广泛，慈善仅是其中一个宗旨，并非以慈善为唯一宗旨的社会团体。《上海市募捐条例》第十一条规定，募捐组织开展募捐活动，应当制定募捐方案，并在募捐活动开始十个工作日前，向募捐活动所在地的区、县民政部门办理备案手续。同样采取备案制度的还有湖南，而《江苏省慈善事业促进条例》第二十三条则规定，申请慈善募捐许可的组织应当在开展募捐活动之前，向拟开展募捐活动地区的县级地方人民政府民政部门提交组织登记证书、募捐活动申请书、募捐活动计划、所募款物用途的说明以及法规、规章规定的其他材料。

从整体上看，对法律已经赋予公募权的红十字会、公募基金会进行公开募捐活动的，出于节省时间成本、简便工作流程等考虑，应采用备案制度，而对于其他类型的可以作为募捐主体的组织则应该进行较为复杂的审批程序，要求其对慈善募捐的时间、地点、募捐活动计划、善款用途等具体方面进行陈述，提交相应材料，经审批后方能授予公开募捐的资格。这种以备案制度为主，以审批制度为辅的管理方式，既可以保证公募基金会、红十字会等已经具有公募权的组织正常便捷地开展募捐活动，又可以通过审批的方式，对其他进行公募活动的组织进行管理，防止违法情况发生。

（六）出台慈善信托应配套执行细则，构建税收优惠制度

公益信托早在 2001 年《信托法》中就已确立，而实践中几乎未被采用，除了缘于信托业的整体大环境之外，更多归因于我国慈善信托本身的制度缺陷。慈善信托作为一个具有多重优势的行善工具，需求日益增强，亟须尽快推动制度的革新和完善。

1. 出台配套执行细则

应该尽快明确审批机关，将民政部作为"公益事业管理机构"，避免具体公益事业主管机关和民政部门多头管理，互相推诿的局面。对于公益事业管理机构的设置存在以下两种观点：第一，确定公益目的之前三项的对应审批机关为民政部门，而后几项为相应的教育、文化、卫生、环保等部门；第二，设置统一性机构。考虑到民政部门在公益信托的审批上可能缺乏动力，以及具有多个公益目的公益信托的审批管理存在复杂性，可以考虑设置一个上位的统一性协调机构，对公益信托进行统一管理。

或者更进一步，对于某些无须税收优惠或者临时性的公益信托，可考虑取消审批程序，尝试备案制度。设立程序简化不代表放松监管，而是将

监管重心从事前转为事后，注重在公益信托存续过程中，通过信托监察人和相关部门加强监督。

对于信托监察人的具体要求也应该尽快明确。以简便易行为宗旨，建议公益事业管理机关制定信托监察人名录，委托人可于公益信托设立时直接从中遴选或者随机抽取，降低遴选成本，同时也便于在无约定的情形下由公益事业管理机构指定。该信托监察人名录以被选取机构事先同意为前提条件。

明确信托监察人享有一般受益人的所有非财产性权利，提升信托监察人在信托关系中的地位；明确信托监察人是否能获取报酬，辞任（得经指定或选任之人同意或公益事业管理机构之许可辞任），解任（信托监察人怠于执行其职务或有其他重大事由时，指定或选任信托监察人的人可以解任监察人；公益事业管理机构亦得因利害关系人申请将其解任），监察人委员会（特别是委托人在内）的表决方式。

同时应该尽快出台信托登记相关的管理办法，扫除信托设立上的阻碍。据悉，目前证监会正在争取国务院办公厅尽快通过"信托公司信托登记试行办法"，"信托登记问题的解决将为公益信托的发展奠定基础，目前限制公益信托发展的种种障碍，很多都将迎刃而解"[①]。

2. 构建税收优惠制度

由于公益信托具有公共效益，其信托财产和收益上的税收优惠成为各国税法的一个惯例。现行税制对社会公益事业给予了减免税待遇，但是对于公益信托却没有做出明确的规定。由于公益信托的实践尚处于初级的阶段，相关的税收实践经验也很缺乏。公益信托相关的税收涉及三类主体的三个法律关系，相对比较复杂，需要避免如不动产信托设立过程中同一税源二次征税问题；同时由于公益信托本质上也有公益性捐赠的属性，需要考虑怎样和现有的捐赠的税收优惠衔接起来。

具体来说，在公益信托的设立环节，委托人将信托财产交付给信托人时，相关的减免税可以参照现行的有关捐赠的规定进行减免。在公益信托

---

① 资料来源：凤凰网，http://finance.ifeng.com/roll/20101126/2954941.shtml，访问时间：2013 年 5 月 25 日。

的存续环节中，受托人经营管理信托财产获得的信托报酬，信托财产的收益等，也应该得到一定的减免税优惠。公益信托终止时，信托财产和收益的流转环节，信托受益人所得的相关税负也需要进一步探讨。由于税收优惠一直是信托发展的最大驱动力，所以应该尽早构建税收优惠制度，鼓励和引导公益信托实践。

（七）发展福利企业，加大政府扶持和社会参与

社会企业由于其创新的理念和模式引起了全球的关注，但是由于其发展阶段不同，各国的定义和认定标准存在争议，立法差异显著。表4选取组织形式和利润分配作为对比项，对各国社会企业相关立法或认定进行比较。

表4　各国社会企业立法概览

法律形式	国　家	组织形式	利润分配
公司形式	英　国	社区利益公司较为典型，另有担保有限公司、股份有限公司、工业工人互助协会、慈善组织等形式	可以分配，但规定分红上限（35%）和绩效利息上限
	美　国	低利润有限公司	可以分配，股东有权得到利润分配和价值增值
		公益公司	
		弹性目标公司	
		社会目的公司	
	加拿大	社区贡献公司	不明确
合作社形式	葡萄牙	社会团结合作社	不能分配
	西班牙	社会倡议合作社	法律规定的限度内分配利润
	希　腊	有限责任社会合作社	不明确
	波　兰	工人合作社	不能分配
	法　国	集体利益合作社	允许有限的利润分配，但须满足盈余的57.5%被分配到法定储备金的条件
	意大利	社会合作社	不明确

续表

法律形式	国家	组织形式	利润分配
无特定法律形式	比利时	社会目的公司（法律品牌，而不是特定的法律形式）	不能向成员提供经济利益，资本投资的分红上限为6%
	意大利	任何法律形式的民营实体	要求公益目的，但利润不作限定
	芬兰	以商业为基础提供产品和服务的组织	可以分配，不受任何限制
	立陶宛	任何法律形式的组织	不明确
	韩国	对符合标准的组织进行官方认定，包括非营利组织、合作社、社会福利基金会、协会	公司、非营利基金会应将至少三分之二的利润用于社会目标

注：根据王世强《国外社会企业立法现状及对中国社会企业立法的展望》（2013）整理而成；利润分配不是唯一的认定标准，不少国家对残疾人的比例、治理结构等要求，此表中不作为比较的内容。

世界各国社会企业的创新法律形式可分为三种类型：一是合作社形式，即将社会企业作为非营利组织的一种形式，如葡萄牙、西班牙、希腊、波兰、法国；二是公司形式，即将社会企业作为公司的一种形式，如英国、美国、加拿大；三是无特定法律形式，即并不创制新的法律形式，而是在制定社会企业标准的基础上进行资格认定，如比利时、意大利、芬兰、立陶宛、韩国。在利润分配方面，有的国家，特别是采取合作社形式的国家多禁止利润分配，而另外一些国家允许一定比例的利润分配，且具体比例互有差异。

1. 大力发展社会福利企业

我国目前社会企业的实践尚未发展到迫切需要在法律上进行统一身份认定的程度，且统一认定立法难度较高，国际实践差异较大，其经验的可复制性也尚待时日才能确定。所以，我国可考虑采取实践先行的做法，待条件成熟后再着手身份认定。我国已经在社会福利企业管理方面有着较为成熟的管理和运作机制。

尽管社会福利企业现在面临一定的挑战，但是仍然有着宝贵的实践经验。这种形式不仅可以确定为社会企业的重要类型之一，其立法和实践经验也能为社会企业提供重要借鉴和启示。第一，可以先将社会福利企业的涵盖范围扩大，将福利企业的模式向残疾人以外的领域扩展。明确"以商业手段实现社会目标""双重底线，双重目标"的定位，将福利企业纳入社会企业发展的轨道之中。第二，完善相关的扶持政策，突破其发展困局，切实有效地促进福利企业发展。比如，将3.5万元封顶的限额调整为地区工资六倍退税，以适应不同地区和动态的需要；取消对退税收入征收所得税等；根据社会和经济发展趋势，及时修改和完善残疾人权益保障的相关政策，针对不同残疾人群体和不同性质的福利企业制定多样的保障政策。

2. 加大政府的扶持力度

目前，对于社会企业是否应当得到政府的政策倾斜和扶持仍存有争议，但是主流的观点认为，社会企业承担了大量社会责任，理应得到有别于一般企业的优惠待遇。而且我国社会福利企业的发展经验表明，国家的政策扶持对于企业的生存发展以及相关就业人群的安置，具有重要作用。在社会企业认定标准确定的基础上，政府应该尽快制定具体的扶持措施，包括优惠的税费制度和政府购买等。

3. 鼓励多元投资，拓宽市场空间

通过政策倾斜吸引更多的社会力量投入社会企业的发展，特别是要吸引创业家和慈善家的参与。多元投资不仅有利于企业形成经济规模，而且有利于解决资本所有权与经营权分离的问题，增强其市场意识和经营理念，优化其资本运营方式，从而提升其市场竞争力。

近年来我国的公益捐赠势头较好，越来越多的民营企业和富人阶层参与到公益捐赠当中，投资参与社会企业对于从事公益捐赠的企业家来说是一种较佳选择：不仅可以获得一定的回报，而且能将先进的企业运营管理经验注入处于发展起步阶段的社会企业，带动社会企业的快速发展。但是具体的参与方式和手段须受到一定的规范，尽量避免商业回报要求过高而侵蚀社会企业的社会效益；同时必须建立社会企业公益性的保障机制，防止滥用社会企业形式牟利的现象。

（八）支持慈善立法试点，鼓励地方创新

民政部从2006年就开始着手草拟"慈善事业法"，但是目前国家慈善

法仍未出台，为了破解在法律层面长期困扰和制约慈善组织发展的障碍，地方立法走在了前面。从 2010 年开始，广东、江苏、上海、湖南等地已经开始制定地方性慈善法规和规章。包括草案送审稿在内，已有七部慈善综合性地方性法规制定；三部募捐地方性法规出台；志愿服务法规更是多达 30 多部。

地方引领的创新和中央制度支持密不可分。为统筹区域发展，2007 年以来，国务院批准了一系列区域发展规划，启动了多个综合配套改革试验区建设。在这些区域发展规划和综合配套改革中，都包含了对民政工作的要求。2010 年，民政部启动了设立综合观察点和签订部省（市）合作协议工作。在经济发达地区，适度下放立法权限，为国家立法和政策制定提供示范。随后，江苏领风气之先，成为全国首个出台慈善综合性法规的省份。可见，中央确立的支持地方制度立法创新的机制，对地方具有直接的促进推动作用，应该进一步推广和完善。

中国慈善事业的发展正处在一个相当关键的时期。慈善立法，事关慈善事业发展的全局。我国社会需要尽快确立慈善事业发展路线图，也需要确立慈善立法的路线图。现在的政策探索与政策选择，将决定着中国慈善事业发展的未来。

专题报告

中国慈善税收法律现状、挑战及展望*

一　中国慈善税收法律体系初步成型

我国慈善事业起步较晚。改革开放前，政府承担了全部的就业、社会保障、社会福利工作，慈善公益事业缺乏发展的社会条件。1978年改革开放后，慈善事业才得以恢复、发展，而慈善法律尤其是慈善税收法律的发展更晚一些。1994年开始实施的《中华人民共和国企业所得税暂行条例》规定："纳税人用于公益、救济性的捐赠，在年度应纳税所得额3%以内的部分，准予扣除。"这是新中国第一部对慈善捐赠税收减免有明确规定的法律。此后20年，慈善税收相关法律体系随着慈善组织的迅速成长和公益捐赠行为的日益普遍而逐渐成形。

（一）法律与规范性文件共同规范税收优惠

根据税收法定原则的要求，有关非营利组织的课税要素，如纳税主

＊　本报告撰写日期截至2013年12月31日。

体、征税对象、税目、税率、税收优惠等都应由成文法律来明确规定，亦可由立法机关明确授权范围进行授权立法。我国针对捐赠税收减免的相关法律法规较为分散，各种税收优惠条款散见于基本税法和各个部门法的条款中，初步形成了一套比较统一的税收优惠制度体系。

目前，我国共有《中华人民共和国公益事业捐赠法》（〔1999〕主席令19号）、《中华人民共和国红十字会法》（〔1993〕主席令14号）、《中华人民共和国企业所得税法》（〔2007〕主席令63号，2008年修订）、《中华人民共和国个人所得税法》（〔2011〕主席令48号）、《中华人民共和国税收征收管理法》（〔2001〕主席令49号）、《中华人民共和国民办教育促进法》（〔2002〕主席令80号）六部法律和《中华人民共和国税收征收管理办法实施细则》《中华人民共和国企业所得税法实施条例》《中华人民共和国个人所得税法实施条例》等15部行政法规和规范性文件。

除上述21部法律法规以外，还有包括财政部、国家税务总局等单位单独或联合下发的约55部规范性文件对慈善税收优惠进行了更为细致的规定。

在上述法律体系中，企业所得税法及其实施条例、个人所得税法与公益性捐赠税前扣除的相关性最大。

（二）企业捐赠税收优惠力度加大

企业捐赠是我国慈善资源的主要贡献者。从2007～2012年的统计数据看，企业捐赠量占全国捐赠总量的比例平均值为53.2%。尤其值得注意的是，2008年全国捐赠总量因汶川地震有了井喷式的发展，2009年全国捐赠总量明显回落，但是企业捐赠额变化不大，并且在接下来的几年中保持了稳定增长趋势，这表明企业是我国慈善捐赠最主要、最稳定的中坚力量（见图1）。因此如果将企业的公益性捐赠激励政策落实到位，将能进一步激发企业的捐赠热情、鼓励企业扩大捐赠的规模和范围，这对于中国慈善事业的发展壮大有积极推动作用。

我国企业公益性捐赠税收优惠制度的专门规定，首次体现于1993年颁布的《中华人民共和国企业所得税暂行条例》（以下简称"旧法"），其第六条第四款规定"纳税人用于公益、救济性的捐赠，在年度应纳税所得

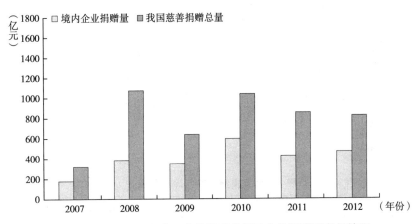

图1　2007～2012年我国慈善捐赠总量及企业捐赠量变化情况

数据来源：彭建梅、刘佑平主编《2012年度中国慈善捐助报告》，中国社会出版社，2013。

额3%以内的部分，准予扣除"。当时，美国对企业慈善捐赠税收优惠的幅度为10%，与世界大多数国家相比，我国3%的比例处于偏低水平。

20年来，我国经济迅猛发展，企业赢利水平也明显上升。同时，我国慈善理念也逐渐普及，慈善事业得到了更多的理解和支持，企业慈善捐赠热潮渐渐兴起，尤其在重大的自然灾害面前，很多企业、企业家都慷慨解囊。但是，在2008年之前，我国税收优惠的力度不大，优惠范围也比较小，这种情况不能满足慈善行业的发展需求。激励不足在一定程度上制约了企业的慈善捐赠行为。

在此背景下，我国对企业所得税等相关法律进行了修订，其变化之一，是公益性捐赠税前扣除比例的大幅度提高。2007年颁布、2008年实施的《中华人民共和国企业所得税法》（以下简称"新法"）第九条规定："企业发生的公益性捐赠支出，在年度利润总额12%以内的部分，准予在计算应纳税所得额时扣除。"

与"旧法"相比，"新法"提高了税收优惠幅度，并基本统一了不同捐赠对象扣除比率不同的问题。这是两个明显且意义重大的变化。

1. 企业捐赠税前扣除比例变化：从3%提高到12%

公益性捐赠税前扣除的限额从"旧法"一般情况下的3%和特殊情况下的1.5%、10%、100%统一规定为一般情况下的12%。

073

　　"旧法"对公益性捐赠税前扣除比例的规定相当复杂，除"旧法"规定的3%外，还有金融保险业的1.5%、宣传文化事业的10%等多项不同规定。这种多重标准，无论是对企业捐赠者还是税务管理部门，都带来了非常大的负担。"新法"基本解决了这一问题，不再对不同捐赠领域进行区别对待，而统一将优惠比例提升至12%，可以说，"新法"统一了慈善捐赠优惠幅度，为企业捐赠者、税务管理部门以及慈善组织都带来一定的便捷（见表1）。

表1　企业捐赠税前扣除比例变化

旧　法	新　法
1994年开始实施的《中华人民共和国企业所得税暂行条例》规定："纳税人用于公益、救济性的捐赠，在年度应纳税所得额3%以内的部分，准予扣除。" 由于金融、保险企业的特殊性，《财政部、国家税务总局关于金融、保险企业有关所得税问题的通知》（〔1994〕财税27号）规定："金融、保险企业用于公益、救济性的捐赠支出，在不超过企业当年应纳税所得额1.5%的标准以内可以据实扣除。" 《财政部、国家税务总局关于宣传文化增值税和营业税优惠政策的通知》（〔2006〕财税153号）规定："自2006年1月1日起至2010年12月31日，对企事业单位、社会团体和个人等社会力量通过国家批准成立的非营利性的公益组织或国家机关对宣传文化事业的公益性捐赠，经税务机关审核后，纳税人缴纳企业所得税时，在其年度应纳税所得额10%以内的部分，可在计算应纳税所得额时予以扣除。" 企业通过非营利性的社会团体和国家机关向以下事业或机构的捐赠，准予在税前全额扣除，具体包括：红十字会、福利性及非营利性的老年服务机构、农村义务教育组织、公益性青少年活动场所	2008年开始实施的《中华人民共和国企业所得税法》第九条："企业发生的公益性捐赠支出，在年度利润总额12%以内的部分，准予在计算应纳税所得额时扣除。"

2. 基数变化：从"应纳税所得额"改为"年度利润总额"

根据"旧法"规定，应纳税所得额为企业每一个纳税年度的收入总额，减除不征税收入、免税收入、各项扣除以及允许弥补的前年度亏损后的余额，因此应纳税所得额一般来说要小于年度利润总额。"新法"将税收抵扣基数从应纳税所得额变为年度利润总额，进一步扩大了企业捐赠税收优惠力度（见表2）。

表 2 "应纳税所得额"改为"年度利润总额"

旧　　法	新　　法
1994 年开始实施的《中华人民共和国企业所得税暂行条例》（〔1993〕国务院令 137 号）第六条第四款规定，"纳税人用于公益、救济性的捐赠，在年度应纳税所得额 3% 以内的部分，准予扣除"	2008 年开始实施的《中华人民共和国企业所得税法》（〔2007〕主席令 63 号）第九条规定，"企业发生的公益性捐赠支出，在年度利润总额 12% 以内的部分，准予在计算应纳税所得额时扣除"

（三）企业慈善捐赠税收扣除结转制度确立

在"新法"执行过程中，企业进行慈善捐赠，对于当年利润12%以内部分可以扣除，而超过12%的部分不可以延期至下一年继续扣除，即捐赠仅可在当年予以税前扣除。然而，在现实情况下，尤其在重大自然灾害发生时，具有社会责任感的企业往往会进行大额捐赠，有些捐赠会大于企业年度利润的12%，但多出部分不能在第二年结转继续得到扣除，一定程度上抑制了企业捐赠者的捐赠热情。

这一制度限制在2013年得到突破。2013年2月，发改委、财政部、人力资源社会保障部共同发布《关于深化收入分配制度改革的若干意见》。其中第20条规定："落实并完善慈善捐赠税收优惠政策，对企业公益性捐赠支出超过年度利润总额12%的部分，允许结转以后年度扣除。"至此，我国首次在政府部门发布的文件中对慈善捐赠扣除的结转问题予以明确规定。企业捐赠者将得到更多的优惠，这对于企业捐赠行为是极大的鼓励，也是我国慈善税收优惠制度的重大完善。

（四）个人捐赠部分情况抵扣比例可达100%

个人捐赠的税收优惠幅度与企业相比要更大一些，个人所得税可在应税所得30%以内进行捐赠税前扣除。两者税收抵扣也因企业所得税征税周期与个人所得税征税周期不同而有区别，个人所得税按月征收，抵扣的额度也仅限于当月应纳税所得。

1. 一般性税收规定：按30%比例税前扣除

根据《中华人民共和国个人所得税法》（〔2011〕主席令48号）及其实施条例的规定，纳税人将其所得通过中国境内的社会团体、国家机关向教育和其他社会公益事业以及遭受严重自然灾害地区、贫困地区的捐赠，捐赠额未超过纳税人申报的应纳税所得额30%的部分，可以从其应纳税所得额中扣除。如果实际捐赠额大于捐赠限额时，只能按捐赠限额扣除；如果实际捐赠额小于或者等于捐赠限额，按照实际捐赠额扣除。

2. 特殊性税收规定：允许100%全额扣除

享受全额免除个人所得税优惠政策的主要情形有以下五种。

一是向红十字事业的捐赠。为支持红十字事业的发展，从2000年1月1日起，对个人通过非营利性的社会团体和国家机关（包括中国红十字会）向红十字事业的捐赠，在计算缴纳个人所得税时准予全额扣除[《财政部、国家税务总局关于企业等社会力量向红十字事业捐赠有关所得税政策问题的通知》（财税〔2000〕30号）；《财政部、国家税务总局关于企业等社会力量向红十字事业捐赠有关问题的通知》（财税〔2001〕28号）]。

二是向公益性青少年活动场所的捐赠。从2000年1月1日起，对个人通过非营利性的社会团体和国家机关对公益性青少年活动场所（其中包括新建）的捐赠，在缴纳个人所得税前准予全额扣除。公益性青少年活动场所，是指专门为青少年学生提供科技、文化、德育、爱国主义教育、体育活动的青少年宫、青少年活动中心等校外活动的公益性场所[《财政部、国家税务总局关于对青少年活动场所电子游戏厅有关所得税和营业税政策问题的通知》（财税〔2000〕21号）]。

三是向农村义务教育的捐赠。从2001年7月1日起，对个人通过非营利的社会团体和国家机关向农村义务教育的捐赠，准予在缴纳个人所得税前的所得额中全额扣除。文件所称农村义务教育的范围，是指政府和社会力量举办的农村乡镇（不含县和县级市政府所在地的镇）、村的小学和初中以及属于这一阶段的特殊教育学校。纳税人对农村义务教育与高中在一起的学校的捐赠，也享受本文件规定的所得税税前扣除政策［《财政部、国家税务总局关于纳税人向农村义务教育捐赠有关所得税政策的通知》（财税〔2001〕103号）］。

四是对老年服务机构的捐赠。从2000年10月1日起，对个人通过非营利性的社会团体和政府部门向福利性、非营利性的老年服务机构的捐赠，在缴纳个人所得税时准予全额扣除。老年服务机构，是指专门为老年人提供生活照料、文化、护理、健身等多方面服务的福利性、非营利性的机构，主要包括：老年社会福利院、敬老院（养老院）、老年服务中心、老年公寓（含老年护理院、康复中心、托老所）等［《财政部、国家税务总局关于对老年服务机构有关税收政策问题的通知》（财税〔2000〕97号）］。

五是向地震灾区的捐赠。对个人通过公益性社会团体、县级以上人民政府及其部门向汶川地震灾区的捐赠、玉树地震灾区和舟曲灾区的捐赠，允许在当年个人所得税税前全额扣除［《国家税务总局关于个人向地震灾区捐赠有关个人所得税征管问题的通知》（国税发〔2008〕55号）；《财政部、海关总署、国家税务总局关于支持玉树地震灾后恢复重建有关税收政策问题的通知》（财税〔2010〕59号）；《财政部、海关总署、国家税务总局关于支持舟曲灾后恢复重建有关税收政策问题的通知》（财税〔2010〕107号）］。

除以上五大类，个人向北京奥运会、上海世博会等特定事项的捐赠也可享受税前全额扣除的优惠政策。

（五）股权捐赠政策从禁止变为允许

美国1917年税法就已经包含了公益捐赠税收优惠政策，规定了三种捐赠形式可在税前扣除，即现金、带有长期资本增益或称长期资本利得性质的财物（如股权、知识产权）和带有普通所得性质的财物（如不动产、有形个人财产)。可以说,自1917年起,股权捐赠就已经成为受美国税法保护的一种捐赠形式。而我国的股权捐赠,经历了从禁止到许可的政策变化过程。

根据《财政部关于加强企业对外捐赠财务管理的通知》(财企〔2003〕95号),"企业可以用于对外捐赠的财产包括现金、库存商品和其他物资。企业生产经营需用的主要固定资产、持有的股权和债权、国家特准储备物资、国家财政拨款、受托代管财产、已设置担保物权的财产、权属关系不清的财产,或者变质、残损、过期报废的商品物资,不得用于对外捐赠"。上述通知明确规定,企业持有的股权和债券不得对外捐赠。

在各方推动下,上述规定于2009年得到改变。

2009年2月,曹德旺在福建证监局福建辖区证券期货监管工作会议上表示,将在未来捐出家族持有的福耀玻璃股份的60%成立慈善基金会。然而,在实际操作过程中,各种问题开始凸显。财政部曾于2003年规定企业持有的股权和债权不得用于对外捐赠(见上文);民政部《基金会管理条例》规定基金会原始基金必须为到账货币现金;这笔数额巨大的股权捐赠还将为曹德旺带来超过5亿元的企业所得税(国家税务总局测算)。

在种种限制之下,曹德旺决定先捐赠2000万元现金成立河仁慈善基金会,而股权捐赠事宜则在继续商讨中。此时,全社会对于股权捐赠的迫切需求已经显现。在曹德旺之前,牛根生、陈发树、杨澜等人先后表示要捐赠股票用于慈善事业,但由于政策的限制,他们或者选择了境外机构进行捐赠,或者干脆将捐赠事宜搁置。

曹德旺的不懈坚持和执著促成了政策的改变。在社会放开股权捐赠的强烈呼吁下,在多部委实地考察、调研并认真研究后,2009年10月,财政部颁布《关于企业公益性捐赠股权有关财务问题的通知》(财企〔2009〕213号,以下简称《通知》),规定"为了进一步推进社会公益事业的发展,引导企业规范公益性捐赠……允许企业进行公益性股权捐赠"。至此,股权捐赠开始合法化。

《通知》从通过政府规范性文件将股权捐赠新形式引进公益行业,对扩大公益捐赠、进一步推动公益事业具有重要意义。

同时，《通知》还规定，由自然人、非国有的法人及其他经济组织投资控股的企业，依法履行内部决策程序，由投资者审议决定后，其持有的股权可以用于公益性捐赠。这表明了我国对于企业股权捐赠的合理限制，既不限制企业进行股权捐赠行为，又要防止股权捐赠损害到其他相关利益人的合法权益。

此外，《通知》还对企业股权捐赠的转让细节进行了规定，"企业捐赠股权须办理股权变更手续，不再对已捐赠股权行使股东权利，并不得要求受赠单位予以经济回报"。这些规定明确了企业在对股权进行捐赠后，股权所附带的权利也必须随着股权的转让发生转移，目的是规避假慈善、真避税的行为。

（六）个人捐赠税收抵扣程序得到简化

2005年，时任民政部救灾救济司司长的王振耀为了推动个人捐赠税收减免程序的进一步简化，以个人名义向中华慈善总会捐赠500元。而在等待了两个月，经过了十道程序之后，他拿到了这笔捐款50元的税收抵扣。八年之后的2013年8月，王振耀先生又给春晖博爱儿童救助公益基金会捐赠2万元，他想通过这次捐赠来检验个人税收优惠减免程序发生了怎样的变化。

这一次的捐赠免税程序简单得令人惊喜。首先，王先生将捐赠发票原件给单位会计人员，会计人员核实发票的真实性并确认接受捐赠单位具备公益性捐赠税前扣除资格后，根据捐赠人当月工资算出可扣除的具体数额，然后进行扣除操作，直接将可抵扣额度从应纳税所得中减除。最后，由会计人员上报税收征管部门进行个人所得税的征收工作。整个程序不再需要捐赠人自己去税收相关部门奔波，只需要单位会计人员对发票进行核实，与普通的报销手续几乎同样简单。

当然，王先生的实验结果仅证明了北京等部分地区个人所得税捐赠抵扣程序得到了极大的简化，其他地区的捐赠抵扣的具体程序还需进一步了解，但从这一案例可以看出，从税务管理的角度来说，捐赠税收抵扣的程序简化是可以实现的，且具备了在全国范围内推广的可能性。

二 税收优惠范围有待扩大，减免程序需要简化

目前，我国慈善税收优惠法律体系初步建立，对于慈善税收的种种优惠制度也在积极的发生变化，但同时还有一些制度上的不足限制了慈善事业的进一步发展。归纳起来，当前慈善税收优惠制度存在的主要不足包括：以股权为代表的非现金捐赠形式无法享受税收优惠；基金会等慈善组织的登记注册虽已逐步放宽，但其获得公益性捐赠税前扣除等税收优惠资格的难度依然较大；慈善组织无论以何种形式进行经营活动，其经营性收入都无法免税。这种种障碍，影响了我国公益捐赠总额度的进一步上升，也使公益组织的规模难以充分扩大。

（一）股票等非现金捐赠无法享受税收优惠

货物、股权、公益性劳务捐赠等非货币资产捐赠是企业捐赠的重要形式，2008 年的汶川地震，全国各界向汶川地区捐赠物资折合约 208 亿元，占当年全国接受社会捐赠总额的 19.5%。

根据《中华人民共和国企业所得税法实施条例》（〔2007〕国务院令512 号）第二十五条规定，企业发生非货币性交换，以及将货物、财产、劳务用于捐赠、偿债、赞助、集资、广告、样品、职工福利和利润分配等用途的，应视同销售货物、转让财产和提供劳务，都必须按照公允价值视同销售确认收入计算企业所得税。《中华人民共和国增值税暂行条例》（〔2008〕国务院令538 号）及实施细则也规定，将自产、委托加工或购买的货物无偿赠送他人的，视同销售货物，要缴纳增值税。外购和委托加工收回的应税消费品用于捐赠时，其已纳消费税不允许抵扣；个人自产自用的应税消费品，除用于连续生产应税消费品外，凡用于其他方面（含捐赠）的，于移送使用时缴纳消费税。从 2009 年开始，个人将不动产无偿赠与他人，视同销售不动产征收营业税。

在上述规定下，捐赠股票等非货币资产给慈善机构，首先需将股票的市值计算出来，这个过程就需要缴纳相应的所得税，这一比例最高可达其市值的 25%，并且还要缴纳其他相关税收。

以河仁慈善基金会为例，2011 年曹德旺向河仁慈善基金会捐赠了 3 亿股福耀玻璃股票，市值 35.49 亿元。按照现有的税收政策规定，河仁慈善基金会面临巨额税收。河仁慈善基金会 2011 年财务报告中的流动负债期末数分表显示，当期应交税金约为 7.557 亿元。对此，尽管国税总局、财政部等部门联合下发了《关于曹德旺夫妇控股企业向河仁慈善基金会捐赠股票有关企业所得税问题的通知》提出，在计算应缴纳企业所得税时，可以按照税法规定扣除不超过企业年度利润总额 12% 的捐赠支出；并准予在不超过 5 年的期限内延期缴纳、可委托河仁慈善基金会代为缴纳。尽管如此，我们必须看到，无论这笔高额的税费由谁代缴或者延期几年，这笔超过 7 亿元的税收已经切切实实发生了。于是就出现了一个严重的问题：股票在所有人手中并不需要缴纳所得税，当股票所有人将股票无偿捐赠给基金会用于公益事业时，捐赠人并没有获得任何收入和现金流入，但是需要缴纳额外的高额税收，使得捐赠人难以承受。

（二）慈善组织获得税收优惠资格条件较为苛刻繁复

世界各国对慈善组织自身的税收都给予了一定程度的优惠，在美国大部分州符合美国《国内税法典》501（c）（3）项规定的慈善组织可以免除联邦和州两级所得税，加利福尼亚州要求慈善组织另外申请免税地位。同时绝大多数慈善组织接收到的捐赠都可以被捐赠者用来进行税收抵扣。与美国相比，我国慈善税收政策还有很大的提升空间。

1. 获得慈善组织自身所得税优惠资格的范围较窄

我国对于慈善组织自身的部分所得，予以一定的减免，根据《关于非营利组织企业所得税免税收入问题的通知》（财税〔2009〕122 号）规定了符合条件的非营利组织的部分收入可以获得减免。对于符合条件的非营利组织的定义，可以参见《中华人民共和国企业所得税法实施条例》第八十四条的规定，符合条件的非营利组织必须满足以下 7 个条件：依法履行非营利组织登记手续；从事公益性或者非营利性活动；取得的收入除用于与该组织有关的、合理的支出外，全部用于登记核定或者章程规定的公益性或者非营利性事业；财产及其孳息不用于分配；按照登记核定或者章程规定，该组织注销后的剩余财产用于公益性或者非营利性目的，或者由登记管理机关转赠给与该组织性质、宗旨相同的组织，并向社会公告；投入人对投入该组织的财产不保留或者享有任何财产权利；工作人员工资福利开支控制在规定的比例内，不变相分配该组织的财产。凡是符合上述条件，经过审核予以公布的慈善组织将可以享受一定的税收优惠政策，不必就全部收入缴纳所得税。这一规定于 2009 年公布，据 2013 年 9 月统计的数据，截至 2012 年在民政部注册的所有慈善组织中，累计共有 609 家组织获得了自身收入免税资格，仅占民政部登记社会组织总量（2125 家）的 29%。

2. 公益性社会团体较难获得公益性捐赠税前扣除资格

税法规定，企业和个人必须通过公益性社会团体的捐赠才可税前扣除，根据《财政部、国家税务总局、民政部关于公益性捐赠税前扣除有关问题的通知》（〔2008〕财税 160 号，以下简称《通知》）要求能够获得该资格的组织，除需满足《企业所得税法实施条例》第五十二条规定的 9 个条件，即依法登记，具有法人资格；以发展公益事业为宗旨，且不以营利为目的；全部资产及其增值为该法人所有；收益和营运结余主要用于符合该法人设立目的的事业；终止后的剩余财产不归属任何个人或者营利组织；不经营与其设立目的无关的业务；有健全的财务会计制度；捐赠者不以任何形式参与社会团体财产的分配；国务院财政、税务主管部门会同国务院民政部门等登记管理部门规定的其他条件外，还需要满足："申请前 3 年内未受到行政处罚；基金会在民政部门依法登记 3 年以上（含 3 年）的，应当在申请前连续 2 年年度检查合格，或最近 1 年年度检查合格且社会组织评估等级在 3A 以上（含 3A），登记 3 年以下 1 年以上（含 1 年）的，应当在申请前 1 年年度检查合格或社会组织评估等级在 3A 以上（含 3A）；公益性社会团体（不含基金会）在民政部门依法登记 3 年以上，净资产不低于登记的活动资金数额，申请前连续 2 年年度检查合格，或最近 1 年年度检查合格且社会组织评估等级在 3A 以上（含 3A），申请前连续 3 年每年用于公益活动的支出不低于上年总收入的 70%（含 70%），同时需达到当年总支出的 50% 以上（含 50%）"等三条要求。

此外，《通知》还要求，申请捐赠税前扣除资格的公益性社会团体需报送以下五项材料：申请报告；民政部或地方县级以上人民政府民政部门颁发的登记证书复印件；组织章程；申请前相应年度的资金来源、使用情况、财务报告、公益活动的明细、注册会计师的审计报告；民政部门出具的申请前相应年度的年度检查结论；社会组织评估结论。由以上规定可以看出，申请公益性捐赠税前扣除资格的要求非常高，申请程序也非常复杂。据2013年9月统计，自2008年财政部相关通知公布至2013年，在民政部登记的各类社会组织中仅有157家获得了公益性捐赠税前扣除资格。

大量的慈善组织尚未获得自身所得税税收减免资格和公益性捐赠税前扣除资格。通常慈善组织都以整个社会的福祉或弱势群体的应有权利为目标，对于整个社会稳定、进步都有重大意义，征收高额的税收对于这些组织的运营来说是一种严重的限制；另外，无法获得公益性捐赠税前扣除资格意味着这些组织无法为捐赠人开具捐赠发票，那么捐赠人也无法在所得税缴纳过程中进行税前扣除，这对于慈善组织吸收社会捐赠来说极为不利。上述政策都在一定程度上限制了慈善组织成长，从而影响了整个慈善事业向前发展。

（三）慈善组织的经营性收入无法获得税收优惠

根据《关于非营利组织企业所得税免税收入问题的通知》（财税〔2009〕122号），非营利组织的下列收入为免税收入：

（1）接受其他单位或者个人捐赠的收入；

（2）除《中华人民共和国企业所得税法》第七条规定的财政拨款以外的其他政府补助收入，但不包括因政府购买服务取得的收入；

（3）按照省级以上民政、财政部门规定收取的会费；

（4）不征税收入和免税收入孳生的银行存款利息收入；

（5）财政部、国家税务总局规定的其他收入。

从上述条文中可以看出，非营利组织的经营性收入无法获得税收减免。而在现实中，很多非营利组织为了财产的保值增值，进行了一些与该组织宗旨相关或不相关的经营性活动或设立收费项目。对基金会等非营利组织的经营性收入征收企业所得税，将会导致慈善组织资产规模缩水，给其可持续发展造成严重影响。

三 以非货币性资产捐赠优惠为突破，健全慈善税收优惠体系

鉴于目前的税收法律体系中还存在一系列问题，我国的立法机关和相关行政管理部门在未来还需要采取相应举措，健全针对慈善事业和组织的税收优惠制度。从国际经验来看，发达国家为鼓励公民个人和企业进行大额捐赠，对非货币性捐赠的个体给予一定程度的税收减免，同时为捐赠额度超过可免税上限的个体提供税收抵扣结转；为了鼓励非营利组织通过合法手段实现资金的保值增值，对其与宗旨相关的营利活动所产生的利润提供税收优惠。这些宝贵的经验，可以为我国的立法机关和相关行政管理部门所借鉴，以打造一套完整的慈善税收优惠体系。

（一）建立对股权等非货币捐赠的税收优惠制度

从我国公益性捐赠的构成来看，非货币捐赠占有相当大比例。2012年，我国社会捐赠总量为 817 亿元，其中物资捐赠折价约 197 亿元，占捐赠总量的 24%。而在剩余 76% 的捐赠中还有一部分是有价证券。

随着我国经济的发展，证券市场的成熟度越来越高，购买股票成为普通人实现资本增值保值的重要手段，同时投资股票市场也是企业重要的投资手段之一。因此，股权捐赠正在成为一种新兴的捐赠模式，受到越来越多企业家的青睐。2006 年牛根生将其持有的内蒙古蒙牛乳业（集团）股份有限公司 2% 的股权捐赠给了内蒙古老牛公益事业发展促进会（老牛基金会前身）；2009 年，新华都集团董事长陈发树宣布设立新华都慈善基金会并将价值 83 亿元的有价证券捐赠给基金会；2011 年，曹德旺捐出家族持有的价值 35.49 亿元的 3 亿股福耀玻璃股份。

通常，股权捐赠的背后都是巨额财富，而转让巨额财富在当前的税收政策下需要缴纳巨额的税金，我国对股权等非货币捐赠的税收优惠制度远不能满足捐赠的需求，也很难起到鼓励社会捐赠的作用，因此亟须顺应经济发展的趋势和社会捐赠的潮流，尽快突破非现金捐赠带来的大额征税"瓶颈"，促进我国慈善事业进一步发展。

初步具体设计方案如下。

1. 将股票等非货币捐赠行为视同按成本价转让和捐赠两个事项进行税收处理

如上文所述，目前我国企业进行股票捐赠需要额外缴纳一定的税金。

根据《中华人民共和国企业所得税法实施条例》（〔2007〕国务院令512号）第二十五条规定，企业发生非货币性交换，以及将货物、财产、劳务用于捐赠、偿债、赞助、集资、广告、样品、职工福利和利润分配等用途的，应视同销售货物、转让财产和提供劳务，都必须按照公允价值视同销售确认收入计算企业所得税。同时，国家税务总局《关于执行〈企业会计制度〉需要明确的有关所得税问题的通知》（国税发〔2003〕45号）规定，企业以资产对外捐赠，应当分解为按照公允价值视同对外销售和捐赠两项业务进行所得税处理。因此，企业捐赠股权，就得先按照对外销售进行所得税处理，然后再以公允价值在利润额12%的比例内进行税前扣除。

视同销售的过程本身并不符合股权捐赠的原理，销售是一种买卖的过程，是一种交换物品与货币、产生利润的过程。而捐赠股权及货物，对于捐赠人来说是种无偿的付出，并不是一个买卖行为，也没有从这笔交易中获得货币更没有获得利润。捐赠人的捐赠行为仅仅是出于慈善的目的，促进社会的发展与进步，对于已经捐出并用于服务整个社会的捐赠，无论其形式如何，是现金、股票还是物资，甚至是可以确定价值的无形物品都应予以税收优惠，而不应增加捐赠者的额外税收负担。目前我国对于股票捐赠视同销售并征收所得税的规定，对于提高企业捐赠的热情、促进社会捐赠的提升都极为不利。

在美国，捐赠人在捐赠股票及其他带有权利的无形物品（如知识产权）时，完全能够获得跟现金捐赠同样的优惠，其中捐赠股票能够得到的优惠还会比现金更优惠。这与美国证券市场发展历史有很大联系。美国纽约证券交易所于1811年就已建立并开始运营，至今美国的金融业已经发展两百年，美国股市的历史远远早于社会捐赠的兴起，当捐赠成为一种风潮时，股票已经作为一种附带权利的物品存在了几十年，捐赠股票也就自然而然地成为捐赠的一种形式。

我国证券市场发展历史虽与美国差距较大，但就证券市场发展规模来看相差无几。1986年9月，中国开设第一家证券交易营业部，1990年深圳、上海两家交易所开业（深交所1990年试运营，1991年正式开业）。经过了37年的发展，经历了波澜起伏之后，我国证券交易市场已初具规模，截至2012年年底，我国共有上市公司2494家，美国有4102家，英国有2179家。上市成为业绩优良的企业在发展过程中的一个重要环节，同时投资股票市场也是相当一部分企业进行资产运作的重要手段之一。

在美国，捐赠股权能够获得的税收优惠主要包括两方面：一是由于捐赠而获得的税前扣除；二是因股权捐赠而避免的未实现资本收益。这些优惠政策均基于一个事实，即慈善捐赠所带来的扣除额等于所捐财产的当前公允市场价值。当所捐财产是一项投资时，捐赠者不需要将资本增值部分具结（recognize）。这些规则造成了所捐财产事实上享有"双重税收优惠"——不但有慈善捐赠税前扣除，同时可享受资本利得税免除。

用实例来说明，假设捐赠人在去年5月份买了价值1万美元的股票，现在该股票的价值为2万美元。捐赠人决定将所有股权捐赠给一个慈善组织。如果捐赠人选择不捐赠而将所有股权卖掉获得2万美元现金，将不得不为这增值的1万元支付资本利得税。对于长期资本利得而言，这一税率为15%。因此选择捐出股权将为捐赠人避免1500美元的利得税（10000×15%），除此以外，捐赠人还可以要求获得相当于所捐财产额（即2万美元）的税前扣除。如果捐赠人的联邦纳税等级（tax bracket）是25%，这次捐赠又将使捐赠人获得5000美元（20000×25%）的税收减免，加上资本利得税减免，捐赠人总的税收优惠将达到6500美元。如果捐赠人的所得税率高于25%，捐赠带来的税前扣除将更多。

但是，上述税收减免政策需要满足两个条件。一是持有股票的时间大于一年，如果持有股票的时间不足一年，这种双重优惠就不适用。如果股权持有时间等于或少于一年，股权将被当成普通收入财产（ordinary income property for these purposes），税前扣除将仅限于股票的成本基准（比如买入该股票时所花费的金额，而非它的当前价值）。二是股权必须捐给具有相应资格〔美国税法501（c）规定下〕的慈善组织。

在英国，个人向慈善组织捐赠股票可以在其全部市场价值内进行税收抵扣。但是抵扣的范围仅仅是收入，而非全部所得，即如果捐赠人年收入10万美元，但其他所得有40万美元，那么即便捐赠人捐赠了价值20万美元的股票，也仅能抵扣10万美元的收入，但如果捐赠人捐赠股票的额度小于10万美元，即可以全额抵扣。同时这种抵扣不可以跨年结转，也不可以向以往回溯。

根据我国企业所得税税制体系是以股权的成本价为计税基础，并考虑到我国股票市场的价格波动较大的实际情况，以及综合股权捐赠热情、股票市场成熟度、公益行业发展需求等多方面的因素，建议对股权捐赠视同按成本价转让给受赠方和捐赠两项业务进行税收处理。捐赠时将股票视作按成本价转让，捐赠人获得的利润为零，无须再缴纳高额的股票转让所得税，同时，可以获得等同于股票成本价的捐赠税前扣除额。这种计算方法与现有的视同销售的计算方法相比，可以充分考虑到企业的赋税能力，更好地体现税收优惠的公平性。在视同销售的政策下，企业虽然可以就捐赠的股权得到税收优惠，但前提是企业要有足够多的利润可以进行税前扣除，如果企业没有其他利润也就无法获得税前扣除，只能承担额外的高额税收，而按成本价转出，企业无须缴纳股票转让产生的所得税，如果企业还有其他利润，也可按照成本价来进行税前扣除。同时，对接受股票捐赠的一方，应按成本价作为受让股权的计税基础，待其变现股权时，再计算其股票增值所得并按照相关规定纳税。

按照成本价转出的计算方法可以消除目前企业进行股权捐赠时缴纳高额所得税的顾虑，将极大地鼓励企业进行慈善捐赠，也可以促使企业家的股捐承诺变成现实。这种税收处理基本遵循了企业所得税对捐赠的处理原则，应是一种比较公平合理的方法。

2. 减免股权捐赠过程中的印花税和手续费

除了上述捐赠股票过程中视同销售产生的所得税外，我国股票交易市场还有印花税，在证券交易过程中，股票的卖出方需要缴纳千分之一的印花税。除此之外，各个券商公司还对股票交易的买卖双方征收不高于千分之三的交易手续费。而在美国股票市场无印花税等交易税。

3. 减免自产商品捐赠过程中的流转税

根据我国企业所得税法的规定，企业在捐赠自产商品或劳务时，在企业所得税的处理上都应按视同销售处理，但其发生的成本可以在企业所得税税前扣除。而流转税需要分情况处理，根据企业类型的不同相应地缴纳营业税或增值税。

举一个例子。企业向灾区捐赠价值 100 万元的自产帐篷，其捐赠行为需要分别考虑增值税和企业所得税，所捐赠帐篷对外销售价格为 100 万元，生产该批帐篷的成本为 30 万元，则企业需要对 70 万元的增值缴纳 17% 价值 11.9 万元的增值税。同时这批帐篷应按视同销售缴纳企业所得税 17.5 万元 ［（100－25）×25%］。在目前的政策下，企业捐赠了成本 30 万元的帐篷，需要缴纳的税收共计 29.4 万元，如果企业符合条件捐赠的 30 万元帐篷能够在年度总利润 12% 以内得到扣除，也只是减轻了企业部分缴纳税款，但对企业缴纳的增值税是无法进行转嫁或得到扣除的。企业捐赠自产商品不符合销售的赢利本质，在其没有获得收益的情况下，对自产商品捐赠予以征收流转税，额外增加企业税收负担，不符合税收应遵循的纳税能力的原则。

（二）对慈善组织经营性收入给予选择性免税

我国税收征收体系是按照税种设置税收制度，没有专门对慈善组织的税收体制，因此慈善组织作为法人实体，与其他法人实体一样适用国家各项税收制度。

目前，我国慈善组织面临的税收主要有营业税、企业所得税。对于慈善组织从事经营性活动，我国并没有特殊的税收优惠，也要同一般企业一样缴纳 5.5% 的营业税和企业所得税。

国际通行对非营利组织从事的商业活动征税的规制共有四种。[①]

全面征税。即对非营利社会组织的一切行为中的所有利润进行征税。这种做法虽然在一定程度上保护了国家税收的稳定性，有效遏制了国家税收的流失，但会使非营利组织在活动中缺少相对的独立性，阻碍了非营利社会组织的发展壮大。

---

① 金锦萍、陈文静：《非营利组织财务收入法律政策的国际比较研究——以公益募捐及经营性活动收入政策为焦点》，2013. 此文为北京师范大学中国公益研究院委托北京大学法学院副教授金锦萍所做的为亚洲基金会资助的中国慈善立法研究课题的成果之一。

全面免税。对非营利社会组织的所有商业活动所产生的利润全面免税，不考虑其商业所得是否与慈善性目的相关，这在一定程度上促使非营利组织积极参加社会事务。但这极有可能让非营利组织参与到商业竞争中去，给其他商业性质的企业带来不公平的待遇，造成恶性竞争或产生偷税漏税问题。

只对非营利组织目的无关的经营性收入征税。对非营利社会组织的与组织宗旨无关的商业收入征税，有效避免了非营利社会组织因免税待遇对其他企业造成的不公平竞争，也避免国家税收的流失。这是众多国家所采取的方式之一。

非营利组织参与营利性活动的收入有权享受低于企业所得税率的税收优惠。但是在资金使用上，非营利社会组织的营利性收入不能使私人获利，不能给组织的员工或者领导人私分利润，这样就更多保证了组织整体的利益。

结合我国目前的发展现状，全面禁止和全面免税都不利于慈善组织的发展，建议采取对与非营利组织目的无关的经营性收入征税的方法，明确界定非营利组织目的经营性活动。或采取对非营利组织参与营利性活动的收入给予降低企业所得税税率的优惠，并严格限制其营利性收入不得用于利润分红等。

1. 明确区分慈善组织的经营性活动类型

对慈善组织的收入进行选择性免税，要明确定义非营利组织的免税收入和非免税收入，并且将两者的区别准确无误地用法律加以规制，才能防止利用非营利组织逃避税务的行为，也为税收征管部门的管理带来便捷。

在美国，免税组织也需要缴纳与慈善目的完全无关的贸易和营业收入所得税，私立基金会还需要缴纳投资所得税。

在英国，对于慈善组织的经营行为是这样界定的[①]：任何有偿提供的物品、服务或其他收益，无论支付方来自用户、会员、公众或商业机构等，都被认为是经营行为。

---

① 贾西津：《非营利组织税收管理有关问题》，南都公益基金会网站，http：//www. naradafoundation. org/sys/html/lm_ 71/2008 - 01 - 30/104434. htm，访问时间：2014 年 3 月 8 日。

　　慈善组织的经营行为被分为"基本目的的经营"和"非基本目的的经营",前者除了增值税外都是免税的。"基本目的的经营"指的是在实现慈善机构本身目的的过程中所进行的经营,例如慈善学校在提供教育服务中收取的课程费用、涉及慈善受益者的交易、慈善画廊或博物馆艺术展的门票收入、所出售的某些教育性产品、住宅照料组织所提供的住宿服务的费用、戏剧团上演戏剧的门票收入等。

　　除了年收入总额在5000英镑以下,或者不超过慈善机构年收入总额25%的补充经营,或者筹款活动的收入获得免税待遇外,慈善组织不允许进行"非基本目的的经营"。如果确实有必要进行这种活动,则应该成立独立的商业公司来运作,依法纳税,同时交易所得利润以捐赠的形式返还给慈善组织,这种捐赠是可以依法获得税收优惠的。

　　捐赠物品的出售,在没有提供服务情况下对土地和建筑物出租的收益不被认为是经营行为的收入。

　　英国调整非营利组织经营性活动的法律主要包括1988年"收入和公司税法"(ICTA)、1992年"利润税法"(TCGA)、1994年"增值税法"(VATA)、"年度财政法"(FA)。英国现行非营利组织经营性活动税收优惠政策可见表3。

表3　英国现行非营利组织经营性活动税收优惠政策

税　　种	经营性活动	慈善组织税收	非慈善非营利组织税收
收入、资本利得或公司税	资本利得	免税	征税
	商业赞助	对销售服务免税,对其他收入征税	征税
	投资收益	免税	征税
	销售产品或服务	征税,除了: ①促进慈善目的 ②小规模募捐	征税,除非是互助性组织对会员销售

　　在美国,根据《税法典》第511~514条的规定,从事与非营利组织宗旨无关的活动而取得的收入,必须依法纳税,除非法律另有明确规定。这就是所谓的无关宗旨商业所得税。无关宗旨商业所得税规则着眼于产生

收入的互动类型，而非慈善组织使用收入的方式。① 例如，在全世界范围内发展快速的社会企业餐厅，餐厅本身营业的原因不仅是为居民提供饮食，更重要的是，餐厅雇用了原本无家可归或者身体某方面有障碍的人群，为他们提供了宝贵的工作，那么餐厅的营业收入应该全部免税，这是因为餐厅本身的存在就是一个慈善行为。

美国联邦税务局认为，如果某项活动的实施对于机构的目的有贡献，且该贡献不属于经济性质，那么该项活动应该属于与宗旨相关，该项活动所产生的收入免征所得税。

我国慈善组织管理及征税办法，也应参考国外经验，从活动的宗旨与目的、活动的形式与类型等角度，明确区分慈善组织的经营性活动范围。这样才能有所区分，更加公平、合理地对慈善组织征税。

2. 对非营利组织商业所得资金使用的限制

为保证非营利组织的商业收入尽量用于公共目的，许多国家除了对非营利组织的收入来源加以规范，还通过立法限定组织每年最低慈善支出的比例，保证资金尽可能地用于与其宗旨相关的活动。一般来说，只有当非营利组织的商业行为基于组织的公益宗旨并将大部分利润最终用于非营利活动（如文化、教育、扶贫等），其收入才可享受减免税待遇。毕竟立法允许非营利组织从事经营性活动是为了使其具备为社会提供更多福利的能力，而不是使其财源丰厚。

在多个国家，尤其是英国、新加坡等对非营利组织的商业经营持鼓励态度的市场经济国家，都有相关法律对非营利组织的收入流向做出限制。如日本法律规定，公益组织的营利活动所占的比例应低于50%，这部分经营收入除用于维持正常运作的所需资金外，必须用于公益活动。在尽可能的情况下，用于公益活动的花费应不低于总支出的50%。另外，如果非营利组织将经营性收入用于公益事业，则这部分经营性收入可以免税20%。

新加坡的法律规定，从事任何贸易或商业活动的慈善组织，其经营所得必须全部用于慈善目的时才可享受免税待遇。另外，如果慈善组织不能

---

① 〔美〕艾德勒著《通行规则：美国慈善法指南》，金锦萍、朱卫国译，中国社会出版社，2007，第84~85页。

将总收入的 80% 或更高用于新加坡国内的慈善事业，则未被用于慈善事业的那部分收入应依法纳税。

在美国，虽然税法没有特别规定免税的非营利组织可开展商业活动的限额，但是，当不相关商业收入达到超过 35% 的程度，以至令人怀疑其主要活动偏离了组织的非营利宗旨时，该机构将接受调查，其免税资格也会受到威胁。

（三）落实和放开捐赠税收抵扣结转机制及细则

2013 年 2 月《国务院批转发展改革委等部门关于深化收入分配制度改革若干意见的通知》（以下简称《通知》）第 22 条规定，对企业公益性捐赠支出超过年度利润总额 12% 的部分，允许结转以后年度扣除。

该规定标志着企业公益性捐赠支出跨年结转机制正式建立。但是，《通知》并未对结转制度的实施细则进行明确规定。对于企业来说，公益捐赠可以跨年结转无疑是鼓励其捐赠的重大利好消息，然而在实际操作中却没有相关的执行规程，这使得捐赠可结转的举措形同虚设，成为一纸空文。同时，《通知》也仅将捐赠跨年结转的对象限定在企业范围内，对于个人捐赠者来说，仍然仅能在月度收入 30% 以内进行税收抵扣。因此企业捐赠结转机制的具体实施细则亟待明晰，个人捐赠结转机制也亟待突破。

1. 确定企业捐赠具体可以结转的年限

企业捐赠可以跨年结转，在实践层面上遇到的第一个问题就是跨年结转的年限。但是，我国至今未对企业所得税结转年限进行明确的规定。

美国在《国内税收法典》第 170 条中对结转年限做了详细规定。企业向公益性社会团体捐款，其捐赠税前扣除额不得超过应纳所得税额的 10%；个人向公益性社会团体捐款，其捐赠税前扣除额不得超过应纳所得税额的 50%。同时规定超出比例的捐赠，可以累计到下一年度结转予以扣除，但结转期限不得超过 5 个纳税年度。捐赠给私人基金会，则只是规定了个人捐赠税前扣除额不得超过应纳所得税额的 20%，且超出部分不能结转。

我国可参考美国经验，对于结转的年限和具体的范围进行细致的规定。

2. 允许个人捐赠免税可以跨月结转

我国个人捐赠也面临着捐赠税前扣除需在当期进行不能结转的困境。根据《国家税务总局关于个人捐赠后申请退还已缴纳个人所得税问题的批复》，"允许个人在税前扣除的对教育事业和其他公益事业的捐赠，其捐赠资金应属于其纳税申报期当期的应纳税所得；当期扣除不完的捐赠余额，不得转到其他应税所得项目以及以后纳税申报期的应纳税所得中继续扣除，也不允许将当期捐赠在属于以前纳税申报期的应纳税所得中追溯扣除"。这意味着个人捐赠只能在当月额度内进行抵扣。

在现实的捐赠活动中，常常会有纳税人向学校捐赠设立奖学金，向灾区进行紧急灾后捐赠，或者向一个公益组织给予一笔大额捐赠。这时，捐赠人捐赠的额度往往要远远大过当月收入的30%。如果没有跨期结转的抵扣机制，捐赠人为了获得足够的税收减免，就只能拆分自己的捐赠过程，每次捐赠一部分，对于税务管理机关来说，分几次进行捐赠税收抵扣的额度累加起来，与一次性捐赠可以结转能够抵扣的额度相等，而对捐赠人来说，分次捐赠浪费了更多的时间。

个人捐赠税前扣除额度不能分期结转且流程复杂，会伤害捐赠人的捐赠热情，这都是对慈善事业发展不利的因素。因此，建议建立个人捐赠结转机制，允许超过应纳税额30%的部分顺延到下一个申报期进行抵扣，或可以在本年度内进行抵扣。

结语：税收改革，慈善事业新动力

从《中华人民共和国企业所得税暂行条例》开始，中国的慈善税收优惠政策经历了20年发展历程，20年里，我国公益慈善事业不断走向成熟，慈善组织迅速成长，公益捐赠日益盛行，慈善税收相关法律体系也随之逐渐成型，对现代慈善体系的发展产生了深刻的影响。目前，我国已形成了包含六部法律、15部行政法规，以及55部部门规范性文件在内的慈善法规体系，《中华人民共和国企业所得税法》及其实施条例、《中华人民共和国个人所得税法》等都有专门条款规定公益捐赠的税收减免幅度，股权捐赠从禁止走向允许，个人捐赠抵扣程序逐步简化。这一系列的措施，对国内日常捐赠行为的普遍化、大额化产生了积极的推动作用。

在慈善税收法律初步形成体系，且对国内的公益捐赠产生积极影响的同时，我国慈善税收政策当中的一些有待改善之处也逐步显现出来。股票等非现金捐赠无法享受税收优惠，阻碍了我国捐赠总量的进一步增长；慈善组织难以获得公益性捐赠扣除资格的状况，让国内慈善领域的机构整体规模难以扩大；而慈善组织经营性收入无法免税的规定，则让慈善组织在运用商业模式积累资本、扩大公益项目规模时面临掣肘。慈善税收法律在未来的改革，需要从鼓励捐赠、扶持组织、增强活力等方面入手，帮助慈善事业实现全方位的突破。

通过20年的实践，无论是实践者还是研究者都已意识到，税收是影响社会捐赠的外在因素之一，可以通过改善社会外在环境和引导个人内在动机，而对慈善捐赠起到一定的激励作用。在国际上，运用税收政策引导企业及个人进行慈善捐赠行为同样是多数国家的普遍做法。为了鼓励社会捐赠，世界各国都设计专门优惠的税收政策，并因此获得了丰厚的回报。如若将来，随着各方相关者的共同推动和对国外模式的虚心研究学习，我国的慈善税收法律能出现革命性的变化，我国企业家的股权捐赠也能享受充分的税收优惠，我国慈善组织的经营性收入也能部分免税，捐赠税收抵扣的结转能如纲领性文件中规定的一样得以落实，那么我国的慈善事业规模必将实现飞跃式的发展。

中国公益信托政策与实践发展

引　言

　　信托是委托人将自己的财产权委托给受托人，并由受托人以自己的名义、为委托人指定的受益人的利益或者特定目的而加以管理的财产安排。公益信托就是为了公共利益目的而设立的信托，是与私益信托相对应的一种重要的信托类型。

　　与我国其他的公益形式相比，公益信托具有一系列的制度优势：一是设立和运营成本较低。公益信托无须设立法人主体，亦无须设置专门的工作场所和人员，只需公益事业管理机构批准即可设立。二是灵活性强，能实现委托人个性化需求。公益信托设立方式多样化，委托人既可以通过信托合同，也可以通过遗嘱的方式，设立公益信托。公益信托的受托人可以是信托公司等金融机构，也可以是普通法人、自然人，只要不属于法律对受托人资格禁止性规定的范围的主体均可以担任。受托人可以通过对受益人和信托利益的合理规划，进行有效的财产转移与管理，能够在实务上更加充分、灵活地实现委托人的意愿，比一般的赠与、遗嘱继承等具有更大的弹性。三是安全稳定，由于信托在法律上有着连续性设计，公益信托设立以后不因各种情况，比如受托人、委托人的消亡而终止，从而能够确保稳定地实现公益目的。

　　公益信托起源于英国，从中世纪的用益演化而来，其产生之初就被借助用于慈善赠与。《1601 年慈善用益法》成为现代公益信托制度的起点。

公益信托在英美等普通法系国家经历了长期的发展，已成为行善的惯用手段，其制度传统深入人心。大量的慈善组织最初都是以公益信托的形式建立和运作的。以美国为例，在慈善组织层面，公益信托是私人基金会和公共慈善组织重要形式之一；慈善组织之外，公益信托（分离利益信托）的应用也非常广泛，以满足委托人多样化的需求。日本、中国台湾地区从20世纪才开始引入该制度，开始也遇到一些阻力，但经过政策引导和观念转变后，近年来发展加速。至 2007 年，日本信托银行受托之公益信托数量就已经达到 558 件，信托财产总额达 682 亿日元；而我国台湾自 1996 年立法确定公益信托制度后，迄今总计开展公益信托业务 103 件，信托财产总额已达到 390 亿元薪台币。

我国公益信托制度在 2001 年颁布实施的《中华人民共和国信托法》（以下简称《信托法》）中得以确立，而由于一系列的原因，其在实务中的应用遭遇较大阻碍。本报告在总结分析我国内地公益信托制度与实践现状的基础上，结合比较法和案例分析，提出了发展路径上的一些建议，以期进一步推动公益信托的发展。

一 公益信托制度原则建立，实践中探索前行

（一）《信托法》专章规定公益信托，法律地位得以确立

2001 年通过的《中华人民共和国信托法》（〔2001〕主席令 50 号）对"公益信托"专列一章，专门规定公益信托应当遵循的特别规则，比如公益目的类型、公益信托财产及其收益的限制、公益信托的审批与监督、公益信托监察人的设置、信托终止后"近似原则"的适用等。《信托法》第三条将公益信托列为与民事信托、营业信托并列的主要信托类型，从而凸显了信托法律制度在公益领域的地位。

《信托法》出台后，相关的行政法规或规章基本上是围绕三种信托类型中的营业信托进行，并未就其他两种信托类型制定专门的规范。如信托相关规范中俗称的"两规"，即《信托公司管理办法》与《信托公司集合资金信托计划管理办法》，只针对营业公司进行规范。在这种情境下，营

业信托得以率先发展的同时，也导致了公益信托的实践主体局限在营业信托的受托人——信托公司的状况（而信托法规定自然人或者其他法人都具有受托人资格）。

2008 年银监会发布的《关于鼓励信托公司开展公益信托业务支持灾后重建工作的通知》（银监办发〔2008〕93 号，以下简称《通知》）中，对于《信托法》和《信托公司集合资金信托计划管理办法》中规定的信托设立方式、信托单位金额门槛、委托人资格与数量做出了利于公益信托发展的突破性规定（仅限于灾后重建工作），在公益信托制度完善上具有一定意义。然而不可否认的是，该通知的适用范围仅限于"帮助和支持灾区重建"，法律效力层级低，也没有解决公益信托的审批和税收等关键"瓶颈"，实质推动作用有限。

以下将通过《信托法》与《通知》中的核心条款，解读公益信托在现行法律框架下的定义。

1. 公益目的

《信托法》第六十条规定，为了下列公共利益目的之一而设立的信托，属于公益信托：（1）救济贫困；（2）救助灾民；（3）扶助残疾人；（4）发展教育、科技、文化、艺术、体育事业；（5）发展医疗卫生事业；（6）发展环境保护事业，维护生态环境；（7）发展其他社会公益事业。

上述关于"公益目的"的界定范围宽于《中华人民共和国公益事业捐赠法》的范围，即以公益信托模式从事公益事业较之捐赠方式而言其适用范围更加宽泛。

2. 募集形式与设立方式

我国在实践中，现有的公益信托案例基本采取集合资金信托形式。集合资金信托是指由受托人将两个以上委托人交付的资金进行集中管理、运用或处分的资金信托。《信托公司集合资金信托计划管理办法》（以下简称《管理办法》）第八条规定：信托公司推介信托计划时，不得进行公开营销宣传。据此，信托只能是私募。而《通知》第四条规定，信托公司设立公益信托，可以通过媒体等方式公开进行推介宣传，信托公司应当在商业银行开立公益信托财产专户，并可以向社会公布该专户账号。这就打破了集合信托公开宣传的限制，为广大公众通过公益信托从事公益事业提供了便利。

在设立方式上,《信托法》第六十二条规定,公益信托的设立和确定其受托人,应当经有关公益事业管理机构批准。未经公益事业管理机构的批准,不得以公益信托的名义进行活动。《通知》也遵循了上述规定。

3. 集合信托的委托人和单位金额

具体就集合资金信托计划的设立而言,《管理办法》限定了信托单位金额和委托人资格及数量。《管理办法》第五条规定,信托公司设立信托计划,应当符合以下要求:(1)委托人为合格投资者;(2)参与信托计划的委托人为唯一受益人;(3)单个信托计划的自然人人数不得超过50人,但单笔委托金额在300万元以上的自然人投资者和合格的机构投资者数量不受限制。《管理办法》第六条进一步界定了上一条所指的合格投资者的定义,即符合下列条件之一,能够识别、判断和承担信托计划相应风险的人:(1)投资一个信托计划的最低金额不少于100万元人民币的自然人、法人或者依法成立的其他组织;(2)个人或家庭金融资产总计在其认购时超过100万元人民币,且能提供相关财产证明的自然人;(3)个人收入在最近三年内每年收入超过20万元人民币或者夫妻双方合计收入在最近三年内每年收入超过30万元人民币,且能提供相关收入证明的自然人。

上述法条中对委托人的要求较高,不适于鼓励社会大众参与公益信托。所以《通知》所规定公益信托的委托人的数量及交付信托的财产金额不受限制,即对《管理办法》的限定做出了突破,进一步降低了设立门槛。一般情况下,如信托公司发行集合资金公益信托计划,依然受到《管理办法》中上述条款限制,甚至根据"参与信托计划的委托人为唯一受益人"之规定,信托公司基本无权通过集合信托的方式设立公益信托。

4. 公益信托财产及收益用途

《信托法》规定公益信托的财产及其收益,不得用于非公益目的。《通知》进一步明确了信托财产及收益投资的领域,及其受托人管理费和信托监察人报酬的比例上限。《通知》第六条要求信托公司对其管理的公益信托财产及其收益,应当遵守以下规定:(1)全部用于公益事业;(2)不得用于非公益目的;(3)不得为自己或他人牟取私利;(4)只能投资于流动性好、变现能力强的国债、政策性金融债及中国银监会允许投资的其他低风险金融产品。《通知》第三条明确要求受托人管理费和信托监察人报酬，每年度合计不得高于公益信托财产总额的千分之八。此规定进一步明确了《信托法》中的所有财产及其收益用于公益目的的含义，规定了管理成本上限，以及对信托财产的运用施加限制，增加了公益信托规范的可操作性。据悉，尽管《通知》缺乏普遍适用性，但千分之八已成为信托公司在后续的公益信托实践中普遍的参照标准。

5. 公益信托的监管

《信托法》在公益信托受托人方面做出了有别于一般受托人的规定，包括非批准不得辞任、报告公告义务和变更受托人等，以加强对受托人的监管，最大限度地保证公益目的的实现。

第六十六条规定，公益信托的受托人未经公益事业管理机构批准，不得辞任。第六十七条规定，公益事业管理机构应当检查受托人处理公益信托事务的情况及财产状况。受托人应当至少每年一次做出信托事务处理情况及财产状况报告，经信托监察人认可后，报公益事业管理机构核准，并由受托人予以公告。第六十八条规定，公益信托的受托人违反信托义务或者无能力履行其职责的，由公益事业管理机构变更受托人。

6. 公益信托监察人

《信托法》对于公益信托设置信托监察人进行了强制性规定。第六十四条规定，公益信托应当设置信托监察人。信托监察人由信托文件规定。信托文件未规定的，由公益事业管理机构指定。第六十五条规定，信托监察人有权以自己的名义，为维护受益人的利益，提起诉讼或者实施其他法律行为。除此之外，受托人的信托事务和财产报告以及清算报告也必须在提交公益事业管理机构批准之前，交由信托监察人认可。

7. 公益信托变更、终止及其财产处置

在变更方面，《信托法》第六十九条规定，公益信托成立后，发生设立信托时不能预见的情形，公益事业管理机构可以根据信托目的，变更信托文件中的有关条款。

在终止方面，《信托法》第七十条规定，公益信托终止的，受托人应当于终止事由发生之日起十五日内，将终止事由和终止日期报告公益事业管理机构。第七十一条规定，公益信托终止的，受托人做出的处理

信托事务的清算报告，应当经信托监察人认可后，报公益事业管理机构核准，并由受托人予以公告。第七十二条规定，公益信托终止，没有信托财产权利归属人或者信托财产权利归属人是不特定的社会公众的，经公益事业管理机构批准，受托人应当将信托财产用于与原公益目的相近似的目的，或者将信托财产转移给具有近似目的的公益组织或者其他公益信托。

（二）信托公司成为实践主体，公益性信托居主流

我国的公益信托实践始于 1999 年华宝信托推出的宝恒组合投资信托计划。由于《信托法》之外的信托相关实施细则基本围绕营业信托制定，近十年来可见的公益信托案例基本上是以信托公司为受托人的信托产品（计划）。迄今为止，以"公益信托"名义发行的信托产品超过 10 个，但绝大多数都不是《信托法》项下的"公益信托"。实践中绝大多数的"公益信托"，只能算是"公益性信托"，并不满足我国法律对公益信托的法定要件。这主要是指无法满足"公益事业管理机构的批准""信托财产及收益完全用于公益目的""设置信托监察人"等条件。表 1 列举历年来公益信托实例加以说明。

表 1 中前三个信托案例被认为是我国仅有的三个法律意义上的公益信托。西安信托公司（现更名为长安信托公司）"'5·12'抗震救灾公益信托计划"被认定为我国第一个法律意义上真正的公益信托，其获得了陕西省民政厅的审批，而且信托财产与收益的使用和监察人的设置等方面都满足法律规定的形式要件。"中华慈善公益信托"虽然未能有效成立，但无论在取得中央部委层级公益事业主管单位的批准（目前仅此一家），还是在具体发行模式上都具有标杆意义。表 1 所列的最后一个，华宝信托公司"爱心信托——公益信托开放平台"虽然尚在审批过程中，但是其公益模式的创新值得一提。该信托不再限于原有的定向捐赠，整个公益信托模式也超越了"信托产品"范畴，进化为类慈善组织和平台的形式。除此之外的公益信托案例都只是将全部或部分信托收益用于公益目的，且缺乏信托监察人这一法定主体的设置，与法律意义的公益信托差之甚远。可见，尽管我国内地在公益信托领域进行了一些实践，满足法律要求的或者是形式

上突破的案例还是少之又少。

表 1 历年公益信托实践一览

信托名称	时 间	受托人	性 质	财产使用	受益情况	审批单位	监察人
"5·12"抗震救灾公益信托计划	2008.6	西安信托	公益性信托	信托资金与收益捐赠	全部捐赠给陕西地震灾区,用于受损中小学校舍重建或援建新的希望小学等	陕西省民政厅	希格玛会计师事务所
郑州慈善公益信托计划	2008.10	百瑞信托	公益性信托	信托资金与收益捐赠	全部捐赠给地震灾区以及贫困地区教育项目	郑州民政局	郑州慈善总会
金色盾牌·重庆人民警察英烈救助基金公益信托	2009.9	重庆信托	公益性信托	信托资金与收益捐赠	捐赠给特困、伤残、牺牲的公安干警及其家属	重庆市公安局	会计师事务所
宝恒组合投资信托计划	1999.9	华宝信托	公益性信托	收益捐赠	发放"宝钢奖学金"或提供各项资助	无	无
"爱心成就未来——稳健收益型"集合资金信托计划(一)	2004.2	云南国投	公益性信托	收益捐赠	捐赠给云南省青少年基金会,用于修建信托希望小学及救助云南省内失学儿童	无	无
"爱心成就未来——稳健收益型"集合资金信托计划(二)	2006.2	云南国投	公益性信托	收益捐赠	捐赠给云南省青少年基金会,用于修建信托希望小学及救助云南省内失学儿童	无	无
爱心满中华集合投资信托计划	2007.8	重庆国投	公益性信托	收益捐赠	捐赠给中国残疾人福利基金会,用于救助白内障患者的复明手术	无	无

续表

信托名称	时间	受托人	性质	财产使用	受益情况	审批单位	监察人
同心慈善1号新股申购集合资金信托计划	2007.8	北京信托	公益性信托	收益捐赠	捐赠给北京地区贫困民工子弟学校	无	无
四川灾区赈灾公益信托计划	2008.5	金港信托	公益性信托	收益捐赠	捐赠给四川灾区	无	无
"爱心系列"信托理财产品	2008.8	衡平信托	理财产品	信托资金捐赠	每期信托筹集资金的1%定向捐赠给地震灾区，支持中小学校园重建	无	无
中信开行爱心信托	2008.6	中信信托	公益性信托	收益捐赠	捐赠给宋庆龄基金会	无	无
中华慈善公益信托（未推出）	2005.1	中融信托	公益信托	收益捐赠	捐赠给残疾孤儿手术康复明天计划	民政部门	中华慈善总会
华宝信托"爱心信托——公益信托开放平台"	2013	华宝信托	公益信托	信托资金与收益捐赠	募集资金和收益全部用于公益项目设立种子公益项目库，选聘合格基金会进行公益资金及收益的运用	正在申请	有

资料来源：智信资产管理研究院《中国信托业发展报告——大资产管理时代的信托业》，社会科学文献出版社，2013，第274页。

值得注意的是，公益信托现象在社会上普遍存在。按照信托法原理，基金会和社团法人下设的专项基金、银行托管的慈善基金等都是实质上的公益信托，只是尚未纳入到公益信托立法体系中来。

二　公益信托面临的问题与挑战

我国公益信托面临的问题和挑战，与信托整体制度的构建和实践发展密不可分。一是我国信托的立法局限性对公益信托的影响。信托制度尽管包括民事信托、营业信托和公益信托，而现有配套性制度规范基本都是围绕着营业信托这一类型构建的，所以信托公司在实践中主要承担了公益信托的受托人角色，符合法律规定的其他主体作为受托人的情形在实践中几乎从未出现，公益信托的适用面被削减，与英美等国的信托应用大相径庭。二是我国信托业发展的特殊性制约了公益信托发展。过去信托凭借其金融牌照优势，更多地作为一种融资通道出现在金融市场上，偏离信托资产管理服务的原本轨道，故相应地信托公司也缺乏主动管理所必需的专业能力与意愿。所以即使信托业存在公益信托的尝试，也多以融资型信托产品形态出现，未能充分体现信托在资产管理和慈善事务管理上的优势。随着信托业务逐渐朝主动管理型业务转型，信托业的整体环境将会逐渐朝有利于公益信托的方向发展。除了上述的大环境因素外，还有以下几点具体问题需要着重关注和尽快完善。

（一）公益信托实施细则缺失

1. 公益事业管理机构不明确，职权界定存争议

首先，虽然《中华人民共和国信托法》中七项公益信托目的所涉及的内容均具备行政主管部门与其相对应，但仍需制定实施细则使"公益事业管理机构"更为明确。在实践中，公益事业管理机构既可以理解为主管公益事业的民政部门，也可以理解为具体行业的公益事业的主管机关，比如教育部、卫生部、文化部等。由此导致实践中的公益信托审批难，也阻碍了一些公益目的没有直接对口主管部门或者公益目的同时对应数个主管部门的公益信托的设立。从其他国家和地区的实践中可以看到立法层面对公益事业管理机构的职能界定，以及由此对公益信托发展所产生的深远影响。

台湾地区于1996年1月26日发布并正式施行"信托法"，其中第8章第69~85条是对公益信托的规定。第85条要求公益信托的目的事业主管机关应该订定公益信托之许可和监督办法。该法颁布后，各部门陆续公布许可及监督的相关办法（见表2）。

表2　台湾公益信托许可办法

时　间	办法名称
1996 年 12 月 14 日	法务公益信托许可及监督办法
2000 年 12 月 30 日	内政业务公益信托许可及监督办法
2002 年 8 月 5 日	体育业务公益信托许可及监督办法
2002 年 10 月 2 日	消费者保护公益信托许可及监督办法
2002 年 12 月 9 日	文化公益信托许可及监督办法
2003 年 3 月 26 日	原子能业务公益信托许可及监督办法
2003 年 5 月 14 日	环境保护公益信托许可及监督办法
2004 年 1 月 20 日	教育公益信托许可及监督办法
2004 年 6 月 30 日	银行相关业务公益信托许可及监督办法

资料来源：课题组根据公开资料整理。

2001 年 10 月 11 日台湾第一个公益信托——陈春山法制研究基金设立。自此以后，台湾公益信托进入快速发展时期。截至 2013 年 9 月 30 日，台湾总计开展公益信托业务 103 件，"中央部门"总共受理 61 件，其中仅"内政部"就有 24 件；地方受理的有 42 件，其中台北市政府受理 14 件，桃园县政府受理 12 件。按照信托财产金额统计，信托财产金额共计 390 亿元新台币（约 80 亿元人民币），其中信托基金财产超过 10 亿元新台币的有八个，总额达 340 亿元新台币；而最小规模的仅 3 万元新台币，如陈春山法制研究基金。较为著名的案例包括王永庆家族公益信托基金（包含三个公益信托）、台北市古迹保存与发展基金（台湾第一个文化公益信托）、台湾国民信托、环境保护公益信托自然谷环境教育基地（台湾第一个环境信托案例）。值得注意的是所有 103 件公益信托的受托人都是银行，其中以南华商业银行为受托人的有 31 件，以台湾银行为受托人的有 24 件。①

台湾"信托业法"立法仅仅早于《中华人民共和国信托法》五年，其公益信托条文也仅限于 16 条，但是公益信托的数量和金额却远高于内地，这与台湾较为完善的相关配套细则不无关系。

日本 1922 年颁行的信托法中就已规定了公益信托制度，而直到 1977

---

① 资料来源：台湾信托业商业同业公会网站，http：//www. trust. org. tw/statistics/WebStatistics1. asp？ Action ＝ Search&pno ＝ 40，访问时间：2013 年 11 月 1 日。

年才出现了第一宗公益信托案例，即今井纪念海外协力基金。[①] 从公益信托法律制度确立到第一宗案例之间相隔55年，造成这段历史空白的原因是多方面的。其中，涉及公益信托申请许可等执行细则的缺位、制度的本土化力度不足是主要原因。

其次，我国信托法对公益事业管理机构职权范围也未明确。公益事业管理机构的权力相当广泛，包括公益信托设立的审批、受托人的批准、年度报告的检查核准、清算报告核准、法定条件下信托条款的变更、受托人的变更和解任以及信托终止时近似原则的适用批准等。可见，从设立、运行至终止，公益事业管理机构贯穿各个阶段和环节。整体而言，应考虑公益事业管理机构依靠自身力量能否独自胜任这些法定义务？实践中能否承担因监管义务履行不力导致的后果？如果在事中、事后监管到位的情况下，事前审批的意义究竟有多大？具体而言，这些法条过于笼统，管理机构的职权范围不甚清晰。比如，第六十九条中规定发生设立信托时不能预见的情形，公益事业管理机构可以变更信托文件中的有关条款。那么，这一条是否将变更信托文件中的有关条款的主体限定为公益事业管理机构，而且变更的事由仅限于不能预见的情形？信托法的有关信托条款变更的一般条款能否适用？权力行使的边界何在？上述问题都有待通过法律解释或者法律修订进一步明确。

将主管机关的职权范围进行横向比较，可以发现不同国家或地区的界定各有不同。日本、中国台湾地区的主管机关职责和我国信托法中规定的公益事业管理机构的职责基本一致，都包括设立时的审批权、信托事务及信托财产状况之知情权、信托文件条款变更权、信托关系变动方面的权利（受托人的更替、信托消灭和适用近似原则）等，主管机关的权限较宽。在英国，慈善委员会作为主管机关也承担了大量类似的职责，包括慈善信托的登记（除了法律免于登记的）、信托财产和信托运行知情权、对慈善相关人员的处理职权（包括慈善委员会有权中止、解除受托人及其雇员、代理人等相关人员的职务，并指定新受托人）、适用近似原则的权利。美

---

① 董鄂：《公益信托之研究——兼论英美之保护地役权》，天主教辅仁大学法律系硕士论文，2012年7月，第40页。

国采用的是总检察长监管与备案制相结合的模式，主管机关的权力范围相对较小，但是该模式也因为监管力度不强遭到了不少的批评。我国如何定位公益事业管理机构、划定其职权范围，需要借鉴国际的监管经验并结合我国具体情况进行进一步研究。

2. 信托登记制约公益信托财产多元化

各国除规范信托基本法律关系外，均配套以专户管理、信托登记等制度，从而构成信托的完整法律体系。可以说，信托登记等配套制度是信托事业不可或缺的组成部分。

信托登记的作用，一是使设立信托的行为具有法律效力，信托财产的权利依法由委托人转移给受托人；二是实现信托财产的独立性，使其与委托人、受托人、受益人的固有财产相区别；三是公示作用。信托登记具有信托公示的效力，除信托法有特别规定外，其他人不得主张对该信托财产的权利；第三人与委托人或受托人从事交易时，能据此了解其实际财产状况。如果落实信托登记，一是有利于建立信托财产的破产隔离机制，彰显公益信托制度相较其他公益模式的独特优势；二是公益信托财产免受委托人和受托人自身财产状况的影响。

但是，《中华人民共和国信托法》对信托财产所有权转移表述含糊。《中华人民共和国信托法》除明确信托财产具有独立性（有别于委托人、受托人的固有财产）外，未直接明确信托即意味着信托财产的所有权转移至受托人名下①，故其主管登记机关、登记内容变得不明确。由于目前我国尚未建立统一规范的信托登记制度，导致实践中的汽车、房产等财产难以作为信托财产。

信托登记不是公益信托特有的问题，而是信托制度的一个普遍性问题，而这一问题目前仍为公益信托发展的障碍。

（二）税收优惠缺失

公益信托本质上也是一种公益形式。虽然《信托法》中明确规定国家

---

① 《中华人民共和国信托法》第二条，"本法所称信托，是指委托人基于对受托人的信任，将其财产权委托给受托人"中的"委托给"的用语导致对其法律含义的不同理解。

鼓励公益信托发展，但是未明确具体如何鼓励其发展；公益信托也未被界定为公益。因此，公益信托目前无法享受任何与公益相关的税收优惠。如此一来，公益信托存续期间所涉及的所得税、增值税等应无任何税收减免待遇，委托人也无法获得相应的税前抵扣等优惠。

我国尚未制定专门针对信托关系的税制，由于信托涉及委托人、受托人和受益人三方主体及两次财产转移，按照现有的流转税制会导致两次财产转移重复征税问题。这一点是信托财产类型单一、不动产等信托难以发展的重要制约因素。这些都直接消解了公益信托的优势，抑制了公益信托这一公益形式在实践中的应用。与之相比，大多数国家或地区都对公益信托规定了税收优惠制度，以下对日本和中国台湾地区的公益信托税制进行具体介绍。

1. 日本公益信托税收制度

日本作为大陆法系国家，20 世纪初才开始移植信托制度。1922 年《信托法》确定公益信托制度后 50 年内都未曾在实践中适用，除了相关行政许可细则未出台等原因外，另外的一大重要原因是税收。相比于公益法人的配套税收政策，公益信托的税收优惠制度不完善，因而削弱了公益信托对于公益界的吸引力。在税收制度（所得税法、法人税法、遗产税法等）得到了完善之后，日本银行的信托子公司及地方金融机构也开始承办公益信托业务，公益信托发展明显加速。[①] 截至 2007 年，信托银行受托之公益信托数量达到 558 件，信托财产总额达 682 亿日元（约合 40 亿元人民币）[②]。

在立法过程中，公益信托的税收优惠本质上参照了公益法人的税收优惠制度。值得一提的是，日本公益信托的税制对公益信托中的"特定公益信托"和"认定特定公益信托"进行了特殊的规定。所得税法及法人税法规定，受托人为信托银行等营业性信托机构时，若信托终了时信托财产并不归属于该委托人，而归属于国家或地方公共团体，或为该公益信托以类似目的继续存在等符合一定要件情形下，称为"特定公益信托"。而在特

---

① 〔日〕星田宽：《金融时报》，2002 年 4 月 4 日第 8 版。
② 潘秀菊：《财团法人剩余财产转设立公益信托及我国公益信托发展之研究与建议》，台湾信托业商业同业公会委托研究，2012，第 101 页。

定公益信托中，其目的于振兴教育、科学或提升文化、对社会福祉等公益有显著增进之贡献，经主管大臣认定称为"认定特定公益信托"。依所得税法规定，认定特定公益信托之信托金的数额，作为特定捐款之捐款金额可扣除，免征所得税。依法人税法规定，特定公益信托信托金之数额，成为一般捐款金额列入损失金额计算；认定特定公益信托之信托金数额，成为对特定公益增进法人之捐款金额，列入损失金额计算。依遗产税法规定，因继承、遗产取得金额，成为认定特定公益信托之支出时，该金钱额度不算入遗产课税价格的计算基础。可见，日本税法明确地对营业性信托机构担任受托人的公益信托给予优惠。

2. 中国台湾公益信托税收制度

中国台湾为鼓励"信托业法"中的信托业者成为公益信托受托人，税法中规定拥有三个要件方能享受税收优惠：（1）受托人为"信托业法"所称之信托业；（2）该公益信托除为其设立目的举办事业而必须支付之费用外，不得以任何方式对特定或可得特定之人给予特殊利益；（3）信托行为明定信托关系解除、终止或消灭时，信托财产转移于各级政府、有类似目的之公益法人或公益信托。

遗产税法上，受遗赠人或继承人提供财产、捐赠或加入于被继承人死亡时已成立的公益信托，符合上述三个要件的，不计入遗产总额。

所得税法上，个人、营利事业提供财产成立公益信托，符合上述三个要件的，受益人享有该信托利益之权利价值，免纳所得税；另外个人或营利事业捐赠给公益信托的，可列报为综合所得税与营利事业所得税列举扣除额中的捐赠项目；而给付公益信托的收入，及公益信托分配信托利益予受益人时，免于扣缴，而信托利益实际分配时，再由受益人并入分配年度（非给付年度）之所得税课税。

营业税法上，受托人因公益信托而标售、义卖、义演之收入，除支付必要费用外，全部供作该公益事业之用者，免征营业税。

房屋税法上，受托人因公益信托而取得的房屋，直接供办理公益活动使用者，免征房屋税。

除日本、中国台湾以外，其他公益信托发达的国家和地区也一般都规定了明确的税收优惠。如英国税法规定，公益信托的遗产税、所得税（包括受托人报酬和信托收益）、利得税、土地税、印花税可免，委托人可相应获得税前抵扣。美国公益信托免征所得税、土地税和财产税；委托人免缴遗产和赠与税、可获税前抵扣（法人10%，个人最多50%，具体按比例调整）。香港《税务条例》第88条规定慈善信托享有免税地位，慈善信托的利得税、印花税等可免，委托人可相应获得税前抵扣。

三　公益信托发展路径选择

（一）明晰公益信托差异性，鼓励混合型信托发展

1. 参考日本、中国台湾发展路径

公益信托起源于英国，流行于英美等普通法系国家，在早期公益事业中扮演重要角色。而随着公益法人的出现，有限责任、决策灵活等特点对传统的公益信托架构造成了一定的冲击。在英国的慈善组织中，公益信托是最早出现的，但是随着其他形式的出现，公益信托早已不是唯一的和最具有优势的慈善形式，其地位遭到了冲击。[①] 同时，英国传统的判例法规则对公益信托的适用也有一定的影响。对于综合性、运作型公益项目，公益信托和公益法人相比优势不再凸显，所以公益信托的发展呈现出法人化趋势[②]；传统的公益信托适合于承担以资助为主的简单的公益项目。所以，在选择具体的慈善形式时，英国慈善委员会如此介绍信托形式：它是没有独立法律地位，适合于资助型的，不经营具体项目，不拥有大量成员的慈善形式。

在美国，慈善组织的主要形式，私人基金会和公共慈善组织都可通过公益信托（charitable trusts）或公益法人（not - for - profit corporation）两种形式设立。除了以信托形式设立的私人基金和公共慈善组织之外，广义而言，公益信托还包括非免税慈善信托（nonexempt charitable trusts）和

---

① 解锟：《英国慈善信托制度研究》，法律出版社，2011，第165~166页。
② 不少以Trust为名的英国慈善组织（从收入超过1000万英镑的名单中选取），实质是具有法人地位的担保有限公司（company limited by guarantee），比如The Woodland Trust，The BRE Trust。

分离利益信托（split – interest trusts）两种类型。前者作为私人基金会设立之前的一个过渡形态，数量不在少数；而后者由于其兼具公益与私益目的，能够灵活地对委托人的财产和事务管理进行规划，也广泛适用。

在美国的慈善组织领域，和公益法人相比，公益信托对受托人的受信义务（fiduciary duty）要求更高，信托的变更更为困难，所以优势已经不太明显。① 这一点和英国的情形有相似之处。相比之下，分离利益信托（split – interest trusts），即兼具公益目的和私益目的的混合型信托形式在慈善领域的应用更为突出。

值得注意的是，英美的公益信托与公益法人，和大陆法系的公益信托与公益法人不能简单等同。由于信托制度在英美发源，并随着判例法的发展引申出很多规则，可能在具体制度层面存在灵活性不及公益法人之处；而在大陆法系作为一种舶来制度，经过本土化改造后，相较于公益法人却更为灵活。比如，日本、中国台湾地区等大陆法系，公益信托和公益法人设立成本低，无须法人的法定治理结构、办公场所、专职人员，资产管理更为自由，能更为灵活地处分财产而免受过多的法定限制。我国作为大陆法系国家，法律制度和司法体系与日本等国家相仿，公益信托和公益法人的优势对比更为相似。所以，不能简单地认为英美公益信托的主导地位逐渐被公益法人所取代，就意味着公益信托在我国不具有发展的必要性。

正因为法系的差异性，相对来说，日本、中国台湾的信托制度和法人制度更类似我国内地，其可借鉴性更强。从公益事业的发展状况而言，日本、中国台湾也同样是先发展公益法人，后移植公益信托，两者各有所长，相互补充。故此，我国内地的公益信托整体发展路径应更多地参考日本和中国台湾的经验。

2. 借鉴美国混合型信托模式

虽然《信托法》中规定的公益信托是将所有信托财产及收益均用于公益目的，然而基于我国十几年来的信托实践结合美国公益信托的制度创新经验，本文认为应该鼓励发展混合型信托，即受益人兼具私益和公益性的信托，以扩大信托方式在公益事业中的应用比重。特别是在制度层面的制

---

① Roger D. Silk, *Managing foundation and charitable trusts*, Bloomberg Press, pp. 13 – 14.

约因素（如税收、审批）尚未解决的阶段，先在实务层面设计开发类似美国剩余信托的混合型服务或产品有助于提升公益信托的公众认可程度，为进一步的政策变革打下基础。2013 年信托界推出家族信托后，委托人对这种家族信托结合公益信托的混合型信托的需求已经开始显现，值得进一步研究。

鉴于我国现有的法律规定的公益绝对性，加之实务中的混合型信托案例不足，在这种情况下判定混合型信托是否应该被认定为公益信托、满足什么样标准的混合型信托应认定为公益信托为时尚早。更为紧迫的是，应该采取实践先行的原则，通过采取实质性的税费优惠等切实有效的鼓励措施，切实地推动公益信托的设立。在实践发展到一定规模的情况下，特别是政策制定和监管经验有一定程度积累之后，再明确混合型信托的法律定位的问题恐怕是比较可行的途径。

混合型信托的具体模式，可以参照美国"分离利益信托"和我国已有实践进行设计。

美国的分离利益信托（split - interest trusts）包括公益剩余信托（charitable remainder trusts）和公益先行信托（charitable lead trusts）两种。公益剩余信托的应用相对比较广泛，其可以进一步分为公益剩余年金信托（charitable remainder annuity trusts）与公益剩余单位信托（charitable remainder unitrust）两类。公益剩余年金信托是每年需支付固定金额给非慈善受益人，信托终止后剩余财产归慈善机构所有的信托。它要求每年支付固定金额给非慈善受益人。固定金额的价值等同于信托财产公平市值的 5% ~ 50%（该市值以信托创立时评估的市值为基准）。支付频率不低于每年一次。信托的终止分为两种情况，一是设立一定年限（不超过 20 年），年限到期后信托终止；二是设立为非慈善受益人终身受益，待其去世后信托即终止。公益剩余单位信托是每年需支付固定比例给非慈善受益人，信托终止后剩余财产归慈善机构所有的信托。它除了是支付固定比例而非固定金额、信托资产价值须每年重估之外，其他与公益剩余年金信托一致。缺点是评估费用较高，手续繁复，每年保有的信托财产金额不确定。

在我国近年来的公益性信托的实践中，约定一部分财产用于公益目的的做法有三种：一是固定收益率，约定收益中的一定比例用于公益（如预期收益率 11% 的情况下，抽取其中 1% 用于公益目的）；二是浮动收益率，约定如果实际收益率（如 12%）高于一个预期收益率时（如 10%），即将超出部分（如 2%）的收益用于公益目的；三是所有收益捐赠型。在将来混合型信托的模式设计时，可以基于现有的实践，借鉴美国法定的两种模式，进行进一步创新。

（二）加快制定相关细则，明确税收优惠措施

为了尽快落实公益信托制度，建议尽快明确审批机关，将民政部门明确作为"公益事业管理机构"。以民政部门作为公益事业管理机构对公益信托进行统一管理，可以避免分散管理（即由各个事业管理机关，如教育部、文化部等）的一些弊端，而且也便于具有多个跨部门公益目的的复杂公益信托的设立。由于公益信托的复合性，可以考虑从银监部门或者相关事业管理机关处选调专业人才，共同监管公益信托。另外，还应该常设专家委员会，用于解决公益信托运行过程中出现的疑难问题。信托监察人的任职资格、具体的权利义务、变更方式也应该在配套细则中尽快明确。

就信托财产登记而言，应当尽快出台信托财产登记相关法规，建立系统的信托财产登记制度，设立统一的登记机构，明确登记效力和程序，并且和现有的股权、房地产登记有效衔接，以期释放不动产、股权等非资金的潜在慈善资源，有效激励财富人群从事慈善事业。

由于公益信托具有公共利益，其信托财产和收益上的税收优惠已是各国税法的一个惯例。我国现行税制对社会公益事业给予了减免税待遇，但是对于公益信托却没有做出明确的规定。由于公益信托的实践尚处于初级阶段，税收的相关实践经验也很缺乏。公益信托相关的税收涉及三方主体，相对比较复杂，需要避免如不动产信托设立过程中同一税源二次征税问题；同时由于公益信托本质上也有公益性捐赠的属性，需要考虑怎样和现有的捐赠的税收优惠衔接起来的问题。

具体来说，在公益信托的设立环节，委托人将信托财产交付给受托人时，相关的税收可以参照现行有关捐赠的规定进行减免。在公益信托的存续环节中，受托人经营管理信托财产获得的信托报酬（低于管理费用上限的情况下），信托财产的收益等，也应该得到一定的减免税优惠。公益信

托终止时，在信托财产和收益的分配环节，信托受益人所得的相关税收也需要进一步探讨。由于税收优惠一直是各国公益信托发展的最大驱动力，所以应该尽早构建税收优惠制度，鼓励和引导我国公益信托实践。

（三）推动跨界主体合作试点，探索公益信托应用多元模式

1. 扩大实践中受托人范围，探索多种受托模式

作为信托财产的名义所有人及实际管理人，受托人处于信托关系中的核心地位。受托人的选择在公益信托的模式设计中尤为重要。

受托人权利包括财产的名义所有权、财产管理处分权、财产不当强制执行异议权、代表信托起诉和应诉权、报酬请求权、补偿请求权等受托人一般性法定权利。而较为特殊的是辞任权。一般私益信托中的受托人辞任，仅需征得委托人和受益人双方同意。而对于公益信托，《信托法》第六十六条规定公益信托的受托人未经公益事业管理机构批准，不得辞任。从这个意义上，受托人原则上不享有辞任权。

受托人义务除了《信托法》一般规定中的受托人的忠实义务，谨慎义务，分别管理义务，亲自管理义务，记录、报告和保密义务，支付信托利益义务，清算义务等，公益信托一章中对受托人的定期管理报告、清算报告和终止事务处理做出了特殊的要求。在定期管理报告频率上，每年至少一次；报告程序上，需要信托监察人认可后，报公益事业管理机构批准；报告形式上，必须向社会公开。在清算报告上，公益信托也在程序和形式上有类似的严格规定。信托终止时，受托人适用"近似原则"，将"信托财产用于与原公益目的相近似的目的，或者将信托财产转移给具有近似目的的公益组织或者其他公益信托"，也必须事先报公益事业管理机构批准。

根据《信托法》的相关规定，受托人仅承担过错责任。管理信托事务的过程中，未因自己的过错致使信托财产发生损失或丧失应得的信托利益时，受托人不承担包括恢复原状、返还财产和赔偿损失等民事责任，而仅以现存财产为限继续履行义务。

对外部而言，受托人管理信托事务，运用和处分信托财产，与第三人进行交易，形成债权债务关系或者投资权益关系，受托人实质上处于财产所有者的地位，须以自己的名义独立对第三人承担责任。无过错情

形下，与第三人发生交易而产生的权利义务归属受托人。而有过错的情形下，受托人不仅应以其固有财产对第三人承担责任，而且如果导致信托财产遭受损失，受托人还应该承担恢复信托财产原状以及赔偿损失的责任。

（1）受托人资格。根据《信托法》第二十四条规定，受托人应当是具有完全民事行为能力的自然人、法人。法律、行政法规对受托人的条件另有规定的，从其规定。由于目前并无法规对公益信托受托人另有规定或者限制，所以公益信托的受托人既可以是法人，也可以是自然人。法人之下又可以依照是否具有营利性为标准进一步细分为营利法人和非营利法人（见表3）。就我国实践而言，受托人以往基本集中在信托公司。而在今后公益信托发展过程中，应该注重在配套细则中规定其他类型受托人资格和权利义务，发展信托公司以外的受托人模式，恢复信托制度原貌，满足公益信托多元化的需求。

尽管现行法对公益信托的受托人并无禁止性或限制性的规定，但不代表我们在进一步制度设计时对受托人的资格采取无条件开放的态度。本文认为，在公益信托的配套细则之中，与受托人相关的制度设计需要着重解决如下问题：自然人受托人的资格限定；公募资格限定；受托财产额度限定等。其中，关键的考量因素是市场和政府的权力边界问题。可以通过市场化机制解决的，政府就不宜过多干预。

表3是本文对于未来公益信托受托人资格规范的一个初步设想。

表 3　受托人类别

	分　类	公募资格限制	信托财产限额	备注
自然人	社会贤达	否	否	设置人选名录备案制
	一般自然人	是	如 100 万元	
非营利法人	基金会	取决于本身公募资格	否	设置受托人评级、认证体系
	其他非营利组织	同上	否	
营利法人	金融机构	同上	否	
	一般营利法人	是（可突破）	否	

在自然人受托人层面上，应该在保证公益事业管理机构或者是第三

方机构推荐或确认的前提下，鼓励社会贤达作为自然人受托人；不禁止社会贤达以外的一般自然人作为受托人，但是限制其公募资格和信托财产总额（如不超过人民币 100 万元），以控制道德风险；同时可以考虑突破一般的设立审批制，适用特殊的设立备案制，以便利大众设立小额的、短期性的公益信托。构建一般自然人受托规则，除了扩大受托人备选范围，满足公益信托多样化等需求之外，还可以避免法人受托的情形下小额出资的委托人意愿被格式合同所弱化（出于成本考虑）的弊病。

在营利法人受托人层面上，就金融机构而言，资金的募集资格和行为准则的现行金融法律法规，可以考虑沿用公益信托的公募资格。比如有公募资格的信托公司、公募基金会等，当然享有公益信托的公募资格，以降低另行规定的成本。然而作为一般性的营利法人，由于其金融风险承受能力可能较低、监管成本也较高，其公募的资格一般应该受限。但是为了鼓励公益信托领域的良性竞争，吸引更多主体参与，公益事业管理机构或者第三方机构可以对营利法人受托人进行评级或者认证，将公募资格赋予达到一定级别的营利法人受托人。

在非营利法人受托人层面上，类似的，非营利法人都有资格担任受托人，但是公募资格应和现有的非营利法人公募资格衔接。比如公募基金会当然享有公益信托的公募资格，而私募基金会可以担任受托人而无权公募。

（2）受托人的选任。受托人的选任主要应该考虑以下四方面的因素。

第一，监督成本。社会贤达的监督成本借助社会贤达的个人信用和声望可以维持在较低的水平。金融机构本身接受金融监管机构的严格监管，内部的风险控制体系较为成熟完善，故监督成本也相对较低。由于非营利法人外部监管体系和内部控制能力均比较落后，故大部分的非营利法人监督成本较高。

第二，选任成本。该成本包括受托人的具体报酬，以及受托人选择配套机制的构建成本。就报酬而言，按照国际惯例，社会贤达的报酬较低，甚至无须报酬；而对于金融机构而言，受托人报酬相对要求较高，或者说如果报酬太低不足以驱动金融机构大规模地展开公益信托业务。金融机构由于自身已有既定的信用评价、业务评价体系作为基础，受托人选任的成本相对较低；而如果选任社会贤达为受托人，需要公益事业管理机构或者第三方设置名录，并与银行、法院已建立的信用体系挂钩方可进行认可或者推荐，初始成本比较高。

第三，财产管理效率。由于金融机构资产管理的专业性较高，能够较好地实现公益财产保值增值；其开发业务的实践经验，可为公益信托的财产管理有效开展提供借鉴。而自然人和基金会一般都要借助咨询或者委托第三方完成。

第四，公益管理效率。公益管理具体包括受益人的遴选、分配、执行评估等公益相关管理事务。非营利法人在公益事务上具有明显的专业优势，效率明显高于其他两者。营利法人和自然人基本上得借助咨询或者委托第三方完成。

上述受托人选任标准仅作为一般性的判断依据，在实践中必须根据具体情况进行综合评判，包括委托人的公益需求的复杂程度、信托财产保值增值的需求程度、具体的信托类型（是公益信托还是混合型信托）等。可以同时考虑多种受托人模式，在具体实践中发现潜在的问题与风险，检验不同模式的可行性。

日本的亚洲社区信托于 1979 年成立，是日本最早设立的社区型公益信托。信托的宗旨是对亚洲从事社会发展、教育事业、医疗卫生、自然环境保护等事业的民间机构实施援助。信托的资产来源于捐赠。受托人为五家日本信托银行（中央三井信托银行、三菱 UFJ 信托银行、住友信托银行等）负责管理信托资产。受托人将部分事务委托给 ACT 事务局办理。ACT 事务局与受托人紧密合作。事务局有责任向受托人（银行）报告情况。在决定受益归属时，由 ACT 事务局（主要是其运营委员会）选择并考察受益对象，而资金的给付由受托人完成。在 ACT 事务局下设立营运委员会，为 ACT 事务局提供指导和建议。ACT 的主管机关为日本外务省大洋洲局。受托人有责任向主管机关报告情况。信托监察人为日本公益法人协会理事长，其职责为承认信托重要事项（行使与信托相关决策的同意权）（见图 1）。

亚洲社区信托（Asian Community Trust）

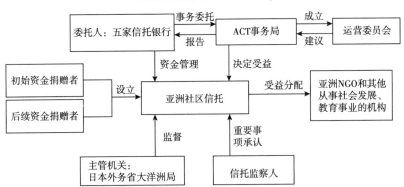

图1　金融机构受托案例——亚洲社区信托（Asian Community Trust）①

　　香港海关人员子女教育信托基金，于1999年设立。信托的资产来源于公众捐赠。信托基金宗旨是为香港海关人员的子女接受高等教育、弱能子女接受教育及培训提供协助及方便。受托人为香港海关关长（香港将该海关关长立法规定为单一法团之后，由其担任受托人，此安排比较特殊），香港海关关长在取得委员会的事先批准下可将基金进行任何款项投资。设立香港海关人员子女教育信托基金委员会管理该基金。委员会由一名主席、香港海关关长、香港海关部队福利部主管和其他2~3名成员组成，主席和成员人选由财政司司长任免。另设投资顾问委员会向受托人做出建议，顾问委员会人员由财政司司长委任（见图2）。

　　（3）两种合作模式。在目前的制度框架下，短期内比较可行的模式是基金会或信托公司作为受托人，并且进行合作管理公益信托。信托公司有公益信托实践，具有一定的经验；而基金会下常见的专项基金，广义上来说也算是一个公益信托基金，改造的成本较低，故这两类主体适合率先进行尝试。由于享有税收优惠资格，基金会作为受托人能够弥补现在公益信托本身税收优惠不明确的缺陷。基金会直接决定收益分配，而资产管理的

---

①　潘秀菊：《财团法人剩余财产转设立公益信托及我国公益信托发展之研究与建议》，台湾信托业商业同业公会委托研究，2012，第139~146页；公益信托亚洲社会信托，http://www.acc21.org/index_english.html，访问时间：2013年11月12日。

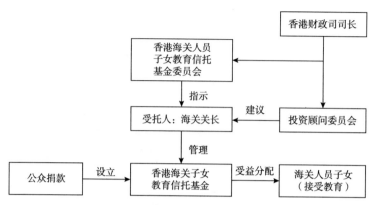

图 2　香港海关人员子女教育信托基金

部分则委托给信托公司等组成的投资顾问委员会。信托公司作为受托人时，虽然暂时不享受税收优惠，但对于混合型信托或者资产管理要求较高的信托而言，却是较优选择（见图3、图4）。

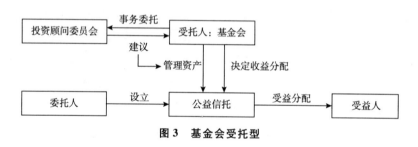

图 3　基金会受托型

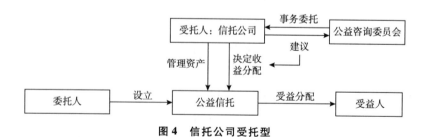

图 4　信托公司受托型

2. 受益模式突破捐赠，结合公益投资多元手段

我国过去的公益信托的受益模式停留在一般的赠与或者捐赠模式上，而公益界近几年兴起的公益创业投资或许能开启另一种收益模式思路。

公益创业投资指的是为创业过程中的社会企业注资，帮助其成功创业，并通过投资间接地帮助解决社会问题的一种投资方式，其特点在于将公益手段和商业手段进行有机结合。公益创投在运作方式上类似商业投资行为，它与商业投资本质的区别在于其投资目标的非营利性：公益创投不要求回报，或者将投资回报继续用于公益事业。与纯粹的捐赠相比，这种受益方式具有以下优势：投资可能会具有一定的财务回报，有利于信托财产的保值增值；引入市场化机制，对受益人的激励作用优于纯粹捐赠（见图5）。

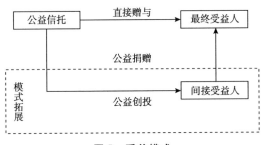

图 5 受益模式

3. 灵活配置服务机构，建立公益信托评级机制

纵观我国数个实践案例和国外大型公益信托案例架构，不难发现，随着公益项目日趋复杂化，受托人往往难以独立完成所有受托事务，相关的配套主体亟须跟进。比如，托管机构，是遵循基金管理人和基金托管人分离以有效保证资金运用安全的原理而设置的；公益咨询委员会，一般是为了弥补非公益法人受托人在公益项目执行，收益分配等事务上的缺陷而设置的；投资顾问委员会，一般是为弥补公益法人的资产管理能力不足而增设的。

托管机构是指接受受托人的委托，负责保管信托财产账户资金的机构。它可以安全保管信托财产资金，开设信托专户，依照合同约定方式或者受托人的具体指示，执行收益分配等。托管机构根据信托文件，有拒绝受托人不当处分财产的权利，并且在一定条件下可以向公益事业管理机构或者信托监察人报告。

公益咨询委员会和投资顾问委员会由相关领域的专业人士组成，具有建议权，一般没有决定权。设置何种委员会、委员会的构成及具体的权利义务都取决于信托的具体情况，比如委托人的公益需求和资产管理的需求程度，受托人的能力特长等。

（四）构建高效监督机制，确保公益信托公信力

现有的法律规范已经在公益事业管理机构、信托监察人、受托人的义务责任等方面进行了有别于一般私益信托的规定，其皆是为了保证公益信托目的的实现，以及透明度的提升而设置的。

除了上述规范之外，还应在配套实施细则中建立起具有可操作性的信息披露规则，包括信息披露的类别（如信托管理报告、信托资金运用及收益分配以及其他重大临时信息），明确信息披露的时间、频次及披露方式。

除了法律规范之外，行业自律机制的建立也尤为重要。自律机制能够确保相关主体之间的相互联系、相互沟通，通过相互的接触来规范和约束彼此行为，从而逐步形成同类性质的共同标准、共同价值以及共同规范，以相互制约的形式推动健康发展。由于公益信托的跨行业性，应该充分发挥信托业协会等金融行业协会、公益行业自律组织等协调、规范和评估的功能，进一步提升公益信托的公信力。

第三方独立的公益信托评级机构也是加强公益信托的社会监督，保证其公信力的重要途径。在信息不对称，特别是公募的情形中，信用评级机构提供独立、客观和透明的评级，是公益信托整体运行状况的一个重要晴雨表。具体可以建立针对公益信托本身或者其受托人评级和认证机制，鼓励其进行法定标准上的更为详尽的信息披露，并且在信息披露的基础上进行综合评估，保证各方对公益信托的监督。

第三方的评级机构应考虑与现有的金融机构评级、非营利组织评级有效对接，建立完善的评估标准。按照信用等级、公益成效、影响力等几个指标综合评级。可参照金融机构评级的体系分为 Aaa 级、Aa 级、A级、Baa 级、Ba 级、B 级、Caa 级、Ca 级和 C 级。待评级体系发展成熟后，公益信托或受托人的级别在一定程度上和经济激励挂钩。信用评级的主要分析项目可分为：经营管理状况分析、业务及其风险分析、财务状况等。公益成效评级的主要分析项目可分为：公益项目的遴选、公益

项目的受益分配执行情况、公益项目后续跟进与评估等。影响力主要指的是传播影响力（见图6）。

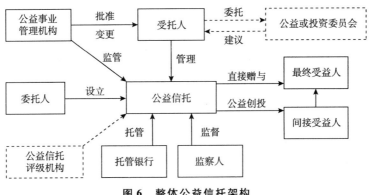

图6　整体公益信托架构

附录　台湾公益信托一览表

银行名	账户名称	目的事业主管机关	信财财产总金额（新台币百万元）
台湾银行	公益信托大众教育基金	"教育部"	1205.00
	公益信托"中国电子社会福利基金"	"内政部"	540.00
	公益信托王长庚社会福利基金	"内政部"	6295.00
	公益信托王詹样社会福利基金	"内政部"	5639.00
	公益信托主爱社会福利基金	"内政部"	6144.00
	公益信托台湾财政金融法学研究基金	"法务部"	1.00
	公益信托吾哈进碧教育基金	"教育部"	684.00
	公益信托法治斌教授学术基金	"法务部"	7.00
	公益信托星云大师教育基金	"教育部"	1129.00
	公益信托苗氏基金	"内政部"	30.00
	公益信托神基科技社会慈善基金	"内政部"	1.00
	公益信托财经法制新趋势研究基金	"法务部"	5.00
	公益信托基督教中华信望爱基金	"内政部"	6232.00
	公益信托启坊教育基金	"教育部"	42.00
	公益信托族群和谐基金	"内政部"	10.00

银行名	账户名称	目的事业主管机关	信财财产总金额（新台币百万元）
台湾银行	公益信托富味乡百川社会福利基金	"内政部"	1.00
	公益信托普莱德教育基金	"教育部"	43.00
	公益信托超国界法学发展基金	"法务部"	1.00
	公益信托慈惠心基金	"内政部"	7.00
	公益信托当代中国大陆法制学术研究基金	"法务部"	1.00
	公益信托叶俊麟台湾歌谣推展基金	台北市政府	5.00
	公益信托诚朴慈善基金	"内政部"	28.00
	公益信托雷震民主人权基金	"法务部"	13.00
	公益信托庆宝社会福利基金	"内政部"	49.00
	公益信托丰达科技社会慈善基金	"内政部"	3.00
台湾土地银行	树子教育公益信托	桃园县政府	0.95
合作金库银行	公益信托俊霖社会慈善基金	"内政部"	4.18
	公益信托厚高急难救助基金	"内政部"	30.00
合作金库银行	马谛氏（MATISSE）教育公益信托	"教育部"	0.53
第一商业银行	尤添锜先生慈善基金公益信托	新北市政府社会局	1.10
华南商业银行	公益信托 AFC 陈旺木教育基金专户	桃园县政府教育局	1.40
	公益信托人间佛教发展基金专户	高雄市政府	5.20
	公益信托中兴慈善基金专户	桃园县政府社会局	5.50
	公益信托火柴棒教育基金	新竹县政府教育局	1.30
	公益信托如雪文化教育基金专户	台北市政府	1.00
	公益信托育英社会福利基金专户	"内政部"	2.00
	公益信托林苏珊珊照护基金专户	新北市政府	5.00
	公益信托芳慈社会福利基金专户	"内政部"	382.00
	公益信托奕德纪念基金	"内政部"	49.00
	公益信托律胜教育基金专户	台南市政府教育局	8.80
	公益信托陈永泰急难救助基金专户	"内政部"	304.50
	公益信托慈慧教育基金专户	新竹县政府	11.80
	公益信托新逍遥园译经院基金专户	桃园县政府	1.00
	公益信托万润慈善基金专户	"内政部"	2.00
	公益信托群康教育基金专户	桃园县政府教育局	1.00
	公益信托融悟教育基金专户	"教育部"	30.00
	公益信托宝雅慈善基金专户	"内政部"	1.20

银行名	账户名称	目的事业主管机关	信财财产总金额（新台币百万元）
华南商业银行	文化公益信托树谷文化基金会考古文化资产维护推广基金专户	"文化部"	53.00
	文龙教育公益信托	"教育部"	50.00
	明音宗教公益信托专户	"行政院内政部"	100.00
	林火树教育基金公益信托专户	桃园县政府教育局	2.00
	金丽教育基金公益信托专户	台中市政府教育局	5.00
	殷商慈善教育公益信托	新北市政府	4.60
	许振东高明珠教育公益信托专户	台南市政府教育局	7.20
	陈荣裕捐助台中县脊髓损伤者协会公益信托专户	台北市政府社会局	0.50
	堡岭慈善公益信托专户	"内政部"	1.00
	媚婷峰文教基金公益信托专户	台北市政府教育局	5.00
	朝里教育公益信托基金专户	"教育部"	29.20
	华人公民教育公益信托专户	台北市政府教育局	1.00
	罗铨教育公益信托专户	台南市政府教育局	849.80
	赞化德娴教育公益信托专户	"教育部"	30.00
上海商业储蓄银行	台北市北区扶轮社亲恩教育基金公益信托	台北市政府教育局	29.20
	傅培梅饮食文化教育基金公益信托	台北市政府教育局	0.13
台北富邦商业银行	公益信托森满教育基金	"教育部"	30.00
	阿瘦公益信托教育基金	"教育部"	30.00
	爱邻喜乐公益信托	"内政部"	1.00
国泰世华商业银行	公益信托昶欣教育基金专户	台东县政府	1.74
	公益信托高陈瑞吟教育基金	台东县政府	1.19
	公益信托爱网社会慈善基金专户	"内政部"	30.00
	公益信托焕章慈善基金专户	苗栗县政府	2.52
	公益信托邹新和与邹林森治纪念基金会	"内政部"	58.97
兆丰国际商业银行	东吴法学基金公益信托	"法务部"	0.93
	春风煦日论坛公益信托	"法务部"	1.43
	陈忠纯纪念医病关系教育公益信托基金	台北市教育局	1.45
	杰森国际基金	台北市教育局	5.97

续表

银行名	账户名称	目的事业主管机关	信财财产总金额（新台币百万元）
中华开发工业银行	陈春山法制研究基金	"法务部"	0.03
阳信商业银行	公益信托王幸男郭清华清寒优秀奖学金	台南市政府	2.27
远东国际商业银行	正生教育基金	新北市政府教育局	1.76
	徐有庠家族公益信托基金	内政部	83.55
	许蕙英女士慈善基金	台北市政府	0.34
	养娘慈善基金	台北市政府	0.67
元大商业银行	公益信托入之山基金	桃园县政府	49.00
永丰商业银行	公益信托台北市古迹保存与发展基金	台北市政府	12.00
玉山商业银行	公益信托王建民小王子加油基金	"内政部社会司"	1.00
玉山商业银行	公益信托汾阳教育基金	苗栗县政府教育局	1.00
	公益信托崇贸环保节能教育基金	台北市教育局	4.00
	阿瘦公益信托文教基金	"行政院文建会"	8.00
	阿瘦公益信托社会慈善基金	"内政部社会司"	2.00
	万昌基金社会公益信托	桃园县政府	21.00
日盛国际商业银行	陈桐林教育基金	台中市政府	3.92
"中国信托商业银行"	中信银行受托公益信托爱的驱动社会福利基金信托财产专户	"内政部"	7.00
	中信银行受托公益信托李其钰社会福利基金信托财产专户	桃园县政府	3.00
	中信银行受托公益信托林竹根许满原住民社会福利基金信托财产专户	台东县政府	15.00
	中信银行受托公益信托倍凯社会福利基金信托财产专户	"内政部"	3.00
	中信银行受托公益信托胜友慈善宗教基金信托财产专户	"内政部"	33.00
	中信银行受托天主教刘英芳公益信托财产专户	"内政部"	60.00
	公益信托中国信托商业银行慈善基金信托财产专户	"内政部"	119.00

银行名	账户名称	目的事业主管机关	信财财产总金额（新台币百万元）
"中国信托商业银行"	公益信托王杨娇信望爱基金	"内政部"	1691.00
	公益信托恩典社会福利基金信托财产专户	"内政部"	6553.00
	公益信托华晶科技慈善基金	"内政部"	103.00
	公益信托黄金贵先生公益基金	"内政部"	3.00
	公益信托诚品法务会计研究发展基金	"法务部"	10.00
	公益信托钰齐国际慈善公益基金	云林县政府	2.00
合　计			39089.83

注：信托财产总额指信托财产本金。

资料来源：台湾信托业商业同业公会。

非营利组织财务收入法律政策的国际比较研究

——以公益募捐及经营性活动收入政策为焦点

一 绪论

（一）研究背景

20世纪70年代以来，非营利组织（non – profits organization）在全球范围内得到空前发展，并日益凸显其独特的功能。美国约翰·霍普金斯大学 Lester M. Salamon 教授在其主持的非营利组织国际比较项目的实证基础上，惊呼一场全球性的"社团革命"（association revolution）正在悄然兴起。从北美、欧亚的发达国家到亚非、拉美和苏联集团中的发展中国家，民众正在创建各种形式的非营利组织，积极参与环境保护、扶贫发展、权益保护、社会福利、社区服务、慈善救济和经济中介等活动，非营利组织正与越来越多的民众息息相关，在国民经济和社会发展中发挥日益重要的作用。

非营利组织的资金来源主要包括募捐（donations）、使用者付费（user fees）及其他补助活动（如政府或企业的直接或间接补助）。但随着近年来募捐所得与政府补助的日益减少，非营利组织为求自给自足，越来越依赖经营性（commercial）活动为之收益，提供服务及商品的经营性活动成为其募集财源的重要依据。

虽然，非营利组织的经营性活动能解决其部分财政困境，然而，非营利组织商业化亦遭受许多质疑。首先，非营利组织传统赖以生存的财政来源，如募捐等是否会因为营利行为而造成资源排挤效应？换言之，非营利组织的经营性活动是否会影响非营利组织目前的募款来源？其次，对于政府及企业而言，非营利组织的经营活动是否会导致"不公平竞争"（unfair competition）的发生？即，非营利组织的经营活动是否给予特定的限制？对于非营利组织的经营性活动是否给予税收及补助优惠？

非营利组织的财务收入乃是关乎组织存亡的重要议题，因此，本文以美国[①]、英国[②]、日本、新加坡及中国香港特别行政区的非营利组织为研究对象，集中考察其传统募资途径——公益募捐以及新型募资途径——经营性活动的法律规制，透过各国（地区）的法律政策比较，分析国际非营利组织募资现况，从而建构更具本土性的观察与发现，冀能提供学术界和业界参考。

（二）研究问题

综上所述，本研究主要探讨募资的传统及新型路径，即公益募捐及经营性活动的法律政策规范：

（1）规范非营利组织公益募捐的法律框架，包括募捐的禁止性规定、准入、活动规则以及职业募捐人和商业募捐合作伙伴的相关法律规则。

（2）规范非营利组织经营性活动的法律框架，包括非营利组织经营准入以及调整经营性活动收入的税收政策等。

二 研究综述

本节针对非营利组织财政收入的两种来源，即公益募捐及商业性活动之相关文献做出探讨与分析；同时介绍英国、美国、新加坡、日本与中国香港特别行政区等国家（地区）非营利组织的基本情况，借由文献

---

① 美国主要介绍加利福尼亚州、纽约州以及马里兰州的概况。
② 英国主要介绍英格兰和威尔士的概况。

的整理与反思，来厘清研究的方向。

（一）公益募捐

1. 公益

公益是一切社会慈善事业的核心理念和根本属性。英美法通常称之为"慈善目的"（charitable purpose），并最早见于英国《1601年慈善用益法》（Charitable Uses Act，又称伊丽莎白法），该法将慈善目的分为十类。[①]1891年英国所得税专门目的委员会诉潘赛尔一案的判决将慈善目的总结为四大类：救济贫困、促进教育、促进宗教以及其他有利于社区的目的。值得注意的是，英国政府主管部门慈善委员会颁布了确定公益性定义的法规性文件《慈善组织公益性指南》，这个文件和与它密切关联的《2006年慈善法》一起，因其对公益做出了界定而成为英国400年慈善法制史上的重要里程碑。

英国议会通过的《2006年慈善法》第一次以成文法律条文的形式为民间公益性事业下了完整的定义，其规定：任何民间组织，如果要成为慈善组织，必须达到两个标准：首先是事业标准[②]；其次是公益性标准，两个标准缺一不可。该法授权慈善委员会制定关于公益性标准的指南[③]，据此判断民间组织是否具备为公众利益服务的慈善属性。慈善委员会强调，要确保无论什么样的组织，如果它们还想保持慈善机构的性质，就必须证明

[①] 分别为：（1）救济老人、残疾人及穷人；（2）照顾受伤或生病的士兵、水手；（3）资助学校教育、免费学校的设立与维持及帮助大学学者；（4）修建与维护桥梁、港口、码头、人行道、海岸、堤防、公路、教堂；（5）教育资助孤儿；（6）感化院设置与维护；（7）资助贫困少女结婚时的嫁妆；（8）资助年轻的工匠、手工业者及年迈的退休者；（9）帮助囚犯或俘虏重新生活；（10）帮助贫民纳税。

[②] 《2006年慈善法》第一章第2条的第二款详细列举了13类慈善事业，即（1）扶贫救困；（2）促进教育发展；（3）促进宗教事业发展；（4）促进人们健康状况的改善和医疗卫生事业的发展；（5）推进公民意识或者社区发展；（6）促进艺术、文化、历史遗产或者科学的保护和发展；（7）促进业余运动的发展；（8）促进人权的进步、冲突的解决或者和解，推进宗教、种族的和谐、平等与多样性；（9）促进环境保护与改善；（10）扶持需要帮助的青年人、老年人、病人、残疾人、穷人或者其他弱势群体；（11）促进动物福利的发展；（12）促进皇家武装部队效率提高，或者促进巡察、消防、急救服务效率的提高；（13）其他属于本条第四款范围内的目的。

[③] 即在2008年1月发布实施的《慈善组织公益性指南》。

自己今天所从事的事业仍然具备法律所承认的公益性。《慈善组织公益性指南》中则提出判定慈善事业或组织的公益性质的两项基本原则，一是有益性原则；二是公众性原则，只有同时符合这两项原则，并且从事《2006年慈善法》规定的 13 类慈善事业的民间组织才会在经过法定程序后注册为慈善组织。

仅仅将公益性定为公共利益并没有办法划出其边界，因此国内外地区还采用归纳的方式来界定公益。美国《国内税务法典》501（c）（3）条规定的公益目的包括宗教、慈善、科学、文学和教育、进行公共安全试验、防止虐待儿童与动物、发展国内与国际业余体育活动等。日本《信托法》第 66 条（1992 年）中列明的公益目的为学术、宗教、祭祀、慈善、艺术和其他公益目的。德国《税务法典》为"公益"下的定义是：旨在物质、精神或道德领域无私地资助公共事业。这里所指的对公共事业的资助必须是普遍性的，即不能将资助局限于封闭的、有限的人群。

2. 募捐

何谓募捐？"募"是指"劝募"，即通过劝说、宣传等方式来进行慈善财产的募集；"捐"是指捐赠或者信托等转移慈善财产的方式。在美国《公益基金募捐示范法》中，规定"募捐"是指直接或间接对于金钱、信用、财政支持或实物的请求，并表明将用于公益目的或造福公益机构。在此范围内，募捐实现方式被列举为四类方法[1]，从而请求或获得金钱、信用、财政支持或其他有价值的物品。[2]

英国《慈善法》亦规定了公共募捐的定义，"公共慈善募捐"指在任何公共场所或在私人住宅/商业场所（同时）进行的慈善募捐请求，包括

---

[1] 任何口头的或书面的请求；通过广播、电视、电话或电报对媒体做出的为了公益目的或公益机构的声明；散发、发行、邮寄或出版任何手抄单、书面公告或其他公开出版物，直接或默示表明得到公众支持的意思；任何销售、提供或试图销售广告、广告空间、书、卡片、标签、设备、杂志、成员资格、商品、订购、花朵、票券、糖果、甜饼或其他有形物品的行为，只要这些物品表明为了某公益机构或公益目的的一种请求，或者这种请求里用到或提到任何公益机构的名字以作为销售的诱因或理由，或者在与销售行为相关的声明里表明销售收入将用于公益目的或造福公益机构。无论募捐人是否得到捐赠，募捐行为视为已经发生。

[2] 详情参见许光翻译美国《公益基金募捐示范法》（美国法学会 1986 年制定），载许光《和谐社会的公益力量：基金会法律制度研究》，法律出版社，2007，第 346 页。

请求公众捐赠现金或其他形式的财物，且在请求的同时表明募捐的全部或部分所得将用于慈善事业。英国慈善法旨在规范公共场所的募捐（collections in a public place）① 和逐户募捐（door to door collections）两种方式的公共慈善募捐。

然而在实践中，募捐的手段和方法却不仅仅局限于这些。在募集标的物上，募捐既可以是以募集资金为目的，也可以是以筹集其他财物为目的，更可以是以某种可实现的权利作为标的，从而排除劳务或者单纯的道德性倡议等目的的行为；从对象看，募捐所针对的对象既可以是特定的，又可以针对不特定对象展开，前者一般被称为"私募"，后者一般被称为"公募"。从募捐者利益关系上看，"募捐人可以为自己的利益进行募捐，也可以为第三者利益进行募捐"。

3. 公益募捐

正如上文所述，募捐者既可以为了自己的利益实施募捐，也可以为了他人利益、集体利益、国家利益甚至公共利益实施募捐。因此公益募捐是指，为了特定的公益目的，募捐者主动以某种方式动员社会公众而募集资财的行为。与一般意义的募捐相比，作为公益无偿供给重要方式的公益募捐具有以下显著特点：

（1）公益募捐的目的在于公共利益。公益募捐被救助对象具群体性和不特定性，而相对私益募捐被救助对象一般是特定的需要救助的自然人，往往是无力支付高额医疗费用，急需筹集资金的疾病患者，或者是家境贫寒，无力支付学习、生活费用的未成年人。

（2）公益募捐的主体具有相对广泛性。从各国立法看，公益募捐的主体既可以是依法设立、并取得公益募捐资格的公益性社会组织，也可以是公共利益的重要代表者之一——政府部门，也可以是公益性非营利的事业单位。在英美法系国家，不仅上述主体具有相应的募捐资格，而且还出现一大批专门从事劝募的机构或组织，这些机构或组织专门进行资金募集，并提供给需要资金的其他公益机构。美国《公益基金募捐示范法》称其为

---

① "公共场所的募捐"是指在公共场所进行的募捐。"逐户募捐"是指在私人住宅或商业机构场所（或两者兼有）进行的募捐。

"领薪募捐人",它们是接受公益机构的委托,为公益机构募集资金并领取相应报酬的一类特殊主体。[①]

(3)公益募捐具有一定规模。公益募捐活动通常是有组织、有计划地进行,有严格的程序和专门的管理机构或管理人员,募捐所取得的资产在使用目的、使用方向、使用比例等方面均受到严格的监督和管理。

(二)经营性活动

1."相关"的与"不相关"的经营性活动

除了非营利活动之外,非营利组织还经常从事一些"经营性活动"以创造收入,这里指的"经营性活动"应是常规性的、积极的交易或商业经营活动。非营利组织的不公平竞争问题主要是由常规性的交易或经营性活动所引发,但要给非营利组织的积极常规性交易或经营性活动在法律上做出界定是很复杂的。最常用的评估方法主要有两种,即收入来源判定法和预定目的判定法。

(1)收入来源判定法是根据经营活动与非营利组织的宗旨所存在的联系进行判断。相关经营活动是与非营利组织的宗旨紧密相连的经营活动。[②]

(2)预定目的判定法是根据收入的预定用途进行判断,无论非营利组织开展的经营活动与其宗旨是否紧密相关,只要通过这种经营活动获得的收入是用于非营利目的,那么这种经营活动就被看作是相关的经营活动。

首先,根据上述评估方法,任何非营利组织皆可能有银行账户孳生利息,许多非营利组织利用捐助财产、投资股票、公债或其他工具,借此赚取股利、利息、租金或其他形式的收入或资本利得。这类投资通常被视为"被动"(passive)性活动,其所产生的所得为前面所说的"消极所得"(passive income)。非营利组织一般都可以从事这些"被动"性活动,其所产生的消极所得通常也免交所得税。

其次,非营利组织也会不定期或偶尔地从事某些活动,例如抽奖、慈善拍卖或慈善舞会等主要为非营利组织募款而举行的零星活动。上述活动

---

① 详情参见许光翻译美国《公益基金募捐示范法》(美国法学会1986年制定),载许光《和谐社会的公益力量:基金会法律制度研究》,法律出版社,2007,第347页。

② 美国主要运用这种判断方法来区分非营利组织的相关经营活动与不相关的经营活动。

不构成常规性的交易或经营性活动，而应被视为募款的方式；一个非营利组织因编辑与出版研讨会的成果而收取费用，一般而言不是在从事积极的交易或经营性活动。

再次，物品或劳务的买卖构成交易或经营性活动，例如盲人协会贩卖白手杖或非营利环保组织为民营部门的客户进行环境影响评估而收费。然而，要决定提供物品或劳务以换取报酬是否构成积极从事交易或经营性活动并不容易。由政府或某些机构资助的非营利组织与政府或资助机构签约，由非营利组织提供物品或劳务给第三人，由政府或资助机构提供资金，所提供的这些服务（例如家庭计划、教育等）的本身即是非营利组织的主要目的的一部分，该行为不被认为是交易或经营性活动。类似的，即使非营利组织贩卖物品给大众，也许不认为该活动是交易或商业行为。例如，当非营利组织"善意"（goodwill）地贩卖二手衣物给大众时，其最主要目的可能是通过这种方式，向残障人士提供工作机会与技能训练，在这种情况下，此项贩卖活动不被视为积极的交易或经营性活动。

最后，某些活动约定俗成地不被视为交易或经营性活动。例如，博物馆收取门票、私立大学要求学生缴学费，或慈善医院向病人收取诊疗费。这类费用由来已久，其正当性不受质疑。也许是因为其组织的主要活动，例如艺术、教育或医疗而言是不可或缺的，故不被视为单独的交易或商业行为。一些国家的法律，尤其是税法常明文规定上述持续活动的收入来源不会被视为经济活动。一些国家，虽然这些活动并未在任何书面规则中规定它们不是交易或商业活动，但在实践中这却是一种长久且未被质疑的做法。

普遍来说，经营性活动是否由非营利组织直接或间接地（例如通过其百分之百控制的附属机构）从事，并无差别。在每一种情况下，都存在两个不同且显著的问题——是否允许这项活动以及这项活动是否应予课税。在英国，慈善组织只可间接地透过附属机构进行交易或商业活动。在波兰，财团法人可直接从事交易或商业活动。在这两个国家中，用于非营利组织慈善目的的利润不须缴税。在法国，相反的，财团法人不准直接或间接地从事交易或商业活动，因此是否课征税收从来就不是一个问题。

综上所述，通常所说的非营利组织从事经营性活动，指的是以常规或永久的方式，由非营利组织直接或间接地透过其附属机构所积极进行的交易或商业经营活动。

与这些积极的经营性活动相关的问题是，非营利组织从事商业经营会造成什么样的后果？

2. 经营性活动的不公平竞争问题

资金匮乏是世界各国非营利组织面临的共同问题。无论在世界上哪一个国家，民间非营利组织都不可能仅靠慈善捐款生存，因为正像市场失灵和政府失灵一样，志愿也会失灵。而志愿失灵最突出的表现是非营利组织活动所需的开支与非营利组织所能募集到的资金之间存在着一个巨大的缺口，非营利组织需要依赖其他途径获得收入，包括政府资助以及自创收入等。目前越来越多的非营利组织从事商业经营活动以满足不断增长的开支需要，商业活动收入占非营利组织收入的比重越来越大。由 Lester M. Salamon 主持的调研发现非营利组织收入的主要来源是会费和公共部门的支持，仅会费和其他商业收入就占非营利总收入的近一半（49%）。

随着各国非营利组织大举进入商业领域，各种中小企业感到了巨大的竞争压力。当两类组织在相同领域里活动时，竞争便变得不可避免。非营利组织享受的诸多豁免所得税等税收优惠待遇，无疑是一个营利组织所无法比拟的，其结果是，非营利组织商业经营活动规模过大终究会导致同一领域内营利组织的不公平竞争问题。[1] 通常，在非营利组织经济活动的规模与数量已对营利企业造成威胁的成熟性商业领域里，不公平竞争问题显得更为突出。[2]

在美国，许多教会开展旅游项目，为了将旅游包装成教育性的活动，

---

[1] 据 1990 年对美国 630 家大型非营利组织的调查，这些组织的平均赢利率达 9%，比"财富500 强"公司的平均赢利率要高出一倍多。

[2] 然而，也有相反的观点认为，不存在所谓的不公平竞争，也不应对非营利组织从事积极商业活动的所得课税。这种观点认为，虽然免缴所得税的确给予非营利组织优势（营利组织所未享有），但营利组织可享有非营利组织难以得到的资金便利。这种便利可能超过非营利组织所得税上的优势，因为，非营利组织无法在资本市场上募集资金以扩张或更新其设施。营利组织可以通过发行股票与债券，从债务及证券市场上募得资金，作为改善组织与营运资金之用。非营利组织无法参与这些市场，且常常很难获得银行贷款。所以，营利组织常引用的"平等的立足点"的诉求并非实情。非营利组织在和营利组织相比较处于资金劣势的情况下，经营交易和商业活动免纳所得税在事实上才可以给予非营利组织"平等立足点"。

他们会组织去希腊的游客顺道去参观一个教堂。由于教会的旅游项目不必缴税，于是他们的费用将低于许多旅行社，从而将客源从旅行社中抢走，使得旅行社叫苦不迭。基督教男青年会（YMCA）现经营美国最大的健身俱乐部，并且是最大的托儿服务提供者。与营利性组织相比，免税特权使它的经营成本要低30%。1990～1993年，基督教男青年会的会员数量增加了20%，与此同时，美国最大的营利性健身俱乐部Bally's流失了9%的会员，托儿业也一样。在这四年间，基督教男青年会的托儿费增长率比营利性托儿机构要低得多。由于经营有方，该组织的年收入已超过18亿美元，即使在"财富500强"的大公司里，也会排在中间而不是尾端。鉴于非营利组织从事商业经营活动给营利组织带来的压力和造成的不公平竞争问题，1995年白宫主办小型企业会议，1000多位代表通过了一项决议，要求克林顿总统和国会领袖制定法律，禁止非营利组织卷入商业活动，与小企业争利。尽管美国的非营利组织从事商业活动的规模较大，所造成的不公平竞争问题也更为突出尖锐，但美国的情况确实从一个侧面反映了非营利组织从事商业活动所带来的不公平竞争问题。

通常，在看待非营利组织的商业经营活动并解决由此所带来的不公平竞争的问题上，各国政府的认识和规定不一。政府可能有这样几种态度：对非营利组织的全部经营所得正常征税，以保加利亚、印度、菲律宾等国家为代表；经营所得适用免税或低税率政策，前提是经营收入须用于公益用途，代表国家包括波兰、日本；将经营活动划分为相关和无关两类，只对相关经营活动的所得实行免税，许多国家都采用这种模式，如美国、英国、德国等；允许小部分经营收入或所得免税，超过一定数额之上的收入或利润则征税，以匈牙利为代表。南非也采用了这一模式，但与第三种模式相结合使用，对超限额的部分再划分相关与无关经营收入。① 换言之，只要摒弃极端的看法，非营利组织商业活动以及由此带来的不公平竞争问题就变成了税负问题，而各国对该议题的处理方法差异极大，以下章节将专门就此进行论述。

---

① 根据曹晶《我国非营利组织税收激励机制研究》（上海社会科学院硕士论文，2006年）；韩晶《非营利组织的"赢利"趋势与税收规制》（《黑河学刊》2004年第1期）的有关内容归纳整理。

尽管在理论上对非营利组织从事经营活动及其导致的不公平竞争问题有不同的看法，但进一步地探讨非营利组织商业活动所得的课税问题，我们将会发现，政府对待非营利组织商业活动的态度是严格禁止，还是予以支持，以及在所得税政策上的选择，其实大都反映了政府对非营利组织发展的鼓励达到一个什么样的程度，同时也反映了政府对允许非营利组织交易或商业活动并且免税会使从事类似活动的营利组织处于经济不利地位的关切达到一个什么样的程度。

（三）各国（地区）非营利组织基本情况

1. 英国

在许多国家，非营利组织的历史都可以追溯到早期的民间慈善活动。英国很早便形成了两种传统：一是办慈善事业的传统；二是互助的传统。英国的非营利组织数量极多且形式多样。在英国，非营利部门往往被称为"志愿部门"（voluntary sector），其中"慈善组织"或"公益慈善组织"是其中的主要形式或主体。英国法律只有"慈善性"的概念，并没有"非营利"这个概念。按照非营利组织的定义，英国传统和习惯称谓的"慈善组织"或"公益慈善组织"，称得上是严格意义上的非营利组织。

英国的志愿团体通常指在一个或多个方面有志愿性质的组织。按照规定，志愿团体的建立并不需要进行注册登记，即公民的非正式组合的志愿团体并无任何法律和行政的限制和要求，所以无法得知志愿团体的确切统计数据。据估计，英国有超过 50 万个志愿团体，但志愿团体中的绝大部分，是经过注册登记的慈善组织或称公益慈善组织，总数估计达 25 万个左右。英国非营利组织在整个国民经济中举足轻重，其支出相当于国内生产总值的 4.8%，仅次于美国，相对规模居世界第二位。非营利组织的活动主要集中于教育和研究、文化娱乐和社会服务三个领域，占到 3/4 左右。非营利组织来自公共部门、赚得收入（主要为收费、销售所得和投资收益）以及私人捐赠的收入分别占 45%、36% 和 19%。[1]

---

[1] 详情参见莱斯特·M. 萨拉蒙等著《全球公民社会——非营利部门视界》，贾西津等译，社会科学文献出版社，2002。

一个组织是否能算作慈善性组织由慈善委员会决定，它在审查申请要求时，主要依据组织的章程和相关材料决定该组织是否符合慈善性的标准。[①] 英国的慈善组织有多种形式，其中两种标准的"模式"是信托基金和慈善公司。[②] 英国的信托基金在《1601 年慈善用益法序言》之前便已出现，它是慈善组织最初的法律形式，即捐资人为了特定的公益慈善目的建立一个信托基金，由受托人管理和经营这一信托基金，将其用于符合信托人意愿的特定公益慈善事业。依据英国法院 19 世纪末对"慈善性"组织的解释，它包括四大类活动：济贫、教育、宗教和公益，这类组织的宗旨而非其组织结构是分类以及征免税的基本标准。因而根据慈善组织设立的公益慈善宗旨，英国慈善组织的范围及分类如下：救济贫困、促进教育、推进宗教、促进医疗卫生、推动康乐设施的建设、保护生命与财产、保护自然遗产、保护环境、保护动物、儿童和老人的供给问题、社会重建、其他对社会有益的目的。此外，根据社会不断发展的需要，慈善委员会还有权决定新的公益慈善领域和单位。

2. 美国

美国慈善领域没有统一法典，这与美国作为普通法系国家的法律传统有着密切的关系。美国的慈善事业主要依靠税法规范，美国《国内税务法典》501（c）（3）条款，划定了慈善机构的范围。美国的非营利组织分为两大部分（见表1），一是公益性组织，即通常所说的慈善性组织[③]，它是为公众服务或使公众受益的组织，其存在的主要目的是提供公共服务，美国一般人理解的非营利组织就是公益性组织。就所得税优惠方面而言，不仅其本身免税，向其捐赠的捐赠者也享有法定的扣除税金的待遇，它还享受互益组织所不能享受的免除事业税以及发行免税债权的优惠。这些组织主要是满足《国内税务法典》501（c）（3）规定条件的组织，公益组织

[①] 详情可参见"Taxation of Charities in the UK"，Mayer Brown International LLP Research Memorandum，February 2013。

[②] 详情可参见"Taxation of Charities in the UK"，Mayer Brown International LLP Research Memorandum，February 2013。

[③] 在美国，《国内税收法典》501（c）（3）下免征联邦所得税的组织通常称为"慈善组织"（charitable organization），实际上就是公益组织。如下所述，这里的"慈善"是广义的、一般性的概念，在其广泛意义上，它包括了"宗教""科学""教育"及其他目的。

或慈善性组织又可分为公共慈善机构和私人基金会，二者所享受的所得税优惠也有所不同。另一部分是互益性（会员性）组织，即通常所说的非慈善性非营利组织，尽管也能做些公益性的事情，但主要是为会员服务或相互受益的组织，而且其也不能分配其利润。相比公益性组织，互益组织享受的所得税优惠较少：仅其本身可免税，而向其提供捐赠的捐赠者不享有扣除税金的待遇，这些组织主要是指《国内税务法典》501（c）（4）~501（c）（f）的组织。

表1　美国国内税务局编号的免除联邦所得税的组织类型

组织描述	条款编号
依《国会法案》组成并获得免税权的法人社团	501（c）（1）
对其他具有免税资格组织拥有财产权的法人社团	501（c）（2）
为以下目的而成立和运行的组织：慈善、宗教、科学、公共安全试验、文学、教育、促进业余体育竞技或预防虐待儿童、动物	501（c）（3）
社会福利组织（包括进行游说的组织）和地方雇员协会	501（c）（4）
劳工、农业和园艺组织	501（c）（5）
商业联盟、商会、房地产同业会、贸易协会和职业足球协会	501（c）（6）
社会俱乐部	501（c）（7）
为其成员提供保险或类似福利的互助团体（兄弟会）	501（c）（8）
志愿雇员受益人协会	501（c）（9）
家庭互助受益协会	501（c）（10）
教师退休基金协会	501（c）（11）
慈善生命保险协会	501（c）（12）
墓地公司	501（c）（13）
州立特许存款互助会	501（c）（14）
相互保险公司	501（c）（15）
资助农作物的社团法人	501（c）（16）
辅助失业福利信托组织	501（c）（17）
某些1959年前雇员成立的养老金计划	501（c）（18）
退伍军人组织	501（c）（19）
法律服务机构	501（c）（20）
矿工肺福利信托	501（c）（21）

续表

组织描述	条款编号
多雇主抚恤金计划	501（c）（22）
某些为退伍军人提供保险的组织	501（c）（23）
某些 ERISA 信托组织	501（c）（24）
抚恤金等控股公司	501（c）（25）
给投保困难的人提供医疗保险的会员组织	501（c）（26）
某些州立公认薪酬组织	501（c）（27）
宗教和使徒教义组织	501（c）（d）
协作医疗服务机构	501（c）（e）
日常教育机构的协作服务机构	501（c）（f）
农民协作组织	521

资料来源：鲁西·D. 萨马里瓦拉著《美国慈善机构及非营利部门》，转引自杨团主编《上海罗山市民会馆个案研究》，华夏出版社，2001，第294~295页。

3. 新加坡

新加坡非营利组织网络覆盖广泛，数目繁多，按照其不同特点常被称为"社团""慈善组织""信托基金会"等。从注册方式看，新加坡社会组织分为两类：一是注册为社团的社会组织；二是注册为担保性质的公司的社会组织。社团涵盖了大部分的团体，而担保性质的公司则主要由慈善组织构成。

新加坡的社团又可分为官办和民办两种。官办社团是政府基于某项事业的需要而组织的团体，执行着政府规定的任务；民办社团则由公民自行组织，享受着有限的自由。官办社团的典型代表是新加坡人民协会（PA）—— 一个具有半官方性质的法定机构，它既与新加坡政府结合紧密，又与之保持距离。人民协会依照《人民协会法》成立于1960年，其主要职责在于促进种族和谐、社会团结，培养领导力，提供社会公共服务并促进政府与民众沟通交流等。人民协会具有80余个团体会员，三个合作伙伴。如今，人民协会已成为全社会基层组织的总机构。它通过其下属的众多社会基层组织，联系了绝大部分，尤其是中下层民众，做到"上情下达，下情上传"，成为政府与民众之间的桥梁。在新加坡慈善事业发展中，活跃的慈善组织发挥了至关重要的作用。1968年新加坡国会通过法案，国家福利理事会（NCSS）成为各慈善组织的总福利机构。它的救助帮扶对象遍及残障人士、灾民、老龄人、青少年等诸多群体，其社会服务的丰富性与专业性广受好评。

4．日本

尽管非营利组织在日本已存在了若干个世纪，但直到 20 世纪 90 年代中叶，一般日本人对本国的非营利组织还是既不关心又知之甚少。在他们的理解中，日本只有两个部门存在，即政府与市场营利性组织。在他们眼里，非营利组织与政府和公司有剪不断、理还乱的复杂联系，根本不构成一个独立的第三部门。更重要的是，20 世纪 90 年代以前，日本国民并不认为非营利组织的存在有多大必要性。确实，在那以前，日本非营利组织一直在政府的阴影下运作。可以说，在所有发达资本主义国家中，日本是对非营利组织限制最多、最严的国家。① 尽管非营利部门在日本不被看作一个独立的部门，但是这并不是说日本没有非营利组织，或者说日本非营利组织数量少。实际上日本有大量的非营利组织，尽管按非营利组织雇员占劳动力总数的比重和按非营利组织营运支出与 GDP 的比值，日本非营利部门的规模相对较小，但由于日本经济规模的基数很大，其绝对值也相当大。

日本非营利组织有几种法律形式，包括传统意义上的由《民法典》规定的公益法人和由特别法规定的特定公益法人，以及由《促进特定非营利活动法》规定的特定非营利组织等。

（1）日本《民法典》第 34 条列举了诸如朝拜、宗教、慈善、学术活动、艺术等公益活动，还有其他一些公益性活动，包括环境保护、国际交流和社区建设。《民法典》并没有明确公益这一概念，1996 年颁布的《公益组织审批和监督标准》的内阁条令规定，公益组织必须以服务社会为宗

---

① 比如，规范日本非营利组织的法律依据是 1898 年通过的《民法典》。该法规定，公益性非营利组织的成立必须事先得到政府有关部门的批准。"政府有关部门"并不是指一个专门负责审批非营利组织的部门，而是指几乎所有政府部门。非营利组织在哪个领域活动，它就必须征得那个领域主管政府部门的批准。政府官员有权决定某组织是否符合公益性的标准，是否批准让它注册，即政府官员执掌着非营利组织的生杀大权。参见王绍光《多元与统一——第三部门国际比较研究》，浙江人民出版社，1999，第 208 页。

旨。不被视为服务于公众的组织包括：以保持个人联系为目的组建的团体，诸如联谊会和同学会等；提供公益性服务，但服务对象仅限于它们的成员或特殊群体或职业的组织；为个人提供经济或精神帮助的援助性组织。[①]

（2）依据《民法典》制定的《特别法》，分别对相应的特别法人做了明确规定，凡符合有关特别法规定具有特别法人资格的，称为具有特殊服务目的的非营利组织。如符合《私立学校法》规定所创办的非营利私立学校；符合《医疗法》规定所创办的非营利医疗机构；符合《社会福利服务法》规定所创办的非营利社会福利机构；符合《宗教组织法》规定所创办的宗教组织；符合《消费者合作工会法》规定的工会团体等。对于符合特别法系中特别法人规定的非营利组织，也通称为特定公益法人。

（3）随着日本民间志愿组织所进行的慈善公益活动的日益增多，为了鼓励和规范群众性志愿组织开展慈善公益活动，日本于1998年颁布了《促进特定非营利活动法》（LPSNA）。LPSNA引进了非营利组织的一种新的法律形式，被称为"特定非营利法人"（SNPC）。"特定非营利活动"意味着列在该法附录上的任何活动，包括促进健康、医疗照顾或福利的活动；促进社会教育的活动；促进社区发展的活动；促进文化、艺术、体育的活动；保护环境的活动；灾害救济活动；确保社区安全的活动；保护人权或促进和平的活动；国际合作活动；促进性别平等社会产生的活动；促进青少年合理教育的活动。

5. 中国香港特别行政区

香港非营利组织在1949年以前，主要可分为本地慈善组织和外国宗教团体两大类。随着香港经济起飞，不同类型的非营利组织开始兴起，香港公益、香港赛马会慈善基金等著名本土基金组织都在这一时期相继成立。之后，香港政府以拨款的方式资助不同类别的社会福利机构。

香港的非营利组织大致可以分为"教育与研究""专业、工业、商业及工会""社区组织""公民及倡议""法律及法律服务""政治""福利服

---

① 详情可参见托马斯·西尔克主编《亚洲公益事业及其法规》，科学出版社，2000，第143页。

务""医疗服务""环境""体育""艺术及文化""宗教""慈善及中介媒介"以及"国际及跨国"等 14 种类别。① 其中，最常见的组织类别为：（1）信托团体；（2）根据《社团条例》（第 151 章）成立的社团；（3）根据《公司条例》（第 32 章）注册的法团；（4）根据香港法规而成立的团体。② 截至 2007 年，香港已有 3680 个社团，626 个协会和 406 个信托团体，以及 411 个在教育条例、法定机构和海外公司注册条例下建立的团体。

整体而言，香港政府对非营利组织的法律监管比其他国家/地区更为宽松，尤其是《税务条例》中针对公共性质的慈善机构或信托的"税务豁免"政策极大地推动了香港非营利组织的发展。

三 传统募资途径：公益募捐

（一）各国（地区）公益募捐法律框架

本节主要以各国（地区）慈善立法模式为标准，对各国（地区）公益募捐的立法概况进行分类阐述。慈善立法模式，是指在慈善立法过程中，立法机关所采取的方法、结构、体例及形态的总称，一般是指慈善法以何种形态作为其表现方式。目前国际慈善立法模式主要有两种，即集中立法模式（法典模式）和分散立法模式（单行法模式）。

但就当代英美法系的法治强国美国和加拿大而言，其联邦制对慈善立法模式产生重要影响。例如，美国没有专门的和独立的关于慈善事业的联邦制定法，有关慈善的规定和条款散见于联邦和州的法律法规中，然而联邦税法对美国慈善的发展至关重要，其涉及美国慈善事业的范围、慈善组织的认定、慈善事业的外部激励和监督等。因此本节在传统慈善立法模式分类下，以美国为例介绍其特殊的联邦立法模式。

1. 集中立法模式

集中立法模式，又称综合立法模式或同一立法模式，是指国家或地区

---

① 这是根据非营利国际分类法 CNPO 做出的修订。
② 详情参见《慈善捐款及获豁免缴税的慈善组织：属公共性质的慈善机构及信托团体的税务指南》。

立法机关制定一部内容全面的慈善法作为慈善基本法，全面规定关于慈善组织和慈善活动各项制度的模式。从立法上看，国外一些国家和地区在立法中确立了公益募捐的法律地位，采取慈善集中统一立法模式的英国、新加坡等国家，则在其慈善法中规定了公益募捐的相关问题。

英国《1601 年慈善用益法》，要求所有的慈善基金会都必须同国家意志合法地结合起来，从而确立了政府对自发产生的慈善捐赠以及慈善基金会的特许管理权；该法对强制性征税的财产种类及捐赠对象均做出了详细规定，从而最终缔造了公益募捐以及基金会的理念基础——把私人基金会转换为公众谋取利益的工具。1853 年英国正式颁布慈善法，历经 100 多年一直持续至今，《2006 年慈善法》是英国慈善事业以及公益募捐制度改革的重要成果，以《慈善机构募捐规程》为代表的法律则规制了职业募捐者和商业合作者等募捐主体。在慈善法之外，英国还制定有规制公益募捐的专门立法，主要规制入户募捐活动[1]、以彩票形式实施的募捐活动[2]、街头及公共场所募捐[3]以及职业募捐者和商业合作者等募捐主体。[4]

新加坡作为英属殖民地，其公益募捐法律也深受英国普通法的影响。19 世纪末期以及 20 世纪中期以来，新加坡陆续制定了有关社团管理以及非营利公司方面的法律制度，从而逐渐成为公益募捐法律规制制度的主要渊源形式，其中包括 1947 年《门到门和街道募捐法》、1966 年《社团法》等。1994 年，新加坡《慈善法》进一步强化了慈善委员会对公益事业的管理权，1996 年社团组织法确立了社团组织登记行政管理制度。其突出成就就是按照"政府放手社会自治，但也要保证政府对于慈善事业的管理权有效地执行"的原则，于 2007 年对《慈善法》做出大幅度修改。通过修改，公益募捐管理权更加集中于慈善委员会，非营利组织在公益募捐中的信息披露以及审计义务也得以强化。

---

① 《入户募捐法案》(1939)，《入户募捐规定》(1947、1963)。

② 《彩券与娱乐法》(1976)。

③ 《警察、工厂等法案（杂项规定）》(1916)，《慈善募捐规定（过渡性条款）》(1974)，《街头募捐规定（大城市警区）》(1979)。

④ 《慈善机构募捐规程》。

2. 分散立法模式

分散立法模式又称分别立法模式、单项立法模式，是指在多部法律中分别规定慈善组织和慈善活动各方面制度的立法模式，以日本、中国香港地区为代表，其社会组织立法、募捐专门立法甚至税法等立法中对公益募捐相关问题都做了规定。

日本有关公益募捐的立法体系包括民法典、专门非营利组织法、税法等。第二次世界大战后，为了实现对民法典以外非营利组织设立的有效规范，日本连续颁布公益事业领域的特别法。1998 年《特定非营利活动促进法》颁布，在一定范围内统一规范了慈善组织、慈善活动、税收优惠等公益募捐的有关问题，而其《公司所得税法》《个人所得税法》则是日本公益募捐税收规制的主要法律渊源。2006 年，日本颁布了《一般社团财团法和公益法人认定法》，要求原有的财团法人和社团法人变更登记为一般财团法人或一般社团法人，若想享有之前的税收优惠，须公益认定委员会的认定并获得公益财团或公益社团的法人资格，而且还对与募捐管理有关的税收立法进行了相关的修改。

我国香港特别行政区的慈善事业立法在传统上也属于英国体系，但目前香港还没有专门规范公益募捐活动的立法。《香港法例》第 228 章《简易程序治罪条例》、第 148 章《赌博条例》以及第 172 章《公众娱乐场所条例》等均涉及公益募捐活动规制。《简易程序治罪条例》主要涉及公众场所举行的募捐活动管理；《赌博条例》主要涉及以奖券销售方式实施的公益募捐活动监管；《公众娱乐场所条例》则主要是对以表演节目或者公共娱乐节目形式举办的募捐活动实施监管。鉴于特区内公益募捐活动的不断发展以及受到国际募捐立法改革的影响，香港于 1992 年成立工作小组，对其立法进行检讨。于是，香港福利署在 2004 年先后制定《慈善筹款活动最佳安排参考指引》以及《慈善筹款活动内部财务监管指引说明》，供慈善筹款活动自愿采用。尽管这两项行政规范文件均不具有强制性，但对于督促非营利组织提高公益募捐活动的透明度和公众问责性以及帮助捐赠人提高捐赠决策理性均具有重要的指导价值。

3. 联邦立法模式

在联邦制国家，有的地方各州、邦、省也制定有自己的募捐法。在美国，劝募慈善捐赠是一种合法的非营利行为，它受到联邦宪法和州法律的保护，此种行为较少受到约束。因此，政府对慈善、教育、科学、宗教和类似组织筹资活动的控制很有限。不但美国宪法对非营利机构的劝募活动进行保护[①]，而且非营利组织在为慈善募捐时，受到联邦和州政府的支持。所以，美国尽管没有与各州实行的大量成文法规类似的联邦慈善募捐法，但在联邦一级有关慈善筹款的法规还是大量存在的，并且正不断增加。

首先，几乎所有的法规都是由国内税务署贯彻执行的，国内税务署从以下几方面对筹款活动进行管理：（1）对从事筹款的组织实施持续的培训和检查计划；（2）完善和加强一些法规，使慈善组织必须保证它们所获得的捐赠是合法的；（3）完善和加强与互惠捐赠有关的法规；（4）完善与慈善不相关的商业收入法，以明确哪些"筹款"活动与商业活动无关；（5）当一个慈善组织申请免税时必须提交筹款计划；（6）慈善组织必须以年为基础，汇报其筹款活动的收入与开支；（7）制定相关的法规，以防止产生违法的筹资补偿计划；（8）制定某些限制性的法规，以界定和鼓励某些筹款活动及慈善机构进行的游说和计算公众支持率的活动；（9）制定相关法规规范那些涉及减税的慈善捐赠活动；（10）联邦法律中的某些内容包括在慈善组织筹款活动法规中。这些法规包括：邮政法、证券法、反托拉斯法和贸易实践法。

美国除了联邦税法对公益募捐实施规制之外，有30多个州制定有相关的公益募捐管理法。如美国加利福尼亚州议会通过的《非营利诚信法案》详细规范了公益募捐各方法律关系，强化了募捐财务报告制度、信息披露制度以及商业募捐人制度等，对美国其他州以及其他国家或者地区的公益募捐立法起着十分重要的示范作用。在正式制度之外，美国法学会、统一州法委员会先后制定有《统一机构基金示范管理法》和《公益基金募捐示范法》来规范公益募捐活动。

---

① 美国联邦法院一直认为募捐具有自由言论的成分，因此宪法对募捐的保护主要通过保护自由言论。尽管各州都在说服美国联邦法院以宪法的形式通过募捐法，但却未能得偿所愿。参见 Karla W. Simon，Memorandum for CPRI/TAF on Charitable Fundraising and Taxation of Business Activities，2013。

（二）各国（地区）公益募捐准入标准

各国（地区）对公益募捐适用主体存在不同的准入标准，国际通行的行政许可合理思路是：身份识别式＋行为规范式。身份识别式（初步识别）是对于公益性组织进行界定，营利性和互益性组织不得公开募捐，政府在正常状态下也不得公开募捐。行为规范式则是对公募行为进行界定，同时对于特定公募行为进行事先批准，设置公开募捐的通行规范。本节将根据上述准入标准分类，对各国（地区）的募捐准入规定进行阐述。

本节所指综合许可式是指，该国（地区）的公益募捐准入标准包括身份识别和行为规范。

1. 英国

英国募捐一般分为公开募捐（包括逐户募捐与公共场所募捐）和彩券募款（包括小型彩券和公共彩券)[1]。英国公益募捐准入许可主要包括两个部分。

（1）身份识别。根据英国《2006 年慈善法》对募捐适用主体的规定，要求募捐者为慈善机构。[2] 以及为慈善目的而建立的其他机构（非慈善机构)[3]。

（2）行为规范。根据《2006 年慈善法》，除了第 50 条规定的小型、当地的豁免募捐之外，逐户募捐行为和公共场所募捐行为一般可以向慈善

---

[1] 在英国可以找到所有募捐类型，包括街头募捐；游戏活动，如彩票、抽奖等；活动募捐；广播和电话募捐；涉及儿童的募捐；在线募捐；入户募捐；涉及职业募捐者的募捐；涉及慈善机构雇用劝募者的募捐（专业的除外）；以及涉及商业参与者的募捐。参见 Karla W. Simon, Memorandum for CPRI/TAF on Charitable Fundraising and Taxation of Business Activities, 2013。

[2] 见英国《2006 年慈善法》第一条："慈善机构"是指符合以下条件的机构：（1）仅为慈善目的而设立，并且（2）属于英国高等法院根据司法管辖范围之内。

[3] 见英国《2006 年慈善法》第二条："慈善目的"指符合以下条件的目的——（1）属于本条第二款所列之目的，并且（2）为了公共利益（见本法第三条）。II. 以下属于本款规定的目的：（一）扶贫救困；（二）促进教育发展；（三）促进宗教事业发展；（四）促进人民健康状况的改善和医疗卫生事业的发展；（五）推进公民意识或者社区发展；（六）促进艺术、文化、历史遗产或者科学的保护和发展；（七）促进业余运动的发展；（八）促进人权的进步、冲突的解决或者和解，推进宗教、种族的和谐、平等与多样性；（九）促进环境保护与改善；（十）扶持需要帮助的青年人、老年人、病人、残疾人、穷人或者其他弱势群体；（十一）促进动物福利的发展；（十二）促进皇家武装部队效率提高，或者促进巡察、消防、急救服务效率的提高；（十三）其他属于本条第四款范围内的目的。

委员会申请"公共募捐执照"（public collections certificates），并且获得募捐地地方主管机构颁发的许可证。换言之，募捐主体必须发出募捐请求，并表明募捐的全部或部分所得将用于慈善事业。

英国公益募捐的适用主体，在英国《慈善法》中被称为"承办人"（promoters），承办人只有取得"公共募捐执照"才可以开展募捐。根据英国《慈善法》第47条对承办人的规定，要求承办人为①（单独或与他人共同）组织或控制慈善号召行为的人（有偿/无偿），或②如不存在上述第一项中的组织者或控制者，则指慈善募捐中的募捐者，其他事项也应据此作相应解释。其中，"募捐者"是指在公共慈善募捐中发出慈善号召的人（有偿或无偿地由其单独发出或和他人共同发出）。

2. 美国

美国各州很早就开始运用政府力量来限制和规制慈善募捐以保障合理募得资金并合理的运用，以使得社会福利尽量最大化。相对而言，美国对公益募捐的主体资格的规范更为具体，其对公益募捐主体的准入主要按照两项标准。

（1）身份识别。根据美国《公益基金募捐示范法》的规定，只有该法规定的公益机构可以从事募捐。该法认定的公益机构是指，任何联邦国税局根据《国内税务法典》501（c）（3）条认定的免税组织，即以推进宗教、慈善、科学文化、公共安全测试、教育事业的发展、保护儿童、动物不受虐待，资助国际、国内业余体育竞技比赛为宗旨而成立的非营利公司、共同基金会、特别基金会、财团基金会等。

（2）行为规范。《公益基金募捐示范法》对适用主体的行为做出要求，即任何为了仁义、教育、慈善、人道、科学、爱国、社会福利、公众卫生、环境保护、民间的或其他公益目的，或为了执法人员、消防员或其他保护公共安全的人员的福利而设立的人或任何其他以任何方式进行公益募捐的人。这里的"人"指个人、公司、协会、合伙、信托、基金会或其他类型的组织实体。

因此，在美国可以募捐的主体划分为两类：一类是获得联邦税法认可的免税组织，这类组织成立的宗旨就是以公益为目的；第二类是不要求成立的宗旨是公益目的，甚至可以是以营利为目的的公司，但是要求进行此

次募捐的目的是公益目的，比如职业募捐人、职业劝募人与募捐商业合作
伙伴都可以通过注册申请获得募捐资格。

3. 中国香港特别行政区

香港的募捐制度比较完善，在《香港公开筹款许可证申请书》的"申
请公开筹款许可证的申请须知"部分对申请人的资格做出了限定：

（1）身份识别。能够获得募捐资格的主体包括：①根据《公司条例》
第 21 条第 1 款规定的"组成的宗旨是为了促进商业、艺术、科学、宗教、
慈善或为了其他具效益的宗旨，并拟将其利润（如有的话）及其他收入用
于实践其宗旨，且拟禁止向其成员支付任何股息的有限法律责任的公司"。
②根据《社团条例》规定的社团。③《税务条例》第 88 条[1]所涵盖的获
免缴税的机构。[2]

（2）行为规范。①拟举办之筹款活动必须为慈善性质，并于公众场所
收取捐款或售卖或透过交换徽章、纪念品或类似物件而获取捐款。②社会
福利署署长必须满意申请机构为合适团体举办所拟申请的筹款活动。③申
请机构已获所拟举办慈善筹款活动场地的管理机构的批准通知书。

4. 日本

根据日本税法规定，募捐可分为公益募捐与一般性募捐。[3] 在日本，
公益募捐主体的法律标准主要为身份识别标准，日本法律直接规定募捐主
体主要有四类。

（1）国家或者地方政府机构。

（2）被大藏大臣指定为"制定捐款"的组织。大藏大臣根据募捐数

---

① 《税务条例》（第 112 章）第 88 条："即使本条例载有相反规定，任何属公共性质的慈善
　机构或慈善信托，均获豁免并当作一直获豁免缴税：但凡任何行业或业务是由任何该等
　机构或信托经营，而得自该行业或业务的利润是纯粹作慈善用途及其中大部分并非在香
　港以外地方使用，并符合以下规定，在此情况下，该等利润方获豁免并当作获豁免缴税：
　（a）该行业或业务是在实际贯彻该机构或信托明文规定的宗旨时经营的；或（b）与该行
　业或业务有关的工作主要是由某些人进行，而该机构或信托正是为该等人的利益而设
　立的。"

② 可透过以下网址查阅根据《税务条例》第 88 条获豁免缴税的慈善机构及慈善信托的名
　单：http://www.ird.gov.hk/chi/tax/ach_index.htm。

③ 一般募捐是指企业、个人进行的不属于公益募捐的捐赠，其可享受税收优惠待遇。见王
　名等《日本非营利组织》，北京大学出版社，2007，第 129 页。

额、捐款所支持的活动、募捐主要来源或目标以及募捐期限，而决定给予募捐资格的公益组织。

（3）具有特定公益法人资格的非营利组织。这类法人根据税法确定的38项活动范围，主要涉及教育、文化、社会福利以及其他公益增进的领域。属于这些领域的法人在经过主管大臣与大藏大臣共同协商认定即可以成为公益募捐主体；此外，这类主体还包括《日本法人税法》第217条规定的特定公益促进法人。①

（4）国税厅根据相关立法规定的八项条件认定的非营利法人。该类非营利组织以履行非营利活动为其主要目标，满足以下要求：①同时满足以下两个条件且不以营利为目标的组织；没有对获得或失去成员资格地位添加不合理规定的组织；组织的所有干事的三分之一或更少接受报酬。②其活动满足以下条件的组织：活动的主要目的不是宗教性的传播、宗教服务的履行或传道；活动的主要目的不是政治性的促进、鼓励或反对；活动的目的不是对某一公共官职或某一公共官员或政党候选人的推荐、支持或反对。

5. 新加坡

新加坡在《慈善法》第七章对募捐做出专门规定，其募捐主体准入标准为身份识别。该法在第七章第39（A）规定：任何人不得举办或参与任何集资，除非它是（1）本节豁免的机构，即慈善机构或为慈善目的设立的一个慈善机构以外的机构或是（2）由慈善事务署署长按照本节订立的规例所许可的机构。② 新加坡要求这些募捐主体必须申请募捐许可证。

（三）各国（地区）公益募捐资格获得

各国（地区）对公益募捐资格获得存在不同的法律规范。本节主要以

---

① 特定公益促进法人包括：（1）26个基于专门法律的团体，诸如日本安全驾驶中心、国家研究发展机构、日本基金会以及日本学术团体。（2）日本体育运动协会、国际研究与培训协会以及九个其他专门的公益团体。（3）《日本学术协会法实施条例》第11（2）条所指定的组织。（4）私立学校团体。（5）在《康复保护法》第2（2）条中所界定的提供救助和恢复计划（为违法犯罪者）的组织。（6）社会福利团体。（7）由《民法》第34条授权的公益团体。

② 参见 Charities Act（Chapter 37），Singapore。

非营利组织公益募捐资格获得的主管部门分类，对司法部门/行政部门——税务部门模式、慈善委员会规制模式以及行政规制模式①进行阐述。

Ⅰ.司法部门/行政部门——税务部门模式

司法部门/行政部门模式是指募捐主要由司法部门和行政部门来主管的模式。实行这种模式的主要代表为美国。

1.募捐主管部门

美国慈善劝募和筹资活动常常是由州和县市法律来规制和管理，因而美国的募捐主管部门主要是其各州的州政府慈善办公室和首席检察官。根据美国州立法，美国绝大多数州（约 39 个）要求发起募捐均需要首先向州首席检察官或者司法部办公室进行申请，但有少部分州向州政府办公室秘书申请，更有部分州立法规定无须提交任何申请。不仅如此，募捐顾问和募捐代理人也要依法提交相应的申请。慈善组织、募捐顾问和募捐代理人还要提交年度报告，以报告募捐收入、使用情况。在特殊情况下，监管机构还有权力直接介入募捐活动实施调查，并可以要求慈善组织提交相关的单独报告。在特定情况下，首席检察官还可以对慈善组织违法募捐行为提起诉讼。

2.募捐申请和批准程序

在美国，几乎每个人都可以发动募款且已有 625000 个慈善组织发动过募款。任何依循慈善目的以及国税局（IRS）的要求，并被归类在《国内税务法典》501（c）（3）②的组织，都能获得政府部门授予的募款许可，而未被列入的组织，则不允许公开对外募款。要取得此资格的要求条件并不高，目前全美已有超过 60 万个归属于《国内税务法典》501（c）（3）的组织，但其中多半是小型的组织，且只有 10% 获得了金额可观的捐赠。

根据美国州立法，"慈善组织以及其他法律规定的非免税组织申请许可证、填写声明、填写证书、填写许可或者填写劝募通知书"，"最为典型的措施就是任何组织，在管辖区域范围内实施募捐或者代表组织利益实施

---

① 三种模式分类原则可参考杨道波、李永军《公益募捐法律规制研究》，中国社会科学出版社，2011。

② 在美国，《国内税务法典》501（c）（3）规定可免征联邦所得税的组织通常称为"慈善组织"（charitable organization），实际上就是公益组织。这里的"慈善"是广义的、一般性的概念，在其广泛意义上，它包括了"宗教""科学""教育"及其他目的。

基金募集之前，必须填写一张登记声明书"。申请、登记声明等一般是向首席检察官办公室或者州政府秘书提交。

各州①对募捐的要求，则是募捐申请时要具备的条件：慈善组织名称、组织最初依法设立的地址与日期、非营利组织欲实施劝募的组织名称、组织在本州内地址或者管理财务记录人的地址、分支机构、组织高级管理人员信息、组织税收年度内的所得税和开支声明、财产责任声明以及募集资金类型数量、募捐费用和募捐资金的支出额、募捐资金的方式（是否使用职业募捐人或者职业劝募人）、募捐资金的使用目的、募捐资金监管责任人姓名、募捐资金最终分配人名称、慈善组织与职业募捐人或者职业劝募人等之间合同副本。

美国有些州的立法对募捐证书规定了效力期限，绝大多数是许可颁布之日后的一年或者一个财政年度，到期后再重新填写申请。另外一些州则没有规定明确的有效期限，在被当局吊销或撤销前始终有效。

3. 募捐规范禁止性规定

美国立法以及主管机构还规定了若干不予许可的情形，诸如违法、错误表述以及其他情形。对什么是"不正当的筹款"，国内税务署指出：（1）在劝募文件中使用误导性的言词，暗示捐赠可获得减税，而实际上并不存在这样的减税。（2）从事专职、营利筹资活动的筹款人使用某种不正当的方式从公众那里募得资金。（3）其他方面的支出，例如行政事务和筹资活动的开销，在所募资金或非现金捐赠中占了较高比例。（4）筹款行为导致了其他税务方面的后果，例如产生了应税收入等。

各州对不当募捐情形的具体规定各有不同，比如在纽约申请拨款以及募捐的个人或公司，如没有提交注册将会被罚款 800 美元，而且在处以罚款、监禁期间必须停止募捐活动；而在马里兰州则有一系列的民事和刑事处罚，包括简单的停止指令和硬性罚款。

4. 募捐成本控制

美国法律中基本没有控制募捐成本的规范，这基本上是通过 Form 990 公开披露并进行登记，或借助政府机构的监督进行控制。在加利福尼亚

---

① 以加利福尼亚州为主要代表。

州，捐赠者可以查询不同非营利组织的募捐成本信息，并有权选择成本较低的组织，这从侧面鼓励了非营利组织降低募捐成本。而在马里兰州非营利组织必须证明它的组织管理费用和募捐成本在其总收入的 25% 以下。[①]

Ⅱ. 慈善委员会规制模式

慈善委员会模式是一国或者某一地区的募捐活动由依法设立的慈善委员会实施监督管理。奉行这种模式的主要是英国、新加坡等国家。

1. 募捐主管部门

英国 1601 年颁布的第一个规范民间公益性事业的法律《1601 年慈善用益法》就确立了法院在慈善事业活动中的管理权。然而，法院在实践中并没有建立规范的募捐秩序和环境。《1853 年慈善信托法》以法律的形式正式确立了慈善委员会在慈善事业和募捐管理体制中的地位。自此以后，英国慈善委员会的地位先后被诸部慈善法确立。其职权职责虽经历了一定的变迁，但慈善委员会作为英国慈善事业监管部门的地位并无改变。

《2006 年慈善法》对慈善组织募款，尤其是在公共场所和逐户募捐的行为做出了严格细致的规定。根据该法案，在公共场所募款者必须持有慈善委员会核发的公共募捐证书。对于采取逐户方式募捐的，该法案第 49 条规定，逐户募捐者必须持有慈善委员会核发的公共募捐证书，同时要向募捐地主管部门提供公共募捐证书的复印件并在募捐前一天告知主管部门逐户募捐的目的、募捐的期间、募捐的具体地点以及其他可能需要告知的事项。如果募捐者的行为违反了上述规定，那么这些行为即被视为过错犯罪，并根据具体情节对其即席判决，处以不同数额的罚金。例外的情况是，如果募捐行为是当地的、短期的募捐，可以不按照上述规定执行，但是对于募捐行为是否属于当地、短期的募捐的判定权由地方主管部门掌握。慈善委员会针对募捐事务的主要规制手段或措施有颁发或者拒绝颁发募捐证书，要求提供募捐信息和档案、年度报告，调查，撤销证书，起

---

① 马里兰州非营利组织自律联盟的"卓越标准"规定，"随着时间的推移，非营利组织的募捐成本应该是合理的。平均每五年，非营利组织应实现募捐及其他发展活动的收入是它们支出的三倍。组织的募捐比例至少小于 3∶1 的，应该展示它们正朝着实现这一目标稳步前进，或者是解释为什么 3∶1 的比例对它们的组织是不合适的"。参见 Karla W. Simon, Memorandum for CPRI/TAF on Charitable Fundraising and Taxation of Business Activities, 2013。

诉，处罚等。①

　　与英国类似，新加坡慈善事业和募捐规制部门长期以来主要依靠法院及其相关的判例来实现。1982年新加坡效仿英国制定的慈善法首次确认了慈善专员在慈善事业中的监管地位。1994年慈善法，使慈善委员会的地位得到了进一步的强化：对于慈善组织法的嫌疑人或者违法行为进行事前介入调查和检查、控制募捐、加强慈善组织管理以及任命和免除受托人等。甚至慈善委员会还有权力直接干预组织慈善组织的错误管理行为、保护慈善组织的财产、辨别在特定情形下保护非营利组织的利益甚至有在非营利组织实施欺诈或不诚实行为时提前干预的权力。此外，还通过公益募捐许可证对募捐活动，特别是由职业募捐人和商业参与人参与的募捐活动实施严格控制。

　　新加坡慈善法历经多次修改，慈善委员会作为新加坡募捐活动的监管者地位并无太多改变。但是，新加坡慈善事业规管理念在新的时代却发生了较大变化，即在慈善事业管理中，政府应尽可能地少干预，以实现社会自治。在这种理念的指导下，2007年修正通过的慈善法，慈善委员会获得了更加集中的慈善事业的监管权。根据该法案第二部分，慈善委员会主要目标在于：①维持公共信托和慈善信任；②提高受托人在慈善组织控制和管理活动中对法律的服从责任；③提高慈善资源的利用效率；④增强非营利组织对捐赠人、受益人以及社会公众的问责度。为此，慈善委员会拥有下列慈善事业监管职能：①决定一个机构的慈善性质；②激励和促进非营利组织管理水平提高；③辨明和调查非营利组织显而易见的违法行为和错误管理行为；④对关系到非营利组织管理中的违法和失误采取补救和保护行动；⑤获取、评估和传播与慈善委员会的功能执行或者目标相关的信息；⑥对于慈善委员会的功能执行或者目标有关的事务向部长提供信息、报告或者建议；⑦执行部长决定的其他职能。针对募捐，新加坡慈善委员会有权采取颁发募捐许可证②、调查、检查、要求提交年度报告和年度财

----

① 根据英国《2006年慈善法案》的规定，经过慈善委员会颁布募捐证书后还需要向相关地方申请地方许可。

② 只针对国外慈善目的的募捐活动。对于门到门或者公共街道募捐许可准则由新加坡警察局和新加坡社会服务国家理事会申请许可；其他形式的募捐则向新加坡公司与商业注册局申请许可证。

务报告、财务审计、信息披露、起诉、处罚等手段来监管募捐活动。

2. 募捐申请和批准程序

英国"慈善法"的公共慈善募捐主要是指在公共场所和通过拜访私人住宅或商业场所（或同时）发出慈善募捐号召，请求捐赠现金或其他形式的财物，并且在请求的同时表明募捐的全部或部分将用于慈善事业。因此，"慈善法"对公共慈善募捐的规制旨在规范①公共场所的募捐（collections in a public place）和②逐户募捐（door to door collections）两种方式的公共慈善募捐。向慈善委员会申请募捐时，必须填写相应的表格，表格对募捐者的基本信息、募款的使用以及其他申报要求均有较为详细的要求。根据《2006年慈善法》，一项公共募捐证书需要规定所需要的期限（一般不超过五年），或者由委员会决定更短的期限。①

根据《2006年慈善法》，除了第50条规定的小型的、当地的豁免募捐之外，在公共场所以及门到门募捐的情况下，一般可以向慈善委员会申请公共募捐证书，经慈善委员会审查同意后发给统一格式的《公益募捐执照》（*Public Collections Certificates*）。没有这种执照的募捐为非法募捐，警方有权加以制止。在公共场所募款者必须持有慈善委员会核发的公共募捐证书。对于采取逐户方式募捐的，逐户募捐者必须持有慈善委员会核发的公共募捐证书，同时要向募捐地主管部门提供公共募捐证书的复印件并在募捐前一天告知主管部门逐户募捐的目的、募捐的时间、募捐的具体地点以及其他可能需要告知的事项。地方政府在其管辖范围内，依法用签发地方募捐许可（Permits）的方法管理和调节不同民间公益性组织在本地的募捐活动，防止同类活动在一个时间段内（例如周末）过于集中或者场地安排发生冲突等情况。如果募捐者的行为违反了上述规定，那么这些行为即被视为过错，并根据具体情节对其即席判决，处以不同数额的罚金。例外的情况是，如果募捐行为是当地的、短期的募捐，可以不按照上述规定执行，但是对于募捐行为是否属于当地、短期的募捐的判定权由地方主管部门掌握。这套制度对于遏制民间募捐中的不规范行为，防范欺诈，有条理地安排各个民间公益性组织的募捐活动，保持公众对民间公益性组织筹款

---

① 参见 Charities Act 2006，England and Wales。

募捐活动的信任和支持度会起到积极作用。而在伦敦,其许可部门则为地方警察局或者城市普通理事会。①

而根据新加坡慈善法以及其他立法的要求,募捐也要经过慈善委员会(只针对为国外慈善目的的募捐活动)、新加坡警察局和新加坡社会服务国际理事会(对于门到门或者公共街道募捐活动)以及新加坡公司与商业注册局(其他形式的募捐活动)等机构的认可。

3. 募捐规范禁止性规定

英国《2006 年慈善法》的第 53 部分,列举了一些拒绝颁布募捐证书的细则。包括申请人已经被证明有罪,申请人是一个自然人、而不是一个慈善组织,申请人在实施已经得到授权的公共慈善募捐时没有尽到勤勉的义务或委员会对其勤勉义务不满意,申请人申请进行的公共慈善募捐的数额不足够,申请人在进行公共慈善募捐的时候取得的报酬过多,申请人没有提供法定的必要信息,申请人提供的信息是错误的或者起到误导的作用以及其他委员会认为的违法行为等。而如果英国法院一旦认为募捐者触犯法律,其有权发出命令禁止其进行募捐活动。

《新加坡慈善法》(2007)的第 37 章列举了禁止募捐的情形,即①由慈善机构或个人进行的任何募捐尚未证实为慈善或慈善用途的;②任何人士进行募捐或与任何该等诉求相关的人士,缺乏适当人选来管理的;③募捐的呼吁管理不当等。在上述情况下可以限制任何慈善机构或个人进行任何募捐。此外在《新加坡慈善法》(2012)中亦规定"任何慈善机构、商业募捐者、商业参加者以及其他违反这些法规而没有明文处罚规定的人,一经定罪,将处以不超过 5000 新加坡元或不超过 12 个月的监禁。如有持续的罪行或是在定罪后部分罪行仍在继续,另处每天不超过 50 新加坡元的罚金"。

4. 成本控制

在英国,慈善委员会并没有对募捐成本做出规定,这出于很多原因,包括募捐的方式、慈善事业的普及以及慈善机构的规模。但是慈善机构应为募捐活动主动降低成本,并透明公开所有费用。

---

① 参见 http://www. charity - commission. gov. uk/Publications/。

而新加坡根据 2012 年新规中"30～70 的融资比例"（30－70 Fund Raising Efficiency Ratio）的指引规定，公益募捐在一个财政年度中的总开支比例不得超过当年捐赠总额的 30%。现行法规定，"在 2008 年 4 月 1 日或之后结束的财政年度，慈善机构总募集资金的支出，不得超过该财政年度募集总收益的 30%"。

Ⅲ. 行政规制模式

行政规制模式是指募捐活动由一个或者数个行政部门来管理的一种募捐管理体制。实行这种模式的国家和地区主要有日本和中国香港特别行政区。

1. 募捐主管部门

日本对于包括募捐在内的慈善活动的规制历史较为久远。早在明治 29 年（1896）时日本颁布的《民法》，就确立了日本社团法人和财团法人的主管机关为各个业务主管部门以及登记机构法务部门。后来陆续颁布的公益法人特别法也根据法人业务范围确立了相应的业务主管部门以及认证机构的管理权。1998 年通过的《特定非营利法人促进法》则确立了组织办事处所在地的都道府县的知事以及内阁总理大臣对非营利法人及其事务的管理权。2006 年，日本进行了公益制度改革，通过了"一般社团法人与一般财团法人法"以及"公益社团法人、公益财团法人认证法"，在沿用《特定非营利法人促进法》的公益管理体制的基础上，确立了公益认定委员会这一民间机构在公益法人认定问题上的权限。日本对募捐的管理主要依靠慈善组织的主管部门，即慈善组织办事处所在地的都道府县的知事以及内阁总理大臣。

中国香港特别行政区的募捐活动的法律规制难以与英国相比，香港并没有先进的、专门性的慈善立法，更没有慈善委员会那样的机构来管理募捐活动。然而根据目前香港有关立法（主要是《简易程序治罪条例》、《公众娱乐场所条例》以及《赌博条例》等）的规定，对于募捐活动享有监管权的部门主要包括香港社会福利署署长、民政事务局局长或根据《公众娱乐场所条例》获授权的公职人员、影视及娱乐事务管理处处长以及香港警务处等。但其监管权主要集中在香港警务处。该处对募捐活动履行监督管理职能。为此，上述业务专管部门可以采用除许可之外的提交账目报告、成本控制要求、使用要求、收回或者撤销许可证、处罚等措施实施募捐监管；而警务处则可以动用调查、强制措施、处罚、治罪等措施实施募捐监管。另外，香港律政司司长享有英美普通法授予首席检察官类似的国家监护权，代表公众来监管募捐活动。

2. 募捐申请和批准程序

在日本并没有专门的慈善法，也没有专门规制募捐活动的立法。从日本现行公益性社会组织或者公益法人立法的相关内容看，日本募捐准入，并不采用严格的许可制度。只要是法定的公益性社会组织（包括根据《民法》成立的法人、根据《特定非营利法人促进法》成立的法人、《特殊非营利组织法》成立的法人以及经过公益认定的公益法人等），均具有从事募捐的资格。但在"指定捐款"资格获得前，要向大藏大臣说明资金筹集目的、数量、渠道、期限等要素，以供大藏大臣审查。

在香港，以慈善目的在公众场所组织、参与或提供设备进行任何筹款活动，或售卖徽章、纪念品或类似物品的活动，或为获取捐款而交换徽章、纪念品或类似物品的活动，都必须向社会福利署署长申领许可证；为任何其他用途而进行的筹款、售卖或交换活动，许可证由民政事务局局长签发；对于以公众娱乐节目或者表演节目等形式举行的募捐活动，则由影视及娱乐事务管理处处长签发许可证；对于以奖券形式实施的募捐活动，则需要向民政事务局局长申请许可。但是"慈善拍卖，餐舞会，音乐会，晚宴，步行，电影首映礼，传媒表演节目，以邮寄、广告或电话热线方式安排的捐款活动等，无须申领许可证或牌照"①。

一般来说，香港社会福利署在审批募捐申请时的主要准则为：筹款活动的慈善性质、申请者需是根据有关条例有效注册或者属于《税务条例》第112章第88条规定的豁免缴税的慈善组织、获得拟举办筹款活动场地的管理当局批准、申请机构过往的表现、申请机构举办筹款活动的能力以及有关募捐透明度的要求。② 影视及娱乐事务管理处、民政事务局的要求一般是以具备募捐形式和内容、募捐用途、募捐收支以及对公共安

---

① 详情可参见香港《慈善筹款活动最佳安排参考指引》《慈善机构及筹款活动管理》。
② 详情可参见民政部法制办公室《中国慈善立法国际研讨会论文集》，中国社会出版社，2007，第165页。

全和秩序的影响等为衡量条件，决定是否实施许可。香港对募捐尽管有许可制度，但在立法上却没有规定明确的期限，而由许可部门自定规定。

（四）各国（地区）公益募捐具体行为规范

1. 美国

根据美国州立法对慈善劝募的规范，可发现事前管制是公益募捐行为的原则性规范，只有少数募款者享有不受事前管制的权利。一般情况下，美国各州的劝募活动必须遵循六点规制。

（1）事前报备。美国各州劝募法均规定在各州内进行劝募活动时，必须有事先报备或得到劝募许可的规定，透过事前管制之机制，非经主管机关的同意，不得在州内进行劝募活动。除了注册或申请①外，有些州的法令还要求劝募单位缴纳注册费用。部分州的注册费是固定的金额，有的则是按总募得款金额比例计算，或按行政、劝募总支出的金额比例计算。除非法规明令的劝募活动可免报备，所有的劝募活动均应符合法令要求进行注册报核。免报备的资格基本上是用于慈善组织，例如有些州的法令明确某类慈善组织可免报备。一般情况下，宗教团体，学校、大学等教育单位，医疗保健团体，会员制的团体，图书馆及小型团体均不适用劝募法规。有些州将小型募捐及个人募捐活动，甚至持某种名义之劝募单位，排除于劝募法规之外不予受理。

（2）募捐宣传。表明非营利组织的身份（包括公开非营利组织的所有信息）；未经允许不使用其他任何人的名字（但非营利组织内部人员的名字除外）；不使用足以对社会公众引起误导的其他慈善组织或者政府机构相同或近似的名字；不使用笼统的注册事实来引导社会公众误以为募捐活动的合法性；不能以任何方式和途径误导社会公众为募捐活动的公益目

---

① 一般情况下，申请书或注册表的内容包含：机构名称；机构劝募活动使用之名称；机构注册地址及在申请州内之地址，若机构无固定办公室，则保管机构财务数据者的姓名及地址；州内之分会、支会、附属团体的名称及地址；机构理事、董事、主管、行政幕僚、注册代理人之姓名及地址；机构正式成立之地点及时间；机构形式（法人、信托或非法人组织）；联邦税法免税资格声明；组织目的；前年度机构损益表及资产负债表，包含机构募捐所得款项之分类及募款成本；劝募活动形式；募款使用目的；募得款项之保管者；募得款项运用者；针对机构是否曾被别州禁止募款的陈述；机构与专业募款者的合约。

的；任何人在未经非营利组织授权的情况下不能声称代表或为了非营利组织而组织募捐；未得到公益机构的授权不得使用公益机构的标志设备或印刷品。此外，关于劝募宣传的真实性、准确性，加利福尼亚州立法还规定：慈善组织、商业募捐人不得以言语、行动或者信息披露等方式暗示性地宣传慈善组织的目的、劝募的性质、劝募的目的或者劝募受益人。①

（3）保存募捐记录。在募捐活动实施中，涉及募捐申请批准文件、合同书、捐赠人以及捐款数额和使用特殊约定、募捐各个环节的花费等信息资料，均应当"真实而完整"地予以保存。在期限上，这些资料一般保存三年以上。同样，美国法学会1986年制定的《公益基金募捐示范法》第9、10条对这一问题也做了与大多数州立法相似的规定。

（4）账户及其使用。有一些州立法规定了捐赠款物必须打入在金融机构设立的专户，更多的州则规定募捐账户必须以慈善组织名称单独专门设立。

（5）对于特殊方式募捐限制。有一部分州禁止以电话形式实施募捐，但更多的州则规定非营利组织、职业募捐人或者职业劝募人从事募捐的时间段。主要是要禁止通过电话实施带有骚扰、威胁或者折磨性质的劝募。另外，绝大多数州还有规范募捐成本花费支出额度的制度。

（6）对于募捐活动的报告。美国几乎所有的州均有关于募捐活动的报告制度。美国大多数州募捐立法要求，除了法定的豁免组织外，所有非营利机构应当制作并向募捐主管部门提交年度财务报告，符合条件的大型非营利组织②的年度财务报告还应当由注册会计机构实施审计。"但有的州要求年度报告或者年度注册登记，任由非营利组织选择；更有少数州，则要求二者同时提交。此外，也有一些州要求非营利组织提交一份年度信息披露报告"。所有报告均应当在特定时期内保存，等待主管部门或者社会公众质询，而且在一定年度内，随时可以向社会公众开放。此外，主管部门还要求非营利组织制作定期报告（一般为年度报告，但也有些州对于登记一年内的非营利组织要求提交季度报告），以报告非营利组织开展活动或者持有、使用财产的情况。这些报告与年度财务报告一样，均要保存一定年限，以供社会公众随时获取。

美国联邦立法（主要是税法）还对募捐收据、交换条件募捐、中间交易、无关商业交易、免税申请程序、募捐报酬、减税规则、等值测试。特殊事件或项目募捐以及公司赞助、募捐保险以及网络等新型募捐等行为做出了规范。

2. 英国

根据英国 1992 年、1993 年、2006 年慈善法以及其他立法的规定：

（1）募捐的目的必须清楚明确地予以表达；

（2）募捐者首先必须正确地、实事求是地按照募捐宣传实施募捐活动；

（3）使用募捐证书和徽章；

（4）保存和公开公益募捐的账目；

（5）特殊目的或特定事项募捐必须设立专户；

（6）禁止过度打扰社会公众；

（7）禁止任何人或者迫使任何人在规定的年龄之下参与募捐活动等；

（8）尤其指出的是英国公益募捐报告制度。1992 年英国慈善法专章规定了慈善机构以及其他募捐参与者的财务账目管理办法。据此，非营利组织每年度都要根据地方政府秘书处规章要求的格式和内容准备一份年度财务报告。但是对于年度收入不超过 25000 英镑的非营利组织，可以选择准备一份财务收支账目和资产负债报告。这些财务信息应当保存至少六年以上。对于那些年度收入或者总支出达到 10 万英镑以上的非营利组织的财务报告应当经过合格的审计人员审计。否则，慈善专员和地方政府秘书均会实施干预。除了法定活动组织、未登记组织以及年收入不超过 1000 英镑的非营利组织，均应准备一份包括非营利组织活动信息在内的年度报告，并连同其他相关材料向慈善专员提交。慈善专员保存的所有报告以及档案材料，均要经受社会公众检查。对于募捐参与人，英国立法不仅要求向主管部门提交相应合同书等文件，而且还要向非营利组织提交合同项下的公益募捐活动的报告。

3. 新加坡①

根据新加坡慈善法，募捐的具体行为有 10 项规范。

（1）保存募捐财务记录。非营利组织应当保存充分体现募捐活动的财务记录——符合准确披露要求、符合法律要求、包括每天的收支以及发生的相关收入和花费、资产与负债记录等。财务记录自制作财务年度结束后应至少保存五年。

（2）禁止慈善募捐误导性宣传。所有向捐赠人或者普通社会公众提供的信息均应是准确的，不得产生任何误导性。

（3）保护捐赠人信息。任何有关捐赠人的信息均应被保密，未经捐赠人允许，任何信息不能够泄露给其他组织或个人。

（4）确保募捐款物安全。任何关于募捐款物的安排应有充分的控制和防护措施，以确保适当的问责和防止款物丢失。

（5）商业募捐人参与商业募捐情况下财务安全。在有商业募捐人参与的情况下，所有募捐资金应直接进入募捐专户，商业募捐人的报酬应单独支付，商业募捐人不应减少或放弃应得的报酬。

（6）募捐款物的使用。募捐款物应当按照捐赠人指定目的、捐赠人同意或传递的目的、非营利组织宗旨范围内的目的来使用，如果不能实现这种目的，则应当退回捐赠人或者按照部门管理者的许可而使用。

（7）投资增值。慈善款物在非营利组织控制期间投资应当合乎法律关于信托投资的要求。

（8）保存记录。非营利组织以及其他募捐参与人应保存募捐账目记录至少五年。这些记录应包括：所有接受和分配的捐赠款物情况、得到的收入和导致的花费的详细情况等。

（9）募捐活动支出限制。一个财政年度结束时，所有与非营利组织募捐相关的花费，不得超过该年度所有募捐或者赞助收入总额的 30%。

（10）财务报告。新加坡慈善法要求非营利组织要按照慈善法以及实施条例的规定，每年准备一份年度财务报告。除了年收入不超过 5 万新加坡元或者部长以正式通知规定的其他数量者，均应准备一份收支账目单和

---

① 参见 Charities Act（Chapter 37），Singapore。

一份资产负债报告。如果一个非营利组织在相应年度以及相应年度前面的年度或者前面的年度之前的年度毛收入或者总支出超过 25 万新加坡元或者部长以正式通知规定的数量，其年度财务报告应当按照公司法规定由公共会计师实施审计；如果不适用于财政年度的财务报告，则可由非营利组织董事选择合格的独立人员审查该报告或者由被批准的公司审计人员来审计；特定情况下，慈善专员可以通过命令直接雇用相关人员实施审计。除了法律特许以及法定的豁免组织之外①，非营利组织每年应当准备一份慈善活动的年度报告。

4. 日本

当非营利组织进行募捐时，它们必须做到三项事项。

（1）向财政省大臣保证，所得捐款主要是从公众那里募集。

（2）而且，这些捐款肯定用于满足增进公益的迫切需要，比如提高教育、科学和文化水平或改善福利。

（3）另外，财政省大臣还必须考察非营利组织计划使用这些捐款的目的、来源、数量、筹集期限、组织目的、开展的活动以及活动的开销。

5. 中国香港特别行政区

香港特别行政区立法专门规范募捐行为的强制性规范还显得比较贫乏。根据社会福利署的行政令及其《慈善筹款活动最佳安排参与指引》《慈善筹款活动内部财务监管指引说明》等指导性规制文件的规定，慈善筹款活动应遵循的规则主要包括七点。

（1）正确表明身份。

（2）开立收据（慈善组织董事会可以以额度大小实施不同的开立方式）。

（3）尊重捐款人隐私（符合个人隐私条例关于捐款人个人资料的收集、准确性、保留、使用、安全、查阅及改正等规定；不得出售其捐款人名单）。

（4）尊重捐款人不署名的要求、不过分骚扰社会公众。

---

① 根据 2007 年慈善法杂项的规定，豁免组织主要是大学或其他教育机构、医院或国会法案建立的宗教实体以及部长通过命令宣布的符合本法目的的豁免组织。

（5）按照慈善组织自身宗旨和目标实施募捐而不接受其他目的的款项。

（6）专用账户以及保存良好记录等。

（7）提交报告。经过香港社会福利署、影视及娱乐事务管理处以及民政事务局局长的许可的募捐活动完成之后，均需要向相应主管部门提交一份经职业会计师审计的财政报告，列明各项活动的收支情况。根据香港特区社会福利署《慈善筹款活动最佳安排参考指引》及其他监管文件，捐款人以及准捐款人有权利质询非营利机构条例、章程及其细则中有关机构宗旨和目标的部分、董事会通过的最新年报和经过审核的财务报表、非营利机构为《税务条例》第88条规定的豁免组织的确认文件、慈善机构董事会成员名单、《参考指引》的最新版本、代表慈善机构募捐善款的人士的身份等信息。

6. 小结

各国（地区）立法从募捐的劝募要求、募捐活动记录保存、募捐财务记录及其审计、募捐资财保存及其安全、募捐资财的转接、募捐资财的公益使用和增值利用以及募捐花费的控制等方面对公益募捐行为进行了较为严密的规范。归纳各国（地区）立法对公益募捐的行为规范，大部分地区均要求非营利组织履行四项规定。

（1）募捐必须是以慈善/公共利益为目标，即募捐中的各项行为必须有助于实现组织的慈善/公益目标；而在所有的公共报告和筹款资料中，均明确而连贯阐述非营利组织的使命和目标。

（2）财务具有相应权利义务，即募捐人员需要制定财务报告，并能够接受独立的和专业的审计，以及确保其所负责的所有募款交易、会计和报告透明化。而所募款项的使用亦应当与其募款目的相称，并与非营利组织的使命相一致。

（3）募款活动必须是可信、精确而无误导性，筹款的成本应在组织总开支中占有合理的比例，并定期接受检查，以进行成本核算。

（4）公开资讯，即定期公开有关组织的活动和成果的信息，并使公众可以随时获得这些信息；提供解释性和描述性的信息，以便帮助人们更好地理解财务信息，并进行适当的比较。

但在不同的法系，对公益募捐行为的规范呈现出一定的区别。相对于大陆法系国家和地区，英美法系国家和地区对公益募捐行为的规范更加严密和细致。还应该提及的是，国外及中国香港地区立法在对公益募捐行为实施规范的过程中，必然会赋予主管部门以及法院等机构相应的监督检查权力，以确保募捐行为规范得到遵守。

（五）公益募捐专业人士的特殊规范

目前对于职业募捐人、职业劝募人以及商业合作伙伴的立法规制主要体现在英美法系国家的慈善或者慈善募捐立法上。

1. 公益募捐专业人士的基本立法情况

（1）专业募捐人（professional fundraiser）。专业募捐人，指的是由慈善组织雇用的，负责为该慈善组织的募捐活动提供策划、组织、建议、咨询或准备材料等服务的个人或公司。专业募捐顾问自己并不参与募捐活动，也不雇用或者以其他支付薪酬的方式聘请他人参与募捐活动。专业募捐人在这里并非是直接从事募捐活动的人，而且一般不包括已登记组织或者免税组织的执行官、雇员以及其他从事专业服务的律师、投资顾问、金融家等。但是美国也有一些州，将这一范围扩大至"直接介入到劝募活动从而承担劝募活动一部分活动任务的人"。当然，这种扩大的范围可能与职业劝募人（professional solicitor）的含义重合。一般要求职业募捐人与非营利组织签订合同，实施登记注册，遵守注册期限（一般为一年），提交一定数额保证金，通知首席检察官，提交年度报告，保存活动记录（一般为三年以上）等。

这类主体在美国加利福尼亚州法律上被称为"职业募捐顾问"（fundraising counsel）。根据加利福尼亚州 Gov. Code 12599.1 的规定，职业募捐顾问是具备下列全部性质的主体：以获取报酬为目的，为加利福尼亚州境内实施的慈善目的的基金、财产、不动产劝募而规划、管理、建议、咨询或者准备材料；不亲自实施慈善目的的基金、财产、不动产劝募；不亲自接受、控制慈善目的的基金、财产、不动产劝募；不雇用、劝诱或者参与取酬的人去劝募、获得或者控制慈善目的的基金、财产、不动产劝募。因此，加利福尼亚法对这类主体的规定简单明确。加利福尼亚州的立法实际体现了美国法学会 1986 年拟定的《公益基金募捐示范法》对于"募捐顾问"规定的精神。

1992 年的英国《慈善法》及 1994 年的《慈善机构（募捐）规程》对专业募捐人做出规定，要求专业募捐人必须同慈善机构签署书面协议。在募捐时，他们须发表声明向公众或可能的捐赠者告知如下信息：捐献中有多大比例将被募捐者用来支付费用；慈善机构将如何从中受益，以及如何将资助金转移到慈善机构等。

（2）职业劝募人（professional solicitor）。职业劝募人指的是受雇于慈善组织，负责向募捐对象说明捐赠的现金、财产，或者其他财物将会被用于慈善目的的个人、团体或者其他组织。职业劝募人不同于专业募捐人的最大之处在于职业劝募人主要是指亲自或通过代理人和雇员，为了或者代表非营利组织实施劝募活动的人。这类主体一般是亲自参与并实施募捐活动，亲自或通过代理人和雇员，为了或者代表非营利组织实施劝募活动的人。在美国，一般要求职业劝募人与非营利组织签订合同、实施登记注册、提交一定数额保证金、通知首席检察官、正确声明有关事项、以慈善组织名义在金融机构保存募捐资财并按承诺实施分配、提交年度报告或者按期实施年度注册、信息披露、保存活动记录（加利福尼亚州规定期限为10 年以上）等。

（3）商业合作伙伴（fundraising of commercial co-ventures）。根据美国州立法解释，"募捐商业合作伙伴"即商业组织发起促销活动，在一定的时期内，一定比例（通常是百分比，也可能是规定一个最高限额）的货物销售或服务提供价款将被分配给一个或者几个慈善组织。最近以来，这种募捐形式被人们描述为"嵌入式募捐"。在美国《公益基金募捐示范法》中这一主体被称为"公益销售促销"。一般要求商业合作伙伴注册登记，与非营利组织签订合同，提交一定数量的保证金，向公众实施信息披露、活动报告等。

新加坡《慈善法》规定"商业募捐人"（commercial fundraiser）是指以非营利组织的利益或慈善的目的募集资金或其他财产的任何人。[①]

---

① 参见 Charities Act（Chapter 37），Singapore。

2. 公益募捐专业人士的相关规则

（1）行政管理机构。按照美国宪法的规定，慈善募捐事项归州政府管辖。在慈善募捐专业人士管理方面，州管理机关负责的事项一般包括：①募捐专业人士的分类登记注册；②募捐专业人士的合同审查；③募捐专业人士募捐活动的行为监管。所以，慈善募捐的行政管理机构大都设在州一级，而且各州设立的机构各不相同。

有的州设立的是专门的慈善组织管理局，比如明尼苏达州就设立了专门的慈善组织局（Bureau of Charitable Organization），负责管理慈善组织的相关事宜。有的州规定在州务卿下设立一个二级机构，专门管理慈善募捐事务。比如南卡罗来纳州规定，在州务卿下面设立了一个专门管理公共慈善组织的部门，由州务卿领导，该部门的行政首长由州务卿从公共慈善组织的理事中选择一人任命。也有的州将审查权交给州检察长（Attorney General），比如康涅狄格州就做出这样的规定。不过，多数州还是规定慈善募捐事务由州务卿统管，所以，州务卿一般都是慈善募捐活动的实际管理者。除了日常监管机构以外，有的州还设立了专门的特别行动机构。这些特别行动机构的职能是在慈善组织行为违法时开展主动监察行动。比如明尼苏达州就设立了一个名为"特别调查组"（Special Investigation Unit）的机构，并聘请了四名审计员和五名调查员，负责审查慈善组织提供的材料。另外，该州还任命了一些诉讼代理人，负责起诉违反相关规定的组织。

（2）行为监管。①准确传达各种基本劝募信息，不做误导性宣传。美国加利福尼亚州规定，职业募捐人、职业劝募人以及商业合作伙伴必须正确、准确地表明自己的身份、与非营利组织的关系以及与非营利组织之间的协议、募捐的目的、账户、受益对象以及其他必要信息。商业募捐人不得以言语、行动或者信息披露等方式曲解似的宣传非营利组织的目的、劝募的性质、劝募的目的或者劝募受益人。①

2006年英国慈善法做出修订，要求职业劝募人必须表明受益非营利机构以及各自的受益份额、报酬计算基础以及申报数量等信息。②

---

① California Government Code Sections 12599.6.

② Charities Act 2006, England and Wales, Section 60 (1).

新加坡《慈善法》则规定"商业募捐人"（commercial fundraiser）必须披露所在组织的名称，拟使用募捐的原因或受益人。同时所有的游说和宣传材料必须附有一份书面声明，内容包括：所得款项用于慈善事业的比例；所得款项细分到各慈善机构（如果超过一个慈善机构）的资金细目；商业募捐人参与者及其所在组织的名称；商业募捐人报酬的计算方法；劝募程序以及募集总额等（在超过的情况下要适用退回程序）。

②与慈善组织签订协议或者征得慈善组织的书面同意。a. 职业劝募人。美国加利福尼亚州要求职业劝募人应与慈善组织签订书面协议，合同条款主要应包括：募捐的慈善目的的陈述、双方责任义务、职业募捐人报酬获得数额及其确定的依据和所占募款总额的大体比例、募捐财务总额、合同起止日期以及募捐开始的日期、按照保存和交付对募捐活动的内容和频度实施控制或者许可的声明、募捐人雇用人员工资最大额度的声明等。特别应当指出的是，非营利组织还享有单方面解除合同的权利，即在合同签署后的 10 天内，以书面通知的形式无条件解除合同，并不需要承担任何义务；合同签署后的 30 天内，以书面通知的形式解除合同，但要对对方承担合同义务；合同签署后 10 天的解除期过后，在法定情形下，非营利组织任何时候都可以以书面通知的形式终止合同。[1]

b. 专业募捐人。专业募捐人也应与非营利组织签订书面合同并向主管部门登记。合同内容除了要明确专业募捐人不能直接实施劝募活动的内容外，与非营利组织和专业劝募人间协议类似，非营利组织也同样享有类似的单方解除合同的权利。[2]

c. 商业合作伙伴。募捐商业合作伙伴也要与非营利组织签订合作协议，以明确双方权利义务关系。[3] 在英国，协议的内容包括：双方姓名和地址、合同签订日期、合同存续有效期、合同终止条款、变更条款、合同主要目的以及达到目的的手段、报酬数量以及报酬方法等。[4] 新加坡 2007 年慈善法也对募捐商业合作伙伴的行为做出规范，要求必须在开

---

① California Government Code Section 12599. 6.

② California Government Code Section 12599. 1.

③ California Government Code Section 12586.

④ The Charitable Institution（fundrasing）Regulation 1994，Section 3.

展募捐活动前与非营利组织达成一致协议，否则，就有可能遭到最高法院的禁令。①

③登记注册和通知要求。职业劝募人、专业募捐人和募捐商业合作伙伴均应当是已登记的机构，否则它们与非营利组织之间的合作将不被批准。② 职业劝募人、专业募捐人在开展劝募活动前将姓名、地址以及非营利组织和活动开始日期等信息通知登记部门。③

④保存记录。a. 职业劝募人。职业劝募人要将其包括任何形式的劝募互动记录保存至少 10 年以上。这些记录一般包括：劝募活动每一笔捐助的数量、日期以及非现金捐助者的姓名和地址等；参与劝募活动的每一个雇员、代理人或其他人的姓名、地址、劝募活动发生的所有收支记录；劝募人用于储存劝募收入每一个账户的号码、名字和金融机构地址以及在为慈善目的售票的数量；每个捐赠者捐赠的数量、接受供他人使用支票的所有非营利组织的名称和地址。④ 新加坡，这类主体的记录一般要求保存五年以上。b. 专业募捐人。美国大多数立法要求专业募捐人保存准确的资料和记录，期限一般为三年以上。c. 募捐商业合作伙伴。在英国，上述主体有保存书证、文件以及各种记录的法定义务，但这种义务的具体要求并没有详细清单。⑤

⑤提交报告。在美国，最为典型的是这些机构在募捐活动开始之前的一定时期内，还要向主管部门提交一份通知。通知应载明其名称地址、非营利组织的基本信息、募捐活动的有关情况等内容。此外，在美国还有些州要求披露诸如募捐资财的监管保障、募捐活动的公平声明、募捐方法等。有些州则要求这些参与主体在募捐活动结束后向非营利组织提交一份财务报告。

而新加坡提交给慈善专员所有的年度报告或者其他文件后，在规定的时间内向公众提供公开查询服务。任何有兴趣的人都可以以书面形式要求非营

---

① Charities Act 2007，Singapore，34.

② Charities Act 2007，Singapore，34.

③ California Government Code Section 12599. 1.

④ California Government Code Section 12599. 7.

⑤ The Charitable Institution（fundrasing）Regulation 1994，Section 5.

利组织向其提供所有财务报告及其审计报告的副本，在支付了合理费用后，非营利组织应当在请求发生之日起的两个月内满足其要求。

（3）禁止性规定。美国各州的法律都会就专业人士的某些募捐行为设定禁止性规则。如南卡罗来纳州规定，募捐人不得以任何方式故意误导他人捐赠或者购买义卖品或服务；慈善组织、专业募捐顾问或专业募捐人不得以获得注册为宣传内容，误导公众认为获准注册即表示获得州政府对募捐活动的支持；在未获得捐款人书面同意的情况下，不得以其捐款为宣传内容，从而误导他人捐款；但使用慈善组织的受托人或理事的姓名作为宣传的除外；不得以公开的紧急状况或者灾难为宣传，误导公众捐款。违反上述规定的专业人士将无法获得下次的年度注册，并且将被处于罚款或监禁。

四　新型募资途径：经营性活动

（一）各国（地区）经营性活动的法律规制

从本研究列举的国家（地区）法律规定来看，这些国家（地区）都对寻求免税资格的非营利组织的经营性活动范围加以规制，非营利组织必须满足这些限定要求才能获得保持其免税的资格。一般而言，绝大多数国家对非营利组织从事商业经营活动的态度有八种：

（1）禁止非营利组织参与任何具有商业目的的活动或商业活动（菲律宾）；

（2）禁止非营利组织参与任何具有商业目的的活动或商业活动，但为非营利组织生存目的的除外（中国台湾）；

（3）禁止与非营利目的无关的商业活动（新加坡）；

（4）禁止过多的与非营利目的无关的商业活动（美国、英国）；

（5）允许商业活动，条件是商业活动所得用于更广泛的非营利目标（澳大利亚、泰国、越南）；

（6）允许商业活动，条件是商业活动所得用于更广泛的非营利目标，而且事先获得相关政府部门批准（韩国）；

（7）允许商业活动，条件是不与营利企业竞争，同时，保证商业支出少于 50%，公益性支出至少为总支出的 50%（日本）；

（8）作为合法行为的商业活动不受限制（德国、印度尼西亚）。

简言之，非营利组织尚需满足法律规定的活动范围限制的要求，才能获得免税资格。非营利组织违反规定超越活动范围之外从事商业经营活动将无法获得免税资格，或者将丧失免税资格。

实际上，在没有慈善捐款传统或无私人财富赞助非营利组织活动的国家或地区，商业活动是非营利组织一项非常重要的收入来源。在经济转型国家或市场经济发展中的国家，慈善组织往往才开始兴起，非营利组织常急需资金以生存下去，通过商业活动取得利润是非营利组织生存下去的一种手段。即使在发达国家，民间非营利组织也不可能仅靠民间捐款和国家财政支持生存。[①]

因此，不应完全禁止非营利组织从事商业活动，而应允许非营利组织为了筹款支持其非营利活动的目的，从事相关的交易或商业活动，只要其主要目的并非单纯从事交易或商业活动，而是实现其非营利宗旨。正如世界银行在《非政府组织法的立法原则》中所述，"非政府组织应被允许从事合法的经济、交易或商业活动来支持其非营利性的活动，但需符合下列条件：（1）利润或收入不可分配予其创立人、会员、干部、董事或员工；且（2）该非政府组织主要是为了从事适当的非营利活动的目的（例如，文化、教育、健康等目的）"[②]。

（二）各国（地区）经营性活动的税收政策

1. 自动获得税收优惠的模式：英国、日本

（1）英国。英国禁止非营利组织过多的经营性活动，对非营利组

[①] 由 Lester M. Salamon 教授等主持的对全球 22 个国家的非营利组织的调查研究发现，不同地区非营利组织的收入结构不同，且这种结构不同于传统想象中的认识：来自个人、公司和基金会的私人慈善事业平均占非营利收入的 11%；非营利收入的主要来源是会费和公共部门的支持。仅会费和其他商业收入就占非营利总收入的近一半（49%），而公共部门的支持占 40%。见 Lester M. Salamon 等著，贾西津等译《全球公民社会——非营利部门视界》，社会科学文献出版社，2002，第 27 页。

[②] 详情参见世界银行编写《非政府组织法的立法原则》，喜马拉雅研究基金会印行，2000，第 59 页。

织的各项经营性活动均由专门的税法进行具体的规定。英国非营利组织商业活动的管理方式取决于该组织是否以慈善为目的。如果非营利组织不是慈善组织，它一般适用与企业相同的税收制度；如果非营利组织是慈善组织，该团体获得慈善组织税收待遇的资格由所在地政府决定。①

英国调整非营利组织经营性活动的法律主要包括《1988 年收入和公司税法》（ICTA）、《1992 年利润税法》（TCGA）、《1994 年增值税法》（VATA）、《年度财政法》（FA）。英国现行非营利组织经营性活动税收优惠政策可见表 2。

表 2　英国现行非营利组织经营性活动税收优惠政策

税　种	经营性活动	慈善组织税收	非慈善非营利组织税收
收入、资本利得或公司税	资本利得	免税	征税
	商业赞助	对销售服务免税，对其他收入征税	征税
	投资收益	免税	征税
	销售产品或服务	征税，除了： ①促进慈善目的 ②小规模募捐	征税，除非是互助性组织对会员销售
印花税	获得的不动产和其他财产	免税	征税
关税	从非欧盟国家进口的货物	慈善组织为慈善目的进口的大多数货物免税	征税
气候变化税	商业用途的燃料和电力供应	征税，除了用于非商业目的或某些家庭用途	征税，除非用于某些家庭用途
增值税	购买货物或服务	特定税目为零税率	征税
	销售应税货物或服务	销售捐赠货物为零税率	征税
	购买或建设非住宅不动产	零税率，如果是慈善组织用于： ①非商业用途 ②为了本社区的娱乐活动	征税

① 在英格兰和威尔士，慈善委员会等级是国内税务局承认其拥有团体身份的有力证据；在苏格兰和北爱尔兰的慈善组织必须直接向国内税务局申请慈善组织税务登记。

税　　种	经营性活动	慈善组织税收	非慈善非营利组织税收
增值税	交换或改建非住宅不动产	零税率，如果： ①交换为住宅用途 ②非商业用途建筑物的附属物	征税
	非住宅不动产的租金收入	房东缴税，除非是慈善组织用于： ①非商业目的 ②本社区的娱乐	房东缴税
商业税率	使用非住宅不动产	80%免税，其余20%是否征税由各地区决定	各地区自行决定

资料来源：世界银行委托研究报告：《中国非营利组织适用税法研究》，2004年12月，附录二《英国公益性社会组织的税收优惠政策》。

①税资格认定如上所述，英国的非营利组织习惯上被称为慈善组织。英国的慈善组织有两类，一是慈善信托；二是慈善法人。慈善组织以慈善法人形式存在的居多。慈善法人要取得法人地位并获得公益慈善组织的法律地位和免税优惠，一是要向负责监管公司的公共机构——公司委员会登记，以获得公司法赋予的有限责任的保护；二是要向慈善委员会注册，以获得慈善法赋予的公益慈善组织的法律地位。最近，在慈善组织的要求下，英国政府已提出简化这一程序的提案，希望建立慈善法人这样一个新的机构形式，给予理事们公司地位的全部保护，撇开公司法，只接受慈善法的管辖。慈善信托的建立，要靠依法起草慈善捐赠的法律契约或遗嘱文件来取得合法地位，其公益慈善组织法律地位的获取，也必须到慈善委员会履行注册手续才能实现。

慈善法人和慈善信托经过向慈善委员会注册，不仅其慈善组织地位取得权威的确认，具有法律效力，而且自动享有法定的慈善组织免税待遇。这是由于法律要求国内税务局承认所有经慈善委员会注册为慈善组织的机构，并给予相应的免税待遇。可见，英国慈善组织免税资格的获得，决定权在慈善委员会。但在处理一些关于新生事物的案例和特殊案例时，慈善委员会也会在决定前征求国内税务局的意见。

如果非营利组织不是慈善组织，它一般适用与企业相同的税收政策，向非慈善性非营利组织的捐赠一般不能获得税收减免的待遇。税收减免仅适用于英国慈善组织，而不适用于那些在别国建立的组织。但这不意味英国慈善组织不能在国外从事它们的活动。

②经营性活动免税规定。《1988 年收入和公司税法》（ICTA）第 505（1）（e）条款规定，"由不管在英国或其他地方的慈善组织从事的任何商业的利润，如果该利润唯一地用于该慈善目的，且要么（i）该商业是在实际实现该慈善组织的主要目的过程中被从事的，要么（ii）与该商业有关的工作主要由该慈善组织的受益人进行"。这一免税规定包括海内外①的不动产收入、股息、利息、版税、养老金和扣税捐赠物品。② 在多数情况下，英国不允许对这些收入扣税，而且如果缴纳了税款也可以由慈善组织要求退税。《1988 年收入和公司税法》（ICTA）第 506 条对无免税资格支出进行了规定：用于非慈善活动的支出；在英国法律或税法管辖范围之外的投资和信贷；向海外团体的支付，除非慈善组织能够证明这些钱用于慈善目的。类似地，508（i）条款对科研组织免税。因此，所有商业活动的税收减免取决于上述免税条件，免税的主要目的是促进慈善组织执行或促进其宗旨，不包括募捐活动。这些所得免税的基本理论是，一旦确定组织本质上是慈善性的，那么只是因为它从事商业活动就拒绝税收减免是不合逻辑的。慈善组织的消极所得基本上免税。如果一个慈善组织的资金来源不是来自商业，那么资金来源通常不影响它的税收地位。

《1990 年营业税法》（又称"非住宅税营业税"）③ 规定，慈善组织用于慈善目的的营业税可申请豁免，一旦申请得到批准，营业税率将会降低 80%。此外，地方主管甚至可以决定免税。④ 该申请必须本着强制和谨慎

---

① HMRC Charities Detailed Guidance Notes：http：//www. hmrc. gov. uk/charities/guidancenotes/annex1/annex - i. htm.

② 详情可参见 "Taxation of Charities in the UK"，Mayer Brown International LLP Research Memorandum，February 2013。

③ 其课税对象为营业性的房地产，如商店、写字楼、仓库、工厂或其他非住宅性的房地产。如果住宅部分用于营利，仅对营利部分征税。中央政府每年根据上一财年的乘数及通货膨胀率来确定新乘数。

④ 详情可参见 "Taxation of Charities in the UK"，Mayer Brown International LLP Research Memorandum，February 2013。

的原则，列明不动产用途的细节，并提交至当地主管部门。

《1992 年利润税法》（TCGA）第 256 条第（1）款规定，慈善组织来自自有资产的资本利得免税。上述免税规定只适用于以慈善为唯一目的的收入和资本利得。另外，如果在任意会计年度内这些免税额大于或等于10000 英镑且超过部分用于慈善目的，这些免税可以扩大到慈善组织发生的其他无免税资格的支出。

《1994 年增值税法》（VATA）认为，慈善组织的非商业活动是指：接受没有回报的捐赠和资助、竞选活动、为会员免费提供的文学作品、为非会员提供免费入场券。然而，慈善组织通过一个公共团体以商业合同形式建立的基金，而非公益基金，提供的服务将被看作商业行为。在下列情况下，该法适用特殊规则：（i）慈善组织得到会员或其他非营利组织的捐赠不被看作是一种商业行为，除非这些会员明显得到了作为回报的利益。参与该组织的管理和获得经营报告不属于这种利益。[1]（ii）慈善组织对需要的人提供免费或低于成本的社会福利服务被看作是一种非商业行为。低于成本的服务是指那些有不少于 15% 的成本是由非慈善组织的基金资助的。[2]（iii）慈善组织将病重或受伤的乘客运送至治疗地，且运送工具为专用医疗运送将免于缴税。[3]（iv）如果慈善出版物中 50% 或以上的广告版面由个人占有，或是将广告版面提供给另一个慈善组织，都将豁免增值税。[4]（v）慈善组织的投资交易也被看作是一种非商业行为。（vi）尽管慈善组织提供免费产品是一种非商业行为，但将货物运往国外（比如为了救灾）则被看作是一种商业行为。（vii）非营利环保工程如果完全由垃圾处理厂的经营者所缴纳的垃圾税资助，也被看作非商业行为。[5] 慈善组织开展的活动有的是部分属于非商业活动，有的是完全的商业活动，必须对这些活动进行区分计算，才能够使它们获得相应的增值税退税。慈善组织为了获

---

① HMRC：Fundraising Events help sheet，HMRC Notice 701/1：Charities.

② HMRC Notice 701/2：Welfare.

③ HMRC Notice 701/1：Charities Para 5.4.

④ HMRC Notice 701/1：Charities Para 5.2.

⑤ 详情可参见 "Taxation of Charities in the UK"，Mayer Brown International LLP Research Memorandum，February 2013。

得增值税的减免，必须：（i）证明其为慈善组织；（ii）提交一份确认其满足减免税收条件的书面声明或资格证明。① 此外，对于提供给慈善组织的物品亦可减免税收：包括某些公共媒体（包括报纸和电视）的广告（包括人员招聘）、捐赠相关物品、给残疾人的帮助、慈善目的的建筑物保护、节能材料的安装、产权交易、燃料和电力、用水、资助的医学、兽医、科学和救援设备和救护车慈善机构等。②

《2000 年财政法》第 46 条规定，慈善组织的小额商业活动收入可以享受税收减免，补充了现行慈善组织商业受益的税收优惠政策，使慈善组织的商业受益和其他活动都获得免税待遇。主要包括：（i）这些活动的全部营业额没有超过年度限额（除非慈善组织预计这个限额不会被超过）；（ii）收益只用于慈善组织的宗旨。慈善组织营业额的年度限额，是 5000 英镑和慈善组织收入的 25% 两者中最大的一个，最大限额为 50000 英镑。除税法特别规定外，这一税收减免不仅包括商业收益，还包括 D 节 vi 案例下的应税偶然收入。③

③经营性活动缴税规定。免税范围以外的商业活动收入必须纳税，但是，慈善组织也可以通过所属企业开展这些商业活动而达到免税的目的。原则上，商业企业的收益要缴纳公司税，但按照捐赠法向其母慈善组织捐赠可将其应税收入降低至 0。事实上，许多慈善组织的贸易公司通过这种方式向其母慈善组织捐赠，并得到国内税务局允许。在其他许多国家，一般对向公益组织的捐赠设定一个最大的所得税扣除额（一个固定额，或者收入的一定比例）。④

尽管英国税法关于慈善组织举办的与宗旨无关的商业活动的税收政策比其他成员国优惠，但慈善组织越来越担心成立独立的商业子公司增加了

① 详情可参见"Taxation of Charities in the UK"，Mayer Brown International LLP Research Memorandum，February 2013。
② 详情可参见 HMRC Notice，转引自"Taxation of Charities in the UK"，Mayer Brown International LLP Research Memorandum，February 2013。
③ 详情参见世界银行委托研究报告《中国非营利组织适用税法研究》，2004 年 12 月，附录二《英国公益性社会组织的税收优惠政策》。
④ 详情参见世界银行委托研究报告《中国非营利组织适用税法研究》，2004 年 12 月，附录二《英国公益性社会组织的税收优惠政策》。

这类活动的管理成本。成本增加的原因是这些子公司与其他非慈善公司适用同样的税法和会计制度。《2000年财政法》规定的对小规模商业活动的税收减免，在某种程度上解决了这一问题，但这一规定不适用于大型的慈善组织，它们要按照慈善组织法的规定成立独立的商业公司。由于这些商业公司一般很难从第三方筹集资金，需要由慈善组织为之提供足够的资金开展活动。在这种情况下，该慈善组织就必须说服慈善委员会和国内税务局，比如，商业计划和预算对慈善基金而言，建立商业公司的投资是安全和谨慎的，也不会带来损失。①

此外，国内税务局已经做出规定，盛大的招待会、音乐会、体育比赛和类似项目的所得（具有商业特征但碰巧是英国社会生活的一部分）免予课税，如果该利润用于慈善组织，而且该慈善组织不经常性地进行这类活动，特别是不同其他商业者竞争。被捐赠产品的销售不视为在商业的定义之内。

除了以上这些例外，税务局警惕地对任何从事商业的慈善组织课税，如果慈善委员会在一个慈善组织的年度账户中发现重要的商业所得，它们坚持这超出了慈善组织的权力范围，那么慈善组织必须通过为该目的而成立的独立附属商业公司进行此项业务，不能由其以自己名义开展无关商业活动。比如，一所具有历史意义的房子为一慈善组织所拥有，必须向公众开放。对房子，可以收入场费且可售卖有关房子的旅游指南，但礼品店和咖啡屋的收入，必须通过慈善组织的附属公司进行，并以正常方式缴纳公司税。②

换言之，慈善组织不被允许开展非慈善性质的交易活动，因为这对它们的资产有实质和重大的风险。附属商业公司的收入和利润与普通有限责任公司一样课税，而且同样支付商业增值税（因为慈善机构的大部分增值税减免并不适用于其子公司），然而附属商业公司可以将其部分或全部利润转给慈善机构，并要求税收减免。

（2）日本。日本的非营利组织允许商业活动，但不应妨碍公益目的事

---

① 详情参见世界银行委托研究报告《中国非营利组织适用税法研究》，2004年12月，附录二《英国公益性社会组织的税收优惠政策》。

② 详情可参见"Taxation of Charities in the UK"，Mayer Brown International LLP Research Memorandum，February 2013。

业的实施，否则就可能被行政厅取消公益认定。根据《建立和指导非营利团体管理的标准》，非营利组织的营利活动必须符合下述条件：营利活动的规模不应超过公益活动的限制比例，主管机关一般要出一个指导方针，通常是商业活动所得利润不应超过总收入的一半；公益团体所承担的营利活动不能有损其社会信誉；这类活动中获得的超过正常活动管理费用的收入必须用于公益活动。日本对非营利组织原则上就其所得收入缴税，而无须就其他收入（捐款、补贴、资助等）缴税。而且，即使参与营利性活动，公益组织也有权享受27%的低税率。这一税率较之适用于一般性企业团体的37.5%的税率要低得多。

获得特定的税收优惠程序与获得法人实体的程序是分开的，要求国家税务机关明确地授权；获得授权后，非营利组织从事经营活动中获得的收入通常也享有比营利组织低的税率（特定非营利法人除外）。日本调整非营利组织经营活动的法律主要为日本《法人税法》。

①营业所得的课税。在日本，如果授权部门批准了一个公益组织的组建申请，获得公益法人或特定公益法人地位，那么该组织就自动具有了相应的减免税资格，可以自动享受优惠的税收待遇，而税务部门并不参与认定或决策，只有营利性收入才须缴税。非营利组织要获得税前扣除税收优惠地位，需要满足以下条件：（a）活动限制，即禁止参加宗教和政治活动；（b）支出限制，即至少80%的支出或至少70%的捐款用于特定非营利活动；（c）利益标准，即非营利组织必须通过两项公共利益监测。而根据日本《法人税法》，日本的法人组织有收益就要缴纳法人税，但在法人税的征收上，具体根据法人组织的种类不同而执行不同税制。

公益法人原则上是非课税的，仅对其收益事业收入课税，按照《法人税法案实施细则》（CTAEO）所规定：凡是在法定目录上列出的33种营利性活动①以外的活动所产生的所得不构成应税所得。虽然日本对公益法人

---

① 收益事业包括：物品销售业、不动产销售业、金钱借贷业、物品出租业、不动产出租业、制造业、通信业、运输业、仓库业、承包业、印刷业、出版业、照相业、出租会场业、旅馆业、餐饮业及其他饮食店业、中介业、代理业、经纪业、批发业、矿业、土砂开采业、浴池业、理发美容业、美容业、演出业、游戏场业、旅游业、医疗保健业、教授技艺业、停车场业、信用保证业和无形财产业。

的收益事业收入课税，但其税率却为 27%，与对营利法人收益事业收入课征 30% 税率相比，税负已大大减轻。而且，这并不是对公益法人的全部收益事业收入课税，仅对其收益事业收入的 80% 部分课税，对其另外的 20% 不予课税，而是将其按照"视同捐赠制度"① 规定转入非收益事业部门，用于公益事业支出。因此，如果一个公益组织在营利性活动中的收入为 100 万日元，那么该组织可能为公益活动支出 20 万日元，而且无须缴税，剩下的 80 万日元按 27% 的比例缴纳税款。这一税收制度是日本独有的，世界上其他国家都没有实行这种制度。原则上 27% 的税率也适用于合作消费联合会。合作消费联合会是非营利组织的一种特殊形式。但是，如果一个合作消费联合会获得超过 10 亿日元的收入，那么在税收方面它将不再享受 27% 而是 30% 的税率。建立捐助体系不适用于合作联合会，包括合作消费联合会。

特定非营利活动法人（NPO 法人）原则上也是非课税的，仅对收益事业 34 种② 行业取得的收入课税。但是，仅对收益事业收入中 800 万日元的部分，按照与公益事业法人一样的 22% 低税率优惠，对超过 800 万日元的部分，适用与营利法人一样的 30% 税率。此外，"视同捐赠制度"只对经有关部门认定的 NPO 法人予以适用。但是如果资金用于拓展其核心公益活动，可以为其营利活动所得的收入减税 20%。

对于由《民法典》第 34 条产生的特定公益法人基本上所有所得都要被课税。社会福利法人、私立学校法人等通常享有与公益法人一样的税收优惠，但略有差异，如一年的营利活动可减免 50% 的税收或 200 万日元，甚至免除少量的商业所得税。按照《私立学校法》的规定，主管机关可以在与私立学校委员会、私立大学委员会或职业学院委员会等商议之后，制定出私立学校团体营利性活动范围的条例，这些条例不必服从《团体税法实施条例》

---

① "视同捐赠制度"是指将来自收益事业收入转入公益事业的支出视为从收益事业部门向非收益事业部门的捐赠。例如，收益事业收入为 2000 万日元时，不是对其全额进行法人税课税，而是当它是公益法人时，允许其 20%（400 万日元）无须课税可用于公益事业，结果仅对 1600 万日元课征法人税。详情可参见王名《日本非营利组织》，北京大学出版社，2007，第 124 页。

② 2012 年新企业所得税法的修订新增一项。

所规定的 33 类课税项目。医疗法人则除了从社会保险系统获得的作为退税的医疗费之外的收入，都必须全额缴纳公司法人所得税。大藏省设定的"特殊医疗法人"作为特殊公益组织，它们是专门为公共利益服务的医疗机构，其营利收入可以按照 22% 的税率纳税。

应说明的是，日本绝大多数民间非营利组织被归类到这种法人所得税下的"公益法人"中。此外，尽管列在法定目录上的活动看起来在商业活动范围上无所不包，但是来自未列出的活动的所得完全免征所得税，只有列在法定目录上的营利活动的所得是应税的。该法定目录的演化历史表明，被列出的营利活动类别是日本典型的营利活动。可见，公益法人所得税税基的法定标准体现的不是所得的特征，而是产生所得的活动。对公益法人而言，即使这些活动是以公益为目的（即活动的性质虽属于公益活动，但能获得收入），但来自所列 33 种活动（诸如产品销售、经营房地产或是承包工程）的所得是完全应税的。

而日本对公益法人应税所得目录采取的这种特别方法，是有其原因的。日本公益法人营利所得的所得税制开始于"二战"后的高通胀年代。在那些年代里，日本非营利组织处于关键时刻，因为由于高通胀公益法人赚取所得诸如来自其财产的利息或股息（银行存款或公司股票）越来越困难，这些公益法人开始从对营利法人来说极为普通的营利活动中获取资金。直到体制转变为公益法人税制的体制时，之前公益法人适用的是完全免税制（即对公益法人的营利所得免除税收），所以在公益法人与营利法人之间税负上的极不公平现象出现了。一些营利法人利用这种不公平，通过非营利组织途径使避税更为容易。公益法人税制具有这种历史背景，所以法定目录显示了法人赚取营利所得的绝大多数商业类型，尽管可能存在没有被列在 CTAEO 下的一定营利活动的类型。

②消极所得税。对于一般营利法人而言，消极所得是完全应税的。但是对公益法人而言，如果该所得来自法定目录下应税营利活动，那么消极所得是应税的。这意味着 CTA 将这种消极所得分为两类：来自免税活动的消极所得和来自应税活动的消极所得。这种待遇的区分被理解为基于产生这些消极所得的资产。对组织而言，来自需要用在正常营利过程中的资产的消极所得是应税的，尽管来自其他资产的所得是免税的，如果在该组织

的账户上该资产不同于前述资产。而对于特定非营利活动法人，消极收入如利息、股息和投资收入如果用于推进组织的非营利活动，可以免交所得税。

2. 依申请获得税收优惠的模式：美国、中国香港特别行政区

（1）美国。美国非营利组织可以从事商业活动，但是联邦税法对非营利组织的特定业务活动有着严格限制，对于组织宗旨相关的或不相关的业务活动做了明确规定。非营利组织的免税优惠适用于组织所获得的捐赠和组织因履行其非营利功能所获得的收入，后者是指从事符合该组织宗旨的活动所取得的收入。如果某一创收活动是该非营利组织宗旨之外的，该组织依然可以从事这些活动，但是就其从事这些活动所获得的收益，应该被征收无关宗旨商业所得税①（unrelated business income tax）。如上所述，在美国非营利组织的所得中，政府拨款、慈善捐赠所得以及组织发挥其非营利功能所获取的所得（即从事符合该组织慈善性质活动所获取的所得）免征所得税；而对非营利组织从事与其免税宗旨没有实质性相关的商业活动获取的所得课税。

调整美国经营性活动的法律主要为美国《国内税务法典》，该法对商业所得税界定极为复杂，下文将简述该法相关规则。

①免税规定。公益组织或慈善性组织作为美国非营利组织的主体部分，要想获得免税资格及捐赠扣除待遇，必须具备六个必要条件。

a. 满足美国《国内税务法典》501（c）（3）项②所规定的条件。其中501（c）（3）只对慈善、教育和科学三种目的做了大量解释，其他目的的法律意义则散布在法院判例和财政部规章中。

b. 该组织为了非营利目的而成立。

c. 主要围绕非营利目的开展活动。

---

① 有些创收活动同时具备商业和慈善的性质，例如出版书籍提供给慈善目的相关的有偿服务。在决定某一创收活动是否属于免税活动时，美国联邦税务局和法院审查实施这些活动的方式——具有强烈商业色彩的活动很可能被认为不属于慈善活动。参见 Airlie Foundation v. IRS，283F. Supp. 2D 58（D. D. C 2003）。

② 美国《国内税务法典》501（c）（3）：专门为以下目的成立和运行的组织：慈善、宗教、科学、公共安全测试、文学、教育、培养业余爱好者进行体育竞技或预防虐待儿童、动物。

d. 禁止分配利益，即不能让任何能够控制该组织或能对其产生实质性影响的人受益。非法分配利益的一般情况是：有关个人是机构的内部人员（Insiders）（董事、受托人或高级职员），并且是处在与所获取的利益有控制或影响机构的行为地位。在确定任何非法侵吞的存在性时，《国内税务法典》着眼于该组织的终极目的：如果组织的基本目的是为了使私人受益，那么它不能获得免税资格，即使它从事免税活动。① 与上述所讲的违反实质性免税目的规定的后果不同，有非实质性或偶然的非免税目的存在，并不影响其501（c）（3）下免税资格的获取。然而，即使有最小金额的非法侵吞或私人利益存在，都会有可能使申请501（c）（3）免税资格无效。

e. 不得参与竞选，即不支持或反对任何公职候选人。《国内税务法典》对组织支持或反对公职候选人所发生的"政治支出"征收10%的消费税。但是，一些初看起来有公开政治倾向的活动，也可能不属于被禁止之列。比如，作为课程的一部分，政治学专业的学生按要求必须参与自己选择的政治竞选活动。再比如，学院为学生报纸提供设备及指导教师，而这份报纸刊登了学生为政治事件撰写的评论。在这种情况下，国税局规定，学院并未违背禁止参与竞选活动的规定。

f. 不得进行实质性的游说活动，即不对立法进行实质性的支持或反对。所谓影响立法，是指试图通过公众影响，或通过与立法机构的雇员交易来影响立法。"立法"一般不包括行政机构或独立管理机构的雇员或官员的行动。② 非营利组织（不包括私人基金会）可以在法律允许范围内参与立法游说活动，前提是这些游说活动只能是其全部活动的非实质性部分，否则会失去其免税资格。该规定有时被称为"非实质性活动审查"。

②无关宗旨商业所得税规定。从《国内税务法典》对"无关商业应税所得"和"无关贸易或商业"的定义来看，长期以来已经形成了无关商业所得税的三个基本标准。如果满足以下三个标准的话，将被课征无关商业所得税：

---

① Reasury Regulation 1. 501（c）（3）-1（d）（1）（ii）.

② 详情可参见 James J. Fishman & Stephen Schwarz, Nonprofit Organization：Cases and Materials, The Foundation Press, Inc. （1995）。

a. 该活动构成一项"贸易或商业"（trade or business）。适用无关商业所得税的第一个条件是，该活动必须构成一项"贸易或商业"。在适用无关商业所得税时，术语"贸易和商业"包括从产品销售或服务履行中获得所得而进行的任何活动。① 贸易或商业活动的特征是有营利动机，或是处在商业或竞争状态。

b. 该活动是由该组织"经常性地进行"（regularly carried on）。适用无关商业所得税的第二个要求是，一项贸易或商业必须由免税组织"经常性地进行"。在确定一项商业活动是否在这个要求的含义范围内经常性地进行，最重要的考虑是，活动进行的频率和连续性以及从事活动的方式。根据财政部规章 1.513－1（c）（1）规定，所谓"经常性地进行"，应这样理解，"根据无关商业所得税的目的，将免税组织商业活动与同其竞争的非免税商业活动一样置于同一税收基础之上"。一般地，如果一项商业（business）活动是以与非免税组织可比的商业（commercial）活动相似的频率和连续性进行，而且如果该活动是以类似于这种商业活动的方式进行，那么该商业活动是经常性进行的。如果商业机构通常从事整年的获取所得的活动以及免税机构一年中有几个星期从事这种活动，这些活动则不被视为"经常性地进行"。如果在一整年中从事的活动，是在每个星期有一天开展贸易或商业，那么被视为"经常性地进行"。比如医院辅助会（hospital auxiliary）每两周在博览会中运营一个三明治站不是经常性开展，但是，教堂停车场每周有六天供广大市民使用，而在周日保留给教区成员则是经常性开展。

简言之，所谓经常性活动，就是指享受免税待遇的组织经常连续开展的活动，就像是不享受免税待遇的组织所开展的活动一样。比如，一年一度为期一周的县交易会期间摆出的食品摊，便属于非经常性进行的活动，不会产生可征税所得；或者，慈善机构举办的一年一度以筹款为目的的流行音乐会，就不能等同于演员的其他演出活动。②

c. 该活动与该组织免税职能的履行"无实质性相关"（not substantially

---

① Treasury Regulation 1.513－1（b）.

② Treasury Regulation 1.513－1（c）（2）（iii）.

related to）。适用无关商业所得税的第三个条件是，免税组织必须进行一项商业活动，该商业经营活动与组织的免税目的没有实质性相关。相反，如果组织的贸易或商业活动与免税目的存在因果关系，那么这种商业活动产生的所得无须缴纳无关商业所得税。这一测试方法侧重于商业活动本身，而并不关注组织如何获得所得。所有所得都用于支持非营利活动这一事实本身并不能把非相关活动变成相关活动。[①]

一项活动要与免税目的"相关"，必须有一种实质的因果关系，也就是说商业活动的经营，即构成贸易或商业性的销售，或者构成贸易或商业服务的履行，必须对组织的免税目的实现做出"重大贡献"（contribute importantly）。[②] 在确定一项贸易或商业是否对该组织的免税目的的实现做出重大贡献时，要考虑的一个因素是，该活动意欲履行的免税功能的本质和程度与该商业活动的规模和程度有关。如果一项商业活动的一部分与组织的免税功能履行有关，但该活动是在一个大于免税功能履行所必需的合理必要性的规模上进行，那么，该商业活动超过免税功能需要的剩余部分没有对免税目的的实现做出重大贡献，该活动很有可能被视为无关活动。

③例外条款。如上所述，税法颁布无关商业规则是通过对免税组织的商业活动的所得进行课税，来消除免税组织与营利组织之间的竞争。免税组织以消极方式获取的所得通常是非竞争性活动中的所得，因此，消极所得，诸如股息、利息、年金、特许权使用费、一定的租金（通常是不动产）等，通常都被排除在无关商业应税所得之外。[③] 但有两种情况例外：贷款所购财产的收入（如租金）需要按一定比例纳税，以及当一个免税母组织从受控应税附属组织（诸如公司，持有公司超过50%的控股权）接受租金、利息或绝大多数其他消极所得，那么那些收入通常是应税的。[④]

此外，无关商业活动通常排除五项活动。

a. 志愿工作（volunteer labor）：志愿者参与的所有贸易或商业活动均排除在外。由志愿者参与的为募捐所举行的家制糕饼义卖能获得此免税。

---

① Treasury Regulation 1. 513 – 1（d）（2）.
② Treasury Regulation 1. 513 – 1（d）.
③ I. R. C. 512（b）（1）、（4）、（5）.
④ I. R. C. 512（b）（13）.

b. 便利本组织的成员（convenience of members）：《国内税务法典》第501（c）（3）规定，大学/学院为便利其成员、学生、病人、行政人员或者雇员所运作的贸易或商业活动均排除在外。一个典型的例子就是大学食堂或是大学书店。

c. 出售获赠物品（donated merchandise）：出售获赠物品的贸易或商业活动可以排除在外。许多免税机构（比如亲善店和救世军）的二手货商店能够获得此免税。

d. 宾果游戏（bingo）：合法的宾果游戏（许多小型宗教团体的集会游戏）不是无关商业或贸易。

e. 合格赞助（qualified sponsorship payment）：合格赞助是指由某人向慈善组织所支付，而该人不会因此获得任何实质性利益返还的赞助。

（2）香港特别行政区。香港是一个相对低税制的地区，有一系列条例鼓励慈善和捐赠，而非营利组织立法的关键部分是香港《税务条例》（Inland Revenue Ordinance，Cap. 112 of the Laws of Hong Kong）。

①税务优惠资格。a. 税务优惠主体资格。在香港获得税务优惠的主体必须是根据香港《税务条例》（第88章），被香港税务局（IRD）认定为属公共性质的慈善机构或信托团体。

香港非营利组织最常见的组织类别主要为信托团体；根据《社团条例》（第151章）成立的社团；根据《公司条例》（第32章）注册的社团；根据香港有关法规而成立的团体。这些组织是豁免缴税的前提，在特殊情况下，某些临时性的专门委员会也有可能获豁免缴税。根据Camille and Henry Dreyfus Foundation Inc. v CIR（36 TC 126）一案所运用的原则，税务豁免只能给予香港法院司法管辖的慈善组织，即是在香港成立的慈善组织，或是海外慈善组织的香港机构，例如根据《社团条例》第4条当作在港成立的社团或根据《公司条例》第Ⅺ部注册的法团等。①

b. 税务优惠判断标准。税务局根据大英法律所界定的慈善用途考虑是否给

---

① Inland Revenue Department（2003），"A Tax Guid for Chritable Institutions and Trusts of a Public Character".

予税项豁免。[①] 香港税务指引根据 Lord MacNaghtenI T Special Commissioners V Pemsel（3 TC 53）一案中所列出的慈善用途作为非营利组织评估的标准，包括救助贫困；促进教育；推广宗教及其他有益于社会而具慈善性质的宗旨。虽然前三项所列的用途，其活动可以在世界任何地方进行，但最后一项的用途必须是有益于香港社会，才可被视为具慈善性质。[②] 非营利性慈善组织经评估后得到认可，该组织会获得税项豁免，豁免的税项包括印花税、遗产税和商业登记豁免。一旦获得税项豁免，组织须定期把账目和年报呈交税务局复核。

c. 慈善用途判断文件。获得税务优惠的慈善组织规管文件一般应包括，清晰准确地说明其宗旨的条款（这亦适用于那些由 1997 年 2 月 10 日起根据《公司条例》注册，但无须于其组织大纲内述明其宗旨的法团）；限制其资产只能用于促进所述宗旨的条款；禁止成员之间分摊入息及财产的条款；禁止其管治组织成员（例如董事、受托人等）收取薪酬的条款；说明其团体解散时如何处理余下资产的条款（余下的资产通常应捐赠予其他慈善组织）；规定备存足够的收支记录（包括捐款收据）、妥善的会计账目及每年编制财政报告的条款；免除《公司条例》附表 7 所列的权力的条款（如该慈善组织是根据该条例注册的法团）。

②税务优惠规定。根据香港《税务条例》第 88 条规定属公共性质的慈善机构或信托团体可获得免税。而该条但书也载明，如属公共性质的慈善机构或信托团体经营任何行业或业务，该行业或业务所得的利润必须符合下列情况，才可获豁免缴付利得税：a. 所得利润只作慈善用途，及 b. 所得利润大部分不是在香港以外地方使用，以及 c. 该行业或业务是在实际贯彻该机构或信托团体明文规定的宗旨时经营的业务（例如宗教团体可能出售宗教小册子和传单）；或与该行业或业务有关的工作主要是由某些人进行，而该机

---

① Inland Revenue Department（2003），"A Tax Guid for Chritable Institutions and Trusts of a Public Character".

② 经法院判决为慈善用途的例子：救助贫困人士；救助特殊灾害中的受害者；救助病者；救助身体及智能残缺者；设立或营办非营利学校；提供奖学金；特定学科的交流；设立或营办教堂；设立属公共性质的宗教机构；防止虐畜；保护环境。经法院判决为非慈善用途的例子：为达到政治目的；为促进创办人或捐助人的利益；专为某公司或行业属下雇员提供游乐场所、运动场所或奖学金；提倡一项特别运动，如钓鱼或木球。

构或信托团体正是为该等人的利益而设立的（例如保护盲人的社团可能安排售卖失明人士制造的手工艺品）。更甚者，在 FC of T v Word Investment Limited（［2008］HCA 55）一案中，法院认为即使一个组织的商业活动的目的是分配其利润到《税务条例》（第 88 章）认定的组织，而不是开展慈善活动本身，这依然被认为符合第 88 章的认定。

根据香港《印花税条例》，属于馈赠的不动产转移或香港股票的转让，如果是由享有实益权益的人士或登记物主捐赠与属公共性质的慈善机构或信托团体，或以信托方式付与属公共性质的慈善机构或信托团体者，则无须缴付按第 1（1）或第 2（3）类所征收的印花税。不过，有关文书仍须提交印花税署审核，并加盖特别印花，注明无须缴付印花税或已加盖印花，否则不视作已加盖印花的文书。

《遗产税条例》规定，（a）捐给香港属公共性质的慈善机构或信托团体，或捐给政府作慈善用途的财物并不会被视为应征税的遗产的一部分。（b）捐给香港属公共性质的慈善机构或信托团体，或捐给政府作慈善用途的财产，在计算遗产税时可获扣除。此外，生前赠与或由于个人死亡终身财产所有权的转移不视为继承，因此亦不需缴纳遗产税。

香港《商业登记条例》规定，除非经营生意或业务，否则属公共性质的慈善、宗教或教育机构，一般来说都可获得豁免商业登记。如该等机构经营生意或业务，则必须符合以下条件，才可获得豁免：任何属于公共性质的慈善、宗教或教育机构，而（a）得自其生意或业务的任何利润，仅作本身的慈善、宗教或教育用途，并无在香港以外地方大量花费；及（b）上述生意或业务是在确定贯彻该机构的明订宗旨下经营的，或与上述生意或业务相关的工作主要是由设立该机构所惠及的人进行的。①

在香港《酒店房租税条例》则规定如果署长采信以下情况，则不适用于有关的房租税，该情况包括：房租的租率低于每日 15 港币；住房是由非营利性质成立和经营的社团所提供的，或酒店通常可供客人入住的房间不足 10 间。

③税务优惠申请。由于香港税务局关注慈善机构商业活动的"慈善目

_____

① 香港《商业条例》第 16 条（a）。

的"，因此向政府提交文件表明活动目的非常必要。在香港法律中，申请税务优惠并没有固定表格，而且提交材料取决于慈善机构的需要。但申请豁免缴税的属公共性质的慈善机构或信托团体，至少要向税务局递交下列文件和资料，包括：申请信；如果该机构已经成立，则还要提交（a）有关的注册证明副本；（b）规管其活动的文书的经核证的真实副本。如属法团，该文书应为组织大纲及细则；如属根据法规成立的团体，则为有关条例；如属信托团体，则为信托契约；如属社团，则为会章；（c）过去 12 个月（如成立少于 12 个月者，从成立日期起）曾举办活动及未来 12 个月拟举办活动的列表；（d）上一个财政年度的账目副本（如该机构已成立 18 个月或以上）。如果该机构仍未成立，则提交（a）上述规管其活动的文书的拟稿；（b）由机构成立日期或申请日期（视何者适用而定）起 12 个月内拟举办互动的列表。此外，如果慈善组织要保持其免税地位，则必须告知税务局以下资料：附属机构的成立或结束；规管文书的更改；名称或通信地址的更改。

非营利组织申请税务优惠，还需参考香港会计师公会①颁布的三种标准：一是香港财务报告准则（包括香港会计准则、香港财务报告准则及相关解释）；二是中小企业财务报告总纲与准则；香港私人公司财务报告准则。

3. 混合模式的税收优惠：新加坡

（1）新加坡。新加坡允许非营利组织从事营利活动，但收益不能在成员中分配，而只能用于非营利组织本身的活动或从事公益活动。新加坡规制非营利组织商业活动的主要法律为新加坡《所得税法》，另外新加坡法律还规定，从事任何与慈善目的相关的贸易或商业活动的慈善组织，其经营所得全部用于慈善目的时才可享受所得税免税待遇。慈善组织如果不能将总收入的80% 或更高用于新加坡国内的慈善事业，则未被用于慈善事业的那部分所得应依法纳税。

新加坡委员会 2011 年发布《慈善机构从事商业活动的指导》，对于慈善机构从事商业活动做出了原则性指导：一是慈善机构主要宗旨是为了从事慈善事业，若非必要，不鼓励从事商业经营活动，即使从事经营活动，最好也是提供托儿所、医疗服务等关乎公共福祉的活动；二是如果从事其他经营活

---

① 香港会计师工会可参见网页 http：//appl. hkicpa. org. hk/ebook/index. php。

动，则需成立一个子公司进行运营，避免慈善机构直接参与商业经营活动，这是由于慈善机构从事商业活动容易导致滥用公众信任牟利；三是慈善机构从事商业活动不得使风险敞口过大，因此要在确保商业活动不会导致慈善组织蒙受巨大损失的前提下才可。

新加坡国内税务局是根据税收法设立的管理税务的国家机关。在新加坡，享受免税待遇的非营利组织分为两类。

①自动获得免税优惠。在新加坡，《所得税法》规定了三类通常享受免税待遇的非营利组织：在新加坡境内依法组建的公共组织、委员会或基金会；在政府指导下由民间人士组建、接受政府资助的俱乐部、公司或公益组织；由政府资助、设在境外、从事有关新加坡利益事务的非营利组织。这些组织的所有收入均可免交所得税（特殊情况除外）。

新加坡《所得税法》在1·4款规定，资本收益一般都不会纳税。然而，在某些情况下，即短期交易或持有资产，这类资金交易可能被视为构成收入进行缴税。

②依申请获得免税优惠。在新加坡，有条件的免税组织可以享受免税待遇。有条件的免税组织，包括互益组织、合作社、工会、慈善组织、俱乐部和社团及贸易联合团。这些组织没有资格申请通常免税待遇，但可每年申请免除所得税。申请免税必须满足下列条件：慈善组织从事任意贸易和商业活动所得必须全部用于慈善目的；慈善组织任意财政年度用于新加坡国内慈善事业的支出不低于年度收入（捐款或捐物）的80%；补充要求是已享受免税待遇的慈善组织不能将80%以上的收入用于国内慈善事业的，则未用的那部分收入应依法纳税。此外，互益性非营利组织如俱乐部与协会享受免税待遇的情况为，第一，俱乐部和协会在投资收入或经营收入之外的收入享受免缴所得税待遇；第二，来自会员的收入超过总收入的一半方可享受免税。

五　结语

本报告通过大量地收集和整理国内外学术资料和立法成果，并对比分析英国、美国、新加坡、日本和中国香港特别行政区等国家和地区的做法，以公益募捐以及商业活动收入的法律框架和规制情况为讨论重点。简单总结如下：

表 3 各国（地区）非营利组织基本情况

国家/地区	法系	基本组织类型	传统募资途径：公益募捐			新型募资途径：经营性活动	
			立法模式	资格获得	税收优惠模式	主要相关法规	主要主管部门
英国	英美法系	慈善信托，慈善法人	集中立法模式	慈善委员会规制模式	自动获得税收优惠的模式	习惯法，慈善法，公司法，税法	慈善委员会，国税局局长
美国	英美法系	慈善性组织，互益性（会员性）组织	联邦立法模式	司法部门/行政部门——税务部门模式	依申请获得税收优惠的模式	国内税收法典，公司法	州政府慈善办公室，首席检察官，国内税务署
新加坡	英美法系	社团，有担保性质的公司	集中立法模式	慈善委员会规制模式	混合模式的税收优惠	慈善法	慈善委员会，法院
日本	大陆法系	公益法人，特别法人，特定非营利组织	分散立法模式	行政规制模式	自动获得税收优惠的模式	民法典，各特别法，促进特定非营利活动法	内阁总理大臣，公益认定委员会，目的事业管理部门
中国香港	英美法系	信托团体，社团，法人团体	分散立法模式	行政规制模式	依申请获得税收优惠的模式	税务条例，公司条例，社团条例	香港社会福利署，民政事务局，香港警务处

（一）各国（地区）传统筹资途径：公益募捐总结

Irish 等在世界银行所出版的《非政府组织法的立法原则》一书指出："非政府组织的独立与自主是公民部门发展的重要因素，因而，募款活动应该受到鼓励，适当的经济活动和合法财源应该被鼓励。"然而"非政府组织进行公开募款事先取得许可是适当的措施，并且将许可证明向捐款人揭示，借以保障捐款人权益；同时，也应该将相关资讯合理揭露"。有鉴于太多欺骗社会大众的无耻事件，世界银行认为"所以募款是一极需大量自我规范的领域，以保护非政府组织的形象与声誉，及保护社会大众"。因此，本报告归纳和总结非营利组织传统的募资途径，就"公益募捐"的法律建制，并且参考近年来的相关研究，提出观察与反省的观点。

1. 公益募捐的立法模式：走向集中立法模式

本报告总结了各国（地区）公益募捐的立法模式，共有三种：集中立法模式，即主要由一部慈善法管理该国（地区）的非营利组织；分散立法模式，即管理非营利组织的立法包括社会组织立法、募捐专门立法甚至税法等；联邦立法模式，这种模式主要存在于联邦制国家，为各国（地区）的立法模式代表。

这些模式的形成是由各国政治、经济和文化发展的历史和现实决定的，也是各国法律发展的历史和现实的反映。因而，在上述三种代表模式之外，还一定会有其他模式。但就上述三种模式而言，集中立法模式以慈善法为核心规定慈善组织和慈善活动各项制度，在非营利组织募捐方面的规定更为全面；而分散立法模式和联邦立法模式，募捐领域的法律法规之间存在一定的冲突，导致适用法律困难。

比如英国慈善法能够从募捐主体、活动规则、引导措施等方面为公益募捐活动提供最基本的法律保障。虽然日本属于分散立法模式，在过去没有统一的立法，但《日本特定非营利活动促进法》的出台，专门详细规定了慈善活动、税收优惠等问题，弥补了分散立法模式的不足，使日本慈善立法模式开始逐步走向综合立法模式。因此，制定集中、综合性募捐立法已是一种共识和呼声。

2. 公益募捐的准入标准：身份识别式＋行为规范式

分析各国（地区）对公益募捐准入的规制，可以看出，现行公益募捐准入包括"身份识别"和"行为规范"两种做法。"身份识别式"的准入是在公益组织设立时进行甄别，确立是否赋予其公募组织资格，赋予公益组织公募组织的资格之后，对其成立之后的公募行为不再做专门许可或审核。"行为规范式"的准入是公益组织成立时并不甄别是否公募组织资格，而是在公益组织需要发起公募活动时向政府部门申请公募的行政许可。

诸如英美和中国香港特别行政区采取综合两种做法的准入标准；而日本和新加坡等则采取两种做法当中的一种规制公益募捐的准入。本报告认为采取如英美结合"身份识别式"和"行为规范式"的准入标准是现今非营利组织公益募捐资格许可的趋势。即首先，在非营利组织成立时进行"身份识别"，确认其是否具有公益募捐的主体资格。其次，具有公益募捐主体资格的非营利组织发起公益募捐时以行政许可方式进行"行为规范"。主要是针对具有公益募捐主体资格但是没有获得行政许可豁免的公益组织，要求其在发起公益募捐活动之前一定时间内申请此次公益募捐的行政许可。①

3. 公益募捐的资格获得比较

事实上，各国（地区）对公益募捐的规制，除了相应模式提到的主要机构外，其他还有诸多机构对公益募捐活动具有规制权力——在美国，除了税务部门，还有联邦商标委员会、健康与人权部等；在英国，除了慈善委员会之外，还有地方政府、警察部门、社会福利部门等。

司法部门/行政部门——税务部门模式，是英美法系联邦制国家普遍采用的公益募捐活动规制模式，这种模式具有轻身份管理、重行为管理的特点，其监管程度相对于其他模式更高，司法部门/行政部门则重于募捐行为的日常监管，而税务部门则从税收、管理角度（主要公益认定及其带来的税收优惠问题）出发，从而建立了公益募捐行为的强大的监管网络。尤其是，这些国家作为公益财产监护人的首席检察官制度，更对公益募捐

---

① 详情请参见北京大学法学院非营利组织法研究中心《公益募捐中公募资格行政许可研究报告》，2010年9月。

活动公开、诚信地实施，起到了十分有效的保障作用。相对而言，慈善委员会监管模式，则具有职能集中、便于统一、公开行使、独立性强，具有相对较为全面的执法甚至准司法权力等特点。而实行行政规制模式的国家则一贯重视身份管理而轻行为管理。其公益募捐规制权力相对比较分散，公益募捐规制权力由若干行政部门来分别行使。这种规制权力分散在各个非专业部门，不可避免地会导致公益募捐规制水平的降低。而且在这种模式下，行政部门的独立性相对较低，因而会在一定程度上削弱其公益募捐事业监管职能。

就上述三种模式内部而言，首先，在美国实行的司法部门/行政部门——税务部门模式，绝大多数州司法部、首席检察官在公益募捐监管中占有十分重要的地位，相对来说，其他国家的首席检察官（比如加拿大）对于公益募捐的监管所占的比例并没那么高。在监管内容和监管手段上，各个司法和行政部门甚至税务部门的权限也存在一定的差别。其次，就慈善委员会模式看，尽管有很多权力是相同或者相似的，但其权限配置、内部组织及独立性程度等存在较大差别。从独立性上看，英国慈善委员会的独立性最强，它的"职能将代表王室而实施"，委员会在实施职能过程中不受王室的任何部门及其他政府部门的任何指导和控制。新加坡委员会尽管也最终向议会负责，但是从新加坡慈善法的条文来看，二者均为官方机构，均受到其主管部门更多的影响。因此，其独立性相对较差，这也可能会影响到其职权的形式。从职权配置上看，相对来说，新加坡慈善委员会的职权要小于英国，它没有立法权力，对公益或慈善目的的阐释无法对抗税务局的解释等。因此，慈善委员会职能的履行也可能会受到影响。对于慈善组织的最终处理，英国和新加坡慈善委员会均有裁决的权力。从法院和首席监管与慈善委员会的关系看，英国和新加坡慈善法赋予法院和首席检察官和慈善委员会共同管理慈善事务的权力。最后，就行政规制模式内部而言，其规制公益募捐的具体部门存在较大差异。有的国家（地区）的监管部门相对比较集中，有的则很分散，而且其职责权限的差别也较大，基于法律传统的差异，法院在行政部门之外，所起的作用也不同。相对来说，香港法院对于公益募捐财产处置的干预力度相对要大得多。

4. 公益募捐的行为规范：劝募监督和责信机制

各国（地区）对募捐的劝募要求、募捐活动记录保存、募捐财务记录及其审计、募捐资财保存及其安全等方面进行了较为严密的规范。通过对公益募捐行为规范的考察，可以将其归结为劝募监督和责信机制两大范畴。

首先，各国（地区）在劝募监督体系上，形成了政府管理、行业自律、社会监督等全方位多层次的监督体制，并且根据各国国情各有侧重。比如英国的慈善委员会、美国的国税局和首席检察官是政府监督管理的典型机构。各国和地区对慈善公益组织的公开性和透明度要求也比较高，使更多的社会公众愿意参与到慈善事业中，慈善行业能够朝着健康、持续、具有高公信力的方向发展，比如香港地区规定的劝募行为的备案制度和劝募收入的结算与公告制度就值得借鉴。虽然受到各方的监督，但在慈善公益组织的具体业务运作上，仍然保持了比较高的自由度。

其次，在责信机制方面，各国（地区）要求非营利组织通过公开报告、限制个人利益、采取自愿行动遵守规则或在管理规章上采用高标准，以保持公众对它的信赖，从而获得公众对它的资金支持。类似的法律可以有多种不同形式，例如，要求组织和个人必须进行登记注册获得批准后才能募集资金，要求在资金的使用上对捐赠者和公众负责。

（二）各国（地区）新型筹资途径：经营性活动总结

非营利组织的收入关乎该组织的存亡，尤其在经济转型国家或市场经济发展中的国家，慈善事业才开始兴起，位于其中的非营利组织常急需资金以生存下去，因此研究各国（地区）法律中对于非营利组织经营活动的规范极其重要。对比各国（地区）对非营利组织从事商业经营活动的态度，认为英美法系国家（诸如英国、美国、新加坡等）均禁止过多的与非营利目的无关的商业活动，而大陆法系国家（如日本）则明确允许商业活动，但其法律有明确限制条件。事实上，正如世界银行在《非政府组织法的立法原则》中所述，非政府组织应被允许从事合法的经济、交易或商业活动来支持其非营利性的活动，但需符合下列条件：（1）利润或收入不可分配予其创立人、会员、干部、董事或员工；且（2）该非政府组织主要是为了从事适当的非营利活动的目的（例如，文化、教育、健康等目的）。

上述典型虽然分别选自北美、西欧、东亚等不同区域，但就政府对非营利组织经营性活动的税收政策取向而言，具有高度的趋同性。当然，不同国家或地区相关税收制度的具体规定存在着一定差别。主要表现在四点。

1. 界定非营利组织的公益性

各国的非营利组织税收优惠制度不仅明确规定了享受税收优惠的非营利组织的资格，而且对捐赠人向何种类型的非营利组织捐赠享受税收优惠也进行了明确规定，即明确界定了受赠组织的资格，各国都从相关组织的活动性质出发，强调受赠组织的非营利性和慈善性。对非营利组织的资格进行界定，一方面可以防止税收优惠被滥用；另一方面也可以防止财产的变相转移。

美国的非营利社会组织可以分为公共慈善组织和私人基金会；英国把从事公益性的组织称为公益慈善组织；日本则将公益性非营利社会组织称为特殊非营利社会组织。不管上述三个国家怎么称呼，其共同点都是以"公益性"为目的。而这也是非营利社会组织能否享有免税、减税优惠的关键所在。一般，公益性非营利社会组织都能获得国家的税收减免，而且其经营活动一般都能享受低于企业所得税税率的待遇。

2. 非营利组织的相关商业活动和无关商业活动

在上述几个国家和地区都允许非营利社会组织可以开展一定的经营活动。在美国、英国等众多国家都对非营利社会组织的活动区分为相关商业活动和无关商业活动，如美国规定相关商业活动是指对全社会或者特定群体提供的无偿的、公益性的服务和活动，对这种活动所获得的收入可以免税；对非营利社会组织与受益人之间存在利益给付关系、但受益人的给付与获得的利益之间无对价关系的活动，实行免税。对非营利社会组织与受益人之间存在服务售卖关系的活动，视同企业的生产、经营活动进行征税；对非营利社会组织资产的保值、增值活动（资产营运行为），在流通环节按照企业活动进行征税，对其用于公益活动的收益免征所得税。另外，对这些组织征税或者免税的范围一般主要分布在所得税、流转税，在其他税种上很少给予优惠。非营利的组织展开商业经营，是否依法缴纳其所得税，具体地说，国际一般通行四种方式。

（1）全面征税。即对非营利社会组织的一切行为中的所有利润进行征税。这样的做法虽然在一定程度上保护了国家税收的稳定性，有效地遏制了国家税收的流失，但这会使非营利组织在活动中缺少相对的独立性，阻碍非营利社会组织的发展壮大。

（2）全面免税。对非营利社会组织的所有的商业活动所产生的利润全面免税，不考虑其商业所得是否与慈善性目的相关，这在一定程度上促使非营利组织积极参加社会事务，但这极有可能会让非营利组织参与到商业竞争中去，会给其他商业性质的企业带来不公平的待遇，造成恶性竞争或产生偷税漏税问题。

（3）只对非营利组织目的无关的经营性收入征税。对非营利社会组织的与组织宗旨无关的商业收入征税，这种税收政策有效避免了非营利社会组织因免税待遇造成的对其他企业的不公平竞争，也避免国家税收的流失。这也是众多国家所采取的方式之一。

（4）非营利组织参与营利性活动的收入有权享受低于企业所得税率的税收优惠。但是在资金使用上，非营利社会组织的营利性收入不能使私人获利，不能给组织的员工或者领导人私分利润，这样就更多保证了组织整体的利益。

按照这四种做法，美国、英国和日本等国家（地区）都体现了政府对非营利组织开展相关商业活动的鼓励，并且都是采取不征税的态度，但对于非相关商业活动都是采取征税的办法。因此，政府给予非营利组织税收优惠待遇并不意味着非营利组织被完全豁免了纳税义务。政府对非营利组织的税收优惠都是有限定条件的，确切地讲是针对其从事的公益性、慈善性活动而言的。如果非营利组织的活动超出了这一范围，违背了它设立时所订立的非营利宗旨，仍然会被课税。即便一个非营利组织获得了"免税组织"资格，它依然要遵从税法，依然可能负有一定的纳税义务。这正是研究非营利组织税务筹划的重要原因。严格地说，将非营利组织统称为免税组织是不准确的，这一称谓极容易造成对非营利组织的片面理解。

对非营利组织直接从事营利性活动所取得的收入征税是各个国家和地区通行的做法。对非营利组织间接投资获得的净收益及出租资本获得的租金收入的课税问题在不同国家也不尽相同，但大多数国家对此类收入给予免税待遇。许多国家在不同程度上限制非营利组织从事政治活动或对选举施加影响，对与此相联系的收入或支出做出课税规定。区分不同性质活动及其相关收入是各国税务机构对非营利组织实施管理的重要内容和难点之所在。

3. 针对不同类型的非营利组织制定不同的税收政策

各个国家或地区为促进、扶持非营利组织发展均给予非营利组织税收优惠待遇，其基本内容包括对非营利组织本身的减免税待遇和对与非营利组织相关的捐赠行为的税收优惠待遇。但税收优惠涉及的税种范围因各国的税制结构和国情不同而往往有所区别。法人（公司）所得税是各国对非营利组织实施税收优惠所必然涉及的最重要税种。除此之外，对非营利组织实行减免税的还有不动产税等财产税和某些流转税类的税种，但涉及的具体税种因各国税制结构及税种配置不同而存在差别。

与非营利组织相关的捐赠行为的税收优惠主要涉及所得税、遗产税和赠与税。税收优惠通常放在捐赠方层面，优惠方法主要是允许向非营利组织提供捐赠的自然人和法人在一定的限制条件下将捐赠金额从税基中扣除，但具体限制条件各国（地区）不尽相同，主要区别表现在以下三个方面：一是允许扣除的捐赠金额占总所得的限制比例不同；二是捐赠金额允许递延扣除的年限不同；三是对向境外非营利组织捐赠行为的政策不同。此外，如果一个国家（地区）采用对继承人和受赠人课征的"遗产税和赠与税制"，则只能将对公益、慈善性捐赠的税收优惠放在受赠方层面，规定对继承遗产或接受赠与的非营利组织免征遗产税或赠与税。

美国税法对于公益性组织和互益性组织的捐赠实行不同的税收优惠政策；在日本，如果是公益组织则可以获得较高的税收优惠待遇，但是对于互益性组织，则仅仅是比一般的纳税人稍有优惠，并不像公益性的非营利组织那样可以获得大量的税收政策的扶持。

4. 实施严格的税务监管制度

上述资料表明，许多国家和地区普遍将非营利组织纳入税务管理范围，对其实施严格的管理和监督。基于非营利组织的特殊性，税法一方面给予了优惠的税收待遇；另一方面，必须有严格的税收监管制度保证这些优惠措施正常实施并对其违规操作给予及时纠正。比如美国和日本均从免税资格认定制度、纳税申报制度、信息披露制度（报告制度）以及惩罚性的税收制度等方面对非营利组织进行严格的税收监管。许多国家和地区对非营利组织所采用的具体税务管理方法虽有差别，但就其基本内容而言，大体都包括了三项环节。

（1）税务登记管理。各国（地区）普遍对非营利组织实施登记管理，要求新创立的非营利组织到税务机关履行登记手续，税务机关审验后赋予其纳税编号，以便对这些非营利组织实施有效的监督管理。在有些国家（地区），享受免税待遇的非营利组织还要办理免税登记手续，填写免税申请登记表，经税务管理机构核准后获得"免税组织"资格。

（2）税务申报管理。无论非营利组织享有何种税收待遇、是否获得"免税组织"资格，各国（地区）一般都要求非营利组织依法进行纳税申报，由税务机关根据其纳税申报资料所提供的信息，判定其是否发生了应税义务。

（3）定期审核免税资格。虽然上述国家和地区都对非营利组织实行了税收优惠政策，但这些税收优惠政策又都是有附加条件的。非营利组织的免税资格也不是"一劳永逸"的，只有在符合法定条件的情况下，它们才能持续享受税收优惠待遇。因此，各国（地区）的税务机关须对非营利组织的免税资格进行定期审核。审核周期长短，各国（地区）有所不同，多以一个纳税年度为限，亦有个别国家（地区）规定每三年进行一次资格审核。非营利组织一旦通过资格审核，即可以继续享受税收优惠。

通过对非营利组织实施税务管理，有利于促使非营利组织实现其"非营利性"和"公益性"组织宗旨，得以健康发展；同时可堵塞税收管理漏洞，防止纳税人利用非营利组织的特殊身份牟取不正当的经济利益，确保税收公平合理，避免因个别组织滥用政府对非营利组织的税收优惠政策而影响公平竞争。

（三）非营利组织募资途径规制启示

非营利组织以公益为目的，拥有多重而无形的组织目标，常常是无偿提供服务，如何取得充分的资金来达成非营利组织的理想，使非营利组织顺利运作，是非常重要的课题。因此不少学者对非营利组织的资金来源进行研究：日本的非营利组织对民间的捐款依赖性相当低，美国非营利组织资金来源，依赖商业活动的比率已经超过50％，英国非营利组织的现金收入主要来自政府补助与组织收费。

然而，各国（地区）的非营利组织都面临资源匮乏的冲击，非营利组织彼此间的生存已日趋激烈，同性质组织如宗教团体不断竞争资源。虽说非营利组织不以营利为目的，可是一旦组织不具获利性又无法取得外部财务支持，组织日益萎缩，组织运作只能暂告一段落，当初创办的理想即无法达成。所以，尽管由于非营利组织无偿地提供服务，有些研究视"募款"为非营利组织生存的基础，以免费的资金来源提供免费的服务。一旦外在环境改变（如经济不景气、非营利组织的使命与被认定的社会需求产生差距），通常非营利组织将面临财务压力，新式商业活动就成为开放给非营利组织产生额外收益的主要途径。

有鉴于非营利组织在资金筹集方面频频出现的丑闻，因此对非营利组织的经营活动（包括公益募捐及商业活动）方面进行有益的管理是应有之义。在上述各国（地区）的分析中，各国（地区）对非营利组织的资金筹集，包括公益募捐以及商业活动均有所规定，且侧重不同，但归纳起来包括四方面的议题。

首先是非营利组织的资格认证，即非营利组织的设立（立案）程序。

其次是减免税负资格核定。即以非营利组织的公益特性，使其享有优惠赋税待遇。而提供优税福利的政府，往往在税法中，以非营利组织的功能或目的，作为是否可享优惠待遇的标准。

再次是非营利组织经营活动的规制。非营利组织的五项特质，其中包括"具有一个没有营私与营利的组织结构"，即是指在设立组织时，要求其组织章程中明定组织的管理机构（董事会）组成、职权任期及运作方法，和对该组织的业务执行、业务检查的规定。世界银行立法研究小组在此亦提供三项具体的建议。

一是只要其主要目的并非单纯从事交易及商业活动，非营利组织应被允许从事合法的经济、交易及商业活动，来支持其非营利宗旨的实现；唯需确定其利润或收入不可分配给组织的创立人、会员、干部、董事或员工。

二是非营利组织从事任何一种原需获得执照或许可的活动（例如医疗服务、教育、银行等），均需遵循相同的执照及许可。

三是非营利组织不可从事一般政党活动范围内的活动，例如：登记为候选人，或为候选人募款；但不应禁止非营利组织在相关政策议题上，为某个想法相近的候选人背书或提供支持。

最后是非营利组织运作过程中的征信报告与审查，以列举方式规定主管机关的检查项目，包括：设立许可事项，组织运作及设立状况，年度重大措施，财产保管及运作情形，财务状况，公益绩效及其他事项。

归纳上述国家（地区）中的法律规范要点，能够为我国非营利组织的资金筹集规制提供借鉴。在多元的社会里，几乎每一天都有新的非营利组织诞生。有些非营利组织经过长时间耕耘，拥有庞大的社会认可与资源，反观许多小而新的组织，在摸索其工作方向时期，实无余力应付繁杂的管制规范。因此政府或许可以订出一套管理办法，区分辅导与管理两种功能：针对运作已走上轨道的组织，采用一般的管理标准；对小而新的组织，则加强辅导功能，使其可享有行政管理上的协助与较为宽松的要求，让小而新的组织一方面贡献全部力量在公益事业上；另一方面也可适应并学习接受政府管理的相关规定。

参考文献

著作、报告类

Betsy Buchalter Adler 等：《通行规则：美国慈善法指南》，金锦萍等译，中国社会出版社，2007。

Ingrid – Hélène Guet：《募款监督——纵观比较 ICFO 会员及其国家》，社团法人台湾公益团体自律联盟，2009。

Lester M. Salamon 等：《全球公民社会——非营利部门视界》，贾西津等译，社会科学文献出版社，2002。

Michelle Noton：《全球筹款手册》，人民出版社，2005。

Thomas Silk 主编《亚洲公益事业及其法规》，中国科学基金研究会主译，科学出版社，2000。

北京大学法学院非营利组织法研究中心：《公益募捐中公募资格行政许可研究报告》，2010 年 9 月。

金锦萍等主编《外国非营利组织法译汇》，北京大学出版社，2006。

李芳：《慈善性公益法人研究》，法律出版社，2008。

鲁西·D. 萨马里瓦拉：《美国慈善机构及非营利部门》，转引自杨团主编《上海罗山市民会馆个案研究》，华夏出版社，2001。

邵金荣：《非营利组织与免税》，社会科学文献出版社，2003。

施昌奎，《转型期慈善事业运营管理模式研究》，中国经济出版社，2009。

世界银行委托研究报告：《中国非营利组织适用税法研究》，2004 年 12 月。

世界银行组织：《非政府组织法的立法原则》，喜马拉雅研究基金会，2000。

王建芹：《非政府组织的理论阐释——简论我国现行非政府组织法律冲突与选择》，中国方正出版社，2005。

王名：《非营利组织管理概论》，中国人民大学出版社，2002。

王名：《日本非营利组织》，北京大学出版社，2007。

王名：《英国非营利组织》，社会科学文献出版社，2009。

王绍光：《多元与统一——第三部门国际比较研究》，浙江人民出版社，1999。

吴忠泽等：《发达国家非政府组织管理制度》，时事出版社，2001。

许光：《构建和谐社会的公益力量——基金会法律制度研究》，法律出版社，2007。

杨道波、李永军：《公益募捐法律规制研究》，中国社会科学出版社，2011。

《国外慈善法译汇》，杨道波等译校，中国政法大学出版社，2011。

郑国安：《国外非营利组织法律法规概要》，机械工业出版社，2000。

郑国安等主编《国外非营利组织的经营战略及相关财务管理》，机械工业出版社，2001。

"Taxation of Charities in the UK", Mayer Brown International LLP Research Memorandum, February 2013.

Alexander Kaung, Stella Pena – Sy, Anny Cheng, "Taxation in Relation to Non - profit Organization in Hong Kong", April 2013.

Bruce R. Hopkins, The Law of Fundraising (Hardcover, 4th edition), John Wiley & Sons Inc. 2009.

Lester M. Salamon (1999). American's Nonprofit Sector: A primer (2th). New

York：The Foundation Center.

Weisbrod，Burton A.（1988）. The Nonprofit Economy . New York：Cambridge Mass：Harvard University Press.

Karla W. Simon（2013），Memorandum for CPRI/TAF on Charitable Fundraising and Taxation of Business Activities.

期刊、论文类

何晓装：《新加坡社会组织考察》，《群文天地》2011 年第 16 期。

钱卫清、沈庆中：《论对募捐的法律调整》，《政治与法律》1990 年第 6 期。

王绍光：《促进中国民间非营利部门的发展》，《管理世界》2002 年第 8 期。

韦祎：《慈善募捐行为的法理及社会学思考》，《法治研究》2009 年第 6 期。

吴毓壮：《非营利组织所得税制度国际比较研究及中国政策选择》，厦门大学博士学位论文，2007。

李永军：《域外公益募捐准入制度考评》，《社团管理研究》2011 年第 9 期。

唐恒照：《非营利组织从事商业活动所引发的问题及其规制》，《商业时代》2009 年第 8 期。

吕来明刘娜：《非营利组织经营活动的法律调整》，《环球法律评论》2005 年第 6 期。

曹晶：《我国非营利组织税收激励机制研究》，上海社会科学院硕士论文，2006。

韩晶：《非营利组织的"赢利"趋势与税收规制》，《黑河学刊》2004 年第 1 期。

陈文山：《新加坡志愿性福利组织研究》，苏州科技学院硕士论文，2011。

陆中宝：《论我国慈善立法模式之选择》，《经济与社会发展》2011 年第 1 期。

杨丽、佐藤仁美：《日本公益法人改革对国际 NGO 的影响与启示》，《社团管理研究》2012 年第 3 期。

陈杰：《我国公益募捐准入制度之构建探讨》，《理论学刊》2012 年第 11 期。

金锦萍：《应反思基金会资源如何合理化》，"公募资格与公信力"专题研讨会，2011。

刘平，方国平：《社会募捐管理制度立法研究》，《政府法制研究》2006 年第 9 期。

褚蓥：《美国募捐专业人士管理体系探析》，《社团管理研究》2012 年第 8 期。

杨道波：《公益性社会组织营利活动的法律规制》，《政法论坛》2011 年第 4 期。

〔日〕雨宫高子：《日本非营利组织的免税制度》，《社会组织周刊》2007 年第 9 期。

王世强：《日本非营利组织的法律框架及公益认定》，《社会组织研究》2012 年第 10 期。

朱卫国：《中美基金会管理规则比较》，《社团管理研究》2007 年第 2 期。

顾丽梅：《英、美、新加坡公共服务模式比较研究》，《浙江学刊》2008 年第 5 期。

林淑馨：《日本规范非营利组织的法制改革之研究》，《东吴政治学报》2004 年第 19 期。

付建荣：《美国：受赠主体与捐赠者》，1997 年 1 月 25 日第 8 版《法制日报》。

郑冲：《德国：捐赠的概念与优惠》，1997 年 1 月 25 日第 8 版《法制日报》。

谢国兴、冯燕：《捐款监督机构与规范之检讨与改革》，2000 年 7 月。

徐彤武：《慈善委员会——英国民间公益性事业的总监管》，2007 年 6 月 15 日。

李朝锋：《英国的慈善业准入制度》，2008 年 5 月 26 日《法制日报》。

赵钦瑞：《借鉴国外经验，推动政府采购制度化》，阳光采购社会服务（济南）座谈会，2008 年 6 月。

徐彤武：《英国慈善法体系中公益性定义的演进发展》，中国社会科学院报，2008 年 12 月 2 日。

陈锦棠：《香港第三部门的发展与特征》，《中国社会工作》2010 年第 10 期。

陈济朋：《新加坡慈善监管借鉴企业模式》，2012 年 3 月 31 日《山东侨报》。

Barbara L. Ciconte, Jeanne Gerda Jacob: Fundraising Basics: A Complete Guide, Jones and Baerlett publishers, 2009 (3), pp. 515 – 523.

Janet S. Greenlee, Teresa P. Gordon: The Impact of Professional Solicitors on Fund – raising in Charitable Organizations, *Nonprofit and Voluntary Quarterly*, 1998, vol. 27, pp. 277 – 299.

法律法规类

英国：

《英国 2006 年慈善法》

《英国 2009 年公司所得税法》

《英国 2007 年所得税法》

《英国 1994 年增值税法》

《英国慈善用益法》

《英国税务及海关总署慈善指引》

美国：

《美国国内税务法典》

《公益基金募捐示范法》

《统一机构募捐示范法》

《加利福尼亚政府法》

日本：

《日本法人税法》

《日本特定非营利活动促进法》

《日本民法典及其特别法》

《日本 2006 年税金综合手册》

新加坡：

《新加坡 2011 年慈善法》

《新加坡公司法》

中国香港：

《香港商业登记条例》

《香港税务条例》

《香港社团条例》

《香港应课税品条例》

《香港遗产税条例》

《香港酒店房租税条例》

《香港印花税条例》

《香港慈善筹款活动最佳安排参考指引》

《香港慈善机构及筹款活动管理》

网络资源类

美国慈善导航 www. charitynavigator. org

美国国税局 http：//www. irs. gov/

美国募捐专业人员协会道德守则 http：//www. afpnet. org/files/ContentDocuments/ValuesAFPCodeEthics7Sep2012. pdf

美国商业改进局——明智捐赠联盟 http：//www. bbb. org/us/charity/

日本慈善组织协会 http：//www. kohokyo. or. jp/english/Source/Data% 20book2012. pdf

日本国籍交流中心网页 http：//www. jcie. or. jp/civilnet/nonprofit - sector. html

日本国税厅的认定 NPO 法人网页 http：//www. nta. go. jp/category/npo. npo. htm

新加坡慈善机构网站 http：//statutes. agc. gov. sg/aol/search/display/view. w3p；page = 0；

query = DocId% 3A60ae56e8 – 9a80 – 42b4 – ab39 – 52aaba2ec579% 20% 20Status% 3Ainforce% 20Depth% 3A0；rec = 0

新加坡慈善委员会 https：∥www. charities. gov. sg∕charity∕index. do

新加坡商业指南网页 http：∥www. guidemesingapore. com∕incorporation∕other∕non – profit – entity – part1

新加坡所得税法网页 http：∥iras. gov. sg∕irasHome∕page04. aspx？id = 900

新加坡政府网页 http：∥statutes. agc. gov. sg∕

亚太慈善资讯网络网页 http：∥www. asianphilanthropy. org

英国慈善和社区业余体育俱乐部网页 http：∥www. hmrc. gov. uk∕charities∕guidancenotes∕annex1∕annex – i. htm

英国慈善委员会网页 http：∥www. charity – commission. gov. uk∕

中华人民共和国香港特别行政区政府律政司网页 http：∥www. legislation. gov. hk

社会企业认定规则国际比较研究

一 国外社会企业立法的背景和目的

"社会企业"这个词描述的并不是一种法律形式，而是指那些融合了社会和商业特点与目标的组织，其经营目标是为了社会，而不是个人利益最大化。在多数国家，社会企业是十分多样的，没有单独或一致的法律形式，而分散在各种法律形式之中。社会企业既可以采取营利企业形式，也可以采取非营利形式，不能依据法律形式的异同，来判定组织是不是社会企业。

作为对20世纪90年代初期社会企业发展的回应，为了发展和规范这类新出现的组织，世界各国加快了社会企业的立法进程。英国、意大利、芬兰、拉脱维亚、立陶宛、波兰、韩国、美国等国出台法律，创制新的法律形式或开展社会企业资格认定。与此同时，有限公司、合作社和慈善组织等原有形式，仍然在被社会企业广泛采用，形成了新旧法律形式并存的局面。

（一） 原有法律框架存在的问题

在各国，越来越多的企业在追求投资回报的同时，努力实现企业的社会目标，采取了社会企业模式。社会企业将社会目标放在首位，通过商业竞争实现自身的可持续发展，同时也向股东分配利润，它是介于普通商业企业和慈善组织之间的组织类型。

在各国的法律框架下，大多数组织可以归为营利性企业和非营利组织两种类型，它们可以选择公司、有限责任公司、有限责任合伙等诸多法律形式。在营利性企业和非营利组织之间，社会企业通常面临艰难的选择。

一方面，在采取营利性企业形式的时候，尽管组织也可以将资源用于社会目的，但它们的首要目标和法律责任是实现股东的利益。公司董事对股东负有信托责任，这要求他们在决策时必须考虑股东利润最大化。如果企业将社会目标置于利润目标之上，以牺牲股东经济回报为代价，推动实现某种社会目标，可能会遭到股东的起诉。

另一方面，在采取非营利组织形式的时候，组织的首要目标是实现社会使命，但不能向股东分配利润。同时，各国联邦税法对慈善组织的市场融资和投资收益的限制十分严格，使它们在市场经济中缺乏竞争性，更多是依赖慈善捐赠和政府资助。在这种情况下，社会企业在采用非营利或营利性法律框架时，被迫采取扭曲的组织结构，导致机构发展缺乏重心、资源枯竭和失去竞争优势。另外，非营利组织和商业企业在向社会企业转型的过程中，原有的法律框架不能适应这种转变的需要。因此，各国的营利和非营利法律框架都无法满足社会企业实现双重目标的需要，阻碍了社会企业这一模式的发展。

（二） 社会企业立法的关键因素

尽管很多国家为社会企业创制了新的法律形式，但现有的法律框架仍然难以满足社会企业的发展需要。应该指出的是，各国社会企业立法的效果有所不同，有成功也有失败。意大利的"社会合作社"和英国的"社区利益公司"（CIC）立法比较成功，虽然时间较短，但已经吸引了相当多的社会企业在政府管理机构登记注册，员工数量也十分庞大。而在法国等国，社会企业登记注册的要求严格，注册后又缺乏优惠政策，导致社会企业很少登记。因此，社会企业法律框架制定得好坏，对于社会企业的发展十分重要，比利时学者 Coates 和 Van Opstal （2009） 指出，立法设计应该考虑四大关键因素。[①]

第一，确保追求社会目标。社会企业是以实现社会利益为目标的组织，在制定的法律框架中，应确保社会企业以实现社会目标为使命。法律

---

① Coates A & Van Opstal W: The Joys and Burdens of Multiple Legal Frameworks for Social Entrepreneurship – Lessons from the Belgian Case. in 2nd EMES International Conference on Social Enterprise. Trento: EMES, 2009: 12 - 20.

应要求社会企业在章程制定时对此进行明确，社会企业要向政府管理机构提交其追求社会目标情况的年度报告，报告须经审计和监控。此外，法律应明确社会企业在未能满足最低标准时的制裁方式。

通过法律框架确保社会企业追求社会目标，应在两个方面加以规定。

（1）规定社会企业不能分配利润，或者至少限制分配利润。这可以为社会企业的员工和外部捐赠者提供明确的信息，即社会企业是为社会使命而存在的。意大利、拉脱维亚、西班牙、波兰和葡萄牙的法律都规定，社会企业或合作社都不可以分配利润。

（2）限制社会企业注销后的资产分配，即"资产锁定"。这就可以避免社会企业的管理者或成员在机构清算时转移资产，但前提是规定社会企业在注销时要到政府登记，这样政府才能监控非法的资产转移。英国规定，社区利益公司注销后，须由其他遵循"资产锁定"原则的机构（如社区利益公司、慈善组织等）接管。

第二，促进参与经济活动。社会企业是直接参与市场经济活动的重要主体，并通过市场交易方式获取收益，法律框架应促进社会企业平等参与经济活动。

这可在两个方面加以规定。

（1）确保社会企业能够进行正常的商贸活动。这意味着社会企业在经济活动中，不会遇到法律、行政和政策上的障碍，与普通企业相比，社会企业不应在竞争资格上处于劣势地位。

（2）方便社会企业吸引资本投入。法律可以通过税收优惠的方式，鼓励民间资本进入，英国政府在2002年制定了"社区利息税减免方案"（CITR），鼓励对社区和社会企业的投资，该方案给予投资者25%的减税（所得或公司税），为社会企业找到投资方提供便利。

第三，民主的治理结构。社会企业强调民主的治理结构，法律框架应确保这种治理结构的实现。

这可在两个方面加以规定。

（1）利益相关方参与治理。在社会企业中，治理的主体是利益相关方而不是股东，这是与商业企业的显著区别。在具有合作社传统的国家，社会企业立法尤其遵循这一原则。法律不仅应规定哪些群体是利益相关方，还要规定利益相关方在理事会中的作用。意大利规定社会企业的工人和受益者应通过信息咨询或参与机制来参与机构决策过程。法国规定集体利益合作社协会（SCIC）的活动必须针对当地社区的外部受益人。

（2）规定个人的投票权。社会企业的投票权并不基于资本所有权，决策系统一般是实行"一人一票"，而不是"一股一票"。

第四，保障民间所有权。社会企业是民间自主治理的组织，法律框架应加强社会企业的自主权。

这也可在两个方面加以规定。

（1）民间定位。社会企业定位为民间所有的组织，而不是政府的分支机构或国有企业。

（2）保障社会企业不被政府和私人控制。社会企业可以保留利润，也可以接受资助和社会捐赠。尤其强调，社会企业不能成为政府或私营企业的牟利工具。

（三） 社会企业立法的类型

由于历史传统、社会条件和对社会企业的理解不同，各国创制的新的法律形式也有不同取向。借鉴意大利学者 Cafaggi F 和 Iamiceli P 对欧洲社会企业法律形式的分类，世界各国社会企业的创新法律形式可分为三种类型。①

合作社形式：将社会企业作为非营利组织的一种形式，如葡萄牙、西班牙、希腊、法国、波兰。

公司形式：将社会企业作为公司的一种形式，如英国、美国（州）、加拿大（州）。

无特定法律形式：并不创制新的法律形式，而是在制定社会企业标准的基础上进行资格认定，如比利时、意大利、芬兰、立陶宛、韩国（见表1）。

---

① Cafaggi F & Iamiceli P：New frontiers in the Legal Structures and Legislation of Social Enterprises in Europe. A Comparative Analysis. Italy：European University Institute，2008：7 - 24.

表 1　各国针对社会企业的创制法律形式

合作社形式		公司形式		无特定法律形式	
葡萄牙	社会团结合作社	英国	社区利益公司	意大利	社会企业
西班牙	社会倡议合作社	美国 （州）	受益公司	比利时	社会目的公司
希　腊	有限责任社会合作社		低利有限责任公司	芬　兰	社会企业
法　国	集体利益合作社协会		弹性目标公司	立陶宛	社会企业
波　兰	工人合作社	加拿大 （州）	社区贡献公司	韩　国	社会企业

二　国外社会企业立法的现状

（一）英国

20 世纪 90 年代以来，英国一直致力于推动社会企业的发展。为了促进社区发展、经济增长和就业，英国政府在 21 世纪初进行了管理制度的创新，建立了"社会投资专责小组"和隶属于贸易和财政部的"社会企业小组"。2002 年 9 月，英国首相内阁办公室"战略小组"在"私人行动，公共利益"报告中提出，可以改善现行的管理非营利部门的制度和法律框架，提出设立"社区利益公司"（Community Interest Company，CIC）设想。① 针对社区利益公司，该报告提出"增进融资渠道、建立强大崭新品牌、得到法律保护、确保财产和利润只用于社会目的"②。从 2002 年到 2004 年，为了给社会企业的发展创造更加有利的环境，吸引社会投资进入社区，政府和社会企业界之间就创制"社区利益公司"进行磋商。

2004 年 10 月 29 日，英国议会批准《2004 年公司（审计、调查和社区企业）法案》[Companies（Audit，Investigations and Community Enterprise）Act 2004]，该法案第二部分提出，允许企业与社区分享利润，而不只是为了股东利益，提出要创制社区利益公司法律形式。依据该法，英国在 2005 年

① Cabinet Office Strategy Unit. Private Action，Public Benefit：a Review of Charities and the Wider Not – for – profit Sector. London：Strategy Unit，2002：49 – 57.

② Cabinet Office Strategy Unit. Private Action，Public Benefit：a Review of Charities and the Wider Not – for – profit Sector. London：Strategy Unit，2002：49 – 57.

7月1日颁布《2005年社区利益公司规定》（Community Interest Company Regulations 2005）（CIC）。该规定正式引入了"社区利益公司"这种新的法律形式，这在英国一百多年来是第一次。登记为CIC的企业，名称都是以CIC（或全称）结尾。2005年8月11日，"天才之星"（Talentstar）成为英国第一家成功登记为CIC的组织，通过举行公共表演活动为演员提供表演机会，为年轻人提供工作环境和经验。截至2012年1月，英国已经有超过6000家机构注册为CIC。[①]

1. 社区利益公司的定义和形式

社区利益公司是有限公司的一种类型，它在本质上是"非营利公司"，介于慈善组织和纯商业公司之间，是社会目的和商业形式的有机结合。CIC为社会企业提供了独特和容易辨识的法律身份，支持社会企业家利用自身资产服务于社区目标。CIC具有有限公司的独特优势，可以通过接受资助捐赠、贷款和发行股份等方式筹集资金。对于那些谋求社会利益并保持灵活和可持续的企业家来说，它是很有吸引力的法律形式。只要登记为CIC，就是法定的社会企业。每个CIC都有资格向"社会企业投资基金"和"国家彩票基金"申请政府资金支持。CIC也可以向基金会申请资助，这已经被英国慈善委员会特许。

社区利益公司的重要特征是其活动完全是为了实现社区利益，因此明确什么是"社区"是十分必要的。《2004年公司（审计、调查和社区企业）法案》提出了社区的定义："社区可以包括英国或其他地区的社区或人群，或者是一个可定义的部门或人群。"《2009年社区利益公司（修正案）规定》提出："如果具有共同的可以与其他社区成员区别开的特点，任何个人构成的群体都可以组成一个社区，而且他们构成了社区的一部分。"[②]

"社区"与我们通常认为的居住社区不是一个概念，在很多具体的情况下，CIC的"社区"是指：老年社区居民、有学习困难的人、老年人、

---

① 参见英国社区利益公司协会官方网站：http：//www.cicassociation.org.uk/about/what－is－a－cic。

② The Office of the Regulator of Community Interest Companies House. Information Pack Community Interest Companies. London：Companies House，2010：4－46.

年轻失业者、患病人群、失业汽车工人等。① 在某些情况下，CIC 的目的是为了整个社区，例如：环境污染研究、湿地保护、咨询服务、语言文化保护、博物馆、社区支持等。社区所覆盖的范围应大于 CIC 的成员范围。例如，建立一个提供社区巴士服务的 CIC，就应该包括该区域的所有人口，而不局限于投资于公司的那部分居民。因此，CIC 可以容纳多样化的组织，例如社区企业、社会公司和互助组织。在规模上，它既可以是在社区、区域层面的小型组织，也可以是在国家和国际上运行的大型组织。

英国的有限公司包括担保有限公司（CLG）和股份有限公司（CLS）两种类型，CIC 可以选择其中一种形式注册。

（1）CLG 是以借贷为基础的，管理者被称为信托人，信托人委员会的决策建立在一人一票的基础上。CLG 不能发行股份，也不能向成员分红，所有利润都要再投资回企业。目前，四分之三的 CIC 登记为这种形式。

（2）CLS 是以股份为基础的公司，可以发行股份来筹集资金。股东拥有一定的公司股份，他们有投票权和取得分红的权利。目前，只有四分之一的 CIC 登记为这种形式。

如果 CIC 在二者之间进行选择，主要考虑自己是接近于非营利公司还是慈善组织，前者最好登记为 CLS，后者最好登记为 CLG。

与普通的公司一样，CIC 受益于"有限责任"。这意味着 CIC 应对董事及董事会的行为负责，除了某些特殊情况（如欺诈行为、在破产情况下继续贸易等）以外，他们将不承担个人责任。在倒闭时，CLS 的股东是以出资额为限承担责任，CLG 的会员只承担少量责任（通常 1 英镑）。

2. 社区利益公司的特点

第一，确保"资产锁定"。在 2005 年之前，如果社会企业注册为没有慈善地位的公司，很难保证其资产能完全用于公共利益。除了申请慈善资格之外，不存在简单、明确的资产锁定到公共利益的方式。而 CIC 可以防止资产被成员或股东私分。

CIC 的根本特点是遵循"资产锁定"（Asset Lock）原则，也就是它的

---

① The Office of the Regulator of Community Interest Companies House. Information Pack Community Interest Companies. London：Companies House，2010：4 – 46.

资产（包括通过活动获取的任何利润或盈余）只能被用于社区利益。公司章程和声明中必须包含资产锁定条款。如果 CIC 的资产向外转移，应该满足以下要求：（1）财产应该以市场价格被全面补偿，因此能够保持所转移资产的价值；（2）资产应转移到其他的资产锁定机构（包括 CIC、慈善组织、经许可的 IPS 或英国以外的同类机构）；（3）向其他资产锁定机构转移资产应得到 CIC 监管人的批准；（4）转移是为了其他的社区利益。①

第二，规定分红上限，CIC 可以进行利润分配，但是有"分红上限"要求：（1）从 2010 年 4 月开始，每股分红的最高上限是 20%；（2）从 2005 年 7 月开始，利润分配的累计总额不能超过可分配利润总额的 35%。② 分红上限是由监管人设定并经英国国务大臣批准的，随着时间的推移这个比例可能会发生改变。如果一年的分红比例没有达到上限，剩余的可以累计到下一年分配。对于 CLS、CIC，如果它想赎回或回购自己的股票，只需要给付票面价值。在公司清盘的时候，股东只能拿回票面价值而不是上升后的。这有效确保了公司资本的增长属于 CIC 而不是股东，股东只能得到类似于利息支付的返还。

另一个上限是"绩效利息上限"。CIC 也可以像其他公司一样进行贷款，借款利率可以是正常的商业利率，但基于绩效的利率是受限的。在应付贷款利率是基于绩效的情况下，2010 年 4 月之后，利率上限是前一年公司债务平均水平的 10%。"绩效利息上限"的规定也是变化的，由监管人设定并须经国务大臣批准。

在治理方面，投资者对 CIC 的活动只有有限的权力，更多的是通过影响的方式而不是控制的方式。将来，监管人可能会制定股东参与治理的相关规定。由于大多数投资者是为了通过投资获取最大化的回报和资本增值，所以现在很难判断这种"资产锁定"保护是否会吸引投资者。

与慈善组织相比，CIC 具有四个不同特点。

（1）慈善组织只能为慈善目的建立，但是对于 CIC，只要它们开展的

---

① The Office of the Regulator of Community Interest Companies House. Information Pack Community Interest Companies. London：Companies House，2010：4 - 46.

② The Office of the Regulator of Community Interest Companies House. Information Pack Community Interest Companies. London：Companies House，2010：4 - 46.

活动符合社区利益，可以以任何合法目的建立；

（2）慈善组织有一定的税收优惠，CIC 没有任何税收优惠；

（3）由于慈善组织的税收优惠地位，政府对慈善组织的监管比 CIC 更加严格；

（4）CIC 可以比慈善组织的运作更具商业化（如 CLS、CIC 可以向股东支付红利），但是它仍然要遵循"资产锁定"和透明度的要求。

在 CIC 和慈善组织之间进行选择的时候，有些社会企业家更偏向于选择 CIC。

（1）慈善法的基本规则规定，慈善组织应该有志愿性的理事会，慈善组织是相对独立的，理事会的行为只能以组织的最大利益为目标，而不是根据建立它的公司的章程。如果将对组织的战略控制权交给志愿性的理事会，很多人对此是不能接受的。CIC 的优势是创始人在作为董事领取薪水的同时，可以保持对企业的战略控制。

（2）社会创业家在寻找为社区利益而工作的机会时，希望能获得更大的自由度和灵活性，机构同时也具有明确的非营利属性。

（3）资产锁定原则和社区利益测试确保了 CIC 的社会使命，越来越多地吸引了原本仅限于慈善机构的补贴资金。

（4）慈善组织不能进行商业活动或吸引风险投资，除非它建立一个属于自己分支的商业公司，而 CIC 则没有这种问题。

3. 社区利益公司的建立程序

英国政府授权"社区公益公司监管人"来管理 CIC 和负责登记。建立 CIC 的最低出资额度是 250 英镑，最多是 2 万英镑，这可以被投资者广泛接受。与有限公司相同，CIC 也需要到"公司之家"（Companies House）申请登记。CIC 比有限公司的登记程序多一项，须提交一份描述其组织目的的"社区利益报告书"，其中包括由 CIC 将来的或实际的董事签署的"社区利益声明"，以保证 CIC 的成立是为了服务于社会而不是私人利益。在报告中要解释其可以通过"社区利益测试"的理由，描述将来为了社区利益而计划开展的活动。"公司之家"会把申请书交给 CIC 监管人，由监管人对其进行"社区利益测试"，评估申请书是否能够符合 CIC 的准入标准。如果达到条件，监管人将建议"公司之家"向其颁发登记证书。

"社区利益测试"是考核一个公司开展的活动是否为了社区利益。与普通公司的区别在于，CIC 的首要目标是为社区提供福利，而不只是针对拥有、运行或在这个企业工作的个人。这个核心原则是通过"社区利益测试"来检验的。申请者要向监管人提交显示其目的的证明，在章程中明确自己追求公众和社区利益的目标。监管人建议申请者从三个方面考虑自己是否能够通过测试：建立 CIC 的目的、活动所涉及的范围、活动的受益群体。① 一旦通过这个测试，只要还是 CIC，就必须保证能够持续满足这个测试。如果监管人认为它不能继续满足这个测试，将会对其采取终断决定。

可以通过这个测试的活动的例子很多，几乎存在于各个领域，这是由市场经济本身的多样性决定的，如教育培训、儿童照管、卫生保健、休闲和社区服务、环境保护、公平贸易等传统的非营利领域，也可以是房地产、金融和其他专业服务等私营部门领域。当然，CIC 并不是每一项活动都要与社区利益直接相关，重要的是 CIC 所做的所有事情都应朝着使社区受益的方向努力。例如，一个公司的活动包括生产和销售一种特殊产品，它们不需要显示这个产品是使社区受益的，如果公司的销售利润是捐给慈善组织或为社区利益目的，就可以通过测试。② 值得说明的是，CIC 不能被政党控制和开展任何政治活动。

慈善组织可以设立 CIC 作为分支机构，但一个机构不能同时是 CIC 和慈善组织。慈善组织可以转变为 CIC，前提是得到英国慈善委员会的许可。CIC 在停止资格后，也可以转变为慈善组织。如果 CIC 要接管慈善组织的财产，则需要按照市场价值付费。普通的 CLS 或 CLG，在适当修改章程和向"公司之家"提交申请后，可以转变为 CIC。

4. 政府对社区利益公司的监管和支持

CIC 监管人是一个独立的公共事务官员，第一任监管人约翰·汉龙（John Hanlon）是由英国贸易和工业国务大臣在 2005 年 4 月 1 日任命的。

① The Office of the Regulator of Community Interest Companies House. Information Pack Community Interest Companies. London：Companies House，2010：4-46.

② The Office of the Regulator of Community Interest Companies House. Information Pack Community Interest Companies. London：Companies House，2010：4-46.

监管人经公开招聘产生，招聘过程由英国公共任命委员会办公室监督。《2005 年社区利益公司规定》生效后，监管人办公室从 2005 年 7 月 25 日开始接受来自英国各地的注册申请。① 监管人决定一个公司是否有资格注册成为 CIC，并对它的活动进行监管。监管人对于推动 CIC 的品牌发展以及社会对 CIC 的认同起到重要作用，监管人制定和发布相关的指导性文件，并为 CIC 提供引导和协助。"公司之家"是英国所有公司的注册管理机构，CIC 监管人也位于"公司之家"的办公地点，但是独立于"公司之家"。

2004 年的公司法案明确了监管人的权力和责任，监管人对 CIC 有持续的管理权威，以确保实现社区利益。这类似于慈善委员会对慈善组织的监管。监管权包括很多方面，例如：建立规则来监督 CIC 的资产锁定和责任履行；有权规定红利分配比例；对 CIC 股东的投诉作出反馈，对侵权行为采取行动；可以直接调查或者任命其他人来调查 CIC 的问题；以 CIC 的名义提起民间诉讼；如果发现董事或经理有违规行为，有权任命或罢免；可以任命 CIC 的经理；可以将 CIC 的资产授权委托给其成员，使其作为官方资产持有人；在 CIC 没有实现社区目标的情况下，可以命令其进行股权转让；可以为 CIC 的注销向法院提出申请；向法院申诉 CIC 的解散无效。这些都是监管人保留使用的权力，以应对可能的各种严重问题。CIC 每年需要提交"社区利益报告"，对实现社区利益和目标群体受益情况作出说明，并提供董事薪酬及分红的信息。此外，与所有公司一样，CIC 还需要向"公司之家"提交年度账目报表和年利润报表。

CIC 监管人作为一个独立部门发挥作用。为了保证公开透明，每年要向国务大臣提交年度报告，国务大臣将其提交给议会。国务大臣要求监管人准备财务报告，以接受国家审计办公室的检查。英国议会行政委员会（监察员）将会受理对监管人的投诉。

CIC 提供的服务更多是满足当地社区的需要，起到对政府公共服务的补充作用（而不是替代）。CIC 不在公共部门活动而且没有税收优惠，更

---

① The Office of the Regulator of Community Interest Companies House. Information Pack Community Interest Companies. London：Companies House，2010：4 – 46.

需要吸引民间投资。政府也希望能有充足的民间投资投向 CIC，使其运转起来。2012 年 2 月 28 日，英国议会通过《社会价值法案》（*Social Value Bill*），该法案要求政府在签订外包服务合同的时候，优先考虑社会企业或其他社区组织。现在，英国政府每年委托服务的价值达到数千亿美元，其中 11% 的合同是与社会企业签署的。新法案实施后，这一比例将会扩大，进一步促进社会企业部门的发展。

5. 英国社会企业的其他法律形式

虽然 CIC 这种形式很灵活，但未必适合所有的社会企业家。英国社会企业还可以采取一些传统的法律形式。在决定以 CIC 作为社会企业的法律形式之前，可以比较各种法律形式的优点和缺点。

社会企业常见的其他形式包括"担保有限公司"或"股份有限公司""工业工人互助协会"（Industrial and Provident Society，IPS），有的也采用"非法人企业"和慈善组织。由于担保有限公司在治理结构和投资方面比较灵活，因此，采取这种形式的社会企业数量最多。在采取有限公司形式的情况下，为了确保它是一个真正的社会企业，需要在备忘录和机构的章程中明确写明组织的社会目标和利润须用于再投资。IPS 又分为"社区福利协会"（Community Benefit Society，CBS）和合作社两种形式，它们都遵循成员民主治理的原则，以确保他们能参与企业决策。CBS 的利润分配遵循社区受益原则，由成员经营和管理，可以实施"资产锁定"来确保社区利益的实现。合作社的目的是为了实现成员利益，利润分配也是为了社会目的，遵循一人一票的治理结构，允许发行不定量的股票。合作社被认为是一种传统的、重要的社会企业形式，采用其他法律形式也可以复制合作社的治理结构，如非法人协会或公司。

社会企业采取的一系列法律形式分别受到不同的政府部门监管。CIC 受"公司之家"和 CIC 管理局监管；担保有限公司（CLG）和股份有限公司（CLS）形式的社会企业受"公司之家"监管；IPS 形式的社会企业是由英国金融管理局（FSA）监管；采取慈善组织形式的社会企业受英国慈善委员会监管。

社会企业可以在任何法律形式下运行，既可以采取非营利法人形式，也可以采取营利实体形式，它们下面又有很多不同的法律形式。因此，社会企业的法律形式具有复杂性和多样性，每一种法律形式既有优势也有不足。法律形式中最重要的问题是所有权和治理结构两个方面。所有权包括风险、责任、获取的收益、解散权利，治理结构主要是指组织的控制系统。社会企业选择何种法律形式往往取决于从事活动的性质、关键利益相关者的要求、治理结构和财政实力。法律形式的选择将决定谁拥有组织的资产，影响税收和组织运作的治理框架，也将影响到组织创建者和加入组织的个人将面临的风险。

（二） 美国

尽管美国还没有国家层面的社会企业立法，但一直在对此进行研究。美国很早就开始考虑设立社会企业法律形式。目前，相当多的州已经有了一些尝试，这已经成为美国的全国性运动。在联邦体制下，各州都可以颁布自己的公司法，公司是在州的层面进行登记，各州可以为社会企业对公司法进行相应调整。

为了适应社会企业发展的需要，2008 年以来，美国各州在商业公司的法律框架中，先后为社会企业设立了"低利润有限责任公司""共益公司""弹性目标公司""社会目的公司"等四种法律形式。它们不是非营利组织，而是一种营利性实体，可以向投资者分配利润。尽管获取利润本身并不是一个主要目的，但股东有权得到利润分配和价值增值。它们既可以直接成立，也可以由其他类型的公司（有限责任公司、合伙制等）转换而来。在新的法律框架下，公司取消或改变了必须以股东利润最大化为目标的限定，使它在营利性公司的法律框架下，同时实现社会目标和利润目标。实质上，它们是混合性商业企业，是对非营利组织和商业企业二者特点的融合。这些社会企业在某些方面比非营利组织和商业企业更有利，它们可以从传统资本市场和慈善市场获取资金。

这种公司结构的优势在于：

其一，在实现社会目标过程中，可以为社会利益进行决策，不必担心遭到股东的诉讼；

其二，可以与普通企业竞争对手区分开，有利于提升企业品牌价值和促进市场营销。

1. 低利润有限责任公司

"低利润有限责任公司"（L3C）是有限责任公司的一种新的形式，适合那些希望得到传统商业资本和私人基金会的慈善资金的企业。2008年5月，福蒙特州对《有限责任公司法》进行修订，将L3C作为官方承认的法律形式。2009年，伊利诺伊州、密歇根州、犹他州和怀俄明州通过了相关法案。2010年，缅因州、路易斯安那州、北卡罗来纳州通过了相关法案。L3C在形式上采取公司的框架，同时具有非营利组织的慈善目的。尤为重要的是，L3C的首要目标是实现社会使命，这一目标高于它的利润目标。L3C的投资金融回报率一般低于5%，资金在很大程度上来自私人基金会的"项目相关投资"（PRIs）。

首先，由于L3C是有限责任公司的变形，并纳入到有限责任公司法律框架中，因此，L3C具有有限责任公司的很多优势。例如，L3C的建立程序十分便捷，它与有限责任公司具有同样的治理结构，这种治理结构和管理方式十分灵活。作为一种组织形式，L3C可以为所有者和管理者提供法律保护，有利于吸引资本投资（包括股权资本）。

L3C被称为"具有非营利灵魂的营利性机构"，它与一般的有限责任公司的不同之处在于同时追求社会目标和利润目标。法律规定，L3C必须以实现某种慈善或教育目的为目标。在法律规定上，L3C有三个重要特征：（1）L3C必须是为了实现某种慈善目的而建立；（2）L3C不是为了积累财富或获取利润而建立；（3）L3C不是为了政治或立法目的而建立。在L3C成立后，如果政府发现它不能满足低利润有限责任公司的要求，它将自动转变为有限责任公司，名称上也会发生改变。

其次，促进私人基金会"项目相关投资"。L3C的设立实质上是为了促进私人基金会对营利性企业的项目相关投资。美国法律规定，具有501（c）（3）免税资格的私人基金会每年用于慈善目的的资金应不低于自身资产市值的5%。私人基金会可以通过捐赠达到这一要求，也可以通过项目相关投资实现。如果私人基金会的支出不能达到这个最低标准，将会受到严厉的税收处罚，甚至丧失免税资格。

在某些情况下，私人基金会对营利性企业的投资也可以被视为项目相关投资。私人基金会通过项目相关投资获取的收益不被作为它的利润计算，但在同年必须将投资收益进行重新投资。美国国内收入署（IRS）将"项目相关投资"界定为：（1）首要目标是为了完成基金会的一个或多个免税目标，包括宗教、慈善、科学、文学或教育等方面的目标；（2）不以获得收入或资产增值为主要目标；（3）不以影响立法或参加政治活动为目标。项目相关投资的具体方式可以是低于市场的利率、贷款担保、低价租赁、信用证、股权投资。[①] 此前，由于私人基金会需要确保它的项目相关投资是国内收入署许可的，因此，私人基金会对项目相关投资的支出十分慎重。在设立 L3C 之前，还没有符合标准的可以从私人基金会接受项目相关投资的组织形式，这导致私人基金会花费大量时间寻找符合标准的投资对象。

设立 L3C 的首要目标是使私人基金会可以更容易并且低成本地决定项目相关投资的对象。L3C 的法律结构是以美国联邦税法 4944（c）为模板制定的，完全符合项目相关投资的各项规定。L3C 为私人基金会提供了可供资助的商业实体，并且不会影响其免税资格。对于私人基金会来说，L3C 的法律规定使它们认识到 L3C 满足了项目相关投资的规定。因此，L3C 对于那些需要进行项目相关投资的基金会很有吸引力。私人基金会不是将资金作为礼物给予 L3C，而是对 L3C 进行项目相关投资，还有可能收回资金并获得一定的回报，同时还能达到自身的慈善目标。因此，L3C 的设置实际上降低了营利性企业和私人基金会的风险。但是，美国国内收入署（IRS）还尚未承认 L3C 符合项目相关投资的规定，这在一定程度上影响了私人基金会的投资。虽然联邦层面对此的承认还有待确定，但很多业内人士都认为今后能够实现。在当前情况下，私人基金会为避免遭到国内收入署的处罚，对 L3C 的项目相关投资的进展比较缓慢。

最后，L3C 具有有限责任公司的灵活所有权结构，对于其他企业和个人，由于它可以提供合理的风险水平和稳健的投资回报，投资于 L3C 还是很有吸引力的。基于社会利益，投资者可能为了慈善目标而愿意与 L3C 进行市场交易。对 L3C 的投资可以进行分层，根据投资者的需求提供回报。

---

① Internal Revenue Bulletin：2012 – 21. Notice of Proposed Rulemaking Examples of Program – related Investments. http：//www. irs. gov/irb/2012 –21_ IRB/ar11. html（2012/5/12）.

对基金会是低回报或无回报，对市场投资者的回报要高一些。作为一个早期投资者，基金会可以承担更大的金融风险，以获得更大的社会回报。并且，早期投资者可以为市场投资者的进入铺平道路。

但是，L3C 对项目相关投资的依赖可能会对慈善组织的利益造成负面影响。由于国内收入署规定了私人基金会的最低支出数额，多数私人基金会只是按照这个最低额设定支出。如果对 L3C 的项目相关投资可以广泛实施，私人基金会花费在慈善组织上的数额将有所减少。

2. 共益公司

"共益公司"（Benefit Corporation）是一种新的公司形式，适合那些希望在向社会施加积极影响的同时向公众提供更高透明度的企业。2010 年，马里兰州和福蒙特州通过相关法案，设立了共益公司法律形式。2011 年，加利福尼亚州、夏威夷州、新泽西州、弗吉尼亚州和纽约州也设立了这一法律形式。"共益公司"是由各州的特殊立法确立的，它是与普通公司立法分离的。共益公司除了在法律上负有促进公共利益的义务之外，几乎在所有方面都类似于普通的公司。

首先，创造"一般公共利益"。依据法律规定，共益公司必须以创造一般公共利益为目标。一般公共利益是指"经第三方标准评估，组织作为一个整体对社会和环境的物质性积极影响"①。共益公司的目标是为社会和环境创造价值，法律也认可共益公司可以追求任何特殊使命，但作为整体的公司必须致力于追求一般公共利益。与其他商业公司相同，共益公司的目标是为股东获取利润，但董事除了考虑股东的经济利益以外，还需要考虑为社区、环境、雇员和供应商创造利益。共益公司通过具有社会和环境责任的方式获取利润。

除了一般公共利益，共益公司也可以选择追求某种"特殊公共利益"。加利福尼亚州法律列举了七种特殊的公共利益，包括：为低收入或缺乏服务的个人或社区提供产品或服务；通过日常业务以外的方式，增加个人或社区的经济收益；保护环境；改善人类健康；推动艺术、科学或知识进

---

① Howard R. Herman. New York Introduces Benefit Corporations. http://118.26.57.18/1Q2W3E4R5T6Y7U8I9O0P1Z2X3C4V5B/www.mosessinger.com/articles/files/NewYorkIntroducesBenefitCorporations.pdf（2012/7/10）.

步；促进资本流向具有公共利益目的的实体；完成其他任何有利于社会或环境的特定事项。[①]

其次，共益公司具有较高透明度和严格的问责机制。共益公司每年必须向公众和股东提交其创造公共利益和环境价值的详细报告，同时向社会公布。报告用来评估共益公司在实现既定公共利益中的成功或失败，并考虑决策对股东的影响。报告必须使用全面的、可信的、独立的和透明的第三方标准，股东和董事应当执行报告中的公共利益要求。在纽约州，这份报告应该包括：共益公司在此前一年中是如何追求一般公共利益的，创造了多少一般公共利益；它是如何追求章程中规定的特定公共利益的，创造了多少特定公共利益；阻碍其增进公共利益的问题是什么；对社会和环境影响的整体评估。

最后，在某种程度上，第三方标准是共益公司立法的核心，这一标准是确定、报告和评估共益公司总体社会和环境绩效的工具。"共益公司"概念和法律形式主要是由于第三方认证机构——B实验室（B Lab）对政府的游说而成为现实，它是一家致力于共益公司立法的非营利组织。同时，B实验室在全美积极推广"B公司"（B Corps）认证。在大多数方面，该认证与共益公司的要求相同，但不具有法律意义。

共益公司也面临着一些问题，它缺乏可以推动实现社会和利润双重目标的更好机制，它的基本框架还不足以使董事会、管理者或投资人充分履行自身使命。

3. 弹性目标公司

"弹性目标公司"（FPC）是一种新的公司形式，适合那些希望按照自己的条件从事公益事业的企业。2011年，加利福尼亚州通过弹性目标公司立法。目前，这一形式只有加州才有。与L3C和共益公司相同，设立FPC是为了给予社会企业在法律框架上更大的灵活性。在法律结构上，FPC为具有社会或环境目的的公司提供了较大的灵活度。由于FPC是公司形式的变形，因此，FPC可以通过发行股票和债券等方式获取资金。与L3C不

---

① William H. Clark，Jr；Elizabeth K. Babson. Howbenefit Corporations Are Redefining the Purpose of Business Corporations. William Mitchell Law Review. 2012，38（2）：838 – 842.

同，利润仍然是 FPC 的明确目标，并不要求公司董事将慈善目标置于利润目标之上。与共益公司不同，FPC 不需要使用建立在独立第三方标准基础上的报告，它们可以按照自己的想法，报告"特殊目的活动"及其影响的情况。

首先，FPC 在章程中必须指定至少一个将要实现的"特殊目的"，它可以包括（但不限于）慈善活动或公共利益活动。这些活动将对雇员、供应商、顾客、社区或整个社会和环境具有积极影响。例如，促进环境可持续发展、提高居民教育水平、减少对雇员的不利影响。特殊目的的界定可以比较宽泛，也可以比较狭窄，在有限时间内完成。因此，当董事和管理者在特殊目的和股东利益之间进行权衡的时候，FPC 的法规可以允许他们追求法定的特殊目的。

其次，法律规定，FPC 的董事会必须向股东提供年度报告，并在互联网上公布。年度报告应包括：特殊目的是什么；为达到特殊目的而设置的年度目标；衡量该特殊目的成功与否的指标；如何实现特殊目的或未实现特殊目的的原因；实现特殊目的所使用的资金。在问责机制方面，除了普通公司中已有的问责机制外，FPC 并没有建立可以追究董事或管理人员责任的机制。如果 FPC 未能实现"特殊目的"，股东没有权力采取对策行动。

4. 社会目的公司

"社会目的公司"（SPC）是一种新的公司形式，这一形式目前只有华盛顿州才有。华盛顿州在 2012 年 3 月通过了对公司法的修订，在同年 6 月开始实施。SPC 在追求利润目标的同时，也追求社会目标。SPC 与共益公司只有一些很小的差别，SPC 法案为社会企业设计了比共益公司更加灵活的形式。

SPC 的成立是为了实现一种或多种社会目标，公司董事必须对此加以明确。与其他三种法律形式不同，SPC 的一个重要特点是法律并没有对 SPC 的社会目的行为进行限定，而是让每个 SPC 的创始人和股东自己决定，这给了企业很大的选择余地。华盛顿州公司法只是宽泛地提出，SPC 可以在地区、州、国家或世界范围内，针对雇员、供应商、顾客、公众和环境，推动其短期或长期的效果，或减少短期或长期的负面影响。SPC 必须在章程中加入对自身使命的解释，即"可能与利润最大化相反"。SPC

必须向州务卿办公室提交年度报告，阐述自己如何履行社会目标，并将年度报告在公司网站上公开。

尽管低利润有限责任公司、共益公司、弹性目标公司和社会目的公司的设立得到了很多支持，但也遭到外界的一些质疑。

首先，设立这些法律实体形式没有意义。有些人认为公司如果有股东的支持，并不会遇到各种阻碍，现有的营利性企业法律框架可以承载社会企业模式。

其次，缺乏优惠政策。由于它们以实现利润为目标，不能向国内收入署申请501（C）（3）免税资格，社会对它们的捐赠也不能免税，并且也没有获得政府给予的任何经济政策优惠。如果对义务的要求较高，却没有政策优惠，这会在一定程度上影响创始人的积极性。当然，今后它们有可能得到政策优惠。

最后，可能会限制资金来源。由于它们的目标比较宽泛，而不只是纯粹为了股东的经济回报，投资人和风投资金可能不愿意对它们进行投资。

（三） 比利时

在1995年以前，比利时非营利部门中的社会经济主体主要是以提供工作机会为目标的社团，以及为老人、儿童和残疾人等提供社区服务的社团。比利时存在一些以社会目标进行商业运作的社会企业，为了承认这些社会企业的法律地位，1995年4月13日，比利时对《公司法典》进行修订，推出了"社会目的公司"（Social Purpose Company，SPC）。社会目的公司是一个法律品牌，而不是一个全新的法律形式，任何的商业企业都可以采取这种形式。

但在立法后的十年中，比利时的社会目的公司的数量增长缓慢。由于社会目的公司除了要符合传统公司法律形式的要求之外，还必须符合额外的相当多的要求。因此，从1996年到2006年，登记注册的社会目的公司只有不到400家。[①]

---

① Jacques Defourny and Marther Nyssens, eds. Social Enterprise in Europe: Recent Trends and Developments. European Research Network, Number 08/01. Apr. 2008. New York.

1. 定义

在比利时，如果一个组织的章程能够符合《公司法》规定的以下九个条件，则可以成为社会企业。[①]

（1）创始人不追求或只追求非常有限的利润；

（2）公司的章程明确描述了社会目标；

（3）每年发布特别报告，描述实现社会目标的方式；

（4）必须按照公司的社会目标进行利润分配；

（5）会员没有或只有有限的利润分配；

（6）有限的投票权（最多10%）；

（7）章程必须说明员工成为合作伙伴的程序；

（8）章程必须说明员工终止合作的程序；

（9）公司解散时，盈余必须转交予与其有相同社会目标的组织。

2. 利润分配

比利时法律规定了社会目的公司必须遵守的一些法律规定，关于利润分配方面的规定如下：追求社会使命，不以经济目的为主。社会目的公司不能以直接或间接的方式，向成员输送经济利益。合作伙伴不能寻求经济利益，或只能寻求有限的经济利益。政府在与国家合作委员会协商之后，规定了资本投资的分红上限为6%，这是由皇家法令规定的固定利率。[②] 在发生资产清算的时候，社会目的公司的资产必须转交给具有相同使命的组织。

3. 治理

对于社会目的公司的治理结构，法律并没有作出特别的规定。因此，社会目的公司，将适用普通的公司法律。但是，社会目的公司必须符合三项要求：第一，如果员工在职的时间超过一年，则有权成为社员，在劳动合同终止时，员工的这项权利即为结束；第二，社会目的公司的股东权利受到一定的限制，每个股东的投票权不得超过10%；第三，每个年度，理

---

① Coates, A. & Van Opstal, W. The Joys and Burdens of Multiple Legal Frameworks for Social Entrepreneurship – Lessons from the Belgian Case. Working Paper on Social and Co – operative Entrepreneurship. 2009. p. 68.

② The Changing Boundaries of Social Enterprises, Published by the OECD Local Economic and Employment Development (LEED) Programme, 2009, p. 43.

事会必须发布一份特别报告，说明该公司是如何达成社会目标的，这个也被称为社会资产负债表。[①]

更具体地分析对社会目的公司治理的相关规定，可以发现，社会目的公司尽管包含在一般的公司模式中，但这项立法更倾向于合作社类型企业的治理模式，例如对投票权的限制、员工参与。实际上，人们通常认为，在所有法律形式中，最适合建构社会企业形式的就是合作社。[②]

4. 问责

相对于一般的企业，法律对社会目的公司的监管更加严格。与其他的法律体系不同，法院行使对社会目的公司的监管职能，而不是行政机关。在法律意义上，只要第三方能够了解社会企业的相关事实，它们就能发挥重要的监管功能。[③]

首先，社会目的公司的章程都规定了明确的社会目标领域，如果某个公司的资金被挪用到了其他领域，那么，依据赔偿条款和支付赔偿金的规定，理事将为此承担责任。如果接受利益的人明知道这种分配不具合法性，将可能被追偿损失。股东可以起诉理事以及接受经济利益的人，如果能够证明此外的第三方有利益关系，也可以对第三方提起诉讼。[④]

其次，在股东、公诉检察官或有直接相关利益的第三方向法院提出解散请求之后，法院有权解散该社会目的公司。如果一个公司的章程不符合法律要求，或者虽然符合法律要求，但公司的行为违背了法律的规定，该公司也可能被法院解散。[⑤]

5. 未来改革

在对公司法律进行修改之后，目前，比利时正在讨论社会企业的立

---

① The Changing Boundaries of Social Enterprises, Published by the OECD Local Economic and Employment Development (LEED) Programme, 2009, p. 43.

② The Changing Boundaries of Social Enterprises, Published by the OECD Local Economic and Employment Development (LEED) Programme, 2009, p. 44.

③ The Changing Boundaries of Social Enterprises, Published by the OECD Local Economic and Employment Development (LEED) Programme, 2009, p. 44.

④ The Changing Boundaries of Social Enterprises, Published by the OECD Local Economic and Employment Development (LEED) Programme, 2009, p. 44.

⑤ The Changing Boundaries of Social Enterprises, Published by the OECD Local Economic and Employment Development (LEED) Programme, 2009, p. 44.

法。现有的关于进一步改革的提议，主要是关于成员报酬、员工参与治理结构、提交社会报告和司法监管。①

第一，关于成员的报酬，在公司成立后的七年以内，如果成员的报酬超过了法定的红利最高限额，只要这七年的平均比率不超过法律规定的上限，法律也应该准许。这样的规定更加灵活，能够使初创期的社会目的公司吸引到更多的外部资本投资。但是，在这个阶段，更应该鼓励实业投资，而不是分配红利。②

第二，对于员工的参与，建议除了员工中的会员参与，还将包括非会员的参与。也就是说，员工都有权成为会员，或参与企业的治理，在管理机构中代表员工的利益。③

第三，对于解散的问题，如果公司不能履行章程，解散将可能不是唯一的惩罚手段，公司将可能失去社会目的公司的法律资格。这是由于，尽管某些企业不再符合社会目的公司的规定，但是，应该允许它们作为普通的公司继续开展活动。由于社会目的公司还不能获得税收优惠以及特殊利益，那么，失去这一资格的损失可能并不大。考虑到社会目的公司在解散时的资产会被强制进行分配。因此，到目前为止，强制解散应该是最严重的惩罚方式。④

这些改革建议的效果是，能够减轻社会目的公司的负担，其重要目的是鼓励更多的企业采取社会目的公司的形式；从另一方面来看，未来改革的一个间接效应，是使普通企业和社会企业之间的界限变得更加模糊。尤其是，在治理方式和社会目的方面，社会目的公司与其他法律系统的差别不够明显。一个重要的问题是，未来的立法应该确定一个方向，更加明确地界定社会企业的治理和运作模式。⑤

---

① The Changing Boundaries of Social Enterprises, Published by the OECD Local Economic and Employment Development (LEED) Programme, 2009, p. 45.

② The Changing Boundaries of Social Enterprises, Published by the OECD Local Economic and Employment Development (LEED) Programme, 2009, p. 45.

③ The Changing Boundaries of Social Enterprises, Published by the OECD Local Economic and Employment Development (LEED) Programme, 2009, p. 45.

④ The Changing Boundaries of Social Enterprises, Published by the OECD Local Economic and Employment Development (LEED) Programme, 2009, p. 45.

⑤ The Changing Boundaries of Social Enterprises, Published by the OECD Local Economic and Employment Development (LEED) Programme, 2009, p. 45.

（四） 意大利

意大利的社会企业具有悠久的历史传统。在意大利的社会经济中，社会合作社是一个独特的、重要的和迅速发展的部门。意大利社会企业的发展与其福利体系的形成，与非营利组织发挥的传统作用有密切关系。在第二次世界大战之后，地方政府在提供福利服务方面发挥着重要的作用，政府的作用更多的是提供财政支持，而不是直接提供社会服务。在意大利，传统观点通常认为，对于处于困境的人，家庭应承担着支持他们的主要责任，国家所起到的作用是第二位的。

意大利是欧洲最早进行社会企业立法的国家，包括了"社会合作社"和"社会企业"两种。

1. 社会合作社

20世纪70年代末，意大利的经济陷入困境，失业率上升，社会合作社开始发展。20世纪80年代，失业率仍然很高，社会合作社平稳发展。1991年，意大利的社会合作社迎来了新的发展机遇，国家颁布了一项新法律，在法律上承认并且定义了社会合作社。

很多社会合作社是根植于具有浓厚宗教色彩的志愿部门。在很多时候，这些志愿团体的动机具有很强的宗教色彩。很多创始人受到宗教信仰的启示。

意大利颁布第381号法律，设立了"社会合作社"（Social Co-operative，SC）法律形式。对合作社进行规范的民法规则也适用于社会合作社，这些规则与社会合作社的法律是兼容的。这部法律影响重大，为已经形成的合作社提供了恰当的法律框架，有效地增加了社会合作社的数量。[①]

目前，社会合作社是意大利社会企业的主要类型。自1991年之后，意大利登记注册的社会合作社的年增长率达到15%~30%。2005年，意大利的社会合作社有7500多个，雇用了24.4万名员工。每10万户居民有12.5个合作社。[②]

[①] Nyssen, M.（ed.）, Social Enterprise. At the Crossroads of Market, Public Policies and Civil Society, Routledge, London - New York. 2006.

[②] Moreschi, B. and Lori, M. Le Cooperative Sociali in Italia, ISTAT, October 12. 2007.

（1）定义。与普通的合作社不同，"社会合作社"的首要目标是社会利益。①

具体来说，传统的合作社只是追求互益性的目标，它们服务于会员的利益；社会合作社可以追求"社区的普遍利益和公民的社会整合"。根据定义，社会合作社不是一个互助组织，它一般是为外部的受益者提供帮助，而不是它们的内部会员。这个重要的特点，显著地影响着社会合作社的治理结构。

（2）类型。根据社会合作社追求的不同社会效用，意大利法律设立了两种类型的合作社。

A 类型合作社：它们提供福利、健康、文化、社会旅游、社会服务、教育、研究等商品或服务，以及为社会企业提供支持。② A 类型合作社向不同的群体包括老人、未成年人、残疾人、吸毒者、无家可归者和移民，提供范围广泛的服务。③

B 类型合作社：提供除教育、社会和医疗服务以外的其他商品和服务，促进弱势群体的工作整合。B 类型合作社的员工（包括会员和非会员）中，必须 30% 以上是特定类别的弱势群体。B 类型合作社的受益群体包括：有身体或学习障碍的人；有视觉困难的人；从精神病院出来的人或其他接受精神治疗的人；药物依赖和酗酒者；被判处监禁的人。除社会服务生产以外，B 类型合作社可以从事任何经济活动。作为交换，它们免缴社会保险税，可以得到政府的补贴。④

为使会员能够保持紧密的联系，B 类型合作社的会员人数比较有限，为 15～100 人。但也有人认为，有些组织应该算是 B 类型合作社，但由于法律规定的问题而被排除在外。这是由于，这些组织所针对的社会群体不

---

① The Changing Boundaries of Social Enterprises, Published by the OECD Local Economic and Employment Development (LEED) Programme, 2009, p. 32.

② Rafael Peels, Caroline Gijselinckx, Wim Van Opstal & Li Zhao. Enabling Environments for Social Enterprise Development. 2009. p. 9.

③ Galera Giulia and Carlo Borzaga. Social enterprise. An International Overview of Itsconceptual Evolution and Legal Implementation, p. 10.

④ Galera Giulia and Carlo Borzaga. Social enterprise. An International Overview of Itsconceptual Evolution and Legal Implementation, p. 10.

是法律所认可的特定弱势群体，譬如：无家可归者、长期失业者、单身家庭、难民。这造成这些弱势群体的人数达不到法定的 30% 的登记门槛。①

两种类型的社会合作社的区别在于，在本质上，A 类型合作社是商业驱动的企业，B 类型合作社的角色有所不同，它们是促进就业或就业庇护型组织。

（3）创办要求。第一，对创办人的要求。要建立一个社会合作社，应该至少有 3 个法人或自然人。在自然人方面，员工、经理、有偿志愿者和服务受益者都可以是社会合作社的建立者，例如：弱势群体和无偿志愿者。但是，他们不能超过员工总数的 50%。

私法人和公法人都可以是社会合作社的创建者或会员。在现实中，很多社会合作社，尤其是 A 类型合作社，都是由市政当局建立的。②

第二，对创办资金的要求。对于建立社会合作社的最低资金，意大利法律并没有作出明确的规定，也没有规定每个会员为组织贡献的最低资金份额，这些都由创始人或会员决定。

社会合作社的创建资金被划分为股份，每股价值在 25 欧元到 500 欧元之间。在没有管理机构授权的情况下，股份不得私自转让给他人。法令可以禁止股份的转让，但在这种情况下，会员仍然可以在入会两年之后撤出。每个会员持有的股份都不能超过 10 万欧元。这一规则适用于企业法人会员和金融会员。③

（4）利润分配。社会合作社必须遵守"非分配性"的原则。

社会合作社在获得盈利之后，必须至少将年度利润的 30% 交给"义务储备基金"。这就强化了社会合作社的非分配约束的属性。此外，社会合作社还必须将年度利润的 3% 交给一个"共同基金"——Marconi 基金。这个基金由合作社的行业组织进行管理，积累的资金用于推动及培育合作社

---

① Legal Framework for Social Economy and Social Enterprises: A Comparative report, UNDP Regional Bureau for Europe and the Commonwealth of Independent States, 2012, p. 16.

② Legal Framework for Social Economy and Social Enterprises: A Comparative report, UNDP Regional Bureau for Europe and the Commonwealth of Independent States, 2012, p. 16.

③ Legal Framework for Social Economy and Social Enterprises: A Comparative report, UNDP Regional Bureau for Europe and the Commonwealth of Independent States, 2012, p. 17.

的发展，以及推动建立合作社。

在合作社解散的时候，为了防止组织的"互益化"，社会合作社不能向会员分配任何资产。[①]

（5）治理。在意大利的社会合作社中，存在着七种会员类别[②]。

①出资会员（financing members），他们的目的主要是通过认购股份，为合作社的活动提供资金，从而获得利润（在实际中，这些出资会员通常是赞助人/捐助者，不是投机者）。

②法定会员（legal members），社会合作社的法规中，规定了他们在筹资、发展团结互助和非营利事业方面的作用。

③利益相关会员（stake - holding members），他们不直接参与企业经营，但是他们的利益在于，凭借对社会合作社的财政支持，实现利润。

④普通会员或协作会员（ordinary or co - operating members），他们通过在合作社中的参与，实现自己的期望，但是无权享有合作社的互助服务（他们可以是雇员或志愿者，后者人数不能超过合作社劳动力总数的50%）。

⑤技术和管理会员（technical and administrative members），他们的人数限于有效运营社会合作社所要求的数量。

⑥荣誉会员（honorary members）。

⑦公共机构（public bodies），它们与社会合作社签署协议或合同，将社会服务委托给社会合作社。

与普通的合作社类似，社会合作社的治理特点是民主原则。社会合作社必须有全体大会、理事会、监管机构或外聘审计师。2003年之前，法律规定，只有合作社的会员才能进入理事会，2003年的法律修订改变了这一规定，并引入了多数决定制。会员大会是合作社的最高权力机构。[③]

社会合作社的决策权力分散在广大的会员中，以避免出现被个别会员

---

① Legal Framework for Social Economy and Social Enterprises: A Comparative report, UNDP Regional Bureau for Europe and the Commonwealth of Independent States, 2012, p. 18.

② Thomas, A. The Rise of Social Cooperatives in Italy. Voluntas: International Journal of Voluntary and Nonprofit Organizations. 15 (3): 243 - 264. 2004.

③ Legal Framework for Social Economy and Social Enterprises: A Comparative report, UNDP Regional Bureau for Europe and the Commonwealth of Independent States, 2012, p. 17.

控制。与此同时，社会合作社确保组织的治理结构可以体现多数代表的利益。在社会合作社中，为了体现民主治理的原则，无论会员的资本贡献程度如何，在会员大会中，他们都是平等的一票。

合作社的主要权力归会员所有，他们成为理事会的一部分，或者至少形成多数。出资会员和志愿工作会员的权力受到一定限制。出资会员如果有投票权，将被限制在普通会员的三分之一以下，提名权被限制在理事会的三分之一以下。①

与普通合作社相比，社会合作社的治理结构更重视代表不同利益相关方的利益。除了会员和出资会员以外，志愿工作成员也有选举权。社会合作社的多方利益相关者的治理结构可能会增加交易成本，造成组织的不稳定，但是，更加结构化和较少市场导向的治理体系会抵消这些问题。社会合作社不是进行公司式的控制，而是通过非市场的策略，解决管理低效的问题。②

社会合作社体现多方相关者的利益，是通过理事的任免来实现的（理事代表着每个利益团体的利益），或者是通过不同社员类别的单独委员会。虽然，这不是为社会合作社所做的精心设计，但这种结构加强了民主程度，以及对利益相关方的保护。③

（6）问责。正如前文所述，关于社会合作社治理结构的大多数规定都来源于主流的合作社和公司法，关于问责的要求也是如此。对社会合作社的透明度的要求，被定义为信息职责和组织对会员及第三方的责任。信息职责主要是关于内部机构的活动和决策、年度资产负债表的公开。前者只是向会员提供，后者提交给企业登记办公室，公众可以依照法律的规定获取这些资料。④

---

① The Changing Boundaries of Social Enterprises, Published by the OECD Local Economic and Employment Development (LEED) Programme, 2009, p. 34.
② The Changing Boundaries of Social Enterprises, Published by the OECD Local Economic and Employment Development (LEED) Programme, 2009, pp. 33 – 34.
③ The Changing Boundaries of Social Enterprises, Published by the OECD Local Economic and Employment Development (LEED) Programme, 2009, p. 34.
④ The Changing Boundaries of Social Enterprises, Published by the OECD Local Economic and Employment Development (LEED) Programme, 2009, p. 35.

除了适用于所有企业的一般性责任规定，意大利法律并没有针对受益人的特殊规定。社会合作社实现其基本目标（为老人、残疾人和移民提供服务），是通过会员参与机构的管理实现的。

意大利经济发展部对所有的合作社实施监管，以确保它们能够符合法律的相关要求。合作社协会承担着审计的功能，它们是经由部委审批的。通过这种方式，政府和社会共同承担着对合作社的监管责任。如果合作社违反法律的相关规定，依据违法的严重程度，它们将被政府强制解散，或被要求破产或清算。[①]

（7）获益。地方政府给予社会合作社优惠政策，社会合作社可以享受税收优惠。初创的社会合作社还可以得到 Marconi 基金的支持。因此，社会合作社的财务要公开透明，接受外部监督。

2. 社会企业

在社会合作社迅速发展的同时，意大利第三部门中的其他组织也在越来越多地开展社会创业活动。

2005 年，意大利颁布第 118 号法律（由 2006 年第 158 号法令执行），设立了"社会企业"法律类别，为社会企业提供了一个基本的法律框架，这是意大利第三部门发展史上的一个里程碑。到 2008 年，该法正式生效。这部社会企业法由 18 个部分组成：社会企业、社会事业和非营利机构的概念、所有权结构、簿记系统、兼并、收购、监管和资产处置等。截至 2010 年 3 月，意大利登记的社会企业有 601 个。

（1）定义。意大利的"社会企业"包含了多样化的组织形式，而不是把组织结构作为社会企业的资格条件。法律将有资格的组织分为两个类别：公司和不是公司的组织。[②] 社会企业跨越了法律形式和组织形式，可以是合作社（例如：雇员所有、生产者所有或客户所有的企业），是私营企业，也可以是传统非营利组织（例如：协会、基金会），只要它们符合非分配约束原则、代表包括员工和受益者在内的利益相关方，都可以获得

---

① The Changing Boundaries of Social Enterprises, Published by the OECD Local Economic and Employment Development (LEED) Programme, 2009, p. 35.

② Jacques Defourny and Marther Nyssens. Social Enterprise in Europe: Recent Trends and Developments. Social Enterprise Journal. 2008. 4 (3): 217 – 218.

"社会企业"这一法律品牌。① 这也就是意大利法律中所谓的"中立法律形式"。

意大利的"社会企业"是一种民营实体，它们代表着公共利益，提供具有社会效益的商品和服务。

要登记为社会企业，需要满足三项标准。

①它是一个私法人。例如：协会、基金会、社会合作社，也可以是商业公司。它们是依据《民法典》《社会合作社法》以及规范商业公司的其他法律，设立的法人实体。

②它生产、销售具有"社会效用"（social utility）的商品和服务，以实现公共利益为目标，而不是获取利润。如果一个组织70%以上的收入来自与此有关的收入，则有资格登记为社会企业。

③它不分配利润，而是将利润用于实现法定的非营利目标，或者作为企业的资本积累下来。如果管理委员会（management board）成员的薪酬超过了同一领域商业公司的相应职位平均薪酬的20%，就被视为是分配利润。②

因此，如果协会和基金会希望登记为社会企业，它们必须提供自己创业性质的证明；相反，申请社会企业登记的商业公司，必须符合利润分配和利益相关者的某些要求。③

社会企业的"创业"特征值得进一步思考。与《民法典》中对企业的定义相一致，社会企业应当以一种有组织的、稳定的、专业的方式，提供商品或服务。因此，以拨付资金为主要业务，以及免费或低价提供服务的NGO，并不符合社会企业的登记标准。

社会企业可以使用志愿者，但不能超过员工总数的50%。④

---

① Jacques Defourny and Marther Nyssens. Social Enterprise in Europe：Recent Trends and Developments. Social Enterprise Journal. 2008. 4（3）：218.

② Legal Framework for Social Economy and Social Enterprises：A Comparative report，UNDP Regional Bureau for Europe and the Commonwealth of Independent States，2012，p. 22.

③ Jacques Defourny and Marther Nyssens. Social Enterprise in Europe：Recent Trends and Developments. Social Enterprise Journal. 2008. 4（3）：218.

④ Legal Framework for Social Economy and Social Enterprises：A Comparative report，UNDP Regional Bureau for Europe and the Commonwealth of Independent States，2012，p. 23.

法律将第三部门划分为两类：第一，为实现法定的社会目标，从事创业活动的"公司"；第二，不是作为"公司"运作的 NGO。

社会企业必须到商业公司登记处登记，名字必须以"社会企业"作为前缀。社会企业需要在章程中明确活动的具体领域，以及非营利目标。[①]

（2）活动领域。意大利的法律规定了社会企业可以参与的活动领域，界定了"社会效用"（social utility）的领域。根据第一款第一条的规定，这些领域包括：社会福利、健康、教育、教学和专业培训、环境和生态保护、文化遗产发展、社会旅游、学术和研究生教育、文化研究和服务、课外培训、为社会企业提供支持服务的组织（社会企业占有其70%以上的所有权）。

如果一个组织不在这些法定领域中，只要它们是以促进就业和弱势群体就业庇护为目标，并且30%以上的雇员是特定的贫困人群或残疾人，也可以登记为社会企业。[②]

（3）利润分配。意大利社会企业的一个重要特点是非营利性。除社会合作社允许有限的利润分配以外，法律明确禁止任何形式的利润分配。在间接形式的利润分配中，法律允许理事的额外报酬和雇员或投资者的薪酬超出一般水平。尤其是对于投资者，只要不涉及股票资本，可以允许比基准利率高5%以内的报酬。[③] 也就是说，允许给予投资者部分酬金，而这些投资者可能不是这个组织的成员。[④]

2012年12月中旬，意大利议会宣布了一项金融法律的修正草案，允许社会企业将50%的利润分配给股东。由于这个草案没有与意大利的社会企业部门协商，引发了社会企业部门的不满和批评，被认为是模仿英国对

① Legal Framework for Social Economy and Social Enterprises: A Comparative report, UNDP Regional Bureau for Europe and the Commonwealth of Independent States, 2012, p.23.

② Legal Framework for Social Economy and Social Enterprises: A Comparative report, UNDP Regional Bureau for Europe and the Commonwealth of Independent States, 2012, p.23.

③ Fici, A. (2007), Assenza di Scopo di Lucro, in Commentario al Decretosull'Impresa Sociale, Edited by A. Fici and D. Galletti, Giappichelli, Torino, p.52 ff.

④ The Changing Boundaries of Social Enterprises, Published by the OECD Local Economic and Employment Development (LEED) Programme, 2009, p.53.

社会企业的界定，而没有考虑意大利的国情。

社会企业的解散、合并和转换必须依据法律的规定进行，要符合社会目标和非营利性质。①

（4）治理。由于社会企业包括多种法律形式的实体，因此，不是所有的社会企业都依照民主原则进行治理，社会企业的治理最终将取决于具体法律形式（协会、基金会、社会合作社或公司）的选择。

但是，无论社会企业采取哪种法律形式，员工和顾客都必须参与决策过程。这个规定包括：任何信息的共享；对于社会企业的工作条件以及提供产品和服务等问题，员工和顾客通过咨询或参与程序并有发言权。这些决策原则在多大程度上可以被合法执行，仍然存在着很多争议。但是，在任何情况下，社会企业必须在"社会资产负债表"（social balance sheet）中说明协商程序。②

（5）监管。意大利法律要求，社会企业必须提交两份报告：财务报告、社会报告。社会企业的财务会计必须提交真实和公允的资产、负债、财务状况和盈亏状况。社会企业的社会报告，必须包括以下信息：

①方法；

②组织和理事会的基本信息；

③组织结构、管理和治理；

④目标、范围和活动；

⑤财务状况；

⑥其他相关信息。③

（6）存在问题。相比其他国家的相关法律而言，意大利的社会企业法更具复杂性和综合性。它需要对一个庞杂的组织体系进行规范，它们包括：社会合作社、协会、基金会、社会事业非营利组织（ONLUS）、音乐基金会、文化基金会以及相关实体机构，它们涉及社会企业的相关

---

① Legal Framework for Social Economy and Social Enterprises: A Comparative report, UNDP Regional Bureau for Europe and the Commonwealth of Independent States, 2012, p. 24.

② Legal Framework for Social Economy and Social Enterprises: A Comparative report, UNDP Regional Bureau for Europe and the Commonwealth of Independent States, 2012, pp. 23 – 24.

③ Social Solidarity Ministerial Decree 24 Jan. 2008.

领域和活动。

意大利的社会企业法律框架并不完备。第一，仍然缺乏社会企业的法定定义；第二，社会企业运营，缺乏法律依据。

在目前的法律体制下，只有少数法律实体有资格成为社会企业，对于实现运营和治理结构的实质性变化，非营利组织仍然缺乏动力和手段。①

值得关注的问题是，社会企业法律框架的全面落实取决于尚未起草的一系列法规，包括对所有权和控制结构的详细规定。但是，社会企业的概念是一个需要解决的重要问题。尤其是，在社会企业没有额外税收优惠或经济利益的情况下，公共利益组织（PBO）为什么要以"社会企业"模式运作？这并不明确。

另外，社会企业的法律地位使其承担了额外的责任，例如：员工要参与决策过程，变更法律地位、进行登记和提交额外的报告也需要付出一定的交易成本。②

（五） 葡萄牙

早在 20 世纪 80 年代，葡萄牙法律就承认了某些社会利益领域是合作社的运作领域，例如社会团结或特殊教育和整合。直到 1997 年，葡萄牙颁布《社会团结合作社特别法》（Special Legislation on Social Solidarity Co-operative，Law of 22 December 1997），设立了"社会团结合作社"（CSS）法律形式。③

1. 定义

在法律上，"社会团结合作社"的定义是：为满足社会的需要，通过社员的合作和互助，推动和整合弱势人群的一种组织，它们遵循合作原则，而不是为了营利。

---

① The Changing Boundaries of Social Enterprises, Published by the OECD Local Economic and Employment Development（LEED）Programme, 2009, p. 52.

② Legal Framework for Social Economy and Social Enterprises: A Comparative report, UNDP Regional Bureau for Europe and the Commonwealth of Independent States, 2012, p. 24.

③ The Changing Boundaries of Social Enterprises, Published by the OECD Local Economic and Employment Development（LEED）Programme, 2009, p. 36.

社会团结合作社的主要活动领域包括：支持弱势群体、残疾人、老年人、儿童和贫困家庭。社会团结合作社也致力于促进社会发展和经济一体化，为居住在国外或回国的葡萄牙人提供支持，推动弱势人群的教育和职业培训的发展。[1]

2. 利润分配

社会团结合作社不允许社员进行利润分配。

在进行资产清算的时候，必须将全部资产转交给一个社会团结合作社，这个社会团结合作社最好是位于同一个城市。[2]

3. 治理

两种类型的社员负责社会团结合作社的治理：一种是有效社员，另一种是名誉社员。有效社员包括员工和受益者，名誉社员是指提供商品和志愿服务，为合作社的发展作出贡献的人。名誉会员的加入需要经过会员大会的评估，评估他们对合作社的贡献。

会员大会实行一人一票的原则。有效社员和名誉社员的参与权利是不同的，这种区别比较重要。虽然所有社员都有获取信息和出席社员大会的权利，但是，只有有效社员才可以提名或被提名为管理机构的成员，他们才拥有在会员大会的投票权。[3] 社会团结合作社可以成立一个特别咨询机构——总理事会，这个理事会是由名誉社员组成的。但是，该机构成员只有信息权。

因此，在职业员工（有效社员）、支持者（荣誉社员）、受益者、志愿员工之间，社会团结合作社划分了清晰的界限，他们在合作社中有不同的权利和义务。

4. 问责

在财务审核方面，政府对社会团结合作社的要求与其他合作社是相同

---

[1] The Changing Boundaries of Social Enterprises, Published by the OECD Local Economic and Employment Development（LEED）Programme，2009，p. 36.

[2] The Changing Boundaries of Social Enterprises, Published by the OECD Local Economic and Employment Development（LEED）Programme，2009，p. 36.

[3] The Changing Boundaries of Social Enterprises, Published by the OECD Local Economic and Employment Development（LEED）Programme，2009，p. 37.

的,它们都需要提交:(1)资产负债表;(2)损益表;(3)账目附注;(4)权益变动结算表;(5)现金流量表;(6)年度报告。

葡萄牙劳工和社团部负责监管合作社。社会团结合作社需要报告它们实现社会目标的方式,向劳工和社团部提交"社会资产负债表"。①

与很多国家不同,在葡萄牙的社会团结合作社法规中,不包括对社员和第三方责任的具体规定。而且,葡萄牙也没有建立监管社会团结合作社的行政机制。②

(六) 西班牙

西班牙政府重视社会企业的发展,设立了"社会倡议合作社"(Social Initiative Cooperative)法律形式。在了解社会倡议合作社之前,可以先了解西班牙的合作社法律框架。

西班牙是一个地方自治权力比较大的国家,国家层面的合作社法(1999年第28号法律)和地方自治区的法律构成了西班牙的合作社法律框架。国家层面的合作社法适用于在两个或两个以上自治区活动的合作社,地方自治区的法律适用于在一个自治区活动的合作社。目前,西班牙的14个自治区都颁布了各自的合作社法。针对不同类型的合作社,例如,家庭合作社、消费合作社、保险和信用合作社,西班牙也有相应的法规进行监管。③

1. 定义

首先了解一下西班牙的合作社的定义。西班牙法律将"合作社"定义为:为了实现会员的经济、社会利益及其期望,在法律许可的范围内,开展经济活动的志愿组织,它们的治理遵循民主原则,并遵守"国际合作社联盟"所奉行的基本原则。

---

① 这个要求只针对员工数达到100人以上的合作社。

② The Changing Boundaries of Social Enterprises, Published by the OECD Local Economic and Employment Development (LEED) Programme, 2009, p. 37.

③ Legal Framework for Social Economy and Social Enterprises: A Comparative report, UNDP Regional Bureau for Europe and the Commonwealth of Independent States, 2012, p. 25.

西班牙的各类合作社主要是互益性的，唯一的例外就是"社会倡议合作社"。"社会倡议合作社"类似于意大利的社会合作社。社会倡议合作社提供教育、福利和医疗领域的社会服务（这与意大利的 A 类型合作社一致），或为社会排斥群体提供工作机会（这与意大利的 B 类型合作社一致）。[①]

西班牙的各自治区可以在管辖范围内，制定关于社会倡议合作社的更具体规定，包括确定经济活动的范围。

2. 利润分配

社会倡议合作社是一种非营利组织，只能根据法律的要求进行有限的利润分配。

社会倡议合作社雇员的薪水不能超过集体谈判确定数额的预定比例。[②]

3. 治理

社会倡议合作社实行民主治理，会员大会是最高权力机构。无论会员在股份资本中占有多少份额，他们都有平等的选举权。[③]

如果政府部门、其他实体、个人符合法律的规定，也可以成为社会倡议合作社的创始者，也可以成为会员。志愿会员可以参与理事会会议，但没有投票权。这就使社会倡议合作社的决策程序更加民主。[④]

4. 资金筹集

与其他合作社一样，社会倡议合作社可以发行股票（有投票权的股份）和债务金融工具（固定股息），来吸引资本投资。

向外部投资者扩大投票权对社会倡议合作社的民主治理原则提出了挑战，而民主治理是合作社的重要特点。外部投资者的投票权限定在 35% ～

---

① Legal Framework for Social Economy and Social Enterprises: A Comparative report, UNDP Regional Bureau for Europe and the Commonwealth of Independent States, 2012, p. 25.

② Legal Framework for Social Economy and Social Enterprises: A Comparative report, UNDP Regional Bureau for Europe and the Commonwealth of Independent States, 2012, p. 25.

③ Legal Framework for Social Economy and Social Enterprises: A Comparative report, UNDP Regional Bureau for Europe and the Commonwealth of Independent States, 2012, p. 26.

④ Legal Framework for Social Economy and Social Enterprises: A Comparative report, UNDP Regional Bureau for Europe and the Commonwealth of Independent States, 2012, p. 26.

40%，具体的比例取决于不同的地区。①

（七）希腊

20 世纪 90 年代早期，在希腊的莱罗斯岛（Leros）医院，在实施精神护理的改革之后，建立了一个以病人为主的社会和工作康复治疗活动小组。这个小组取得的效果十分明显，重新就业的病人的心理和社会行为都得到了改善。

作为精神健康服务改革的一部分，1999 年，希腊颁布了新的健康法，即第 2716 号法律，设立了"有限责任社会合作社"（Limited Liability Social Co - operative，KOISPE）法律形式。它们的目的是帮助那些长期有心理健康问题的人，使他们重新融入劳动力市场。

希腊创设有限责任社会合作社的灵感，在很大程度上，是来自意大利的社会合作社的经验。在意大利，有 2500 多个 B 类型社会合作社，它们促进各种边缘群体融入劳动力市场，包括学习困难的成人、身体残疾者和患有精神疾病的人。

1. 定义

有限责任社会合作社是会员承担有限责任的一种私法人实体。

有限责任社会合作社是一种十分独特的组织形式，它既是一个独立的商业企业，也是一个官方的精神卫生机构。

有限责任社会合作社代表了一种新的社会企业家精神，它们将社会目标和商业策略结合起来，为失业者和心理疾病人群的问题提供解决方案。

有限责任社会合作社可以开展一系列的活动，包括：蜂蜜生产、洗熨、餐饮、烘焙、餐饮管理、印刷、编织地毯、园艺、家具制造、废纸回收、洗车。②

希腊先期成立的九个有限责任社会合作社，雇用了 150 多个有心理问

---

① Legal Framework for Social Economy and Social Enterprises：A Comparative report，UNDP Regional Bureau for Europe and the Commonwealth of Independent States，2012，p. 26.

② http：//www. socialinnovator. info/connecting - people - ideas - and - resources/innovation - intermediaries/champions/innovation - champions/koispe - greece.

题的人，会员有 1500 多人。另外，希腊还计划成立 50 个有限责任社会合作社。①

希腊最大的有限责任社会合作社位于莱罗斯岛（Leros），它有 457 个会员和 54 个员工。此前，这个岛在经济上依赖于岛上的精神卫生机构。当这个机构倒闭的时候，新的有限责任社会合作社成为当地社区的工作机会的重要来源。莱罗斯岛的有限责任社会合作社在岛上生产蜂蜜，运营温室和蛋糕店。通过为整个社区提供工作机会，有限责任社会合作社对于促使这些有精神卫生问题的人的社会融合，以及重返社会，起到了重要的作用。②

2. 会员

法律规定了有限责任社会合作社的构成。它们的会员具有三方伙伴关系的特点。

（1）有精神健康问题的人占员工总数的 35% 以上，他们的年龄在 15 岁以上；

（2）精神科专家的人数不超过总数的 45%；

（3）其他个人和赞助机构的比例不超过 20%。

每个会员都有权利购买一个股份，最多 5 个股份。第三类会员可以购买更多的股份。无论会员占多少股份，都有相同的一票投票权利。③

3. 治理

有限责任社会合作社的治理是基于目标群体个人、精神病院工作人员和社区机构的相互合作，由希腊卫生部的精神健康处负责监管。

根据法律，会员大会（General Assembly）是有限责任社会合作社的最高权力机构，对整个机构实施监管和控制。④

---

① http：//www. socialinnovator. info/connecting – people – ideas – and – resources/innovation – intermediaries/champions/innovation – champions/koispe – greece.

② http：//www. socialinnovator. info/connecting – people – ideas – and – resources/innovation – intermediaries/champions/innovation – champions/koispe – greece.

③ Athena Frangouli. The Social Cooperatives of Limited liability（KOISPE）of the Greek Law 2716/99. 2011. p. 6.

④ Athena Frangouli. The Social Cooperatives of Limited Liability（KOISPE）of the Greek Law 2716/99. 2011. p. 7.

行政部门对有限责任社会合作社进行管理，每三年举行一次选举。它包括七名成员，其中，两人是来自第一类的会员，五人是来自第二类的和第三类的会员。①

监督委员会由这三个类别的成员构成。②

2011 年，希腊成立了有限责任社会合作社联合会。③

4. 获益

有限责任社会合作社的员工不必支付社会保险费用。

在税收优惠方面，有限责任社会合作社可以免缴企业所得税。

（八） 波兰

波兰社会企业的出现，是由于转型时期的高失业率、贫困和社会排斥问题，以及公共福利支出的减少。在社会服务从中央向地方政府分散化的过程中，欧盟是一个重要的推动力量。与此同时，与公共部门和私人部门相比，人们认为社会企业更加灵活和成本低廉。

波兰的社会合作社立法可以追溯到 2004 年 4 月，波兰颁布《就业促进和劳动力市场制度法》，该法对 1982 年 9 月颁布的《合作社法》进行了修订。为了规范《合作社法》范围以外的社会合作社，2006 年 4 月 27 日，波兰颁布《社会合作社法》，新设立了"社会合作社"（SS）这一法律形式。

在很大程度上，波兰立法借鉴了意大利的立法经验，其社会合作社比较近似于意大利的 B 类社会合作社。④ 但是，与意大利的立法不同，波兰的立法没有深植于一个一般性的法律框架，仍然存在着阻碍社会企业发展的障碍。⑤ 因此，外界批评这部法律只是将国外的法律移植过来，无法有

---

① Athena Frangouli. The Social Cooperatives of Limited Liability（KOISPE）of the Greek Law 2716/99. 2011. p. 7.

② Athena Frangouli. The Social Cooperatives of Limited Liability（KOISPE）of the Greek Law 2716/99. 2011. p. 7.

③ Athena Frangouli. The Social Cooperatives of Limited Liability（KOISPE）of the Greek Law 2716/99. 2011. p. 7.

④ The Changing Boundaries of Social Enterprises, Published by the OECD Local Economic and Employment Development（LEED）Programme, 2009, p. 40.

⑤ EMES European Research Network, Study on Promoting the Role of Social Enterprises in CEE and in the CIS, Initial Overview Study, EMES, Liège. 2006.

效促进波兰社会企业的发展。

1. 定义

《社会合作社法》确立了社会合作社的法律框架，规定了建立和管理社会合作社的相关原则。社会合作社致力于社会以及社员的重新融合。社会合作社是由失业者等弱势群体所建立的，这些群体包括流浪者、酗酒者、吸毒者、精神病患者、曾经的罪犯、难民。社会合作社的员工人数最少为 5 人，最多为 50 人。[①]

在波兰，一般都认为，非营利活动必须是非经济的性质。因此，社会合作社的法定活动是非经济性的。[②] 波兰的法律认为，由经济需求导致的经济活动是带入组织的"必要的恶"，而不认为经济活动是社会企业开展项目的一种途径。[③] 对社会合作社而言，它们只能开展"非经济"的法定活动，包括社会、教育、文化活动，以及其他有关社会和职业的重新整合活动。[④]

2. 利润分配

尽管社会合作社在经济活动上受到了限制，但它们可以在非利润最大化的基础上，生产商品和提供服务。[⑤]

社会合作社的非营利性特征比较明显，它们不能向社员分配利润。在合并或分立的情况下，社会合作社不能以任何方式向其他类型的实体转移资产。如果需要资产清算，在偿还了债务之后，社员只能分配剩余资产的20%，其余资产将进入所谓的"工作基金"。[⑥] 社会合作社的利润必须储存

---

① The Changing Boundaries of Social Enterprises, Published by the OECD Local Economic and Employment Development (LEED) Programme, 2009, p. 40.

② Travaglini C., Bandini F. and Mancinone K., "Social Enterprises in Europe. Governance Models. An Analysis of Social Enterprises Governance Models Through Acomparative Study of the Legislation of Eleven Countries", Selected Paper, Selected Paper, 2nd EMES International Conference on Social Enterprise, 1 – 4 July 2009, Trento. 2009.

③ Gumkoswa, M., Herbst, J. and Wyagnaski, K. (October 2006), The Role of Social Enterprises in Employment Generation in Cee and in the Cis. Case of Poland.

④ The Changing Boundaries of Social Enterprises, Published by the OECD Local Economic and Employment Development (LEED) Programme, 2009, p. 40.

⑤ Defourny J. and Nyssens M., 2008, "Social enterprise in Europe: recent trends anddevelopments", Working Papers 2008/01, Emes European Research Network, Liège.

⑥ Juszczyk M., Mizejewski C. and Oldak M., 2009, "Tworzenie i dzialalno śćsspóldzielnisocjalnej", Zachodniopomorska Biblioteka Ekonomii Spotecznej, Ed. I. Szczecin, Szczecin.

起来，这些资金不可分配，只能用于支持社会合作社的活动。资金应用于社会目的，必须有至少50%的社员是受益者，他们是弱势群体。

3. 治理结构

在社会合作社的治理结构方面，社员的作用是非常重要的。具备法定资格的社会合作社，在所有社员中，至少有80%的社员必须是失业者、吸毒者等。此外，在对社员资格有特殊要求的情况下，也可以吸收其他不符合条件的社员，但这是以20%为最高限额。在相同限额下，上述列出的潜在受益人尽管缺乏法定能力，但也可以成为社会合作社的社员。另外，社会合作社也允许NGO成为社员。[1]

会员人数超过15人的社会合作社，必须建立理事会。如果是不超过15人的小型合作社，则不必这么做，因为每个会员都有机会控制组织的运作。在小型合作社中，会员大会不仅发挥着监督的作用，也代表着每一位社员。会员必须在国家法院登记处（National Court Register）注册，并证明他们是失业者或残疾人。[2]

4. 问责

在问责方面，波兰的《社会合作社法》只规定了组织内部层面的监管，无论是在公共的还是个人的层面，都没有涉及对外部监管机制的特别规定。因此，适用于普通合作社的法律同样适用于社会合作社。但是，社会合作社必须建立一个关于"非经济法定活动"的账户，该账户涉及社会合作社的特定的收入、成本和成果。[3]

5. 获益

如果登记为社会合作社，则能够获得某些优惠和益处。譬如，社会合作社可以得到劳工基金和地方政府的资金支持。社会合作社可以免缴所得税，其收入也可以用于提升社员的社会生活和专业水平。

---

[1] The Changing Boundaries of Social Enterprises, Published by the OECD Local Economic and Employment Development（LEED）Programme, 2009, p. 41.

[2] Heckl, E. & Pecher, I. Study on Practices and Policies in the Social Enterprise Sector in Europe. Final Report. Vienna: KMU Forschung Austria, 2007. p. 53.

[3] The Changing Boundaries of Social Enterprises, Published by the OECD Local Economic and Employment Development（LEED）Programme, 2009, p. 41.

除此之外，社会合作社获得的其他优惠还包括：可以参与政府公共采购的招投标；可以使用志愿者作为工作人员；可以在商业的基础上，开展法定的活动；建立社会合作社的个人，可以得到 12 个月的社保补偿金。

（九） 法国

2002 年 7 月 17 日，法国出台第 624 号法律，创立了"集体利益合作社协会"（Collective Interest Cooperative Society，CICS）这种新的法律形式。法国的合作社运动受到意大利社会合作社经验的启发也推动了这一法律框架的出台。但是，在五年之后，法国只成立了 94 个集体利益合作社协会。[①]

1. 定义

集体利益合作社协会是一种民营的、集体利益的组织；这一新形式的合作社集合员工、客户、义工、地方政府以及其他合作伙伴，多方合作共同开展项目。[②]

法律明确了集体利益合作社协会的定义：集体利益合作社协会生产、销售具有社会效用特征的产品及服务，例如，满足社会的新兴需求、促进社会融合和职业发展、改善居民获取商品和服务的条件。[③]

2. 利润分配

在资产分配方面，法国的集体利益合作社协会与意大利的社会合作社模式类似，都对资产分配进行限制。

法律允许集体利益合作社协会进行有限的利润分配，但前提是，要将盈余的 57.5% 上缴到法定的储备金。[④] 与其他类型的合作社相同的是，集体利益合作社协会向社员支付的红利不能超过某一限额，即法国经济部公

[①] Jacques Defourny and Marther Nyssens. Social Enterprise in Europe：Recent Trends and Developments. Social Enterprise Journal. 2008. 4 （3）：217.

[②] Jacques Defourny and Marther Nyssens. Social Enterprise in Europe：Recent Trends and Developments. Social Enterprise Journal. 2008. 4 （3）：216 – 217.

[③] The Changing Boundaries of Social Enterprises，Published by the OECD Local Economic and Employment Development （LEED） Programme，2009，p. 38.

[④] 公共捐赠和补贴不能计算在内。

布的私营企业的平均报酬率。①

对其他合作社进行监管的规定也同样适用于集体利益合作社协会。为避免遭到解散的命运，集体利益合作社协会必须为公共利益作出贡献。在解散的时候，集体利益合作社协会将补偿社员的资本贡献。②

法国采取一些措施，促进对集体利益合作社协会的财政支持，譬如，对合作社投资执照和合作社社员执照进行立法。③

3. 治理

法国的集体利益合作社协会的重要特点是多方利益相关者建立了多方利益的理事会。在这一点上，法国与意大利和葡萄牙的社会合作社是不同的。集体利益合作社协会必须能够代表多数相关者的利益，但各相关者获取利益的优先顺序不同，应该按照该组织的社会使命和创业性质对此进行排序。

除了员工和雇员以外，理事会的其他成员可以包括：提供的社会服务的受益者、志愿者、公共机构、捐赠者和其他相关方。这些会员团体的股份都不能超过50%或者低于10%，但公共部门的股份可以不超过20%。

在集体利益合作社协会的社员大会中，投票规则使用的是"一人一票"方式。值得注意的是，针对诸多利益方，集体利益合作社协会都设立了单独的委员会。在社员大会上，每一个单独的委员会都有投票的相同权利，这已经是一个默认的规则。不同的集体利益合作社协会，它们的章程可以有不同的管理规定。但有一项规定必须遵守，对于在社员大会中投票权超过50%的或低于10%的社员，都不能加入这些委员会。④

4. 问责

在对财务的监督方面，法国法律对集体利益合作社协会没有什么特殊

① The Changing Boundaries of Social Enterprises, Published by the OECD Local Economic and Employment Development (LEED) Programme, 2009, p. 38.

② The Changing Boundaries of Social Enterprises, Published by the OECD Local Economic and Employment Development (LEED) Programme, 2009, p. 38.

③ The Changing Boundaries of Social Enterprises, Published by the OECD Local Economic and Employment Development (LEED) Programme, 2009, p. 38.

④ The Changing Boundaries of Social Enterprises, Published by the OECD Local Economic and Employment Development (LEED) Programme, 2009, p. 39.

的规定。集体利益合作社协会应当遵守与其他合作社相同的规则，它们必须起草及提交以下文件：（1）资产负债表；（2）损益表；（3）账目附注；（4）现金流量表①；（5）年度报告。

在法国法律中，关于政府监管的条款既适用于普通的合作社，也适用于集体利益合作社协会。法律规定，集体利益合作社协会的社员和投资执照的持有人，都有权了解该机构的相关文件。政府有权对它们进行监管，主要是检查该机构的相关信息和文件是否符合法律的规定。每五年时间，集体利益合作社协会必须向政府提交一份报告。如果有虚假的情况，或者资金、资产的处置违背了法律的规定，政府将会实施刑事处罚。

但是，对合作社和理事对第三方的责任问题，法律并没有作出具体的规定。事实上，社员以及受益人的权益维护，更多是通过社员自己实施的，而不是外部力量的监管。②

（十）芬兰

芬兰是一个十分重视国民福利的国家，政府更多地承担着照管社会弱势群体的职责。在第二次世界大战之后，为了解决弱势群体的就业问题，芬兰政府建立了大量的工作中心和庇护工厂，数量达到了300多家。由于政府一直发挥着主导作用，一直到20世纪90年代，芬兰社会并没有社会企业的需求。

20世纪90年代初，芬兰发生了经济危机，严重影响到了残疾人的这些工作中心，芬兰为了度过艰难的时期，不得不削减针对残疾人的康复活动，为产品寻找新的市场，探索新的组织方式。在失业者群体及其社团中，产生了自助性质的工作整合型企业。

芬兰有18万人口长期失业，以及4.5万残疾人失业，他们都存在严重的就业困难。为了鼓励各类型的企业雇用更多的残疾人和长期失业者，

---

① 只有雇员达到300人以上和营业额超过1800万欧元的集体利益合作社协会需要提交现金流量表，其他的则不需提交。

② The Changing Boundaries of Social Enterprises, Published by the OECD Local Economic and Employment Development（LEED）Programme, 2009, pp. 39 - 40.

2003 年 12 月 30 日，芬兰议会通过了《社会企业法》（1351/2003），这项法律从 2004 年 1 月 1 日开始执行。①

芬兰社会企业的作用是作为一种市场手段，支持残疾人和长期失业者的就业。与欧洲其他很多国家的社会企业不同，芬兰的社会企业是以市场为导向的，它们是通过雇用残疾人和长期失业者实现对社会的贡献。②

截至 2007 年 3 月，芬兰已经有 91 家社会企业注册，最大的有 50 名员工。

1. 定义

在芬兰，社会企业与其他法律实体形式的共同特点是，它们所开展活动的性质。社会企业的运营方式与普通的企业相同，它们在商品生产和提供服务的时候，也是依据商业的基本原则。社会企业的目标是获取更多的利润，依据集体协议向员工支付工资。与普通企业一样，社会企业的员工具有相同的权利和义务。

社会企业的形式多样，它们可以是小型的、地方性的，也可以是大型的、国家的，也有国际范围的社会企业。相对于法律形式和治理模式，芬兰法律更注重活动的本身，更确切地说，是活动的特定领域。③

社会企业的不同之处就在于它们的社会性内涵，它们主要是提供工作机会，尤其是针对残疾人和长期失业者。④

根据法律规定，芬兰的社会企业是：

（1）为促进残疾人和长期失业者的就业而建立的企业；

（2）以市场为导向的企业，它们有自己的产品和服务；

（3）它们是在劳工部登记的社会企业；

---

① Pättiniemi, P. Work Integration Social Enterprises in Finland, EmesWP n. 04/07.

② Pättiniemi, P. Work Integration Social Enterprises in Finland, EmesWP n. 04/07.

③ The Changing Boundaries of Social Enterprises, Published by the OECD Local Economic and Employment Development（LEED）Programme, 2009, p. 50.

④ The Changing Boundaries of Social Enterprises, Published by the OECD Local Economic and Employment Development（LEED）Programme, 2009, p. 51.

（4）超过 30% 以上的员工是残疾人或长期失业者；

（5）无论员工是不是弱势群体，企业都应该向他们支付工资。

2. 利润分配

在芬兰，社会企业的利润分配是不受任何限制的，这一特点与其他国家存在着显著的不同。

3. 治理

芬兰的社会企业重点解决残疾人和长期失业者的问题。因此，残疾人和长期失业者必须占企业雇员总数的 30% 以上。[①] 在一定程度上，这些利益相关者就是广义范畴内的弱势群体。与国外的法律体系不同，芬兰法律认为，会员身份并不是保护这些弱势群体的工具，而是更关注合同法和建立劳动合同。无论员工的生产效率高低，社会企业都为他们提供与健全人相同的工资待遇水平。

在利益相关方的参与方面，芬兰法律没有强制性的规定。[②]

4. 问责

对社会企业的监督管理主要是由芬兰的劳工部负责，社会企业必须遵守劳工部设立的特定规则。社会企业需要到劳工部进行登记，必须提供能证明自己符合登记条件的相关信息。政府并不强制社会企业提交"社会报告"，只是对社会企业进行比较宽松的监管。劳工部对它们的商业活动进行监管，社会企业必须履行税收和社会保障方面的义务。社会企业如果要申请或获得政府的补贴，必须提交更加翔实的信息。

芬兰政府要求社会企业必须履行这些义务。如果社会企业违反规定，政府有很多惩罚社会企业的手段，有权撤销社会企业的登记资格。[③]

---

① The Changing Boundaries of Social Enterprises, Published by the OECD Local Economic and Employment Development（LEED）Programme, 2009, p. 51.

② Galera G. and Borzaga C., 2009, "Social Enterprise: An International Overview of Itsconceptual Evolution and Legal Implementation", Social Enterprise Journal, 5, 3, 210 - 228.

③ The Changing Boundaries of Social Enterprises, Published by the OECD Local Economic and Employment Development（LEED）Programme, 2009, pp. 51 - 52.

5. 获益

芬兰法律没有向社会企业提供任何的免税优惠待遇。但芬兰针对社会企业制定了一些扶持政策。只要社会企业履行了劳动法、社会保障、税法、保险等方面的义务，都可以得到芬兰政府的特别补贴。

由于残疾人或长期失业者的工作能力要低一些，雇用他们的社会企业将会得到政府的"工资相关补贴"，以作为经济补偿。政府支付给每家社会企业的就业补贴数额与普通企业的相同，为每月 430～770 欧元。但是，在获得补贴支持的持续时间上，社会企业要长于普通企业。普通企业只能获得六个月的就业补贴，而雇用长期失业者的社会企业是两年，雇用残疾人的社会企业是三年。

（十一） 立陶宛

2004 年 6 月 1 日，立陶宛颁布了《社会企业法》，该法由立陶宛的劳动和社会保障部负责起草。由于缺乏细则的规定，这部法律的执行是十分复杂的。

目前，立陶宛有 4.4 万残疾人劳动者，其中，有 6.8% 的人在社会企业工作。截至 2012 年 11 月，立陶宛共计有 137 个社会企业，雇用了 5400 个员工，其中 3934 人是目标群体（例如：残疾人、长期失业者、犯人、孤独症父母等）。[①]

这部法律的出台，也遭受到了某些人的批评。他们认为，国家不能再为这些企业提供任何的补贴，在立陶宛即将加入欧盟的背景下，这是传统计划经济时代的残余。另一个问题是，非营利组织要想获得社会企业的资格，是十分困难的。它们必须证明，自己的收入情况类似于中小型企业。

1. 定义

立陶宛"社会企业"官方定义强调的是，社会企业主要目标是为了提供工作机会，尤其是针对残疾人和长期失业者。社会企业的目标是使弱势群体重新回归劳动力市场，重新融入社会和减少社会排斥。社会企业依据

---

① Social Entrepreneurship and Innovation in Lithuania：Achievements and Challenges.

商业原则，提供商品和服务。

2. 登记条件

在立陶宛，任何法律形式的组织都能够成为社会企业。

社会企业的员工构成中，必须有 40% 以上是来自其所定义的目标群体，且人数不少于四人。社会企业必须对员工进行工作和社会技能的培训，并对他们进行社会整合。

立陶宛法律设定了社会企业的市场收入最低额度，80% 以上的收入要来自商业市场收入。[①]

法律界定了两种类型的社会企业：（1）社会企业；（2）有残疾人员工的社会企业。

3. 获益

社会企业可以得到工资和社会保险费用的部分补偿、开办工作场所的补贴、残疾员工工作场所的便利、员工培训补贴。[②] 弱势群体员工的总工资，70% 是由国家支持的。[③]

根据立陶宛法律，社会企业可以得到国家的以下支持[④]。

（1）适应工作环境的补贴；

（2）补偿额外的管理和交通费用的补贴，补偿残疾人助理（手语翻译）费用的补贴；

（3）利润免税；

（4）简化政府采购程序。

（十二）拉脱维亚

2003 年 10 月 30 日，拉脱维亚颁布《协会和基金会法》（Associations and Foundations Law），该法旨在建立以社会受益为目标的组织。2004 年 9 月 23 日，这部法律又被重新修订。

---

① Gerold Schwarz. Social Firms in Europe. May 2011.

② Gerold Schwarz. Social Firms in Europe. May 2011.

③ Social Enterprise: A New Model for Poverty Reduction and Employment Generation. UNDP Regional Bureau. 2008. p. 55.

④ Gerold Schwarz. Social Firms in Europe. May 2011.

拉脱维亚法律对社会企业的活动领域没有限制。

1. 法律形式和治理

拉脱维亚《协会和基金会法》规定,社会企业只能采取三种形式:协会、基金会和宗教组织。[①]

如果章程有规定,社会企业就必须建立执行委员会和其他管理机构。

在拉脱维亚,《协会和基金会法》规定了行政机构(执行委员会)的职责。[②]

2. 会员和利益相关方参与

协会:存在理事会的情况下,会员大会(General meeting)是主要力量。

基金会:委托给理事会或其他机构。[③]

3. 利润分配

拉脱维亚法律严格禁止社会企业的利润分配。

(十三) 加拿大

近年来,加拿大出现了越来越多的"混合型"企业,它们同时追求公共利益和财务回报。尤其是在不列颠哥伦比亚省,根据 2011 年的调查,该省的社会企业为大约 70 万人提供服务,收入总额达到 6000 万美元。[④]

为了回应这一现象,不列颠哥伦比亚省在 2012 年率先修改了《商业公司法》(Business Corporations Act),为推出加拿大的第一个社会企业法律形式——"社区贡献公司"(Community Contribution Company,CCC)让

---

① Claudio Travaglini, Federica Bandini, Kristian Mancinone. Social Enterprise in Europe: Governance Models. An Analysis of Social Enterprises Governance Models through a Comparative Study of the Legislation of Eleven Countries. 2010. p. 10.

② Claudio Travaglini, Federica Bandini, Kristian Mancinone. Social Enterprise in Europe: Governance Models. An Analysis of Social Enterprises Governance Models through a Comparative Study of the Legislation of Eleven Countries. 2010. p. 13.

③ Claudio Travaglini, Federica Bandini, Kristian Mancinone. Social Enterprise in Europe: Governance Models. An Analysis of Social Enterprises Governance Models through a Comparative Study of the Legislation of Eleven Countries. 2010. p. 16.

④ Melissa. "Community Contribution Companies" or "Canadian" Benefit Corporation Coming to BC. 2013. 4. 1.

路。该法律于 2013 年 7 月 29 日开始生效，社区贡献公司可以开始注册。

在很大程度上，社区贡献公司借鉴了英国的社会利益公司（CIC）的基本结构。社区贡献公司是股份公司的一个新类别，沟通了非营利组织和营利性组织的界限。社区贡献公司可以接受股权投资、发行股票和向股东支付股息。

除不列颠哥伦比亚省以外，加拿大的其他地区也开始出台类似法规，新斯科舍省在 2012 年 12 月 6 日批准了《社区利益公司法》（Community Interest Companies Act）。社区利益公司也要遵守"资产锁定"原则，可以接受私人投资和发行股票，并发布年度社区利益报告。

以下仅以不列颠哥伦比亚省的社区贡献公司为例，说明加拿大的社会企业。

1. 定义

社区贡献公司是为那些混合型商业企业设立的，它们不仅专注于提供解决社区问题的服务及产品，也被要求把一部分的利润用于社区目的，这在注册法人的时候就已确定。

然而，传统的营利性企业并不是通过商业伦理和社会责任的意识组织起来的。社区贡献公司代表了有进步思想的企业家所领导的新一代企业，这些企业家意识到了社会问题。它们在赚钱的同时，也回馈给社区。

社区贡献公司必须有一个明确的目标，即"社区目标"（Community Purposes），是指要使整个社会或社会的一部分受益。"目标"的范围是没有界限的，包括提供健康、社会、环境、文化、教育和其他服务。

2. 利润分配

与传统营利性公司不同，社区贡献公司的分红是受到限制的，向股东分配的年利润不能超过 40%（除非股东是登记的慈善组织，或所得税法规定的其他"合格受赠者"）。这个规定是为了平衡社区贡献公司的"特定的社区目标"。[①] 通过这种规定，可以确保一部分利润留在公司中，并被用于社会目标。

---

① Allen Bromberger. Canada Creates a New Hybrid Legal Form for Social Enterprise. 2013.

3. 资产处置

与英国的社区利益公司（CIC）相同，社区贡献公司也使用"资产锁定"的方式，以确保资产被用于社会目标。社区贡献公司不能向与企业相关的个人转移财产。

在解散的时候，社区贡献公司只被允许向股东分配最多40%的资产。剩下的60%资产必须转交给其他的社区贡献公司、慈善组织或非营利组织。

4. 问责

社区贡献公司每年必须制作和公布一份"社区贡献报告"（Community Contribution Report）。这份报告将提供一些详细情况，包括：社区贡献公司的活动开展、资产转移、红利数额、获得分红的股东身份、薪酬超过7.5万美元的人员列表。[①]

社区贡献报告要在公司网站上公开，财务报表必须向公众开放。

5. 获益

到现在为止，社区贡献公司还没有享受任何的税收优惠待遇，对社区贡献公司的捐赠也不能免税。

在所得税法下，要成为符合资格的免税非营利机构，它并不非得是一个慈善组织，但必须是专门为社会福利、公民进步或任何除了利润以外的其他目标，而且不得分配任何的利润。社区贡献公司在现有的法律框架下，它在税收方面与普通公司是一样的。但是，如果一个非营利组织兼并了一个社区贡献公司，在社区贡献公司持有股份，并不会导致这个非营利组织失去免税地位。[②]

（十四） 韩国

目前，韩国是亚洲唯一颁布社会企业法律的国家。韩国在 2006 年 12 月通过了《社会企业促进法》（SEPA），在 2007 年 7 月开始实施。这部法

---

① Melissa. "Community Contribution Companies" or "Canadian" Benefit Corporation Coming to BC. 2013. 4. 1.

② Melissa. "Community Contribution Companies" or "Canadian" Benefit Corporation Coming to BC. 2013. 4. 1.

律的颁布，对韩国社会企业的发展起到了至关重要的作用。为了推动社会企业的发展，韩国政府成立了"社会企业促进中心"（Korea Social Enterprise Promotion Agency）。

韩国社会企业不是一种单独的法律形式，而是在现有相关法律形式的基础上，对符合标准的组织进行官方认定。与众不同的是，韩国规定使用"社会企业"名称的，只能是经过官方认定的组织，而禁止其他组织使用。

韩国社会企业具有一些鲜明特点，它们的首要社会使命是创造就业机会，非营利组织是占主导地位的组织形式，大部分社会企业的规模都非常小，95%的社会企业的雇员少于100人。尽管如此，韩国社会企业在近年来已经取得了显著的发展，社会企业的数量增长很快。截至2012年10月，韩国有680个组织被认定为社会企业，其中多数是与创造工作机会有关的社会企业。[1]

1. 定义

韩国《社会企业促进法》对社会企业的定义是：社会企业通过商业形式提供社会服务，并为弱势群体创造工作机会，以提高当地居民的生活质量。具体而言，社会企业具有三方面特征。

第一，社会使命，通过为弱势群体提供社会服务或工作岗位，促进当地社区的生活质量。这里的社会服务包括教育、卫生保健、社会福利、环境、文化、儿童保健、艺术/旅游/运动、林业维护和家庭护理。社会弱势群体是指：（1）家庭月收入不到全国平均水平的60%；（2）年龄在55岁以上；（3）受到性侵犯。

第二，在开放市场中生产和销售商品和服务。

第三，经劳动部确认。[2]

该法规定社会企业分为四种类型：提供工作机会型、提供社会服务型、混合型、其他型。

---

[1] Park, C., and Wilding, M. Social Enterprise Policy Design: Constructing Social Enterprise in the UK and Korea. International Journal of Social Welfare, 2013. 22 (3): 236 – 247.

[2] Young – Sup Yun. The Meaning and Promise of "Social Enterprise". In Social Enterprise: Concepts and Emerging Trends. Sangdal Shim. 2009. p. 12.

截至 2008 年 10 月，韩国社会企业的总体情况如下①：

（1）社会使命：创造就业岗位（42.4%），提供社会服务（14.3%），混合型（27.9%），地方社区贡献（15.6%）。

（2）组织形式：非营利组织（63%），一般公司（37%）。

（3）社会服务领域：社会福利（19.5%）、环境（17.5%）、家庭保健（16.9%）、教育（5.2%）、文化（3.9%）、儿童保健（3.9%）、医疗保健（2.6%）、其他（30.5%）。

（4）雇员人数：<50（77.3%），>100（5.2%）。

（5）治理：集体所有和民主治理模式。

2. 认定标准

不仅是企业可以成为社会企业，合作社、非营利组织都可以成为社会企业。它们都有资格从国家或地方政府得到税收优惠或财政支持。

为了对社会企业进行评估，韩国政府还成立由政府官员、学者、社会福利领域 NGO 三方组成的"社会企业推动委员会"，根据七项标准进行审核认定（见表1）。

表1　韩国政府认定社会企业的七项标准②

指　标	具体要求
组织类型	包括非营利组织、合作社、社会福利基金会、协会
有酬员工	员工必须是支付薪水的雇员而不是志愿者和无偿劳动者
来自商业活动的收入	申请登记前 6 个月的业务收入应超过工资总额的 30%
社会目标	提供工作机会型社会企业至少有 50% 的员工是弱势群体；社会服务型社会企业至少 60% 的服务是提供给弱势群体；混合型社会企业为弱势群体提供的岗位和社会服务占总量 30% 以上
治理	员工或客户应参与决策过程
利润分配	公司、非营利基金会应将至少三分之二的利润用于社会目标
章程	章程应具体规定组织的社会目标、业务内容、治理、利润分配和再投资原则、投融资、员工构成、解散和清算，在解散时应将至少三分之二的剩余资产捐赠给其他社会企业或公共基金

① Young – Sup Yun. The Meaning and Promise of "Social Enterprise". In Social Enterprise: Concepts and Emerging Trends. Sangdal Shim. 2009. p. 12.

② Chan – ung Park: The Institutional Embeddedness of Social Enterprises in Welfare State Regime: The Case of South Korea. Taipei: the 5th East Asian Social Policy Conference, 2008: 12 – 13.

三 国外社会企业的权威资格认证

（一） 英国社会企业标志公司的 SEM 认证

英国在 2005 年正式引入了"社区利益公司"这种新的法律形式。但并未规定非 CIC 形式的组织不能使用"社会企业"这个名称。除了 CIC 以外，社会企业也可以是传统的工业工人互助协会（IPS）、担保有限公司、股份有限公司和慈善组织等形式。因此，以这些形式登记的组织并非都是社会企业，社会企业没有一个完全对应的法律形式，不能通过法律形式来识别社会企业。

1. SEM 认证的发展

目前，比较权威、发展势头较猛的是由英国社会企业标志公司（Social Enterprise Mark Co., SEM）开展的社会企业认证。SEM 认证的目的在于：一是将社会企业与那些缺乏独立性和市场化的、由政府资金支持的志愿机构相区别；二是防止一些私营企业出于公共关系和社会活动需要而声称自己是社会企业。

在广泛征求意见和两年试运行后，2010 年 1 月 31 日，在英国内阁第三部门办公室和社会企业联盟的认可及支持下，SEM 认证由英国西南部社会企业组织 RISE 正式发起成立。SEM 开始是作为 RISE 的子公司开展此项业务，之后由于 RISE 注销，SEM 独立出来。实际上，SEM 本身也是一家社会企业，注册为股份制社区利益公司（CIC）。[①] 在法律上，这一认证是行业自愿行为，而不是政府的官方认定，因此不具备法律地位。认证实施两年以来，英国已经有 462 个社会企业拥有了 SEM 认证。[②]

目前，SEM 认证正在尝试走出英国本土，开始走国际化路线。2012 年 1 月 17 日，SEM 在欧盟成功注册，这样欧盟成员国的社会企业都可以提出

[①] 参见英国社会企业认证公司官方网站：http://www.socialenterprisemark.org.uk。

[②] Social Enterprise Mark Made Available Internationally, Third Sector Online; http://www.thirdsector.co.uk/Social_Enterprise/article/1112411/social-enterprise-mark-made-available-internationally/.

认证申请。芬兰是 SEM 在欧盟拓展的第一个国家，SEM 通过与芬兰的知名社会企业支持机构 Syfo 合作，共同推出适合芬兰国情的社会企业认证，并将对获得认证的社会企业提供多方面支持。SEM 公司有野心勃勃的战略目标，它希望制定出一个公认的社会企业国际化标准。近期，SEM 公司将在美国、澳大利亚、印度、加拿大和南非等地注册，逐步向全球推广社会企业认证。在推广过程中，认证标准能否得到各国政府的认可十分重要。在2012 年 2 月，欧盟司法部和欧洲社会基金在价值 2750 万英镑的"全国犯罪管理服务共同筹资计划"项目招标中，要求应标的供应商是社会企业，其标准就是能够满足 SEM 认证标准。①

SEM 提供的服务不仅是认证，更重要的是将社会企业作为一个整体推荐给社会公众，通过捆绑营销的方式，帮助人们更直观地了解和辨识社会企业。2011 年，SEM 发起了一项"50 in 250"活动，旨在从 50 家企业获得承诺，在 250 天内至少与五个社会企业开展业务，推动企业选择采购社会企业的产品及服务。SEM 的官方网站，有经过认证的社会企业名录及地址，人们可以查询到社会企业的详细信息，购买所需要的各种物品。

对于社会企业，进行认证会有很多益处。它们可以加入 SEM 社会企业在线名录中，在营销宣传材料中展示社会企业认证标志，通过"标签效应"将自己与一般企业区别出来。顾客为购买社会企业的商品而感到骄傲，RISE 在 2009 年的研究报告显示，54% 的顾客更倾向于选择购买有SEM 认证的企业的产品或服务，有 74% 的顾客更愿意从那些以社会为目标的企业购买产品或服务，88.2% 的政府官员更倾向于选择有公共服务特质的企业来合作。②

2. SEM 的具体认证标准

为确保公平和公正，SEM 公司建立了独立的认证小组，申请机构要提交材料，证明它符合规定的各项指标。申请机构不局限于单一法律形式，可以是慈善组织、社区利益公司（CIC），也可以是商业企业。机构必须是

---

① Government Uses Social Enterprise Mark Criteria in Contract, http：//www. civilsociety. co. uk/ finance/news/content/11552/government_ uses_ social_ enterprise_ mark_ criteria_ in_ contract.

② 参见英国社会企业认证公司官方网站：http：//www. socialenterprisemark. org. uk。

已经正式注册的，在一定程度上已经开始经营。

SEM 认证的核心是六个指标，申请者须同时符合这些条件才能成为认证的社会企业：

（1）具有社会和环境目标，这应该在机构章程中有明确规定；

（2）具有自己独立的章程和理事会，而不是政府、慈善组织或其他机构的一部分或个体经营者（这一标准强调组织独立性，是独立法人而不是分支机构）；

（3）至少有50%的收入来自市场销售，需查看经过政府审核的会计账目（这一标准是社会企业与收入依赖于捐赠的慈善组织的重要区别）；

（4）至少有50%的利润被应用于社会和环境目标。这应在章程中明确规定，通过账目可以查证（这一标准是社会企业与商业企业的重要区别。社会企业的目的不是私人利益最大化，应该将大部分利润应用于社会公益）；

（5）解散时的剩余资产应该被用于社会环境目的，须在章程中体现"资产锁定"原则；

（6）能提供外部证据，表明机构正在实现社会环境目标，努力扩大社会影响或减少环境危害。①

但是，如果完全按照这六条标准，成立不到一年的初创机构显然是无法申请的。因此，对于这些机构，SEM 认证对第三条标准不作要求，但要求它们提供证明其商业目的的相关证据，包括会计账目、未来一到两年收支预测和商业计划等。同时，机构应承诺在得到认证后的18个月内达到第三条标准要求，并且符合第六条标准。

认证不要求社会企业必须有利润，不能获得利润的组织同样有资格申请认证。实际上，很多社会企业为社会环境目标开展经营活动，只是维持正常机构运转，而不以获取利润为宗旨。因此，只要这些机构能符合市场销售标准，同样可以申请认证。

作为一种新生事物，SEM 认证标准自诞生之日起就存在争议，一直以来都备受质疑。有些社会企业家认为，在这六条标准中，利润分配限制、

---

① 参见英国社会企业认证公司官方网站：http：//www. socialenterprisemark. org. uk。

解散条款和独立性等条件都是值得商榷的，按照这些标准，英国68000多家社会企业中的绝大多数都不符合。这些标准将很多公认的、原本是社会企业的机构排除在外，一些知名社会企业如阿育王、UnLtd也达不到标准。很多合作社也不能达到标准，而合作社一直被公认为是社会企业的主要形式。因为不能做到独立性，众多慈善组织的经营性子公司都不能成为社会企业。

目前，外界对认证标准的批评集中在"将至少50%的利润应用于社会公益"，这意味着还可以有将近50%的利润可以用于分配。在现实中，就算普通企业也不会将多数利润用于分红，而是用于扩大再生产和人员开支。在制定认证标准的讨论过程中，各方一直对利润分配比例有争议，试验阶段的规定是最多分配35%的利润，有的建议控制在10%以下。苏格兰社会企业联盟Senscot一直批评SEM标准过于宽松，一直实施着不低于65%的利润用于社会公益的标准，曾经声称要制定适用于苏格兰的认证标准。[①] 对于这些质疑，SEM公司认为降低认证标准可以吸引更多机构来提出申请。

另一个争议在于，收入的特定来源比例是否应作为认证标准。按照现行50%的市场营销收入比例，即使市场营销能力强，但如果接受外界捐赠较多，也会影响到机构的社会企业地位。譬如，一个社区咖啡厅在某年的市场销售额为5千英镑，又得到了社会5万英镑捐赠，其就不能被视为社会企业。

（二） 美国 B - Lab 的 B - Corps 认证

B - Corps 是一种新型的公司，用商业手段解决社会和环境问题。B - Corps是由美国的一家非营利机构B - Lab创设和实施的第三方认证，在2007年面世。B代表Benefit，Corps代表Corporations。B - Corps官方网站显示，截至2013年7月，已经通过认证的B - Corps有782家，涉及27个

---

① Senscot Ponders Separate Social Enterprise Mark for Scotland, Third Sector Online, http://www.thirdsector.co.uk/news/1124554/senscot - launches - voluntary - code - conduct - scottish - social - enterprises/.

国家的 60 个不同行业领域。①

B – Lab 是非政府组织，位于宾夕法尼亚州，是由私营部门的三个资深企业家、投资者创立的。B – Lab 的目标是，通过新的法律框架，扩大公司的社会责任。

1. 定义

B – Corps 不同于传统企业以及企业社会责任，在法律意义上，B – Corps 必须考虑对员工、消费者和环境的影响。B – Corps 将社会和环境责任置于公司结构的核心，寻求积极的社会影响。而传统公司的法定义务是回馈股东价值，这是企业的底线。但 B – Corps 可以不受股东利润最大化要求的限制。追求公共利益可能意味着降低利润，但它们修订后的章程（章程须经股东批准）可以避免受此影响。

B – Corps 解决两个关键问题：第一，当前的《公司法》使公司在做决策的时候，很难同时考虑员工、社区和环境利益；第二，缺乏透明的标准，使人们很难在"好公司"和市场营销之间进行区分。②

2. 认证条件

任何类型的营利性企业，包括独资公司、合伙公司等，都可以申请成为认证的 B – Corps。

一个企业要通过 B – Corps 认证，需要符合以下条件③。

（1）符合严格的社会和环境绩效、问责和透明度标准，必须通过 B – Corps 评级系统（达到 80 分以上）；

（2）如果申请人事公司或有限责任公司，它必须修改公司章程，以包括 B – Corps 的法律框架，确定它们的社会使命，使其决策不仅是为了股东利益，也体现员工、社区、环境等利益相关方的利益；

（3）每年向 B – Lab 缴纳一定数额的年费，数额为 500 ~ 2.5 万美元，这取决于公司的年收入规模。

---

① http：//www. bcorporation. net/.

② http：//impactinvesting. marsdd. com/strategic – initiatives/benefit – corporation – b – corp – hub/.

③ The B Corporation：A New Kind of Company for a New Sector of the Economy. November 5th, 2009.

B－Lab 认证要求 B－Corps 重视员工、消费者、社区和环境等价值观，包括[①]。

（1）治理：关注公司的使命、利益相关方参与、公司行为的透明。

（2）员工：了解公司向员工提供的薪酬、福利、培训，衡量公司对待员工的态度。它同样注重，通过员工沟通、灵活管理、企业文化和员工健康等方式，企业的总体工作环境状况。

（3）社区：评估公司的供应商关系、多样性和社区参与。这部分还将衡量公司在社区服务和慈善捐赠方面的做法和政策。

（4）环境：这部分通过公司的设施、材料、资源、能源使用及排放情况，评估企业的环境绩效。在可行的情况下，也会考虑公司的运输、分销渠道以及供应链的环境影响。

3. 认证程序

要成为 B－Corps，通常需要三个步骤[②]。

第一步：满足绩效要求。

（1）进行 B－Corps 影响评估：对企业进行 B－Corps 影响评估调查，评估公司对利益相关者的总体影响。评估的不同取决于公司的规模（员工人数）、行业和运营的主要区域，一般需要回答 220 个问题。一旦完成这项评估并达到 80 分（总分 200 分）以上，公司将得到一份 B－Corps 影响报告（通过这份报告，任何人都可以得到关于它们产品背后的社会和环境影响的数据）。

（2）完成评估审查：对于不清楚的问题，B－Lab 工作人员将进行电话询问，使 B－Lab 更多了解公司的独特环境和实践。

（3）提交支持性文件：该评估将随机选择 8~12 个问题，要求公司提交关于该方面的更详细文档。

（4）完成信息披露调查问卷：通过信息披露调查问卷，使公司可以私下向 B－Lab 告知不便公开的信息。

① B Corporation and Badger. http：//www. badgerbalm. com/s － 76 － badger － is － a － b － corporatio.

② How to Become a B － Corps. http：//www. bcorporation. net/become － a － b － corp/how － to － become － a － b － corp.

第二步：满足法律规定。

决定公司结构和注册所在地。

第三步：使之正式化。

签署 B - Corps 相互依赖声明（Declaration of Interdependence）和术语表。

4. 获益

B - Corps 网络中的公司经常为彼此提供便利，很多都提供了打折服务。B - Corps 的标签也是一个有效的营销工具。B - Lab 针对 1700 万消费者，开展 B - Corps 营销活动。[①]

B - Corps 可以使多方受益，消费者可以支持与他们持有相同价值观的企业，投资者可以投资于有更高影响力的企业，政府可以履行可持续的采购政策。

5. 问题与趋势

在发展过程中，B - Corps 认证也存在着某些困境。有些公司为了申请认证，必须修改企业管理文件并提交给政府，这需要支付不少费用。尽管有严格的规定，这个认证并没有法律上的意义。B - Corps 没有税收优惠，到目前为止，唯一有所得税优惠的城市是费城。在费城，自 2012 年开始，每年 25 个 B - Corps 有资格获得 4000 美元的税收减免。[②]

正因为如此，B - Lab 一直在推动 B - Corps 获得各州法律的认可，并帮助起草了"共益公司"（Benefit Corporation）法律草案，很多州已经立法通过了"共益公司"这种新的法律形式。

B - Corps 和 Benefit Corporation 存在很多相似之处。一个企业成为认证的 B - Corps 是达到 Benefit Corporation 法定注册要求的一种方式。但是，B - Corps 只是一种民间认证，Benefit Corporation 是一种法律实体形式。

现在，B - Lab 在游说美国国税局（IRS），试图使 B - Corps 得到税收优惠，并希望在政府的公共采购中，能够给予 B - Corps 一定的政策倾斜。

---

① The Social Entrepreneurship Spectrum：B Corporations. Inc. magazine. May 2011.

② The Social Entrepreneurship Spectrum：B Corporations. Inc. magazine. May 2011.

四　国外社会企业的认定标准比较

社会企业的官方认定标准是社会企业登记的必需条件，它与官方定义和法律定位相一致，是官方定义的操作化和具体化。如果一个组织符合官方认定标准，就有资格成为法定的社会企业。韩国规定使用"社会企业"名称的只能是经官方认定的组织，禁止其他组织使用，但其他国家并不禁止。根据对各国社会企业立法的考察，各国政府主要从组织目标、收入来源、利润分配、资产处置、治理结构等五个维度对社会企业进行认定：

（一）　组织目标

社会企业首要是为了实现社会目标，很多国家都规定社会企业是服务于弱势和特殊群体或社区利益，为他们创造工作机会，或者是以社会发展、教育、环境保护为目标。

（1）以为弱势群体创造工作机会为目标。有些国家对社会企业的目标规定较窄，芬兰、波兰、希腊、立陶宛、西班牙、葡萄牙等国规定社会企业的目标是为弱势群体创造工作机会（Work Integration）。

芬兰的社会企业针对的是残疾人和长期失业者两类弱势群体，如果一个社会企业30%的工作岗位提供给他们，政府将会对其给予补助。

波兰的工人合作社是由失业者和弱势群体成立的，失业者和弱势群体包括无家可归者、酒精和药物成瘾者、精神病患者、有前科罪犯和难民。

希腊的有限责任合作社的目的是为精神病患者提供工作机会，由包括正常人和弱势群体在内的不同利益相关者所有。

立陶宛的社会企业的目标是使弱势群体回归到劳动力市场，促进社会融合以及减少社会排斥，应有40%以上的员工来自弱势群体，员工人数不少于四人。

西班牙的社会倡议合作社是在特殊领域（卫生、教育、文化等）或为弱势群体创造工作机会。

葡萄牙的社会团结合作社针对的是社会需求的满足，推动和整合弱势及其他目标群体。

韩国的社会企业分为四种类型：提供工作机会型社会企业至少有50%的员工是弱势群体，社会服务型社会企业至少60%的服务是提供给弱势群体，混合型社会企业为弱势群体提供的岗位和社会服务占总量30%以上，此外还有其他型。

（2）以广泛的社会利益为目标。有些国家对社会企业的目标规定较宽，英国、比利时、法国、拉脱维亚、法国等国笼统规定社会企业是为了社会目标，目的是给社会带来变化或实现社会整体利益。

英国规定社区利益公司应在章程中明确追求公众和社区利益的目标，"社区"可以包括英国或其他地区的社区或人群，或者是一个可定义的部门或人群，任何个人构成的群体都可以成为一个社区。

拉脱维亚的社会企业目的是使受益者获得社会利益。

比利时对社会目的没有进行界定，但需要社会企业在登记文件中写明。法国的一般利益合作社通过集体和社会利益活动，满足新出现的需求，以增强包容性和凝聚力。

（二）收入来源

社会企业进行的是正常商业活动，收入主要来自商品生产和服务。社会企业也可以接受捐赠，但不能依赖于捐赠作为主要收入来源。各国一般都规定，收入中应有一定比例来自商业活动。

（1）规定收入中来自商业活动的比例。明确社会企业的收入结构中应有一部分或主要来自商业活动，但对于比例的规定并不一致。意大利的社会企业的主要活动是生产商品和服务，规定商业收入应占总收入的70%以上。芬兰的社会企业至少应有50%的收入来自商业收入。立陶宛规定社会企业来自非支持性活动的收入最多占总收入的20%。韩国规定社会企业申请登记前6个月的业务收入应超过工资总额的30%。

（2）规定社会企业应进行商业活动。不明确规定收入来源的比例构成，只强调社会企业的商业特点。英国规定社区利益公司的主要活动是生产和销售商品或服务。在以合作社为社会企业传统的国家中，希腊规定有限责任社会合作社可以在任何领域从事经济或商业活动。

与众不同的是，有的国家规定社会企业并不从事商业活动，波兰规定社会合作社主要从事符合规定的非经济活动。

（三） 利润分配

在认定社会企业的时候，利润分配是一个棘手问题。社会企业的目的不是为了分配利润，应避免利润最大化行为。利润主要用于社会目的再投资或留存在组织和社区，实现社会目标和公共福利。各国普遍对社会企业的利润分配进行限制，有些国家允许所有者或投资人分配有限利润，个别国家不限制利润分配。

（1）不允许利润分配。这是将社会企业视为一种非营利组织，所得利润要全部用于社会目的。意大利禁止社会企业的股东和管理者直接或间接分配利润（除合作社以外）。拉脱维亚的社会企业也不允许分配利润。在多数采取合作社法律形式的国家，社会企业都不能分配利润，西班牙的社会倡议合作社不能分配利润，应储存所有盈余。波兰的社会合作社不能分配利润。葡萄牙的社会团结合作社也不能分配利润，所有盈余用于机构活动。

（2）限定利润分配的最高比例。在允许分配利润的情况下，对于具体比例的高低，各国的规定有所不同。英国规定了社区利益公司股东利润分配的最高上限，每股分红的最高上限是20%，利润分配的累计总额不能超过可分配利润总额的35%。法国的集体利益合作社应留存50%的利润，剩余利润允许有限分配（不包括政府补贴及其利息）。韩国规定社会企业、非营利基金会应将至少三分之二的利润用于社会目标，最多可以分配三分之一的利润。

（3）利润分配不受限制。这与普通企业的规定相同，芬兰的社会企业可以自由分配利润而且不受限制，这在欧洲国家中比较少见。在美国的一些州为社会企业制定的法律形式中，低利有限责任公司（L3C）、受益公司（B‐Corps）、弹性目标公司（FPC）都不限制利润分配。

（四） 资产处置

社会企业注销后的财产处置方式十分重要，各国一般都规定社会企业的剩余资产也应用于社会及环境目的，创办者不能收回资产，有些国家规定社会企业可以分配一定资产或自由处置资产。

（1）资产归社会所有。这与非营利组织的规定相同，社会企业一旦成立，其资产就已经归属于社会。英国规定社区利益公司遵循"资产锁定"（Asset Lock）原则，资产只能用于社区目的，注销后须由其他遵循"资产锁定"原则的使命相同的机构（如社区利益公司、慈善组织等）接管，并用作社区用途。

（2）可以分配一定比例资产。不是所有的剩余资产都要归属于社会，而是可以分配一定比例的剩余资产。波兰规定社会合作社 20% 的剩余资产可以用来分配。韩国规定社会企业在解散时，应将至少三分之二的剩余资产捐赠给其他社会企业或公共基金，可以分配最多三分之一的资产。

（3）资产自由处置。这与普通企业的规定相同，在法国、西班牙、葡萄牙、希腊、立陶宛、美国等，对社会企业的资产处置方式未作出具体规定，创办者和管理者可以自由地处置剩余资产。

（五）治理结构

社会企业可以有不同的治理结构，不同之处在于理（董）事会是否民主选举和广大会员选举产生，组织成员是否可以参与治理。欧洲十分强调社会企业的民主管理方式，但这对美国等其他国家而言并不是必须具备的，社会企业也可以是与普通企业相同的治理方式。

1. 民主式的治理结构

注重利益相关方参与决策，而不只是由股东进行决策，主要涉及利益相关者、会员、志愿者和投票权：

（1）多方利益相关者参与治理。作为合作社的一种独特形式，多方利益相关者合作社在欧洲越来越普遍，已被各国立法所承认，这是社会企业治理的重要原则。意大利规定社会企业的工人和受益者应通过信息咨询或参与机制来参与机构决策过程。

（2）员工和成员参与治理。社会企业十分重视员工和成员参与治理，希腊规定有限责任合作社员工的构成中至少有 15 个是精神病患者，占成员总数的 35%，其余成员来自精神病院工作人员（最多 45%）或公共机构（最多 20%）。法国的集体利益合作社协会中，员工和受益人必须在董事会中有代表。比利时规定社会目的公司员工有权在工作一年后成为会员。韩国规定员工或客户应参与决策过程。

（3）规定个人的投票权。投票权的规定影响着机构的最终决策，是确定组织权力分配的首要问题。社会企业的投票权并非是基于资本所有权，一些国家的法律明确规定了成员的投票权。比利时规定社会目的公司每个人的投票权最高是10%。就合作社而言，通常采用"一人一票"制。葡萄牙规定社会团结合作社只有有效会员才有在董事会上的投票权。

2. 公司式的治理结构

在社会企业采取公司法律形式的国家如英国、美国（州），社会企业的法律框架是建立在原有的公司法律基础之上的。在这种情况下，社会企业具有与公司同样的治理结构。因此，这种形式可以为社会企业在构建治理规则方面提供较大的自由度，为所有者和管理者提供法律保护，可以吸引资本投资（包括股权资本）。

在这五个维度中，组织目标维度表明了社会企业的社会性；收入来源维度表明了社会企业的商业性；利润分配、资产处置、治理结构维度表明了社会企业的非营利性，它们共同构成了社会企业区别于其他组织类型的特征。值得注意的是，各个国家的具体认定存在不同，而且差异较大，并不存在一致的认定标准。

通过对这五个维度的考查，可以判定各个国家对社会企业的定位。欧洲国家和韩国在这五个维度上基本都有限定，但美国却不一样，美国的低利有限责任公司（L3C）、弹性目标公司（FPC）和受益公司主要体现了社会企业的社会性和商业性，而在利润分配、资产处置和治理结构方面没有特殊规定，与商业企业没有太大区别。

这反映出当前各国对社会企业进行定位中的分歧。社会企业是介于非营利组织和商业企业之间的混合型组织，政府在对社会企业进行定位时，需要在这两个端点之间确定一个位置。其结果是，在有些国家（如英国），社会企业更加接近于非营利组织；在另一些国家（如美国），社会企业则更加接近于商业企业。这体现了各国对社会企业的不同认识和立法初衷。但目前来看，大多数国家对社会企业的定位更偏向于非营利组织一端，认定标准也体现出了鲜明的非营利特点。

五 中国社会企业立法的展望

（一） 社会企业立法

1. 中国社会企业的法律形式

在我国，制定社会企业的专门法律和相关政策，还没有被纳入官方的议事议程。因此，我国没有针对社会企业的特定法律形式。社会企业只能在现有的法律形式中选择，目前可供选择的形式有两类：在工商行部门登记注册的公司，在民政部门登记注册的非营利组织。

第一，公司形式的社会企业。社会企业可以采取公司形式，具体包括个人独资企业、合伙企业和有限责任公司（一人有限责任公司、普通有限责任公司、股份有限公司）。现行的公司法律形式与社会企业的特点不适应，章程范本不能体现出非营利因素，在利润分配、资产处置、治理结构等方面，没有为社会企业预留空间。社会企业在采取公司形式时，应在章程补充协议中，对这些事项进行规定，从而与普通的企业相区别，这要依靠创始团队的自觉和诚信。

福利企业具有一定的社会企业因素，是为安置残疾人劳动就业而兴办，具有社会福利性质的特殊企业，资格由民政部门审核认定。从民政部《福利企业资格认定办法》来看，福利企业除了在社会目标和员工构成上，能体现社会企业特点以外，在利润分配、资产处置和治理结构上的非营利性不够明显，福利企业的目标群体只是针对残疾人，难以适用于所有社会企业。

第二，非营利组织形式的社会企业。社会企业可以采取民办非企业单位形式，民办非企业单位是从事非营利性社会服务活动的社会组织，它具有民间性、非营利性、实体性。法律规定民办非企业单位为非营利组织，禁止利润分配，这不利于调动社会创业家的积极性。但由于监管不善，现实中的民办非企业单位比较复杂，有一部分实际是营利性商业企业和社会企业，以隐蔽形式分配利润。在未来的政策调整中，这部分组织应该进行工商登记，民政部门应只负责公益性强的慈善组织，使登记形式与收税优惠地位直接挂钩。这涉及我国慈善组织、社会企业、营利性公司的登记管理体制设计问题。

就目前而言，社会企业可以采取公司、福利企业、民办非企业单位的形式，并不意味着只要是公司、福利企业、民办非企业单位，就是社会企业。它们应在组织目标、收入来源、治理结构、利润分配、资产处置等方面，符合社会企业的基本原则，才是社会企业。

为避免"社会企业"称谓被滥用，应明确排除不是社会企业的四类组织：①国有企业、集体所有制企业和事业单位，虽然它们也具有社会目的，但举办主体并非民间；②企业社会责任（CSR）公司，它们并非是因社会目标而建立，履行经济责任或做慈善的目的，是为了获取利润，社会与环境目标只是从属性的；③很少参与商业经济的社会组织——一些社会组织的收入，主要依赖捐赠、收费、政府拨款，这种收入结构，不符合社会企业的市场化特点；④局限于内部成员受益的组织，它局限于为会员谋求经济利益，受益群体缺乏广泛性。

2. 对中国社会企业立法的建议

政府应该确保法律和制度不会成为阻碍社会企业发展的障碍。随着我国市场经济的发展，采取社会企业模式运作的组织越来越多。传统非营利组织在转型为社会企业之后，尽管提高了自我生存能力，但并不意味着政府责任的消失；商业企业在转变为社会企业之后，将更多资源用于提供公共服务，但也有些企业在乘机借用这一标签牟利。这就需要政府既要加强支持，也要加强规范和监管。

在条件成熟的情况下，我国可调整现行的社会组织法律框架和公司法律框架，出台单独的社会企业法律规范，给予社会企业相应的法律身份。通过法律方式，政府能够对社会企业进行更有针对性的管理，给予政策扶持和税收优惠。法律应明确社会企业与社会组织、商业企业（包括福利企业）之间的关系。民办非企业单位、福利企业、商业公司、合作社等组织，只要符合一定的登记条件，都可以被政府认证为"社会企业"。其中，大多数民办非企业单位、福利企业都可以转为社会企业，政府可允许以社会使命为首要目标的社会责任企业登记为社会企业。在未来的法律框架中，要在制度上确保社会企业"社会性"的可持续，明确社会企业始终是以解决社会问题为目的，不会转化为以经济利益最大化为目的。社会企业应当有与其社会使命和经营宗旨相关的承诺，社会企业在法律文件中必须明确"限制利润分配""社会使命""治理结构"和"资产归属"等要求。社会企业必须坚持公开透明和民间主导，政府和第三方机构加强对社会企业的监督。

（二） 社会企业资格认证

近年来，随着政社分开的逐步推进，中国政府与社会组织在逐步脱钩，社会组织不能再依靠政府拨款来维持生存，越来越多的社会组织开始通过市场化模式来赚取收入。非营利组织通过政府购买或合同契约的方式承接项目，政府的服务外包更加普遍，具有创新精神和人文关怀的社会企业家在积极创建社会企业，国外的成功经验对我国有示范作用，这些都是我国社会企业兴起的重要基础。

社会企业在我国还处于发展的初级阶段，社会企业不是单独的注册形式，存在概念界定不清和缺乏社会认同的问题。按照SEM的六条标准来对照我国的社会企业，我们可以发现，在民政部门登记注册的社会组织中，民办非企业单位的市场化程度较高，以服务性收入为主要资金来源，收入来自政府拨款和捐赠的比例很小。很大一部分民办非企业单位在本质上是营利性的，本来不应是非营利组织，而应是社会企业。对于社会团体，我国法律也并不禁止其开展经营性活动。目前，我国社会团体的收入主要来自会费，来自政府拨款和捐赠的比例只占到20%左右。因此，社会团体中很大一部分（尤其是收入主要来源于市场的行业协会）是社会企业。

工商部门登记注册的现行企业中，存在一些具有社会责任的企业将50%以上利润应用于社会目的，这是可以满足第SEM规定的，但绝大多数企业（包括社会福利企业和农民专业合作社）并没有在章程中规定"资产锁定"原则，不能被视为社会企业。只有少数工商注册的NGO在章程补充协议中规定了资产归属社会所有，可以被视为社会企业。

在我国的公司法中，天然认定"公司"就是以营利为目的的。但从欧美家的公司法律框架来看，"公司"也可能是以社会公益为目的的。因此，我国要引进社会企业的制度框架，就应该对公司法作出一定修改。在修改之前，可以先将社会福利企业的涵盖范围扩大，它的范围不仅是安置残疾人就业，也应包括促进其他弱势群体的就业，这样就可以把很多现实中的社会企业吸收进来。

实现社会企业身份的可识别性十分紧迫。制定适合中国社会企业的认定标准可以解决很多现实问题，能够快速筛选出社会企业，排除掉那些不是社会企业的组织。譬如，很多个人或单位在尝试举办社会企业的时候，并不清楚社会企业的具体形式是什么，不知道社会企业对法律形式、利润分配、运作形式和治理机制等方面是如何要求的。很多机构都声称自己是社会企业，但这种说法缺乏公认和权威的根据。基金会在选择社会企业资助或培训对象的时候，由于没有具体标准，不易筛选出真正的社会企业。政府若出台针对社会企业的优惠政策也难以落实。如果不能做到概念的明晰化和可操作化，社会企业将变得虚无缥缈，影响概念的"落地"。

当前，中国社会企业界面临四项主要任务：一是制定社会企业的具体认定标准；二是开展社会企业认证；三是成立社会企业行业联盟；四是推动政府出台优惠政策和法律框架。认证是促进社会企业发展的有效措施，为了与国际接轨，我国社会企业的行业代表机构可以与国外权威认证机构合作，引入并出台符合中国社会企业发展实际的认证标准。这个认定标准在形式和作用上应类似于 SEM 标准，具备操作化、具体化、定量化的特点，可以在现实中找到相应的证据来验证是否达到这些标准，而不是纯理论的定性描述。

参考文献

［1］ Cabinet Office Strategy Unit. Private Action，Public Benefit：A Review of Charities and the Wider Not – for – profit Sector. London：Strategy Unit，2002.

［2］ Cafaggi F & Iamiceli P：New Frontiers in the Legal Structures and Legislation of Social Enterprises in Europe. A Comparative Analysis. Italy：European University Institute，2008.

［3］ The Changing Boundaries of Social Enterprises，Published by the OECD Local Economic and Employment Development（LEED）Programme，2009.

［4］ Chan – ung Park：The Institutional Embeddedness of Social Enterprises in Welfare state

Regime: The Case of South Korea. Taipei: the 5th East Asian Social Policy Conference, 2008.

[5] Coates A & Van Opstal W: The Joys and Burdens of Multiple Legal Frameworks for Social Entrepreneurship – Lessons From the Belgian case. in 2nd EMES International Conference on Social Enterprise. Trento: EMES, 2009.

[6] Defourny J. and Nyssens M., "Social Enterprise in Europe: Recent Trends and Developments", Working Papers 2008/01, Emes European Research Network, Liège, 2008.

[7] EMES European Research Network, Study on Promoting the Role of Social Enterprises in CEE and in the CIS, Initial Overview Study, EMES, Liège, 2006.

[8] Eric Bidet & Hyung – Sik Eum: Social Enterprise in South Korea: History and Diversity. London: Social Enterprise Journal, 2011 (7).

[9] Fici, A., Assenza di Scopo di Lucro, in Commentario al Decreto Sull' Impresa Sociale, Edited by A. Fici and D. Galletti, Giappichelli, Torino, 2007.

[10] Galera G. and Borzaga C., "Social Enterprise: An International Overview of its Conceptual Evolution and Legal Implementation", Social Enterprise Journal, 5, 3, 210 – 228. 2009.

[11] Gumkoswa, M., Herbst, J. and Wyagnaski, K., The Role of Social Enterprises in Employment Generation in Cee and in the Cis. Case of Poland, 2006.

[12] Jacques Defourny and Marther Nyssens, eds. Social Enterprise in Europe: Recent Trends and Developments. European Research Network, number 08/01. Apr. 2008. New York, NY.

[13] Juszczyk M., Mizejewski C. and Oldak M., "Tworzenie i Dzialalno śćspóldzielni socjalnej", Zachodniopomorska Biblioteka Ekonomii Spotecznej, Ed. I. Szczecin, Szczecin. 2009.

[14] Legal Framework for Social Economy and Social Enterprises: A Comparative Report, UNDP Regional Bureau for Europe and the Commonwealth of Independent States, 2012.

[15] Margado A., "Société Coopérative d'intérêt Collectif", RECMA (Revue Internationale de l' économie sociale), 284, 19 – 30, 2009.

[16] Nyssen, M. (ed.) Social Enterprise. At the Crossroads of Market, Public Policies and Civil Society, Routledge, London – New York. 2006.

[17] Social Enterprises and Worker Cooperatives: Comparing Models of Corporate Governance and Social Inclusion. CECOP – CICOPA EUROPE. 2006.

［18］ Social Solidarity Ministerial Decree 24 Jan. 2008.

［19］ Travaglini C., Bandini F. and Mancinone K., 2009, "Social Enterprises in Europe. Governance Models. An Analysis of Social Enterprises Governance Models Through a Comparative Study of the Legislation of Eleven Countries", Selected Paper, Selected Paper, 2nd EMES International Conference on Social Enterprise, 1 – 4 July 2009, Trento.

［20］ Pättiniemi, P. Work Integration Social Enterprises in Finland, Emes WP n. 2004.

［21］ William H. Clark, Jr; Elizabeth K. Babson. How Benefit Corporations are Redefining the Purpose of Business Corporations. William Mitchell Law Review. 2012, 38 (2).

［22］ Young – Sup Yun. The Meaning and Promise of "Social Enterprise". In Social Enterprise: Concepts and Emerging Trends. Sangdal Shim. 2009.

［23］ 丁开杰:《从第三部门到社会企业:中国的实践》,《经济社会体制比较》(增刊) 2007 年第 2 期。

［24］ 金锦萍:《社会企业的兴起及其法律规制》,《经济社会体制比较》2009 年第 4 期。

［25］ 时立荣、徐美美、贾效伟:《建国以来我国社会企业的产生和发展模式》,《东岳 论丛》2011 年第 9 期。

［26］ 王名、朱晓红:《社会企业论纲》,《中国非营利评论》2010 年第 2 期。

［27］ 余晓敏、张强、赖佐夫:《国际比较视野下的中国社会企业》,《经济社会体制比 较》2011 年第 1 期。

香港慈善法律及税收政策考察报告

一 香港慈善立法背景

根据统计，目前大约有 6000 个慈善组织在香港运作。[①] 仅在 2008～2009 财政年度期间，通过慈善捐献在香港筹得的款项约有 80 亿元。[②] 这个数字比 2000～2001 财政年度所筹得的善款高出一倍多。[③] 可见，香港慈善界的活跃程度正在逐年增强。

不少海外的司法管辖区近年来在慈善捐献方面也有类似的快速增长，并对其慈善法律进行了重大改革。这方面改革通过提供一个现代化和精简的慈善法框架[④]，让慈善组织在这个框架内运作，以保障捐赠者权益并继续支持慈善组织活动。

香港目前仍没有足够全面的法律框架规范和监管慈善组织，只有有限的法律条文界定"慈善组织"或"慈善宗旨"的定义。慈善组织所筹得善款妥善用于其筹款目的的监管制度也非常有限。[⑤] 关于豁免缴税的慈善组

[①] 见《税务局年报》（香港）（2009～2010 年度），第 45 页："于 2012 年 3 月 31 日，合共有 6300 个慈善团体获本局豁免缴税，其中 581 个是于过去一年内豁免的，市民可浏览税务局网页，查阅免税慈善团体的名单。"

[②] 根据税务局提供的数据，在 2008～2009 课税年度，利得税和薪俸税项下获扣除的认可慈善捐款分别为 30.3 亿元和 50.1 亿元。

[③] 见《税务局年报》（香港）（2001～2002 年度），第 68 页："于 2000～2001 课税年度，在利得税和薪俸税项下扣除的认可慈善捐款分别为 8.3 亿元和 20.8 亿元。"

[④] 例子包括英格兰与威尔士的《2006 年慈善法》、新西兰的《2005 年慈善法令》以及苏格兰的《2005 年慈善及受托人投资（苏格兰）法令》。

[⑤] 政府近年引入了一些参考指引以推广慈善筹款活动的最佳安排，但是这些指引的采纳纯属自愿，见社会福利署的《慈善筹款活动最佳安排参考指引》（2004 年）（香港），http：//www. swd. gov. hk/tc/index/site_ pubsvc/page_ controlofc//sub_ referenceg/；社会福利署的《慈善筹款活动内部财务监管指引说明》（2004 年）（香港），http://www. swd. gov. hk/doc/Control_ of_ Char/gnifc_ c. pdf。

织法例，也只是散见于各项专责条文之中。①

任何实体如获税务局认可为公共性质的慈善机构或慈善信托，即可享有税款豁免，但税务局并不负责为慈善组织注册，也不监管其行为。香港也没有法定条文规定慈善组织须呈交周年报告或财政状况账目。香港税务局只会为了复查某一机构的免税地位才会要求该机构提交账目、周年报告或其他文件，以确定该机构仍属慈善性质。然而，在现行法律下，审查慈善组织的账目不是强制性的。

近年来，是否需要加强监管慈善组织的问题已在社会上引起广泛讨论，而设立制度以监管慈善组织及提高其透明度已成为关乎公众利益的重大议题。法律改革委员会因此获律政司司长和终审法院首席法官邀请，对适用于香港慈善组织的法律进行探讨。目前法律改革委员会认为监管慈善组织应旨在达到以下各项目标：确保慈善组织遵从慈善法；加强对受益人及捐款人的问责性；提高公众的信任和信心；以及鼓励慈善组织充分发挥其社会及经济潜力。

二 香港慈善相关法律现状概览

（一）"慈善组织" 的法律定义

一般来说，"慈善组织"一词在香港法律下的含义是以普通法为依据，重点在于有关组织或活动的特定目的在法律意义上是否属"慈善"性质。正如一般的法律参考书籍所指出的，"慈善组织""慈善""慈善宗旨""慈善目的"及"慈善用途"等词，在法律上有专门含义，在某些方面可能与一般人的理解不同。②

"'慈善'一词在法律意义上，可涵盖多项非法律专业人士可能认为不应归于此词之下的宗旨，而一些可能被非法律专业人士认为属慈善性质的爱心或慈善活动，却被排除于此词范围之外。"③

---

① 《税务条例》（香港）（第 112 章）第 2 (1) 条及 88 条，以及《注册受托人法团条例》（第 306 章）第 2 条。

② Halsbury's Laws of England，卷 5 (2) (2001 年再版)，第 2 段。

③ Halsbury's Laws of England，卷 5 (2) (2001 年再版)，第 2 段。

要被认定为慈善组织，必须是法律上的纯粹慈善性。麦纳顿勋爵（Lord Macnaghten）在1891年的Income Tax Special Purposes Commissioners v Pemsel案中所提出的著名说法，是阐述慈善组织定义的最权威的普通法案例，香港的法庭予以明确遵从，而税务局也明确采纳。① 在该案中，麦纳顿勋爵列出慈善宗旨的"四大主要类别"：（1）旨在济贫的信托；（2）旨在促进教育的信托；（3）旨在推广宗教的信托；（4）旨在令社会得益但非属以上任何一类的信托。

（二） 慈善地位所带来的优惠

从法律及经济的角度，在香港法律下被认定为属"慈善"性质者可享多项优惠。包括税务优惠和某些法定注册或等级规定的豁免权等。

首先，在税务优惠层面，慈善组织可以申请免税地位。香港税务局备有一份申请免税成功的机构名单，这些机构在得到税务局《税务条例》（第112章）第88条所指的"属公共性质的慈善机构或慈善信托"的相关认可后，即可获豁免缴税，是因为："虽然该条例第88条载有一般的豁免缴税规定，但如果某行业或业务是由某慈善组织经营，则经营所得的利润，只在符合以下情况时方可获豁免缴税：由该慈善组织经营的行业或业务所得的利润，会纯粹作慈善用途；及该等利润，不会大部分在香港以外地方使用；并且必须符合以下其中一项规定：该慈善组织所经营的行业或业务，是在贯彻该慈善机构的明文规定的宗旨时经营的；或与该慈善组织所经营的行业或业务有关的工作主要是由某些人进行，而该慈善组织正是为他们的利益而成立的。"② 另一项规定是只有受香港法院司法管辖的慈善团体，即是在香港成立的慈善团体，或"海外慈善团体的香港机构，例如根据《社团条例》第4条当作在港成立的社团或根据《公司条例》第XI部注册的社团等"，才可获豁免缴税。③

---

① 见税务局资料小册子《属公共性质的慈善机构及信托团体的税务指南》（2010年9月修订版）（香港），http：//www.ird.gov.hk/chi/tax/ach_tgc.htm。
② 《税务条例》（香港）（第112章），第88条。
③ 税务局资料小册子，《属公共性质的慈善机构及信托团体的税务指南》（2010年9月修订版）（香港），http：//www.ird.gov.hk/chi/tax/ach_tgc.htm。

其次，慈善捐款可获税项扣除。税务局曾指出："按一般理解，'捐款'一词是指一项馈赠。'馈赠'是指在无须任何有值代价下转移一项东西的业权。作为馈赠，业权的转移必须出自自愿，而非因合约上的义务而转移。再者，捐赠人不得收受任何实质利益作为交换。"① 根据《税务条例》（第112章）第26C条，纳税人可从他在某个课税年度的应评税利润或应评税入息中，扣除他所做出的"认可慈善捐款"（总额不少于港币100元）。"认可慈善捐款"一词，在该条例第2（1）条中有界定，是指"捐赠给根据第88条豁免缴税的属公共性质的慈善机构或慈善信托作慈善用途的款项"，该条例第16D条又容许须缴付利得税的纳税人，就认可慈善捐款做出扣除。根据第26C条或第16D条做出的扣除上限是应评税入息或利润的35%。② 应该强调的是此处所指的馈赠，必须是金钱上的捐赠。馈赠土地，或艺术品（被归类为"动产"），可获豁免缴付印花税，却不得作扣除入息税之用。虽然就慈善捐款而言，免税优惠是直接给予捐赠者而非慈善机构，但这些条文显然可令慈善组织间接受惠，因为它们在经济效用上可令向慈善组织做出的捐款更具"效益"，因而从捐款人的角度来看，捐款给慈善组织要比捐款给非慈善组织更有吸引力。

最后，向慈善组织做出非金钱形式的馈赠，例如馈赠土地或艺术品，可获豁免缴付印花税。③

（三）慈善组织的监管

在香港，政府对慈善组织的监管程度并不一致，视慈善组织属哪一类别而定，可"由严格的法定全面监管"至对特定活动只作有限度的监察不等。④

---

① 税务局所发出的《税务条例释义及执行指引》第37号（修订本）特惠扣除：第26C条：认可慈善捐款第3段（2006年9月）（香港）。

② 《税务条例》（香港）（第112章）第16D（2）（b）或26C（2A）（c）条，这个上限之数可年年不同，举例来说，第26C（2A）条阐明："就——（a）自2002年4月1日开始的课税年度及之前任何课税年度而言……指明的百分率为10%；（b）自2003年4月1日开始的课税年度，自2007年4月1日开始的课税年度，或该两个课税年度之间的任何课税年度而言……指明的百分率为25%；（c）自2008年4月1日或其后开始的任何课税年度而言……指明的百分率为35%。"

③ 《印花税条例》（香港）（第117章），第44条。

④ 申诉专员公署，《有关监管慈善筹款活动的安排的调查报告》（2003年2月），第5.3段。

1. 由税务局进行监管

税务局只负责慈善组织的免税事宜，不负责为慈善组织注册，也不负责监管慈善组织的行为，而香港也无法律规定慈善组织须提交年报或账目以就其财务情况做出报告。反之，税务局只会为定期复查个别组织的免税地位而要求该组织提交账目、年报或其他文件，以确保该组织仍属慈善性质及其活动仍符合其宗旨。[①] 不过税务局指出，在现有法律之下，这项查阅慈善组织账目的规定非属强制性。形式属法团公司的慈善组织，通常每四年须向税务局提交经审计的账目一次，这是上文所提到的税务局定期复查慈善组织的程序之一。形式属社团或非属法团组织的慈善组织则只需提交账目的自我核证副本。

2. 由公司注册处进行监管

公司注册处本身不负责监管慈善组织。公司注册处处长规定根据《公司条例》（第32章）成立为法团的公司，每年均须向公司注册处提交载有指定详细资料的周年申报表。[②] 只有根据《公司条例》成立为公司的慈善组织方须提交周年申报表。

3. 律政司司长以"慈善事务守护人"（政府作为监护人）身份做出的监管

香港律政司司长接替前律政司而肩负慈善事务守护人的职责。作为慈善事务守护人，律政司司长是慈善法律程序的必然一方，并且代表有关慈善组织的实益权益或宗旨。"透过维护一般慈善利益，律政司司长为慈善组织的监管及管控框架做出贡献"[③]。

虽然律政司司长并非亲自监管慈善组织的"规管者"，但《受托人条例》（第29章）第57A条赋权律政司司长在慈善信托遭违反或有需要更有效地管理慈善信托时采取行动。第57A条述明，法院可因以下人士提出的申请，提供法院认为属于公正并与慈善信托有关的济助，或做出法院认为属于公正并与慈善信托有关的命令或指示。自1997年以来，律政司司长曾

---

① 《税务条例》（香港）（第112章），第51（1）条。
② 《公司条例》（香港）（第32章），第107条。
③ 黄仁龙司长：《律政司司长担任公众利益维护者——延续与发展》，《香港法律学刊》2007年第37期。

参与多宗涉及慈善组织的案件。①

4. 由其他政府部门进行监管

除上述政府部门外，还有一些其他部门须就属其范畴的慈善组织行使某些监管职能。这些部门包括：民政事务局（负责统筹康体政策及康体活动的设施）；教育局（负责监察教育服务的提供）；卫生署（负责确保医护机构适合提供服务）。

三 慈善组织与税收政策

如前文所述，成立慈善组织有以下显著好处：慈善组织本身一般是无须缴税的，而向慈善组织做出捐献者也可申请从其应评税入息中扣除捐出的数额。香港法律改革委员会在对香港目前法律的回顾基础上，对海外慈善组织在税务方面的特殊地位做出调研和分析，并研究改革可涉及的范畴。

（一） 香港慈善税收政策现状

在香港，任何实体如获税务局根据《税务条例》（第112章）第88条接纳为"慈善机构"或"属公共性质的信托"，即可获豁免缴税。税务局备有一份已成功取得免税地位的香港慈善组织的名单。然而，正如前文所见，税务局并不负责为慈善组织注册，也不负责监管其行为。根据税务局的统计资料，近年来获准豁免缴税的慈善组织数目截至2010年已达6380个（见表1）。

---

① Ng Chi–fong and Others v Hui Ho Pui–fun and Others［1987］4 HKLR 462；Ip Cheung–kwok v Sin Hua Bank Trustee Ltd and Others［1990］2 HKLR 499；HSBC Trustee（Hong Kong）Limited v Wilhelmina Wu and Others（1997）HCMP 1861/1997；HSBC Trustee（Hong Kong）Limited in their capacity as trustees of the Sir Robert Ho Tung Charitable Fund v Secretary for Justice and Others（1999）HCMP 1975/1997；Hong Kong Housing Services for Refugees Ltd v Secretary for Justice（1999）HCMP 6007/1999；To Kan Chi & Others v Pui Man Yau & Others（1998）HCMP 2084/1994；To Kan Chi & Others v Pui Man Yau and Others（2000）CACV 32/1999；Secretary for Justice v To Kan Chi and Others［2000］3 HKCFAR 481；Fuijino Wong Annie Mei Mei & Others v Lauren Eiko Lai Ying Fujino & Others（2004）HCMP 5179/2001.

表1 香港 2005～2010 年获准豁免缴税的慈善组织数目

截至以下年度终结日期	数 目
2005 年 3 月 31 日	4162
2006 年 3 月 31 日	4435
2007 年 3 月 31 日	4832
2008 年 3 月 31 日	5311
2009 年 3 月 31 日	5898
2010 年 3 月 31 日	6380

（二） 慈善组织的免税

如前所述，某组织若是《税务条例》（第 112 章）第 88 条所指范围内的属公共性质的慈善机构或信托，便可获准豁免缴税。虽然《税务条例》中没有界定"慈善机构""属公共性质的信托"及"慈善用途"等词语，但界定了"认可慈善捐款"一词，这是指"捐赠给根据第 88 条获豁免缴税的属公共性质的慈善机构或慈善信托作慈善用途的款项，或捐赠给政府作慈善用途的款项"。实际上，税务局依赖普通法来决定可否接纳某一组织是为慈善宗旨而成立的，尤其是麦纳顿勋爵在 Income Tax Special Purposes Commissioners v Pemsel 案中所定下的慈善宗旨之四个主要分项。此外，该组织必须是纯粹为慈善宗旨而成立的。另一个条件是只有受香港法院司法管辖的慈善组织才有资格获得豁免。这些组织包括在香港成立的慈善组织，或是"海外慈善团体的香港机构，例如根据《社团条例》第 4 条当作在香港成立的社团或根据《公司条例》第Ⅺ部注册的法团等"。

（三） 慈善捐款的扣税

根据《税务条例》（第 112 章）第 26C 条，纳税人如在某一课税年度中做出任何"认可慈善捐款"（总额不少于港币 100 元），即可从该年度的应评税利润或应课税入息中扣除这笔捐款。正如上文所指出，"认可慈善捐款"已在该条例第 2（1）条中界定。该条例第 16D 条亦容许须缴付利得税的纳税人在报税时扣除认可慈善捐款。根据以上两项条文可做出的扣除，目前受制于应评税利润或入息的35%这个上限。表2列出香港近年获准扣税的认可慈善捐款的总额。

表2 香港 2003～2009 慈善捐款总额

单位：亿元，%

课税年度	利得税	薪俸税	总额（港币）
2003/2004	12.8	28.9	41.7
2004/2005	17.2	33.9	51.1
2005/2006	17.9	34.0	51.9
2006/2007	21.5	37.6	59.1
2007/2008	25.1	45.2	70.3
2008/2009	30.3	50.1	80.4

资料来源：数字由香港税务局提供。

（四） 香港法律改革委员会对香港慈善组织税务相关法律的结论和建议

香港法律改革委员会认为虽然认可慈善地位的申请应向未来的慈善事务委员会提出，但目前为税务目的而定期复查慈善组织以及准予免税的权力，则应仍然由税务局执掌。这个结论是基于现行制度的运作大致顺畅这个社会现状，同时也借鉴了其他普通法司法管辖区（包括一些已成立慈善事务委员会的司法管辖区）所普遍采取的做法。香港法律改革委员会还提出，新西兰的慈善事务委员会与税务当局在行政上的有效合作模式，也非常值得借鉴。未来的慈善事务委员会应通过向税务局提供有关慈善组织的账目资料，尽量协助税务局定期复查慈善组织可否继续享有免税待遇。未来的慈善事务委员会尤其应该举报怀疑作弊的个案，交税务局进行调查。此外，还应该强调税务局获分配充足资源的重要性，税务局应执行职能，复查慈善组织的账目以确定其入息纯粹遵照法律用于慈善宗旨。这是一项非常重要的职能，而且在很大程度上是公众对慈善界的信赖。

香港法律改革委员会建议现有豁免慈善组织缴税的权力以及为税务目的而定期复查慈善组织的职能，应继续由税务局执掌；慈善组织必须向未来的慈善事务委员会注册，才可获税务局批准豁免缴税；香港目前规管慈善组织税务的法律应维持不变；未来的慈善事务委员会应尽量与税务局合作，尤其是在适当情况下透过提供有关慈善组织的账目资料，协助税务局对慈善组织执行评税的职能；及政府当局应确保税务局获得充足资源，向未来的慈善事务委员会提交的周年账目，执行复查的职能。

四　慈善信托

（一）　国际慈善信托发展演变

慈善信托最早发源于英国中世纪，虔诚的基督教与天主教徒将个人财产捐赠给教会以救济贫困之用，随着数量逐渐增加，个人捐赠已从单纯的信仰活动，扩展至教育、医疗、农业生产等世俗公益活动。19 世纪，英国政府设立公益委员会，作为慈善信托的监督、检查与辅导机关。第二次世界大战后，慈善信托法制与营运委员会成立，1960 年通过《公益法》，之后历经多次修正，对于公益活动的主体（包含公益法人与公益信托）、主管机关权限的强化、确立登记制度与免费财产管理机制等都有详尽规定。英国的慈善信托制度经过几百年曲折发展，如今已经形成了一个十分成熟而又完备的运作体系。[①]

当前，英国的慈善信托事业在现代社会中十分活跃，可以说社会生活的方方面面都受到公益信托的影响。英国于 2005 年初便拥有超过 20 万家注册的慈善组织，仅 2009 年注册的慈善机构已超过 7000 家。据英国公益委员会报告显示，英国注册的公益机构，总资产超过了 1700 亿英镑，年总收益超过 530 亿英镑。另外，在英国有超过 800 万的雇员是职业养老金项目的成员。而在美国，利用慈善信托发展公益事业是美国的一项重要举措，慈善信托的设立十分方便，无须注册登记。美国民众的捐赠意识强烈，据税务局统计，平均家庭年捐赠额高达 1000 多美元。社区基金会是美

---

① 李廷芳：《完善信托制度助推公益事业》，http：//crm. foundationcenter. org. cn/html/2012 - 05/185. html。

国最早利用信托制度、结合民间力量从事地方公益事务的基金会，也是当今美国慈善事业中发展较快的机构，目前数目有 600 多个，资产总额达 230 亿美元。在日本，受托人以信托银行居多。日本对慈善信托的税法规范，对个人与法人采取不同办法，且税法上的优惠措施仅适用于金钱捐赠，其他如物质财产或不动产捐赠尚未被纳入此优惠范围。委托人为个人时，可享有免征捐赠部分之所得税、遗产税，若委托人为法人时，其捐赠金额可列入费用认可额度中。近年来，日本各大公司广设各种慈善信托，其中以奖学金、学术研究、自然及都市环境保护与国际交流为最主要目的，其中又以奖学金及鼓励学术研究占大宗。同时，利用慈善信托从事增进社会发展、改善社区环境目的之案例日增。根据信托协会统计，至 2002 年（平成 14 年）慈善受托案件有 572 件，就案件与受托财产之数额来看，以奖学金、自然科学研究及都市环境的保护、保全等为最主要目的。

（二） 香港慈善信托案例简介

1. 邵逸夫慈善信托基金

邵逸夫家族基金成功的管理模式是香港慈善界的慈善信托研究的重要案例。邵逸夫成立的邵逸夫慈善信托基金（Sir Run Run Shaw Charitable Trust）和邵氏基金会，致力于资助发展教育科研、医疗福利事业及文化事业，仅捐助内地教科文卫事业的资金就超过 25 亿港元。[①] 邵逸夫奖仿效诺贝尔奖基金运作，每年颁发高达 300 万美元奖金，表扬有杰出贡献的科学家，奖金主要来源便是靠资产管理投资收益。

2. 香港民政事务局管理的主要慈善信托基金 （以李宝椿慈善信托基金为例）

根据香港民政事务局公布的慈善/信托基金（合并公布）的信息，"慈善/信托基金为有需要的个人或家庭，在特别和紧急的情形下，而其他方面之经济援助均不适用或未能即时提供时，提供直接及临时的援助。捐赠

---

① http：//www. shawprize. org/en/shaw. php？ tmp = 1 & twoid = 2.

人在成立基金时，均会列出受益人的类别及拨款援助的范畴"①。

以李宝椿慈善信托基金为例②，其目的在鼓励教育，为在港及海外求学的学生颁发奖学金，在促进福利方面，为在困难中而从其他途径得不到足够救济的人发放临时救济金。基金是由已故李宝椿先生所捐赠的香港公司若干股票设立。

五 考察机构案例：香港赛马会慈善信托基金

香港赛马会在香港慈善界和慈善史中都占据重要地位，目前香港赛马会的所有慈善支出都是由下属的香港赛马会慈善信托基金（以下简称马会基金）分配。马会基金经历数次坎坷，包括1997年亚洲金融风暴、科技股泡沫以及现在的全球金融危机，但是，该基金始终屹立不倒，在其他世界级慈善基金纷纷宣布减少支出的时候，香港赛马会却不惜动用资金储备，增加捐助，马会基金因此成为众人眼里的模范基金。

（一） 世界级慈善信托基金

香港赛马会于1959年成立香港赛马会（慈善）有限公司。随后，为了能更专业地行善，在1993年，成立香港赛马会慈善信托基金，专责管理捐款事宜，据香港赛马会年报显示，该基金平均每年捐赠慈善的款项超过10亿港元。马会基金每年的支出主要用于支持大型社会计划及资助约100个慈善团体推行慈善服务项目，由于资助广泛，马会基金成为继政府之后，香港最大的资助机构，其捐款金额高于香港公益金全年捐献的五倍。与洛克菲勒基金会、沃尔玛基金会以及美国银行慈善基金会等超级慈善机构的每年捐款相当。

而与洛克菲勒基金会、沃尔玛基金会这些机构不同的是，马会基金的捐款没有分散在世界各地，而是全数用于700万香港市民身上。马会基金的运作模式毫无疑问的也是香港赛马会的"非营利"模式，其相关决策事

---

① 香港民政事务局信托基金介绍，http：//www.hab.gov.hk/chs/policy_responsibilities。

② 年度受托人基金管理报告书请见 http：//www.hab.gov.hk/file_manager/chs/documents/policy_responsibilities/li_po_chun_charitable_trust_fund_report_c.pdf。

务由董事局掌管。据介绍，马会董事局由 12 位在香港享有显赫声望的人士组成，他们由 200 名资深会员通过选举产生，义务任职，不从马会领取酬金，纯粹以社会责任感来领导香港赛马会。

根据香港赛马会董事制度管理规定，董事局一般每年一次改选其中四名董事，每次任期三年，保证既稳定，又有新鲜血液。马会的董事可以连任，但是 70 岁时要硬性退休。董事局成员产生后，通过互选产生主席和副主席。日常管理工作则由行政总裁领导下的管理委员会负责执行。董事局的所有的 12 位董事都在商界、金融界、政界具有丰富的从业经验，其中不乏香港政府高官、商业巨子等。马会基金信托人由这 12 位董事兼任。

多年来，香港马会能始终走在世界前列为社会服务，依靠的是一套良好的运作制度，其中，马会基金有着严格的监管制度。马会要求，基金信托人必须严格遵守香港会计师公会颁布的香港财务报表准则和香港赛马会慈善信托基金契约编制财务报表，该报表要求真实而公平地对外公布。马会基金的主要投资活动都必须严格按照信托契约执行。除了马会董事局之外，香港政府还有不同的部门来监管马会：赛马政策由特区政府民政事务局监管，赛马的赛期改变需要很多部门来确认，而财政方面由特区政府财政司监管。据香港赛马会《2009 年 6 月 30 日止年度年报》显示，在 2008/2009 年度，马会基金捐款 13.68 亿港元资助香港慈善机构及社区计划。

（二） 从简单捐赠到专业信托

马会基金的形成主要缘于香港赛马会长久持续的行善。因为早在 1915 年，香港赛马会就已经开始捐助社会公益。20 世纪 50 年代，香港面对战后重建、大量移民涌入等问题，为了帮助难民，马会董事局决定所有的盈余全部用作慈善，这个决定逐渐地促使马会将慈善捐助工作纳入业务范围内。1955 年，它正式决定将每年的盈余拨捐慈善公益计划。其后在 1959 年，又设立一家独立的香港赛马会（慈善）有限公司，专责管理捐款事务。正因为香港赛马会多年来对慈善事业的不断关注，为马会基金的成立奠定了基础，1993 年，马会基金正式成立，它继承之前公司的所有责任，打理马会一切的捐款事宜。

香港赛马会一贯的宗旨，是为整体社会带来最大的利益。因此，马会基金的慈善捐款惠及不同的公益慈善计划和项目。捐款照顾到民生和社会需要，主要涉及康体文化、教育培训、社会服务及医药卫生。马会更与政府和其他非营利机构携手合作，改善香港市民的生活质量，同时让有迫切需要的人士得到适时的援助。此外，还积极主动开拓和发展慈善计划，以应付社会日后的需要。

虽然是一个非营利的公共机构，不以追求利益最大化为主要目标，但无论是经营赛马业务、投注业务、会员设施，还是对员工身心健康和慈善捐献的承诺，马会都能够做到精益求精，务求所做的一切都达到世界最高水平。在香港，赛马的意义早已超越娱乐层面，而成为丰厚社会福利的重要基石。

香港赛马会相关负责人表示，他们所做的慈善事业，与一些公司在做的慈善是有区别的，他们做慈善不论大小，都会拿一个商业化的手段来衡量，慈善拨款更像是一个投资，接受者花钱是否适当，要经过监管。对于马会来说，做慈善是最重要的业务之一。在这里，没有任何商业目的，因为它所有的盈余都将拨捐慈善信托基金。香港赛马会至今没有制定统一的捐助申请表，而是不断派出人员实地考察。

据介绍，过去 10 年，香港赛马会通过马会基金捐款已超 100 亿港元，这也让马会成为全球最大的慈善捐款机构之一。过去 15 年，马会捐助的慈善机构达 450 个，项目约 2500 个。

（三） 会计政策决定基金增值

香港赛马会及其所有附属公司虽然均属非营利性质，但在业务策略与管理上仍采用审慎的商业策略。马会长久不衰的秘诀之一是维持高效率的业务运营和强健的财务状况，这让它有稳定的净盈余用于慈善事业。马会以及慈善信托基金的资产均按照严谨的制度进行管理，受董事局财务及一般事务委员会监督。而一般事务委员会要定期审批所有投资计划，有关的财务资产，交由外部的专业基金经理及公司财务部管理。

据香港赛马会《2009 年 6 月 30 日止年度年报》显示，在 2008 财政年，香港赛马会慈善信托基金收到来自香港马会赛马博彩有限公司、香港马会足球博彩有限公司、香港马会奖券有限公司共计 5 亿港元的拨款。其实，马会基金成立 16 年来一直保持着稳定高效的投资回报率，这主要缘于其详细的会计政策。

马会基金的会计政策从编制原则到投资组合的设立，再到财务资产的分配都有着完善的制度。例如，马会基金规定其备用基金的使用，是在马会投注业务遇到暂无收入时启动使用，备用基金主要是资助马会或香港社会的建设项目；进行维修工程和改善马会在物业、设备及器材方面的庞大投资项目；也可作马会董事局认为合适的其他特别用途。备用基金投资还被界定为非买卖用途基金，所有收益须以公平的价值在结算日列账。多年来，备用基金投资所得的盈余只能用于再投资，其投资盈亏都要列入该投资组合中。

另外，马会基金还设立了长期投资组合和债务证券组合。前者的作用主要是将日常运作所需资金以外的剩余资金用以再做投资，从而获取中长期资本增值。这些投资组合与备用基金一样，无论盈亏，都只能用于再投资。而后者的主要目的是将剩余资金再做投资，以加强现金管理及获取更高回报，这两个投资组合都属于非买卖用途基金，马会基金还设立了全面的投资程序，以确保达成各项投资目标的实现。其运作模式主要有，基金不设定递交拨款申请的时限；不会为每年的拨款设定预算；以及不为各个资助类别设定拨款上限。这种灵活的运作模式令慈善信托基金可以有效适时地满足社会不断转变的需要。

当然，在 2008 年全球金融危机爆发后，马会基金各项投资组合在 2008 财政年度有 11 亿港元的财务亏损。香港赛马会主席陈祖泽在主席报告中表示："一如全球其他投资者，我们季内的投资回报显著下滑，除税后盈余，由 2007/2008 季度的 32.7 亿港元跌至 7.07 亿港元，导致该年度仅能拨出 5 亿港元给香港赛马会慈善信托基金，而上一年度的金额为 17.8 亿港元。"

但是，正因为有科学完善的会计政策，使得马会基金得以险中求生。据年报显示，"由于马会对投资组合管理采取比较长远的策略，比较过去三年的财务投资收入，每年平均仍高达十二亿港元"。

（四） 香港赛马会慈善信托基金成功要素

当公益信托基金在中国尚属陌生时，香港赛马会慈善信托基金正在飞速发展。在成立的16年里，香港赛马会慈善信托基金发展成为亚洲乃至全球最著名的慈善信托基金之一。在过去三年，尽管受全球金融危机影响，基金投资收益大大降低，但仍然有着高达12亿港元的收入。

1. 无可挑剔的组织构架

香港赛马会在成立慈善信托基金之初就制定了完美的组织构架。它规定，董事局是香港赛马会的最高管治单位，香港赛马会慈善信托基金的信托人由12位董事兼任。原则上马会董事的职能与一般私营机构的董事基本一致，唯一区别是，董事局没有股东代表，也没有管理层代表。换句话说，所有董事均为独立非执行董事，并由马会遴选会员选出。

香港马会虽然不是上市公司，但是也参照香港对上市公司的要求，在财务监管、风险管理、财务汇报和披露、企业社会责任等方面，采纳最佳的机构管治模式。马会要求，基金信托人在制定财务报表时，必须依照香港会计师公会颁布的香港财务报表准则和香港赛马会慈善信托基金契约，始终坚持真实、公平的原则。

马会完善的管治制度能确保有效监管和向公众负责，另外也能迅速、灵活地回应社会需求。马会慈善信托基金的财务报表包括：信托基金资产负债表以及截至年度收支表、基金变动表及现金流量表，以及主要会计政策概要及其他辅助解释。

香港赛马会慈善信托基金与马会的财务资产，均按照严谨的制度进行管理，受财务及一般事务委员会监督。该委员会定期审批所有投资政策，有关的财务资产交由马会的库务部及独立的专业基金经理负责管理。其中，由马会库务部管理的投资组合以银行存款、债券为主，这些资金主要用于应付营运及流动资金的需要。由外间基金经理管理的投资组合，主要作长期资本增值之用，并投资在世界各地不同的资产类别，务求有效地分散风险，争取稳定回报。基金主要分成备用基金和发展基金两部分。

2. 最稳定的投资战略

马会基金之所以保持着稳定高效的投资回报率，这主要缘于其完善的会计政策。在马会基金的会计政策中可以看到：编制原则、投资组合设立、财务资产的分配等都有着详细的制定。马会基金会计政策设计了包括长期投资、债务证券、财务资产以及外币兑换等。

设立长期投资组合的主要目的，是将日常运作所需资金以外的剩余资金用以再投资，从而获取中长期资本增值。这些投资组合仅持作非买卖用途，这些投资所得的盈余会用于再投资。而对于债务证券组合来说，马会基金将剩余资金买入债务证券，以加强现金管理及获取更高回报，债务证券也属非买卖用途。

目前由外部基金经理管理的投资组合，主要做长期资金增值之用。这些组合以世界不同的资产类别作为投资项目，包括对冲基金、私募基金以及房地产投资等，确保有效分散风险，获得稳定投资回报。

马会及其所有附属公司虽然均属非营利性质，但在业务策略与管理上仍采用审慎的商业策略。马会维持高效率的业务运营和强健的财务状况，所以一直以来都有稳定的净盈余，用于慈善事业。据介绍，马会和慈善信托基金的资产均按照严谨的制度进行管理，且受董事局财务及一般事务委员会监督，该委员会定期审批所有投资计划，而有关的财务资产，交由外部的专业基金经理及公司财务部管理。这些机构实行全面的投资程序，以确保达成各项目标的实现。香港赛马会慈善信托基金独特运作模式有三个特点：第一，慈善信托基金不会设定递交拨款申请的时限；第二，不会为每年的拨款设定预算；第三，不会为各个资助类别设定拨款上限。这种灵活的运作模式令慈善信托基金可以有效适时地满足社会不断转变的需要。

地方实践

广州市募捐条例评估报告*

一 评估背景

　　我国尚无全国性的专门的慈善法律法规体系，在这种情况下，慈善事业发展状况较突出的地方开始根据本地特色制定适应本地实情的慈善法规。目前，国家级的慈善法已经列为全国人大一级立法计划，全国人大相关办公室及民政部等相关部委已经组成立法小组，目前正在积极地制定过程中，在此时，总结地方慈善法规在实施过程中的经验将给国家层面的慈善法提供宝贵的经验。

　　立法评估，就是在法律制定出来以后，由立法部门、执法部门及社会公众、专家学者等，采用社会调查、定量分析、成本效益计算等多种方式，对法律在实施中的效果进行分析评价，针对法律自身的缺陷及时加以矫正和完善。在功能上，它既是对立法"成本—收益"的效益评估，也是根据实际情况对立法的再次调适。

　　《广州市募捐条例》于 2012 年 1 月 9 日由广东省第十一届人民代表大

---

　　* 数据及资料来源：广州市民政局。

会常务委员会第三十一次会议批准，2012 年 5 月 1 日起实施。《广州市募捐条例》是一部重要的地方政府规范慈善募捐行为的地方法律规范，实施半年来《广州市募捐条例》在规范募捐行为、监督募捐款使用等方面发挥了重要作用。我国慈善事业起步较晚，基础相对薄弱，要全面发展慈善事业，促进慈善发展，需要在鼓励慈善组织、培养慈善文化的同时不断完善相关法律制度，为慈善事业发展提供法律保障。改革开放以来，我国经济社会发展取得的成就，为全面发展慈善事业打下了坚实的基础，也为进一步完善慈善相关法律制度创造了条件。

二　评估目的

对《广州市募捐条例》进行立法后评估，目的在于通过对其主要制度设计的科学性、合理性和可操作性进行评价，为考量是否需要修改完善提供依据。同时，通过对其实施情况的定量、定性分析，发现实施中存在的问题，对改进法律实施提出有针对性的建议，努力营造与经济社会发展相适应、有利于慈善事业发展的良好环境，为全国及其他地区慈善立法提供经验和借鉴意义。

三　评估内容

保护捐赠人、受益人和募捐组织的合法权益是慈善募捐得以进行的基础，《广州市募捐条例》不仅要保护上述合法权益，还要起到鼓励捐赠、规范捐赠行为和促进公益事业发展的作用。本次评估从募捐条例的实施准备工作、募捐条例实施半年来的实际情况、募捐条例社会影响等几个角度来进行评估。

评估标准：对上述重点，围绕法律制度设计、法律实施保障和法律实施绩效三个层面进行评估。在法律制度设计方面，通过考察其是否符合立法原则、内容是否完整及是否与上位法相衔接，评估其科学性、合理性，通过考察各项条款是否清晰、明确、具体，评估其可操作性；在法律实施保障方面，通过考察相配套的规范性文件及实施情况，评价各级法律实施责任部门是否履行法定职责，是否为法律实施提供保障；在法律实施绩效方面，通过考察募捐活动实际进行的发展状况，特别是实施半年来已经进行的募捐活动是否合法等角度评估法律实施的实际效果。

四 评估结论

（一） 法律内容具有创新性

《广州市募捐条例》（以下简称《条例》）共 43 条，涉及募捐主体认定、募捐活动管理、募捐信息公开、募捐款项使用等多个问题，其中在募捐主体、募捐信息公开、募捐剩余财产使用等方面还制定了很多全国首创性的规范条款。

（1）适当扩大募捐主体，引导慈善回归民间。按照《公益事业捐赠法》及《基金会管理条例》的法律法规的规定，只有红十字会、慈善会和公募基金会可以公开募捐。广州市民政局根据实际情况考虑到，一方面，法定能够募捐的慈善组织数量较少，且其或多或少存在一定的政府机构背景；另一方面，随着社会组织登记门槛的降低，慈善类民办非企业单位队伍迅速壮大，慈善回归民间的呼声越来越高。《条例》第五条设定了六类社会募捐主体，在原有基础上扩大到慈善公益类的社会团体、民办非企业单位和非营利的事业单位。其中，将民办非企业单位扩大为募捐主体，是一项在全国具有首创性的改革措施。它从制度上鼓励民办非企业单位的发展，为民间慈善组织提供了与公办慈善组织公平竞争的环境。

（2）强化募捐备案许可，适当降低准入门槛。募捐是面向公众的社会行为，《条例》通过设定募捐备案和许可制度来规范募捐工作，防止标准不一而出现乱象。《条例》参照湖南省的做法，要求红十字会、慈善会和公募基金会等社会组织向市民政局备案后才可募捐。考虑到慈善事业还处于培育阶段，特别是民间慈善组织的规模普遍还比较小，《条例》第七条对许可募捐规定了八项条件，对于大部分慈善组织来说，这些条件经过努力均可以达到。

（3）强制公开募捐信息，真正实行阳光募捐。长期以来，募捐透明度不高一直是社会关注的焦点,《条例》强制要求募捐信息公开透明,为实行"阳光募捐"提供制度保障。《条例》中涉及募捐信息公开内容的条文共有六条,分别是第十一条、第十五条、第二十四条、第二十九条、第三十条、第三十四条。这些规定适用于包括红十字会在内的所有六类社会募捐主体,要求慈善组织在募捐前,将募捐公告、方案、组织登记证书、许可证等信息向社会公布;要求慈善组织在募捐时,在活动现场或者载体的显著位置公布组织名称、方案、许可证、联络资料以及信息查询方法;要求慈善组织在每次募捐活动结束后,向社会公布募捐的具体情况;要求慈善组织在募捐财产使用期限届满或者期满一个年度后,向社会公布财产的使用情况;要求慈善组织在本组织网站上公布募捐相关信息;要求市民政局在其网站上为慈善组织免费提供信息发布平台,并将所有募捐信息保留三年以上,以方便公众查询,等等。总之,除依法要求保密的信息外,慈善组织为什么募捐、募捐了多少财产以及这些财产是怎样管理和使用的等信息都可以在市民政局网站上查询,以充分保障社会公众的知情权。

(4)严格控制工作成本,促进慈善回归本色。募捐工作成本列支一直是社会公众诟病最多的话题。一些慈善组织工作成本超过募捐财产价值的50%;一些义演、义赛、义卖等特殊形式的募捐活动的工作成本甚至超过募捐财产价值的90%。慈善活动商业化色彩越来越浓厚,褪去了慈善的本色。针对这些问题,《条例》第二十八条在全国首创性规定,募捐工作成本应当控制在已经公布的募捐方案所确定的工作成本列支项目和标准之内,一般不得高于实际募捐财产价值的10%。对义演、义赛、义卖等募捐活动,考虑到其工作成本明显高于一般募捐活动以及为防止借募捐之名搞假义演、义赛、义卖之实,故同时规定其工作成本列支不得高于实际募捐财产价值的20%。

(5)防止超募假捐乱用,突破剩余财产处理。针对慈善组织之间信息沟通不畅而出现多头超募的问题,《条例》第九条在全国首创性规定,多个慈善组织就同一项目或者受益人分别制定募捐方案,且各组织募捐财产数额目标之和明显超出实际需要的,市民政局应当要求相关组织修改方案。

针对假捐以及承诺捐赠而不履行的问题,《条例》第二十二条规定,捐赠人不能当场履行捐赠承诺的，应当签订书面协议，并可以公证。捐赠人到期不履行或者不完全履行协议的，慈善组织可以催告、依法向法院申请支付令或者起诉。

剩余募捐财产处理一直是困扰募捐工作的难题。实践中，由于募捐财产只能按募捐目的使用，且绝大部分募捐活动募捐时没有约定剩余财产的处理方法，造成一些项目的剩余财产长期挂账。针对这个问题，《条例》第六条、第八条、第九条要求，慈善组织向市民政局募捐备案或者申请募捐许可时应当提供包括有剩余财产处理办法的募捐方案。同时，《条例》第二十七条在全国首创性规定，慈善组织应当按照募捐方案的规定使用剩余募捐财产。

（二） 立法实施准备工作完备

（1）制定办理流程及配套文件。在《条例》实施前，广州市民政局制定了《广州市募捐许可办理指引》，细化募捐许可办理的工作流程，便于具体操作和实施；制定了《广州市募捐信息公开指引》，就需要公开的事项、资料和公开时限等内容予以详细规定；并制发了《募捐许可证》《募捐许可申请表》《募捐情况信息公开表》《募捐公开信息修改申请表》等相关表格文件。

（2）开通广州慈善网。广州市在 2012 年 5 月 1 日开通了广州慈善网（http：//gzcs. gzmz. gov. cn/），对募捐许可或备案的募捐项目从项目开展到募集善款及使用进行全过程公开，公众可以在网上查询到募捐项目的募捐方案、善款募集情况、善款使用情况。广州慈善网包括慈善资讯、募捐许可、募捐备案、慈善监督、慈善公开、慈善组织、慈善文化、慈善制度、网上互动等板块。

慈善资讯栏目定期公布慈善信息；慈善组织也可以在网站进行募捐活动申请和备案；其他栏目多以慈善信息公开及慈善文化传播为目的。

此外，广州慈善网还进行慈善新闻的发布和相关政策法规的公开，便于社会了解全市最新的慈善资讯。截至目前，广州慈善网发布公告向社会公众公开了所有备案和登记的募捐活动。

（3）设立慈善募捐受理窗口。根据政务公开的有关要求，广州市民政局在广州市政务服务中心设立了慈善募捐受理窗口,设专人负责全市募捐许可申请及备案事项的受理工作。

（4）培训和宣传工作。《条例》实施前,广州市民政局编写了《广州市募捐条例问答手册》,并面向各类慈善组织多次召开会议及举办培训活动,宣传《条例》的立法精神,学习《条例》及配套文件规定的募捐内容,详细介绍《条例》及配套文件规定的募捐事项办理流程,指导公益类慈善组织依法进行募捐活动。

（三） 业务受理情况良好

《条例》扩大募捐主体后,仅广州市就有80多家公益性社会团体、民办非企业单位和非营利性事业单位取得募捐许可,在慈善界引起强烈反响。截至2014年3月底,广州市民政局共受理募捐许可申请183件,募捐项目备案951件,募捐许可申请及备案申请单位包括慈善会、公募基金会及民间慈善组织等。

由于广州市民政局前期工作准备较为充分,配套文件与便民措施较为到位,因此在业务办理过程中,办事流程较快,没出现因业务办理迟滞导致募捐活动不能正常开展的情况。

（四） 社会公众反响热烈

《条例》出台后社会反响热烈。媒体曾有一些不理解的声音出现,认为《条例》的出台限制了慈善事业的发展,广州市民政局对此进行了解释说明。《条例》实施半年以来,有关的负面报道很少。经过前期培训及宣传,广大社会组织均对《条例》的出台及募捐许可、备案事项有一定程度的了解,多数慈善组织能按照《条例》实施工作,在开展慈善项目时能及时按照《条例》要求申请许可、备案。

五 实施中存在的问题

从广州市民政局工作情况来看,存在两方面问题。

（1）难以进行有效监管。一是对于未经许可或未报备而擅自开展的募捐活动，民政局难以通过有效渠道事先获得相关信息，往往是在相关活动开展后才知晓，对于这些活动民政局难以实施有效监管；二是对于官方背景的慈善机构，尤其是中央、省级主管的慈善机构开展募捐活动时，难以有效监管。

（2）难以开展执法查处。一是对于上级部门的慈善机构进行的募捐活动，即使监察到有违法行为，也有较大的执法难度；二是对于救灾救急、社会关注的募捐活动，违反《条例》须进行查处，查处的舆论压力非常大；三是对于发起人不在本地的募捐活动，如外地慈善组织、网络募捐活动，难以进行执法。

广东省慈善事业立法所涉主要问题及挑战

一 我国慈善立法现状及广东省制定地方立法的迫切性

新中国成立以来，我国一直缺乏对慈善事业的专门立法，慈善事业没有受到重视。计划经济时期，没有慈善的空间甚至连概念也被"斗争"取代；改革开放以后这 30 年，才重提"慈善"，慈善事业有了一定发展。但无论政府还是民间，不明"慈善"的定义，将之与"公益"混为一谈；对于慈善组织，缺乏专门法律、法规的定义及规范①，其成立更是障碍多多，现只能按《社会团体登记管理条例》《民办非企业单位登记管理暂行条例》及《基金会管理条例》进行规范；对于慈善捐赠等捐赠行为，一直归入《公益事业捐赠法》的管辖范围；对于慈善募捐等公开募捐行为，由于募捐权授予及监管制度缺失，只有红十字会、公募基金会及慈善会是合法的募捐主体。民政部救灾救济司前司长王振耀曾指出："慈善领域面临的新问题不断冲击着旧有的慈善法律制度，部分规定已经显得不合时宜。比如，慈善组织的设立门槛过高，自然人、法人或其他社会团体向慈善事业捐赠的条件限制过死，对个人或企业捐赠慈善事业款项的税收减免过低，慈善事业的专职工作人员应享受的工资和福利待遇难以落实，慈善组织的信息公开方面规定得还不够细致和完善、内部监督的机制设计尚有较大的改进空间。"② 民政部也意识到目前的《公益事业捐赠法》无法满足慈善事

---

① 2010 年 1 月 21 日我国第一部慈善事业的地方性法规《江苏省慈善事业促进条例》出台，首次对"慈善事业"及"慈善组织"做出定义和规范。

② 王振耀主编《社会福利和慈善事业》，中国社会出版社，2009，第 165 页。

业发展需求，需要另立慈善法来填补慈善事业的空白，早于2005年，我国就着手制定"慈善事业法"草案；到了2008年，"慈善事业法"被十一届全国人大常委会列入计划立法项目予以公布，但该法至今未能出台。与此同时，一些省开始探索慈善地方立法。江苏省于2010年1月21日通过了《江苏省慈善事业促进条例》，于同年10月13日江苏省民政厅颁布了《江苏省慈善募捐许可办法》；其后，湖南省人大常委会于2010年11月27日通过了《湖南省募捐条例》。此外，宁波、上海、北京等地也启动了慈善立法工作。[①] 国家和各地方的慈善立法研究及立法成果给广东省慈善立法提供了不少理论和实践参考。

改革开放以来，广东省慈善事业发展走在全国前列：慈善组织的数量、慈善活动的普及、慈善活动募集的善款数额、各种社会组织、公民参与慈善活动的比例、慈善事业所发挥的作用均处国内领先地位。特别是在2010年，广东省经国务院批准，率先确定6月30日为全省扶贫济困日，使慈善活动制度化，大力推动了广东省慈善事业的发展。但从总体上看，广东省慈善事业发展水平与社会需求之间仍存在较大差距，还存在募捐主体混乱、慈善组织不健全、优惠扶持政策落实不到位等问题。在国家的慈善法未能出台的情况下，要解决这些问题，迫切需要广东省先行先试，制定广东省的地方性慈善法规，理顺慈善事业发展的体制机制。

二　立法指导思想及慈善定义

（一）立法指导思想

通过制定符合国际慈善立法趋势的慈善法律法规，而达到一方面支持慈善事业的发展，让慈善回归民间；另一方面又能同时有效地监管民间慈善，使其有序发展，这是广东省慈善立法所追求的目标。广东省慈善立法围绕以下指导思想进行：在开展慈善活动时，应当遵循政府推动、民间运作、社会参与、各方协作的原则；鼓励和支持公民、法人和其他组织开展

---

① 郑远长：《慈善事业稳步发展——2010年中国慈善事业发展分析》，载《中国慈善发展报告》（2011），社会科学文献出版社，2011，第3页。

慈善活动；鼓励慈善组织的发展，并对慈善组织按服务型和筹款型两类实行分类指导。因此广东省的慈善立法并没有定名为"广东省慈善事业管理条例"而是定名为《广东省慈善事业条例》（后称《条例》）。

（二） 慈善的定义

把"慈善"从"公益"中抽出来，并加以区分，是制定慈善事业的地方法规的基础，故立法首先必须定义何为"慈善"，随之才能界定何为"慈善组织""慈善募捐"。

在国外和中国港澳台地区，公益、慈善是一回事，既称公益事业，又称慈善事业，还称公益慈善事业。例如，2006年英国的慈善法采取概括加列举的方式将慈善定义为"只有服务于公众利益并具备慈善目的的事业，才能被认可为民间公益性事业。具备慈善目的的事业包括：扶贫与防止贫困发生的事业，发展教育的事业，促进宗教的事业，促进健康和拯救生命的事业，推进公民意识和社区发展的事业，促进艺术、文化、历史遗产保护和科学的事业，发展业余体育运动的事业，促进人权、解决冲突、提倡和解以及促进不同宗教与种族之间和谐、平等与多样性的事业，保护与改善环境的事业，扶持需要帮助的青年人、老年人、病人、残疾人、穷人或者其他弱势群体的事业，促进动物福利的事业，有助于提高皇家武装部队效率的事业，其他符合本法律相关条款规定的事业。"[1] 我国《公益事业捐赠法》第三条的公益事业的概念与英国对慈善的定义较接近："本法所称公益事业是指非营利的下列事项：（一）救助灾害、救济贫困、扶助残疾人等困难的社会群体和个人的活动；（二）教育、科学、文化、卫生、体育事业；（三）环境保护、社会公共设施建设；（四）促进社会发展和进步的其他社会公共和福利事业。"按我国现行法律规定和公众一般理解，公益事业是大概念，而我国传统上将慈善界定为"小慈善"，民国时期《监督慈善团体条例》规定："本条例所称慈善团体系指以救灾济贫养老恤孤及其他救济事业为目的之团体而言"。可见，我国历史上的慈善与公益的

---

[1] 朱卫国：《慈善组织法律规则的现状与立法展望》，载《中国慈善发展报告》（2011），社会科学文献出版社，2011，第199页。

概念并不相同。但我国也有不少学者认为，我国应该参照英国慈善法、日本特定非营利组织促进法、美国国内税收法令等对公益慈善的界定，将慈善定义为公益概念。民政部在起草"慈善事业法"时对慈善定义也有推敲，曾有一稿是采取传统的扶老、助残、救孤、济困的慈善范畴；还有一稿是采取公益即慈善的概念，参照《中华人民共和国公益事业捐赠法》关于公益的范畴，将慈善定义为"本法所称慈善，是指自然人、法人或者其他组织以捐赠、资助或者提供服务等方式，自愿、无偿开展的扶老、助残、救孤、济困、赈灾、教育、卫生、科技、文化、体育、环境保护、公共福利等促进社会发展进步的活动"。

我们认为，地方性慈善法规应将慈善定义为小慈善，即把慈善从公益中抽出，并给慈善以明确定义作为立法前提。首先，公益事业捐赠（即大慈善事业捐赠）已有《中华人民共和国公益事业捐赠法》进行规定，而对非营利社会组织也有《社会团体登记管理条例》《民办非企业登记管理暂行条例》《基金会管理条例》三个组织法进行规范，如果上述法律法规不合时宜，可由国家重新修订。地方性慈善立法中再将慈善定义为大公益不太适合，规定范围太广，难以与上位法规承接。其次，在公益范畴中，相对而言，扶老、助残、救孤、济困、赈灾等小慈善事业①在广东省的发展最薄弱，最急需捐赠、急需民间力量的参与，最迫切要求立法支持、促进、推动，为此我们参照江苏省的做法②，拟在《条例》中将慈善从公益中分离出来；将慈善组织从非营利社会组织中分离出来。《条例》将慈善活动定义为公民、法人和其他组织以捐赠财产或者提供服务等方式，自愿、无偿开展的扶老、助残、救孤、济困、赈灾等活动；将慈善组织定义为依法登记成立，以慈善为唯一宗旨的非营利社会组织；将慈善募捐定义为慈善募捐主体基于慈善宗旨面向社会开展的募集捐赠的活动。

《条例》规范的行为主要有：募捐行为；组织行为（主要是慈善组织及募捐主体规范运作，信息公开等）；监督行为（包括政府、社会、行业监督等各方对慈善活动的多层面监督）；鼓励扶持行为（包括政府实施的

---

① 即《中华人民共和国公益事业捐赠法》第三条第（一）项。
② 《江苏省慈善事业促进条例》第三条："公民、法人和其他组织以捐赠财产或者提供服务等方式，自愿、无偿开展的扶老、助残、救孤、济困、赈灾等活动。"

税收减免、表彰奖励等）。在《条例》制定及征求意见过程中，围绕慈善组织、慈善募捐、信息公开及政府鼓励扶持等产生了不少争议，下文将其作为研究的重点。

三　慈善组织

（一）　慈善组织现状

由于缺乏对"慈善"的定义，社会上现存的慈善组织无法与公益组织明确区分开。经各级民政部门注册登记成立的基金会、社会团体、民办非企业单位这三类社会组织构成具有合法法律地位的公益、慈善组织的主体。中国红十字会是中华人民共和国统一的红十字组织，是从事人道主义工作的社会救助团体。[①] 基金会是指利用自然人、法人或者其他组织捐赠的财产，以从事公益事业为目的社会组织。[②] 社会团体是指中国公民自愿组成，为实现会员共同意愿，按照其章程开展活动的非营利性社会组织。[③] 民办非企业单位是指企业事业单位、社会团体和其他社会力量以及公民个人利用非国有资产举办的，从事非营利性社会服务活动的社会组织。[④] 此外，草根组织及网络慈善组织，也在基层的民间慈善活动中担当着慈善运作主体的角色。这两类组织缺乏明确的法律地位，甚至不具备合法的身份。引导这两类组织登记成为合法的慈善组织，将更有利于培育民间慈善组织并通过加强监督管理增强其公信力。现有的社会团体登记管理制度不简化，这类组织难以依法登记为慈善组织。

（二）　关于将慈善组织单列进行法律规范问题

《条例》将"慈善"定义为"小慈善"，要将慈善从公益中分离出来，将慈善组织从社会组织、非营利组织中分离出来。然而根据此定义将慈善

---

① 《中华人民共和国红十字会法》第二条。

② 《基金会管理条例》第二条。

③ 《社会团体登记管理条例》第二条。

④ 《民办非企业单位登记管理暂行条例》第二条。

组织单列进行登记、规范管理也遇到一些难题。

《条例》拟将慈善组织定义为：依法登记成立，以慈善为唯一宗旨的非营利社会组织。然而我国对非营利组织无统一定义。非营利组织是英文 non – profit organization（NPO）的中译，与非营利组织类似的词汇还有"非政府组织"（non – governmental organization）、"公民社会组织"（civil society organization）、"第三部门"（third sector）等。关于非营利组织的定义，较为流行的是美国约翰·霍普金斯大学莱斯特·萨拉蒙（Lester M. Salamon）教授提出的所谓五特征法，即将具有以下五个特征的组织界定为非营利组织：（1）组织性；（2）非政府性；（3）非营利性；（4）自治性；（5）志愿性。[①] 基金会、社会团体、民办非企业单位这三种具有非营利性的社会组织均符合非营利组织的五个特征，只要以慈善为唯一宗旨就是慈善组织。据查，目前广东省民政部门登记的前三类社会组织，真正以慈善为唯一宗旨的只有极少数。其中公、私募基金会中涉及慈善但并非以慈善为唯一宗旨的有 66 家。

有人认为事业单位也具备非营利性、公益性，且依法可接受捐赠[②]，也应归于慈善组织。但是，根据《事业单位登记管理暂行条例》，事业单位是指国家为了社会公益目的，由国家机关举办或者其他组织利用国有资产举办的，从事教育、科技、文化、卫生等活动的社会服务组织。按照有关法规，事业单位的举办主体——国家机关或受政府委托的人民团体，其资产来源——国有资产；其登记管理机关——人民政府编制管理机关所属的登记管理机关；其设立的方式——由于举办主体涉及国家机关，其设立的方式既有登记也有只备案不登记。可见，事业单位不具备非政府性，也不具备完整意义的自治性。而慈善组织主要是面向社会，为社会公众和社会发展提供公益慈善服务，公民、法人和其他组织等主体均可依法申请设立并登记，应当是民间的非营利组织。因此，慈善组织以基金会、社会团体、民办非企业单位等三种非营利社会组织设置更为合理，更为灵活，更

---

① 王名、贾西津：《中国非营利组织：定义、发展与政策建议》，《科技信息》2007 年第 19 期。

② 《事业单位登记管理暂行条例》第十五条："事业单位接受捐赠、资助，必须符合事业单位的宗旨和业务范围，必须根据与捐赠人、资助人约定的期限、方式和合法用途使用。"

有利于实现其自主管理、自我发展。

另外，慈善组织单列后，如何在《条例》中配套设计慈善组织的公开募捐制度又成为难点。慈善组织存在三种形式，其中基金会的募捐权给募捐制度的公平设计造成一定的困扰。目前登记成立的有公开募捐资格的公募基金会，如果不符合《条例》对慈善组织的定义，则继续按照国家有关基金会的法规开展慈善公募活动；而这些慈善公募活动不在《条例》调整范围之内，就会产生一个市场，两个不平等主体，即慈善组织与具有公募资格的基金会处于不平等地位。在此情况下，举办慈善组织的积极性就调动不起来。

此外，将慈善组织单列，还有一个任务是通过对慈善组织赋予募捐权及其他实质的优惠，以推动慈善组织的蓬勃发展。然而从江苏省的立法实践中了解到，该省地方立法发布后很长一段时间没有人申请成立慈善组织。确实，政府促进慈善事业发展的力度还不大（减免税政策、奖励政策）；慈善募捐及慈善组织活动又受到强制性规范（如依法成立，强制信息公开，报备募捐方案，接受民政、审计、监察、财政部门严格监督等）；已登记注册的公募基金会及红十字会已占领募捐市场；私募基金会不断扩张；社区性和单位性以及民间隐蔽性募捐活动大量存在等，这些情况严重影响了慈善事业的推广和发展。

（三）关于简化慈善组织登记问题

根据《社会团体登记管理条例》《民办非企业单位登记管理暂行条例》及《基金会管理条例》，三种形式的社会组织成立前都必须先找好业务主管单位，经业务主管单位审查同意后，才能向登记管理机关办理成立登记手续。近几年来，社会上涌现了很多草根慈善组织，它们因无法寻找"挂靠"的业务主管单位，根本无法办理登记取得合法身份，不但制约了慈善组织的发展，也使政府对其监管处于真空。但是，通过地方立法去简化三种组织的成立登记手续是否具有可行性呢？

2009年7月20日民政部与广东省人民政府签订了《共同推进珠江三角洲地区民政工作改革发展协议》，其中明确："简化社会组织登记手续。社会组织的成立，除另有规定外，可以探索直接向当地民政部门申请登记。"2009 年 12 月 21 日，广东省民政厅根据上述协议制定《广东省民政厅关于进一步促进公益服务类社会组织发展的若干规定》，规定县级以上人民政府民政部门是公益服务类社会组织的登记管理机关；基金会的登记管理机关是省人民政府民政部门。其他有关部门是公益服务类社会组织的业务指导单位，在各自职责范围内依法对公益服务类社会组织的相关活动进行监督指导①；简化公益服务类社会组织登记的程序，具备设立条件的公益服务类社会组织可直接向登记管理机关申请注册登记。② 广东省从 2010 年 1 月 1 日起实施上述规定，"业务主管部门"已变成"业务指导单位"，不再成为公益服务类社会组织的成立障碍，申请人可直接向民政部门登记。

可见，根据《共同推进珠江三角洲地区民政工作改革发展协议》，及广东省简化公益服务类社会组织登记程序的实践证明，简化慈善组织成立登记是可行的。这些改革举措虽好，但仍缺乏明确的法律、法规依据，有必要在《条例》中以立法形式规定慈善组织直接到民政部门登记，不再找"业务主管部门"或"业务指导单位"。因此，拟在广东省慈善立法稿对简化慈善组织登记程序规定："社会团体、民办非企业单位类慈善组织发起人可以直接向县级以上民政部门申请成立服务型慈善组织，或向地（市）级以上民政部门申请成立筹款型慈善组织；基金会类慈善组织发起人可以直接向省人民政府民政部门申请成立。"

（四） 关于对慈善组织进行分类管理， 及成立时分类登记问题

我们设计的慈善组织分类管理是与募捐管理紧密联系的。在立法讨论

---

① 2009 年 12 月 21 日《广东省民政厅关于进一步促进公益服务类社会组织发展的若干规定》第三条："县级以上人民政府民政部门是公益服务类社会组织的登记管理机关；基金会的登记管理机关是省人民政府民政部门。其他有关部门是公益服务类社会组织的业务指导单位，在各自职责范围内依法对公益服务类社会组织的相关活动进行监督指导，履行下列职责：（一）通过提出建议、发布信息、制定导向性政策等方式对公益服务类社会组织进行指导；（二）对公益服务类社会组织的业务工作进行指导；（三）通过资金扶持、转移职能、购买服务等方式支持公益服务类社会组织发展；（四）协助登记管理机关及其他有关部门查处公益服务类社会组织的违法违规行为；（五）其他应由业务指导单位履行的职责。"

② 2009 年 12 月 21 日《广东省民政厅关于进一步促进公益服务类社会组织发展的若干规定》第五条第（一）项。

中我们认为，如果所有慈善组织一经登记成立都有募捐权，不仅会造成慈善组织"井喷"，而且会造成慈善组织良莠不齐、鱼龙混杂，难以监管，难以保证慈善组织具备相应的公信力以保障募捐活动的有序开展。对此，我们参考了美国的基金会管理制度、募捐申请制度及分类管理制度。按照美国的募捐申请制度，基金会在州注册登记为法人，并在美国国内收入局取得免税资格后，还必须在需要开展募捐活动的州申请取得募捐资质，才能在该州开展募捐活动，而且限期为一年。美国主要有四类基金会。（1）社区基金会。资金来源于社区个人、企业、单位的捐赠或遗赠，也包括地方政府的拨款，运作方式是资助改良社区生活，为社区服务。（2）独立基金会。资金来源于个人或家族捐资或遗赠，运作方式是给各种机构的项目捐款。其中有的在捐款的家族指导下运作，被称为家族基金会（Family Foundations）。（3）公司基金会。资金来源于企业捐赠，也是通过捐款运作。（4）运作型基金会。资金来源于单一的私人或家庭，自己按照既定宗旨运作，资助本部门从事教育、研究及社会公益工作。社区基金会属于公共慈善机构（Public Charities），独立基金会、公司基金会、运作型基金会等三类基金会被统称为私营基金会。美国对社区基金会和私营基金会实行分类管理，而且对私营基金会的规范管理，比社区基金会等公共慈善机构要严格。①

在立法调研过程中有专家提出建议，对慈善组织分类管理，将慈善组织分成服务型和筹款型、综合型。服务型慈善组织负责服务，无募捐资格，也不募款（如要募捐，可以联合有筹款资格的组织募捐，但通过私募接受捐赠不受限制）；筹款型、综合型慈善组织有募捐资格，可申请取得募捐权，募捐后再资助服务型组织（也可直接提供服务，即亲自从事服务活动）。我们认为，对慈善组织进行分类指导分类发展，对其健康发展有很积极的意义。首先，有利于引导慈善组织向专业化、分工化发展；其次，虽然分类管理必然使筹款型、综合型组织数量受限制，但这样会使筹款型、综合型组织的含金量更大，有利于培育有公信力的大型民间慈善组

---

① 王劲颖：《美国基金会发展现状及管理制度的考察与借鉴》，《中国行政客观》2011 年第 3 期。

织；最后，在立法中确立了分类管理的制度，通过法律的指引功能，更能起到繁荣慈善市场的作用。为此，《条例》应采纳慈善组织分类管理建议，结合地方的实际情况做出相关管理规定：将慈善组织从成立时分为筹款型和服务型两类，对于专门从事募捐的筹款型慈善组织，可取得慈善募捐证书后进行公募筹集款物，资助服务型慈善组织，或直接提供慈善服务；对筹款型慈善组织，按是否开展募捐，分别确定其每年收入的支出下限；专门实施服务项目的服务型慈善组织，不得开展慈善募捐，在发现服务需求并制订服务计划后，可以向筹款型慈善组织申请慈善项目资金，或通过政府购买服务获得资金，或通过接受社会捐赠取得款物，直接提供慈善服务。

（五）关于慈善组织高层管理人员的资格限制和免薪问题

众所周知，目前不少社会组织行政化倾向比较严重，表现之一是现职党政领导、公务人员在社会组织中兼职，退下来的党政领导、公务人员成为一些社会组织的领导和管理骨干。有人提出建议，为抑制慈善组织的行政化，使慈善组织真正成为民间的、有公信力的社会组织，可规定现职国家工作人员不得担任慈善组织的法人代表、理事、监事、秘书长、财务主管；为防止有人试图通过慈善组织而谋利，参照国外和中国港、澳、台地区的做法，可规定慈善组织的高层管理人员，包括理事长、副理事长、理事、监事不得从慈善组织中获取报酬。《基金会管理条例》也有限制监事、理事领取报酬的规定，但在《社会团体登记管理条例》及《民办非企业单位登记管理暂行条例》中则缺乏相关规定，故在相关条例中应当予以列明。

也有人提出相反意见，认为不应在相关条例中明确上述问题，原因有三：一者聘请高管、如何支付薪酬是慈善组织的内部事务，要强制规定，没有依据；二者高管范围难以定义，且三种类型组织存在不同的职谓，难以在条例中明确；三者慈善组织内部事务最好是在组织内部章程中规范，可以针对不同类型的组织设定不同的章程范本，登记管理机关指导其制定符合规定的章程，这样更为合理。

我们为此参考了现行法律法规，主要有《基金会管理条例》《公司法》，甚至民国时期的法律法规。《基金会管理条例》在第二十二条、第二十三条对基金会高层管理人员资格限制作如下规定：理事、理事的近亲属和基金会财会人员不得兼任监事；（2）基金会理事长、副理事长和秘书长不得由现职国家工作人员兼任；（3）基金会的法定代表人，不得同时担任其他组织的法定代表人；（4）公募基金会和原始基金来自中国内地的非公募基金会的法定代表人，应当由内地居民担任；（5）因犯罪被判处管制、拘役或者有期徒刑，刑期执行完毕之日起未逾五年的，因犯罪被判处剥夺政治权利正在执行期间或者曾经被判处剥夺政治权利的，以及曾在因违法被撤销登记的基金会担任理事长、副理事长或者秘书长，且对该基金会的违法行为负有个人责任，自该基金会被撤销之日起未逾五年的，不得担任基金会的理事长、副理事长或者秘书长。《公司法》在第一百四十七条明确高层管理人员的资格限制规定，有下列情形之一的，不得担任公司的董事、监事、高级管理人员：（1）无民事行为能力或者限制民事行为能力的人；（2）因贪污、贿赂、侵占财产、挪用财产或者破坏社会主义市场经济秩序，被判处刑罚，执行期满未逾五年，或者因犯罪被剥夺政治权利，执行期满未逾五年的人；（3）担任破产清算的公司、企业的董事或者厂长、经理，对该公司、企业的破产负有个人责任的，自该公司、企业破产清算完结之日起未逾三年的人；（4）担任因违法被吊销营业执照、责令关闭的公司、企业的法定代表人，并负有个人责任的，自该公司、企业被吊销营业执照之日起未逾三年的人；（5）个人所负数额较大的债务到期未清偿的人；（6）公司违反前款规定选举、委派董事、监事或者聘任高级管理人员的，该选举、委派或者聘任无效；（7）董事、监事、高级管理人员在任职期间出现本条第一款所列情形的，公司应当解除其职务。

关于免薪：《基金管理条例》第二十条规定，在基金会领取报酬的理事不得超过理事总人数的三分之一；第二十五条规定，监事和未在基金会担任专职工作的理事不得从基金会获取报酬。

我们也研究了民国时期的法规。民国时期由于慈善组织不断涌现、民间慈善事业日益壮大，开展慈善立法、加强监管受到官方重视，颁布了不少规范慈善组织的法规。其中1929年6月南京国民政府内政部颁布的《监督慈善团体法》第四条、第五条对发起人资格限制做了规定：以下人士可以为发起人：（1）名望素著操守可信者；（2）热心公益慷慨捐输者；（3）曾办慈善事业著有成效者；（4）对于发起慈善事业有特殊之学识或经验者。以下人士不得为发起人：（1）土豪劣绅有劣迹可指证者；（2）贪官污吏有案可稽者；（3）有反革命之行动者；（4）因财产上之犯罪受刑之宣告者；（5）受破产之宣告尚未复权者。

综合以上意见和资料，我们认为有必要规范慈善组织的高管人员资格，但倾向将上述问题留给慈善组织制定内部章程解决。因此，《条例》将明确慈善组织发起人制定内部章程时应参照省级民政部门的章程范本制定规范的章程，并通过章程范本引导慈善组织在制定章程时对担任高层管理职务的人员（法定代表人、理事、监事、秘书长、财务主管等）的身份、经历等条件设定一定限制措施，引导慈善组织通过章程规范某些高层决策人员（如理事长、副理事长）不得获取报酬。

（六）　关于慈善组织每年活动总支出下限问题

为防止某些慈善组织只顾募集资金，不及时、足额使用慈善资金，造成善款沉淀的问题，我们参照《基金会管理条例》的相关规定，拟在《条例》中做出限制："慈善组织应当制定年度慈善活动预算。每年活动总支出不得低于上一年总收入的百分之七十。"在征求意见中，有的部门提出：除公民、法人和其他组织联合慈善组织开展的、有明确项目的一次性募捐活动外，有募捐权的慈善组织是可以全年持续开展募捐活动的。慈善组织所要使用的资金主要是登记成立以后向社会募集的资金，而一般不动用注册资金和种子资金（所谓种子资金，是根据慈善组织的章程规定，先筹集一笔资金存入慈善组织账户内），每年支出难以达到规定要求。也有华侨管理部门提出：有些华侨或社团会在慈善机构设立项目基金，并以定额基金作为封闭基金，以每年产生的利息收入作为年度项目使用基金，这部分使用资金也达不到总项目基金的70%。

考虑到慈善组织开展募捐活动时还要制定、公布具体募捐方案，并向登记管理机关申报，有一种建议是将慈善组织支出的限制规定修改为"慈善组织应当制定年度慈善活动预算。除注册资金和种子资金外，每年活动总支出不得低于上一年度总收入的百分之九十"。（之所以改为不低于百分之九十，因《条例》规定慈善组织可以从慈善募捐的资金中提取不高于百分之十的"工作经费"，并与之相吻合。）另一种建议是：（1）慈善组织分两种类型管理后，服务型组织只提供服务不公开募捐，不应进行限制；（2）筹款型组织可申请取得募捐证书进行公募，但也可能不进行公募，而是以私募为主（此时类似非公募基金会），不应对其"一刀切"地以 70% 限制，可以参照《基金会管理条例》对非公募基金会采取 8% 的规定；（3）70% 的限制只应适用于筹款型组织，但不能排除捐赠人对资金的使用另有要求，故使用计划另有约定的应不受 70% 的限制。综合上述意见，我们在《条例》中拟作规定："筹款型慈善组织在取得慈善募捐证书后可以开展慈善募捐活动；所募集款物可以向服务型慈善组织提供资助，也可以直接提供慈善服务；不开展慈善募捐活动时，每年的支出不得低于上一年资金余额的百分之八，开展慈善募捐时，应于取得慈善募捐款物一年内将不少于百分之七十的款物用于开展慈善活动和资助服务型慈善组织，但使用计划另有约定的除外。"

（七）关于慈善组织资产的管理问题

1. 慈善财产性质及使用原则

慈善组织的资产主要来源于社会捐赠或者信托、政府资助，不同于其他法人财产。慈善组织拥有的资金与营利性组织拥有的资金相比，具有许多不同的特性，主要体现在三个方面。第一，慈善资金受"禁止分配"原则[1]的限制而不得向其成员进行分配，慈善资金不存在同时享有剩余利益索取权和控制权的"所有人"；而营利性资金的首要特点就是其具有特定的"所有人"。第二，慈善组织的受益人并不确定；而在营利组织内，受益人是股东。第三，慈善组织在使用资金时要遵从组织章程的规定或捐赠人的意愿；而营利组织在使用资金时，尽管也受到组织章程的限制，但只要能够为其股东谋取利益，可依法自由使用其财产。[2] 可见，慈善组织在管理使用慈善资

---

[1] "非营利法人可以开展一定形式的经营性业务而获得剩余收入，但是这些收入不能作为利润在成员之间进行分配。这一原则即'禁止分配'原则"，参见金锦萍《论非营利法人从事商事活动的现实及其特殊规则》，《法律科学》2007 年第 9 期。

[2] 方海洲：《略论对慈善资金的审计监督》，《审计与理财》2009 年第 4 期。

金的方向和方式上与一般意义上的法人财产有一定区别。

《条例》将着重强调对慈善组织资产保护、管理、使用的基本原则，包括：基本原则——"慈善组织受赠的财产及其增值等资产，受国家法律保护，任何单位和个人不得私分、侵占、挪用和损毁"；关于剩余财产的处理——"慈善组织终止时，应当进行清算，清算后的剩余资产应当转赠给与该组织宗旨相同或者相近的慈善组织，用于符合慈善宗旨的事业，并向社会公告"；关于工作经费限制——"慈善组织开展慈善活动，可以根据实际需要，在捐赠中列支必要的工作经费（含工作人员工资福利），但不得超过当年总支出的10%""除必要的工作经费外，慈善组织受赠的财产及其增值应当全部用于慈善活动"；关于财务管理制度——"慈善组织应当依法建立健全财务管理制度，按照国家规定设置会计账簿，设立独立账户，实行专户管理，独立核算，并依法接受政府有关部门的监督管理"；登记管理机关等相关部门有权随时抽查慈善组织的财务、经营情况及财产的管理使用情况等，并将抽查结果纳入年检审核。慈善组织年检时应当提交由具备资质的专业机构出具的财务审计报告。捐赠财产的管理——受赠慈善组织应当按照国家有关规定，建立健全对受赠财产的使用管理制度。对受赠资金，应当设立专门账户，专账管理；对受赠物品，应当建立分类登记表册，纳入法定账簿记账，妥善保管。财政、审计、银行、登记管理机关等有关部门应对捐赠财产的管理和使用情况进行监督。甚至在法律责任方面也对慈善资产的处理做出了有别于普通资产的规定：对于擅自募捐而产生的募捐财产，不能返还的，由民政部门责令其将该财产交由其他慈善组织管理；对于受赠慈善组织擅自改变受赠财产用途或使用计划的，在征求捐赠人的意见后，将该捐赠财产交由其他慈善组织管理使用；追回、追缴的私分、侵占、挪用慈善财产，应当用于原捐赠目的和用途。

2. 慈善组织能否利用慈善资产进行经营活动使慈善资金增值

在慈善立法调研过程中，很多慈善组织反映慈善资产面临着贬值的风险，如何能够使暂时不用的慈善资金保值增值呢？能否以慈善资产进行经营，或以慈善资金作投资，缺乏明确的法律依据；同时，增值方式没有相应法律规定，难以选择，风险又不可预测，选择银行储蓄方式虽然保险但收益太低，难以避免资金贬值。因此，理论界、学术界和实际工作者都建议在立法中解决慈善资产增值问题。

现行法律的规定并无禁止非营利组织的经营活动。对于社会团体法人，《社会团体登记管理条例》第 4 条虽然规定社会团体不得从事营利性经营活动，但第 29 条规定指出开展章程规定的活动按照国家有关规定取得的合法收入，必须用于章程规定的业务活动，不得在会员中分配。按上述规定理解，只要遵守财产不得在会员中分配的原则，社会团体可以开展章程规定的活动，并按照国家有关规定取得合法收入。关于民办非企业单位，《民办非企业单位登记管理暂行条例》第 4 条规定：民办非企业单位不得从事营利性经营活动；第 21 条规定：民办非企业单位开展章程规定的活动，按照国家有关规定取得的合法收入，必须用于章程规定的业务活动。关于基金会，规定更为严格，已失效的《基金会管理办法》（1988年）曾在第 6 条明确规定："基金会不得经营管理企业。"第 7 条规定："基金会可以将资金存入金融机构收取利息，也可以购买债券、股票等有价证券，但购买某个企业的股票不得超过该企业股票总额的 20%。" 2004年的《基金会管理条例》取消了 1988 年《基金会管理办法》中第 6 条、第 7 条，只在第 28 条原则性地规定基金会应按照合法、安全、有效的原则实现基金的保值、增值。这里的"合法要求"是指基金会必须符合以下规定：1990 年 8 月的中国人民银行总行颁发的《基金会稽核暂行规定》要求各地对基金会"以营利为目的的经营活动，如直接投资、经商办厂、借贷资金等"进行检查纠正。1995 年 4 月中国人民银行总行下发的《关于进一步加强基金会管理的通知》中要求"凡经营管理企业及其他营利性经济实体的基金会，要限期清理并作出适当处置"；而且"基金会基金的保值及增值必须委托金融机构进行"。[①] 现行《基金会管理条例》还规定：理事会是基金会的决策机构，依法行使章程规定的职权。章程规定的重大募捐、投资活动，须经出席理事表决，三分之二以上通过方为有效（第 21 条）。基金会理事会违反本条例和章程规定决策不当，致使基金会遭受财产损失的，参与决策的理事应当承担相应的赔偿责任（第 43 条）。可见，按现行

---

① 金锦萍：《论非营利法人从事商事活动的现实及其特殊规则》，《法律科学》2007 年第 9期。

法律，非营利组织只要不将经营、增值收入用于内部成员分配，坚持不得私分、侵占、挪用经营资产及增值收入的原则，是完全可以对慈善资产进行增值、保值、经营的。

古往今来，慈善机构都有参与经营活动以获取利益，增加慈善财产的传统，法律一般都不会去禁止。目前而言，不仅港、澳、台地区，就是内地民间的慈善机构，如汕头市的存心善堂慈善会等都有自己的经营财产。鉴于此，我们原考虑在《条例》中规定，慈善组织可以按照章程规定把部分资产用于营利活动，甚至可以举办社会企业；我们也曾考虑专设条款在《条例》中规定"慈善组织可利用闲置的原始财产及受赠财产剩余部分进行增值投资及开展营利性经营活动，但必须符合以下条件：（1）所开展的经营活动必须与慈善宗旨相关，不得超过其业务范围，且应在组织章程中明确规定开展及终止投资或经营的表决程序和管理监督方式等，并严格遵守；（2）非营利组织的资产及其所得，任何成员不得私分，不得分红，也不得返回捐赠者"。鉴于上述专设条款的内容对比《社会团体登记管理条例》《民办非企业单位登记管理暂行条例》及《基金会管理条例》等现行法律法规而言，并无大的突破，而且《条例》已留有出路（在相关条款中提及这些收入属于慈善组织的合法资产）；同时担心专设条款允许或指引、鼓励慈善组织进行营利性活动会造成不当导向；再者，对于慈善资产增值的方式，因现实中资产增值方式多样，《条例》无法推荐出任何一种或几种是最保险、最有效益的，只能由慈善组织按自身情况自行选择合适的增值经营方式或理财品种。所以我们最后没有在《条例》中对此专设条文，也没有明确做出突破性的规范。

慈善资产的形式主要是固定资产和慈善资金两种，无论是筹款型慈善组织还是服务型慈善组织都应拥有一定资金（法人成立之要件之一），但闲置和暂时不用的资金一般只有少量，加之已在《条例》中设定筹款型慈善组织应于取得慈善募捐款物一年内将不少于百分之七十的款物用于慈善活动，理论上来说，慈善组织沉淀资金不会多。不过，无论如何慈善财产仍有暂时闲置的问题，需要运用好这些资产，使之保值增值。我们认为，在《条例》出台后，通过配套的"章程"指导慈善组织建立合理的内部决策层及严谨的决策表决方式，将更为合理、灵活。

3. 关于受益人、受助人使用捐赠财产的限制

鉴于捐赠财产的特殊性质，捐赠人可对捐赠财产指定用途、指定受益人或受助人，我们拟于《条例》中针对受益人、受助人使用捐赠财产增加限制条款："受赠慈善组织应当告知受助人关于捐赠财产的使用要求，并对使用情况进行监督。受助人不按照规定使用捐赠财产，且拒不按受赠慈善组织的要求改正的，受赠慈善组织可以中止资助，并要求受助人退还所使用的捐赠财产。捐赠目的已经实现或者因特殊情况无法实现时，受赠慈善组织应当中止资助，受助人或其监护人应当将剩余的捐赠财产退回受赠慈善组织。捐赠财产有剩余时，受赠慈善组织应当将剩余部分继续用于与募捐目的相同或者相类似的慈善活动。"

在《条例》征求意见过程中有人提出："捐赠目的已经实现或者因特殊情况无法实现时受助人或其监护人应当将剩余的捐赠财产退回受赠慈善组织"的表述比较含混，实践中可能产生争议。首先，如果是慈善组织接受赠与的财产，那么所有权属于慈善组织，慈善组织再将财产赠与，则受助人已经获得财产所有权，慈善组织无权要求退回。其次，如果受助人是接受赠与人，即慈善组织承担信托责任，受助人享有捐赠财产所有权，在捐赠人没有附加条件情况下，则慈善组织无权要求退回慈善组织。

对此我们认为，《条例》这个规定是合乎法理及社会良善风俗的。首先，捐赠财产具有特殊性质。《条例》已将慈善募捐明确限定于慈善宗旨（或更具体的慈善项目），慈善捐赠财产的特殊性质决定财产所有权的转移及财产的最终归属应有别于普通财产，法律法规针对捐赠财产的归属做出有别于普通财产的处理规定是合理的。其次，目前因为对捐赠财产及其剩余部分的归属没有有关的法律规范，导致社会上因捐赠财产的剩余部分的归属产生不少纠纷，有必要对捐赠财产的剩余部分归属在立法上予以明确。再次，从社会良善风俗来看，如果受助人在占有捐赠财产后，不将捐赠财产用于受赠时确认的慈善用途，反而将其作为敛财的方法，有悖捐赠人的意愿，影响捐赠人的捐赠积极性，也对社会慈善风气形成不良的影响。

（八） 关于强化对慈善组织监管的问题

如何在放开的同时通过多种措施加强监管，使之依法、有序开展活动？这是我们在起草《条例》时重点思考的问题。

我们目前想到的措施主要有五项。

（1）设定政府监督、慈善联合组织自律监督及社会监督三种不同主体的监督。关于政府监督，在《条例》设定"民政部门应当会同审计、监察、财政、税务等有关部门，依法对慈善组织、慈善活动进行监督"；"慈善组织应当依法建立健全财务管理制度，按照国家规定设置会计账簿，设立独立账户，实行专户管理，独立核算，并依法接受政府有关部门的监督管理"；"慈善组织应当履行信息公布义务，并应当将信息公布的情况如实反映在年度工作报告中接受登记管理机关的监督检查"；关于行业自律，慈善组织可以建立慈善联合组织进行行业自律；关于社会监督（包含捐赠人的监督），在《条例》中规定：公民、法人和其他组织可以对慈善活动、慈善组织进行监督，向有关行政主管部门和慈善联合组织反映情况，提出意见和提议。在社会监督中，捐赠人的监督是很重要的：捐赠人有权随时要求查询慈善组织信息；捐赠人有权督促受赠慈善组织按照约定的用途使用捐赠财产、不得擅自改变捐赠财产的用途；捐赠人有权向受赠慈善组织查询捐赠财产的使用情况。对捐赠数额较大的捐赠人，受赠慈善组织应当主动报告其受赠款物的使用情况；捐赠人有权实地检查捐赠财产使用情况；捐赠人有权在了解到其捐赠财产的使用情况后，向受赠慈善组织提出意见和建议；捐赠人发现受赠慈善组织未按照募捐目的使用捐赠财产的，可以要求受赠慈善组织改正或者向慈善组织有关主管部门反映。

为实施上述监督，拟在《条例》中配套严格的慈善组织的信息公开制度，包括：募捐情况公告（即募捐的三次公开：募捐前公开募捐方案、募捐后公开捐赠情况、最后还要公布捐赠使用情况）；慈善组织常规公告（首先，按月公布法定代表人、高级管理人员和慈善组织的基本情况；专职工作人员、专业人员的名单；财务状况，包括资产负债表、收入支出表、现金流量表；资产状况，受赠财产的使用和管理情况，及筹款型慈善组织的慈善募捐情况；实施慈善服务项目以及开展其他重大活动的情况和效果；法律、法规和章程规定的其他内容。其次，按年公布年度工作报告、财务报告和审计报告）通过严格信息公开制度，方便社会各界参与监督。

关于慈善联合组织，这是《条例》中设定的一个自律组织，我们对其职责界定为：①制定慈善组织自律规则、处罚措施等，督促参与该联合组织的慈善组织遵守自律规范，并依规则做出处罚；②建立慈善信息服务平台和网站，要求并督促慈善组织在该平台上进行信息公布；③接受公众关于慈善组织的信息咨询及投诉；④建立慈善组织评估体系；⑤维护慈善组织的合法权益；⑥法律、法规规定的其他职责。慈善联合组织的意义是非常重大的，如果其能正常运行，将大大有助于增强慈善组织的公信力。

（2）强化对慈善组织资产的管理、监督。慈善组织的资产主要来源于社会捐赠或者信托、政府资助，应在管理使用的方向和方式上与一般意义上的法人财产有一定区别。故《条例》强调了对慈善组织资产保护、管理、使用的基本原则，包括："慈善组织受赠的财产及其增值等资产，受国家法律保护，任何单位和个人不得私分、侵占、挪用和损毁"；"慈善组织终止时，应当进行清算，清算后的剩余资产应当转赠给与该组织宗旨相同或者相近的慈善组织，用于符合慈善宗旨的事业，并向社会公告"；"慈善组织开展慈善活动，可以根据实际需要，在捐赠中列支必要的工作经费（含工作人员工资福利），但不得超过当年总支出的10%"；"除必要的工作经费外，慈善组织受赠的财产及其增值应当全部用于慈善活动"；"慈善组织应当依法建立健全财务管理制度，按照国家规定设置会计账簿，设立独立账户，实行专户管理，独立核算，并依法接受政府有关部门的监督管理"；登记管理机关等相关部门有权随时抽查慈善组织的财务、经营情况及财产的管理使用情况等，并将抽查结果纳入年检审核。慈善组织年检时应当提交由具备资质的专业机构出具的财务审计报告。

（3）关于规范慈善组织的内部治理。①筹款型慈善组织应当实行理事会或会员代表大会集体决策、监事会监督、专职工作人员执行的运行机制；②慈善组织发起人应按照省级民政部门的章程范本制定规范的章程，通过章程范本引导慈善组织在制定章程时对担任高层管理职务的人员（法定代表人、理事、监事、秘书长、财务主管等）的身份、经历等条件设定一定限制措施，引导慈善组织通过章程规范某些高层决策人员（如理事长、副理事长）不得获取报酬；③设定慈善组织人员的利益冲突回避制度，包括：慈善组织管理人员、工作人员及其近亲属不得与其所在的慈善组织有交易行为；慈善组织在确定慈善项目和受益对象时，不得将与本组织及其管理人员有利害关系的单位或者个人作为特定受助人；慈善组织参与决策的管理人员遇有个人利益与慈善组织利益关联时，不得参与相关事宜的决策。

（4）规范慈善组织的信息公布义务。主要有：组织情况（包括人员、财务、经营情况等）长期公开；募捐的三次公开：募捐前公开募捐方案、募捐后公开捐赠情况、最后还要公布捐赠使用情况。（具体在下文"信息公开"部分讲述。）

（5）对慈善组织进行违法处罚，设定的违法情形有：①以慈善名义诈骗；②未经批准擅自募捐；③针对慈善组织经营中的违法行为，包括：不按法律、法规和章程规定使用财产，或拒不接受登记管理机关监督检查的；违反规定从事营利性经营活动，或进行与慈善宗旨无关的活动，或超出章程规定的活动地域开展活动的；泄露捐赠人、受助人个人信息或者隐私，造成严重后果的；不按照规定履行信息公布义务，或者提供虚假信息或者提供隐瞒重要事实的财务预算、决算报告的；未按照本条例的规定完成公益事业支出额度，及不按规定额度支出工作经费的；违法招募和使用志愿者的。④针对慈善募捐，可能出现的违法行为包括：以募捐名义进行营利活动的；在募捐现场不摆放慈善募捐证书等标志的；不按照规定履行信息公布义务或者公布虚假信息的；不按照公布的募捐方案开展募捐的；不按照募捐方案公布的预算列支工作经费的；接收捐赠款物不开具捐赠专用收据的；超出慈善募捐证书的许可范围、期限开展募捐的；摊派或者变相摊派的。⑤针对违法使用受赠财产：规定对擅自改变受赠财产用途或使用计划的受赠慈善组织进行处罚。⑥针对慈善财产的管理：有私分、侵占、挪用等行为将受处罚。

我们认为，如按照上述设定政府监督、慈善联合组织自律监督及社会监督三种不同主体的监督，配套执行严格的信息公开制度、清晰的慈善组织内部治理制度及财产使用制度，只要政府、社会各界及其慈善组织内部都能按规定进行管理、监督，对违法者根据相关法律责任认真执法，"放"并不必然导致"乱"。

四　慈善募捐

我国缺乏专门规范募捐活动的法律法规。现有的《中华人民共和国公益事业捐赠法》只有捐赠和受赠方面的规定，明确了受赠主体，但并未涉及募捐主体、募捐程序；《中华人民共和国红十字会法》和《基金会管理条例》只规定红十字会和公募基金会有权公开募捐，但无任何具体对募捐程序及捐赠的规范。如何规范慈善组织、非慈善组织开展慈善募捐，设计相关的募捐程序，是我们起草《条例》的慈善募捐部分要考虑的关键问题。

（一）《条例》规范的募捐主体问题

据了解，广东省的为数不多的公募基金会或多或少存在政府背景，缺乏民间慈善募捐组织，而民办非营利组织没有途径取得合法募捐权，以致社会上出现合法募捐主体数量少、公信力不足，而擅自募捐现象越来越多、募捐行为越来越乱。因此必须在原有的募捐主体上有所突破，允许民办慈善组织成为合法的募捐主体，当募捐主体明确后再进一步严格限制非募捐主体的募捐行为，才能改变现有募捐市场的混乱状况。

1. 关于慈善组织能否获得公募资格问题

按照我国目前的法律法规规定，只有红十字会、公募基金会才有公募权，慈善会目前是按社团法人登记，还没有转为基金会，还不是公募基金会。但是慈善会从成立开始就公开向社会募捐。按社团登记管理的法规规定，慈善会作为社会团体不具备募捐资格；但根据民政部有关文件精神[①]，慈善会可以开展公募活动，这是存在法理矛盾的。为解决这个矛盾，民政

[①] "一、民政部门主管的慈善协会具有社会募捐的功能，应当纳入基金会管理序列，按照公募基金会的要求开展公益活动，管理和使用财产。慈善协会年检时，应当按照《基金会管理条例》的要求，进行财务审计，公布年度工作报告摘要。登记管理机关应当按照公募基金会的要求，考核慈善协会的公益支出比例和工作人员工资福利及行政办公支出比例。二、考虑到历史原因，各级慈善协会可以暂时保留社团登记，保持现有的登记体制和组织机构，省以下的慈善协会暂不改变原登记管理机关。条件成熟的，应当按照《基金会管理条例》的规定将慈善协会变更登记为公募基金会。"参见民政部办公厅《关于慈善协会管理工作有关问题的复函》（民办函〔2007〕127号）。

部要求把慈善会转变为公募基金会。

社会组织（基金会、社会团体及民办非企业单位）所依据的法规主要是国务院三个相关行政法规；被赋予公募权的社会组织只有公募基金会，作为地方法规能否突破国务院行政法规规定，赋予慈善组织以公募权？我们认为，慈善组织经过地方法规赋权，也是可以具有公募资格的；江苏、湖南等省已出台的地方法规或准备出台的地方法规所设计的制度是经过行政许可，可以开展公开募捐。根据《中华人民共和国行政许可法》第25、15、16条规定，我国对社会团体及民办非企业单位的公开募捐尚未制定法律、行政法规，地方性法规可以设定行政许可。因此，《条例》准许以慈善为唯一宗旨的社会团体、民办非企业单位享有公募权应当是没有问题的。《条例》一方面放开登记，即自然人、法人和其他组织都有权成立慈善组织，只要具备登记的条件，均可以在政府登记管理机关登记成立慈善组织，以此打破慈善组织数量少、行政化、官方垄断的格局，推动慈善组织民间化，并形成竞争；另一方面，在《条例》中规定慈善组织可直接或间接①取得募捐权：慈善组织（筹款型）可直接申请取得公募证书，其他慈善组织、社会组织也可以采用与筹款型慈善组织联合，申请公募证书；慈善募捐，是指慈善募捐主体（即取得慈善募捐证书的筹款型慈善组织）基于慈善宗旨面向社会开展的募集捐赠活动；红十字会、慈善非唯一宗旨但宗旨中含有慈善内容的公募基金会开展慈善宗旨募捐活动时，视为筹款型慈善组织；取得慈善募捐证书的组织是具备有独立开展慈善募捐资格的主体，可以开展社会募捐、协议募捐、定向募捐、网络募捐、公益信托、冠名基金等形式的慈善募捐。

以慈善为唯一宗旨的非公募基金会，按《条例》中慈善组织的定义，它们属于慈善组织，但国家的行政法规《基金会管理条例》已规定非公募基金会无权募捐，则其定位相当于服务型慈善组织，可以和其他服务型的慈善组织一样，需要公募时可与筹款型慈善组织合作进行联合募捐；此外，作为基金会，既可以自己直接完成一些服务项目，也可以把服务项目外包，拨款给其他服务型慈善组织去具体做项目。

---

① "间接"取得募捐权是指通过联合募捐方式进行。

2. 关于把公募基金会和红十字会慈善募捐纳入统一规范问题

对于已登记成立的公募基金会，如果其宗旨是以"慈善"为唯一宗旨的，那么它就是筹款型慈善组织，具有慈善募捐资格，可根据其募捐需要，随时向登记机关申领慈善募捐证书，开展慈善募捐活动；从法律上讲，既符合国务院《基金会管理条例》也符合我省《条例》的规范。如果其宗旨是大公益，即不是以慈善为该公募基金会为唯一宗旨的（其宗旨可能包括了慈善），仍可按照国务院《基金会管理条例》的规定和该公募基金会章程开展公益募捐。这里有一个矛盾：如果不允许慈善非唯一宗旨但宗旨中含有慈善内容的有公募权的公益基金会开展慈善募捐，它的章程上有这些项目，于法不合；如果允许它开展慈善募捐，它又与其他慈善组织处于不同的地位，甚至优于其他慈善组织。如要公平合理，对打"慈善"招牌进行慈善募捐的大公益基金会，同样要和具有公募资格的慈善组织（包括以慈善为唯一宗旨的公募基金会），实行慈善募捐许可制度（申请慈善募捐证书）。

对于如何规范公募基金会的慈善募捐，有不同意见。一种意见是公募基金会慈善募捐不必募捐许可（即申请慈善募捐证书），但要通过募捐备案制度予以规范。依据《基金会管理条例》公募基金会具有募捐权；按照《中华人民共和国行政许可法》第15条、第16条，地方性法规不能再对公募基金会的募捐设定许可，但可以对公募基金会如何实施该募捐权做出具体规定。《广州市募捐条例》就是采取第二种做法要求募捐备案。第二种意见认为对公募基金会也应实行同样的募捐许可。因为，一方面，《条例》对社会团体及民办非企业单位类慈善组织采取严格的分类和募捐许可制度，如对公募基金会的慈善募捐不予同等规范，有失公平；另一方面，在合法性方面，《条例》规范的仅是慈善范围内募捐行为，并非《基金会管理条例》确认的公益范围，《条例》仅对慈善范围内的募捐行为设定许可是可以的。第三种意见是公募基金会既不需再实行慈善募捐许可，也不要搞募捐备案。我们认为第二种意见比较符合公平原则和实际需要，但对公募基金会实行慈善募捐许可的合法性还待进一步探讨。

红十字会在我国是一个特殊的慈善组织，其管理依照的是《中华人民共和国红十字会法》。《条例》如何对红十字会进行慈善募捐管理，也同样面对着与公募基金会慈善募捐问题相同的困惑。我们认为，虽然红十字会和公募基金会一样，依法具有大公益的募捐权，甚至也包括了慈善募捐。在没有地方立法的情况下，在没有其他慈善募捐主体的情况下，当然没有必要对其如何实施"公募权"进行规范；但在进行地方立法时，就如广东省制定全省范围慈善募捐规则并许可更多慈善募捐主体时，就要对所有慈善募捐主体的"公募权"进行规范，以体现法律的平等，保证它们在同一地域的募捐市场的平等。红十字会依法成立，公募基金会和其他类型的筹款型慈善组织登记成立，它们尽管名称不同，成立依据和程序不同，宗旨和章程也不一定相同，但有一点是相同的，这就是要向社会公开募捐。如果是慈善募捐，这些募捐主体在同一区域所要遵循的规则（法律、法规、政策）应当是一样的，不能各行其是。

3. 关于自然人、法人和其他组织①参与慈善募捐的规范

自然人、法人和其他组织不具备慈善募捐主体资格不能取得募捐权，但可以通过有募捐权的募捐主体参与《条例》所称的正式的慈善募捐活动。《条例》中规定：未领取慈善募捐证书的服务型慈善组织、其他组织或个人，以义演、义赛、义卖、义拍、赞助筹资等方式开展慈善募捐，必须与筹款型慈善组织②订立协议进行联合募捐，并由筹款型慈善组织申领"慈善募捐证书"。

（二）募捐申请及管理

在立法调研过程中，我们考虑过对慈善组织的募捐权及相应募捐制度采取成立即享有募捐资格、募捐备案、保证金、募捐资格授予、募捐许可等几种管理方式。第一种设想是，对慈善组织开放募捐市场，所有慈善组织一经登记成立就拥有募捐权，配套募捐前政府备案制度（募捐前向政府提交募捐方案等资料进行备案），并通过设定详尽的募捐活动信息公开，

---

① 这里所指的自然人、法人和其他组织不包含红十字会、基金会及慈善组织。

② 《条例》规定：红十字会、慈善非唯一宗旨但宗旨中含有慈善内容的公募基金会开展慈善宗旨募捐活动时，视为筹款型慈善组织。

加强监督；第二种设想是募捐资格制度，参照美国基金会的募捐申请制度[①]，慈善组织不能自动具有募捐资格，经向募捐地申请取得募捐资格才有权募捐，募捐资格有效期为一年，有效期内可进行不同项目的募捐（不必一事一议）；第三种设想是募捐许可制度，慈善组织要就具体项目提交募捐方案申请募捐许可，经许可取得慈善募捐证书后才能开展慈善募捐，《江苏省慈善事业促进条例》采取了这种许可制度；第四种设想是，慈善组织分类管理加募捐许可制，即只有具有募捐资格的筹款型慈善组织，经申领慈善募捐证书后，才能开展慈善募捐活动。

为防止取得慈善募捐许可的募捐主体无故中止募捐活动或募集一定款物以后不开展慈善服务，《条例》曾设想做这样的规定："慈善募捐组织在公告前，应当按募捐方案公告的募捐款物总额的20%向登记管理机关指定的银行缴纳保证金，由银行出具信用证明，并将公告内容的相应资料交登记管理机关备案。"但有人认为，这样的规定不具操作性。理由是，在多数情况下，开展一次或多次慈善募捐活动，事先并不能测算或估计能募集到多少款物；既然不知道最终到底能募集到多少款物，那么这个"募捐款物总额"就是不确定的，那么按其总额的20%计缴保证金也是不可能的。因此，我们在《条例》中不采取计缴保证金方式规范募捐。

我们认为慈善组织分类管理结合募捐许可制是较为科学和可行的募捐管理方式。具体设想为四点。

一是明确特定的募捐主体（包括依照《条例》成立的筹款型慈善组织、红十字会、慈善非唯一宗旨但宗旨中含有慈善内容的公募基金会）才能取得募捐证书。《条例》详尽规定了申请慈善募捐证书的条件、审批程序、申办部门、程序及提交的资料。申请条件——筹款型慈善组织申请慈善募捐证书应当符合下列条件：①财务管理符合法律、法规和规章的规定；②决策、执行、信息公开制度健全规范；③具备开展慈善募捐活动的

---

① "美国的募捐申请制度，基金会在州注册登记为法人，并在美国国内收入局取得免税资格后，并未自动取得募捐资质。它们必须在需要开展募捐活动的州申请取得募捐资质后，才能在该州开展募捐活动，而且有限期仅为1年。此外，即使它们在法人注册登记的州募捐，也必须申请取得募捐资质，而且有限期仅为1年。"参见王劲颖《美国基金会发展现状及管理制度的考察与借鉴》。

能力；④连续两年年度检查合格，或者最近一年年度检查合格且社会组织评估等级在 3A 以上（含 3A）；⑤已获得非营利组织免税资格；⑥无其他违反法律法规的行为。申请部门及资料——申请慈善募捐证书应向拟开展募捐活动所在行政区域的民政部门提供慈善募捐证书申请书；申请人证明材料、申请人的法定代表人或者负责人身份证明；符合申请募捐证书条件的相关证明和文件；慈善募捐方案。审批程序——民政部门自收到申请募捐证书材料 15 个工作日内做出是否准予申领募捐证书的决定。准予的，发给申请人慈善募捐证书；不准予的，给予书面答复，并说明理由。两个或两个以上的申请人就同一项目或同一受益人分别申请慈善募捐证书，且募捐财产总额目标明显超出实际需要的，民政部门应当及时告知申请人。以上规定有利于规范募捐管理、促进募捐专业化，也有利于扶持慈善组织的发展及提高社会公信度。

二是明确未取得慈善募捐证书的组织和个人不得利用媒体、互联网等任何公开形式开展慈善募捐活动。

三是明确不能领取慈善募捐证书的服务型慈善组织、其他组织或个人，以义演、义赛、义卖、义拍、赞助筹资等方式开展慈善募捐，必须与筹款型慈善组织订立协议进行联合募捐（在《条例》中，红十字会、慈善非唯一宗旨但宗旨中含有慈善内容的公募基金会开展慈善宗旨募捐活动时，视为筹款型慈善组织）。

四是强调募捐公告，加强募捐监管。慈善组织的募捐必须进行三次公告。第一次公告为（募捐前）：事先制定募捐方案，并于募捐前 15 日将募捐方案及组织登记证等证明资料公告；第二次公告为（募捐终止）：慈善募捐主体应当在慈善募捐证书确定的时限内进行募捐活动，并于时限届满之日起 30 个工作日内公布募捐情况；第三次公告为（募捐款物使用）：慈善募捐主体应当在募捐方案确定的募捐款物使用期限届满之日起 30 个工作日内，向社会公布募捐款物使用情况。

（三）关于网络募捐的问题

现在网络募捐相当普遍，有着门槛低、传播快、互动强的优势，无疑有利于平民慈善的开展。例如：在新浪微博、天涯社区等经常会出现私人募捐信息，但其可信性常被质疑。一些民间自发组织的募款项目也在网络盛行，身份尴尬，较为成功的如 2011 年 3 月初民间公益人士梁树新发起的"贵州山区午餐计划"，最终与贵州青少年发展基金会合作取得合法募捐身份①。有合法募捐主体开设的网络公益平台，提供简易的途径给社会大众随时轻松地捐款，捐款金额从 1 分钱到上千元不等，例如易宝公益圈，利用网上支付方式通过易宝公益圈支付的网友捐款，截至 2009 年 1 月 31 日已达到 2065 万元。开心网搭建慈善捐款网络渠道，提供强大的垂直转帖功能，并在转帖的正文里提供了短信链接，使网友只需发送短信或者直接通过网络支付进行捐赠。淘宝开通公益频道，开通官方支付宝公益基金账户，会员的公益活动都会出现在公益频道中，会员可通过在线捐赠帮助急需救助的人。浙江金华的慈善网站"施乐会"，参照淘宝 C2C 的模式，即需求者（卖家）"出售"自己的困难，援助方（买家）通过捐赠来"购买困难"实施帮助。② 以上所提到的几个例子，都属于有"正规"身份的可募捐及接收捐赠的公益慈善网站平台。

上述网络募款活动，私人募捐容易遭受诈捐质疑的问题已经无须探讨，引起我们思考的是：大的公益网站或项目，有些虽然经由合法募捐主体授权以慈善会分支机构或下属项目的身份进行，但按我国现行法律规定，任何非营利组织都应在其业务活动范围内开展活动，《基金会管理条例》规定除全国性公募基金会外，地方性公募基金会应按照地域范围募捐。③ 慈善会，严格来说是按社团登记，而非公募基金会登记，它根本就没有法律法规授权的公募资格。就如上述浙江金华的慈善网站"施乐会"，是浙江省金华市慈善总会的分支机构的分支机构，慈善会是否合法的募捐主体值得质疑，更不要说它的分支机构或下属项目了；即使金华慈善会因历史原因一直被政府默许以公募资格，按照现行政策规定也必须按基金会

① 张建华、郑天虹：《网络募捐遭遇"信任危机" 网络公益发展困局待解》，http：// news. xinhuanet. com/2011－05/21/c_ 121442143. htm，2011－5－21。
② 杨团主编《中国慈善发展报告（2011）》，社会科学文献出版社，2011，第 24 页。
③ 《基金会管理条例》第三条：公募基金会按照募捐的地域范围，分为全国性公募基金会和地方性公募基金会。

方式管理①，因此作为慈善会分支机构的"施乐会"的募捐活动也不能突破其业务活动地域。然而网络募捐这种新的形式，却轻易突破了"募捐活动地域"的限制，这是必须禁止的。所有慈善募捐主体均应严格按照其登记活动范围开展募捐；除全国性公募组织外，其他慈善募捐主体不应在登记活动范围以外地区开展活动，也不应随意进行网络募捐活动。有必要通过立法对网络募捐进行特别授权。然而，全国性募捐超出了地方性慈善立法的规范范围，仅通过地方立法似乎难以解决这一问题。最好的做法是通过国家制定法律法规对网络募捐进行限制，规定全国性公募组织或取得网络募捐授权的组织进行网络募捐，还可以设定由国家下放网络募捐许可权及管理权给地方，使活动范围遍及全国的网络募捐健康开展。

（四） 关于单位、社区内募捐问题

自助、互助性募捐行为，不属于在全社会范围向不特定对象公开募捐，只是小范围内、在特定人群中的募捐活动，不属于慈善募捐的规范范围。我们拟在《条例》中规定，公民、法人和其他组织为了帮助特定对象在本单位、本组织内或者在本社区（村委会、居委会）内开展的自助、互助性募捐活动，不适用本条例（即不必申请募捐）。这些自助、互助性募捐是基于当前民间慈善组织不发达，需要暂时保留的非正式慈善募捐活动。虽然暂不纳入《条例》的调整范围，但如何做到既鼓励、支持其存在，又保证其健康、有序发展是一难题。尤其是如何防止其成为谋利活动，防止其扰乱慈善市场——挤压正常慈善募捐的活动空间，这是理论上和实践中有待研究解决的问题。

（五） 关于个人自救性募捐问题

社会上的老、弱、病、残等弱势群体，为求自身生存，在无法通过国家救济及社会保障系统解决自己治病、存活之需的情况下，只能采取自力向社会求助、求救。这类弱势人群除了通过单位、社区、慈善团体取得救助外，还有很多人直接在网络上发信息公开求助，还有的人甚至采取在大

---

① 民政部办公厅《关于慈善协会管理工作有关问题的复函》（民办函〔2007〕127 号）。

街乞讨方式向社会求助。2011 年报纸、网络广为传播的谢三秀广州跪行救女、桂林三壮男跪地求助救母等，都涉及了个人公开向社会求助、募捐问题，也反映出其中存在的一些弊端。谢三秀跪行救女事件①，就是由网络推手"金泉少侠"与救女心切的网上求助人谢三秀合作进行的募捐炒作，由"金泉少侠"饰演一位承诺谢三秀跪行一千米后捐赠两万元给其女儿治病却不守诺言的"广州富家公子"，利用无良的"广州富家公子"突出谢三秀跪行救女的苦况，吸引人们的关注、激起人们的愤怒，从而帮助谢三秀吸纳捐款。即使该事件的母亲募款的目的属实，但其炒作手段，却令许许多多的捐款者有善心被玩弄的感觉。至于桂林三壮男跪地求助救母②，则发生在桂林一商厦门口，三年轻男子跪地声称来自贫困山区，母亲患重病需筹钱动手术，并出示"医院检查报告单"和"住院病案"，引得不少市民围观并纷纷捐款，一小时不到就筹到几百元，但三男子不久被揭穿实为伪造病历诈骗。为避免个人募捐存在的混乱，有人建议应在《条例》中规定禁止个人募捐，转而通过大力发展慈善组织的社会募捐及慈善救助，解决个人生存求助问题。

我们认为，公民有为个人生存取得物质帮助权，不能禁止个人公开求助、募捐，因为《宪法》第 45 条规定："中华人民共和国公民在年老、疾病或者丧失劳动能力的情况下，有从国家和社会获得物质帮助的权利。"至于个人募捐中可能出现的诈骗问题，应该根据《治安管理处罚法》《刑法》，由相关行政部门、执法部门分别按不同情况处以行政处罚或刑罚。可见，不能因害怕诈骗发生便剥夺宪法赋予公民的获得物质帮助的权利。再者，个人自救性募捐，其目的是利己，不属于慈善募捐的利他，《条例》不应将其等同于慈善募捐进行限制。

考虑到个人处于年老、重病等情况时缺乏足够的自我求助能力，通常需要他人帮助向社会求助，故《条例》明确：个人为本人或直系亲属开展的自助性募捐活动，不适用本条例。

---

① 陆建銮：《"金泉少侠"登门道歉谢三秀愿退所有捐款》，http://gzdaily.dayoo.com/html/2011－03/27/content_1304177.htm，2011－03－27。

② 杨亚：《他们十字街跪地求助救母》，http://epaper.gui-linlife.com/glwb/html/2011－06/22/content_1341862.htm，2011－6－22。

五　信息公开

慈善信息公开不足是我国慈善事业发展的"瓶颈"。慈善信息的公开，主要有两个方面，一是慈善组织公布信息，即慈善组织主动对其运作情况、接收捐赠情况、开展慈善活动情况等信息公开；二是政府公开慈善相关信息。

（一）　关于政府及政府部门向社会和慈善组织公开慈善信息问题

需要由政府公开的慈善信息通常有两种。一种是现有法规规定由政府向社会公开的慈善组织情况的信息。主要有《社会团体登记管理条例》《民办非企业单位登记管理暂行条例》及《基金会管理条例》等规定的登记管理机关对登记信息等的相关公告，包括：①民办非企业单位成立、注销以及变更名称、住所、法定代表人或者负责人，由登记管理机关予以公告（第18条）。②社会团体成立、注销或者变更名称、住所、法定代表人，由登记管理机关予以公告（第26条）。③基金会、基金会分支机构、基金会代表机构以及境外基金会代表机构的设立、变更、注销登记，由登记管理机关向社会公告（第19条）。④基金会注销后的剩余财产无法按照章程规定处理的，由登记管理机关组织捐赠给与该基金会性质、宗旨相同的社会公益组织，并向社会公告（第33条）。⑤未经登记或者被撤销登记后以基金会、基金会分支机构、基金会代表机构或者境外基金会代表机构名义开展活动的，由登记管理机关予以取缔，没收非法财产并向社会公告（第40条）。由于慈善组织的上述登记信息等已在现行的三部法律法规中有明确规定，《条例》对此不另行规定。

另一种是政府向慈善组织提供慈善需求信息。现在，一般人关心的是涉及慈善组织运作透明度问题，很少人关注政府对慈善需求信息的公开。由于种种原因，政府及政府部门，各种国内媒体通常不太愿意披露、报道社会存在的问题，尤其不愿披露、报道"有损政府形象"的社会贫困、社会问题。在这种情况下，慈善组织要了解社会的慈善需求，只能靠自己或出资通过第三方开展社会调查。由于慈善组织的能力所限，它们开展社会调查、获取第一手资料往往不能如愿以偿。尤其是有的地方,有的政府部门为了追求政绩,往往掩盖矛盾和问题,粉饰太平,压制和限制慈善组织等进行社会调查,慈善组织更不容易获取慈善需求的真实数据和资料。

因此,我们在《条例》中规定了政府的信息公布责任:其一,"县级以上地方人民政府应当建立慈善事业发展信息统计制度,定期向社会公布慈善信息统计资料。政府有关部门进行慈善信息统计时,应收集本地区慈善求助需求资料并向社会公布,以方便慈善组织选择项目开展服务;慈善组织有权依据国家有关政务公开的法规规定向政府及政府有关部门索取有关慈善需求的资料和数据"。其二,各级民政部门应建立各级社会组织网站公布所管辖区域慈善信息统计资料,并指定所有慈善组织在该平台发布应公开的信息。各级社会组织网应及时更新及长期登载以下信息:各级人民政府统计机构和有关部门统计、收集的慈善信息资料、慈善救助需求资料;慈善组织名单、资料;慈善组织应定期公开的事项;慈善募捐情况等在慈善活动中依法应当公布的信息;税收政策宣传;政府对慈善活动的其他扶助和奖励信息;其他相关信息。

目前,广东省民间组织管理局已建立"广东省社会组织网",但由于缺乏专项经费,还不能发挥慈善信息平台的作用,《条例》出台后,只要落实运作资金,是完全可以发挥平台作用的。为避免仅由广东省社会组织网搜集信息力量不足,各级民政部门都将建立并利用本级社会组织网发布相关信息,这有利于保证慈善信息平台发布信息的数量、效率及可靠性。这是一个探索性的工作,是参考国外一些慈善信息服务做法而做出的立法设计,是否可行,尚待实践中检验。

(二) 关于慈善组织的信息公开责任问题

现行法律法规对慈善组织信息公开责任的规定很不完善,一者,没有信息公开的时间限制;二者,信息公开的内容缺乏具体规定;三者,没有规定信息公布的方式;四者,社会团体和民办非企业单位的信息公开责任过于简单,且完全缺乏处罚机制。《社会团体登记管理条例》及《民办非企业登记管理暂行条例》只规定了社会团体、民办非企业单位应当向业务主管单位报告接受、使用捐赠、资助的有关情况,并应当将有关情况以适当方式向社会公布（第21条、第29条）。《基金会管理条例》对基金会信息公开责任规定为：①公募基金会组织募捐，应当向社会公布募得资金后拟开展的公益活动和资金的详细使用计划（第25条）。②基金会开展公益资助项目，应当向社会公布所开展的公益资助项目种类以及申请、评审程序（第30条）。③基金会、境外基金会代表机构应当在通过登记管理机关的年度检查后，将年度工作报告在登记管理机关指定的媒体上公布，接受社会公众的查询、监督（第38条）。④基金会不履行信息公布义务或者公布虚假信息的，由登记管理机关给予警告、责令停止活动；情节严重的，可以撤销登记；登记管理机关应当提请税务机关责令补交违法行为存续期间所享受的税收减免（第42条）。

为解决上述问题，《条例》要求慈善组织既要长期公开机构的内部情况信息并及时更新，还要及时公开募捐活动中有关信息。

1. 慈善组织需长期公开的信息

《条例》明确了慈善组织须长期公开哪些信息、信息公布时间、信息公布方式及在年检报告中反映信息公布情况。其中，慈善组织需长期公开以下信息：（1）法定代表人、高级管理人员和慈善组织的基本情况；（2）专职工作人员、专业人员的名单；（3）财务状况，包括资产负债表、收入支出表、现金流量表；（4）资产状况，受赠财产的使用和管理情况，及筹款型慈善组织的慈善募捐情况；（5）实施慈善服务项目以及开展其他重大活动的情况和效果；（6）法律法规和章程规定的其他内容。信息的公布时间为："慈善组织应于每月5日前公布前款规定信息。慈善组织的年度工作报告、财务报告和审计报告应于每年3月31日前公布。"信息的公布方式为：慈善组织应当在自设网站或本级社会组织网站上公布上述信息，对公布的相关信息负责，捐赠人有权随时要求查询相关信息；慈善组织应当在其办公场所存放公布资料备查。《条例》规定慈善组织应当将信息公布的情况如实反映在年度工作报告中接受登记管理机关的监督检查。

2. 慈善募捐信息公开

加强对募捐信息公开的监管，是《条例》的重点之一。对此，我们参考了《湖南省募捐管理条例》的相关规定，拟规定慈善募捐主体开展募捐活动要进行三次公告。第一次是募捐前公告，慈善组织应事先制定募捐方案并在募捐前连同相关资料一齐公布。募捐方案内容包括：（1）开展募捐的目的、时间、地域；（2）募捐的方式；（3）募捐款物的数额及使用计划；（4）受助人或者资助项目名称、项目运作成本预算、项目完成时间及项目完成后的评估程序；（5）工作经费（含工作人员工资）提取预算；（6）募捐结果及募捐款物使用情况的公告方式。第二次公告是募捐情况公布：慈善募捐主体应当在慈善募捐时限届满后 30 日内公布募捐情况。公告内容是包括实际募捐的起止时间；募捐款物的种类及数量；捐赠人姓名或者名称（要求保密的除外）、捐赠款物种类、数量或者价值、捐赠时间。第三次公告针对募捐款物使用情况，慈善募捐主体在募捐方案确定的募捐款物使用期限届满后 30 日内，向社会公布：募捐款物收入总额；募捐款物支出情况；已完成的资助项目的资金使用情况、评审或评估情况；已投入资金但未完成的项目的进展情况。

3. 慈善信息公开的法律责任

2011 年 8 月，民政部制定的《公益慈善捐助信息披露指引（征求意见稿）》公开征求意见。对此有学者指出"没有问责，公益慈善组织不会有信息公开的压力"，再完善的信息披露指引也将成为"花瓶"。① 可见，《条例》不能忽视慈善组织信息公开的相关法律责任。我们拟在《条例》中对慈善组织及募捐主体设定以下违法处罚：（1）慈善组织不按照规定履行信息公布义务或者公布虚假信息的，以及提供虚假信息或者提供隐瞒重要事实的财务预算、决算报告的，由登记管理机关给予警告并责令其限期改正，可以限期停止活动；情节严重的，依法撤销登记；构成犯罪的，依法追究刑事责任。（2）慈善募捐主体在募捐活动中，不按照规定履行信息公布义务或者公布虚假信息的，由募捐地民政部门或登记管理机关责令改正，给予警告；并责令返还募捐的款物，不能返还的，交由其他慈善组织管理使用；情节严重的依法吊销慈善募捐证书并可撤销登记。

---

① 王亦君：《"花瓶规定"难以推动慈善信息公开》，http：//zqb. cyol. com/html/2011 - 09/04/nw. D110000zgqnb_ 20110904_ 1 - 03. htm，2011 - 9 - 4。

对于通过网络进行信息公开也存在不同意见。虽然慈善组织通过网站公开信息是比较经济、快捷、有效的公开方式（最近包括中国红十字会在内的很多公益慈善组织纷纷开设网站公布捐赠信息），然而也有慈善组织反映无资金自设网站；至于由政府部门设立的网站，人力不足，又难以承担监督信息真实发布的责任，有关部门担心因此影响政府监管的公信力。有人提出，慈善组织自律机构设立网站是较为合适的，问题是目前这种组织还需法律指引、政府引导其设立和发展。2010年7月8日上线的由全国三十多家基金会发起建立的"基金会中心网"就是一个很好的尝试，该网站上线时公开了全国1837家公私募基金会的基本信息、年度工作报告、财务信息、项目信息及项目执行机构等情况。无论如何，《条例》在设计上提供了由政府开设信息公布的网络平台，及由慈善联合组织承担网络平台构建责任，这也是一种良好的引导性规范。

六　关于政府对慈善事业发展的扶持、奖励和慈善文化建设问题

政府应当支持、鼓励慈善事业发展，这是毫无疑问的。所以江苏省出台的慈善事业地方法规名称是《江苏省慈善事业促进条例》。谁来"促进"，主要指的是政府。

（一）　关于捐赠财物用于慈善活动的税收及收费优惠问题

税费的优惠政策是政府对慈善事业扶持的重要部分。我国现行涉及鼓励慈善捐赠税收优惠的法规政策，主要体现在企业所得税优惠、个人所得税优惠和进口关税的减免三个方面。采取税收优惠的方式分为税收减免和税收扣除两种，其中，税收减免用于境外的公益捐赠活动，减免的对象是进口关税和进口环节的增值税。税收扣除用于中国公民、法人和其他组织的公益捐赠，扣除的对象是应纳税所得额。

现行涉及捐赠税收优惠法规政策主要包括九项。（1）1999年6月28日颁布的《公益事业捐赠法》对公益事业捐赠的税收优惠规定为：公司和

其他企业依照本法的规定捐赠财产用于公益事业，依照法律、行政法规的规定享受企业所得税方面的优惠；自然人和个体工商户依照本法的规定捐赠财产用于公益事业，依照法律、行政法规的规定享受个人所得税方面的优惠；境外向公益性社会团体和公益性非营利的事业单位捐赠的用于公益事业的物资，依照法律、行政法规的规定减征或者免征进口关税和进口环节的增值税；对于捐赠的工程项目，当地人民政府应当给予支持和优惠。（2）2008 年 1 月 1 日开始实施的《企业所得税法》第 9 条规定"企业发生的公益性捐赠支出，在年度利润总额 12% 以内的部分，准予在计算应纳税所得额时扣除"。（3）2011 年 9 月 1 日起施行的《个人所得税法》第 6 条规定：个人将其所得对教育事业和其他公益事业捐赠的部分，按照国务院有关规定从应纳税所得中扣除。（4）财政部、国家税务总局、民政部《关于公益性捐赠税前扣除有关问题的通知》（财税〔2008〕160号），明确了可获得公益税前扣除资格的基金会、慈善组织等公益性社会团体的条件要求等；《关于公益性捐赠税前扣除有关问题的补充通知》（财税〔2010〕45 号）对公益性捐赠税前扣除有关问题作出补充通知。（5）2009 年 11 月 11 日财政部、国家税务总局《关于非营利组织免税资格认定管理有关问题的通知》（财税〔2009〕123 号），明确了对非营利组织免税资格的认定管理。（6）2009 年 11 月 11 日财政部、国家税务总局《关于非营利组织企业所得税免税收入问题的通知》（财税〔2009〕122 号）界定了非营利组织的免税收入范围。（7）《关于救灾捐赠物资免征进口税收的暂行办法》（1998 年 6 月 29 日财政部、国务院关税税则委员会、国家税务总局、海关总署财税字〔1998〕98 号）对外国民间团体、企业、友好人士和华侨、香港居民和台湾、澳门同胞无偿向我境内受灾地区捐赠的直接用于救灾的物资，在合理数量范围内，免征进口关税和进口环节增值税、消费税；并规定了进口免税的区域及进口的救灾捐赠物资的范围。（8）2001 年 1 月 15 日财政部、国家税务局、海关总署发布了《扶贫、慈善性捐赠物资免征进口税收暂行办法》（财税字〔2000〕152 号）（9）中华人民共和国海关下发的《关于扶贫、慈善性捐赠物资免征进口税收暂行办法的实施办法》（2001 年 12 月 13 日海关总署令〔2001〕90 号）明确了《扶贫、慈善性捐赠物资免征进口税收暂行办法》所称的受赠慈善组织，是指国务院有关部门和各省、自治区、直辖市人民政府，以及从事人道救助和发展扶贫、慈善事业为宗旨的全国性的社会团体，包括中国红十字会总会、全国妇女联合会、中国残疾人联合会、中华慈善总会、中国初级卫生保健基金会和宋庆龄基金会。

我国实行全国统一的税收政策，省一级地方政府无权制定税收政策。如何在地方立法中既做到维护国家税收政策的统一性，又能在有关财税政策许可的空间、范围内有所作为，这是一个挑战和难题。在整个立法过程中，我们始终把捐赠财物用于慈善活动的税收优惠问题作为一项工作重点进行思考和研究。目前，《条例》设计了一些条款，试图对捐赠财产用于慈善活动的税收优惠问题做一些探索。考虑到地方性法规无法创设新的税收优惠，我们着重研究三个方面：一是，如何简化捐赠人办理税收优惠的程序、更好地落实国家对捐赠人税收抵扣的政策；二是，政府购买服务所得及拍卖捐赠物品所得能否免税；三是，能否免除政府收费。

其一，关于捐赠人的税收优惠及程序简化，《条例》曾拟定"公民、法人和其他组织捐赠财物用于慈善活动，按照法律、行政法规的规定享受优惠。税务部门应当优先办理慈善捐赠的涉税事项并简化办事程序，方便捐赠人办理有关减免税手续"。考虑到具体的税收优惠规范涉及多个法律、法规及政策规定，"公民、法人和其他组织捐赠财物用于慈善活动，按照法律、行政法规的规定享受优惠"这句话只是对捐赠人的税收优惠做原则性的规定，江苏、湖南等的地方立法中也有类似规定。对此条款，省地税部门的专家认为，对捐赠人适用的公益性捐赠税前扣除并不属于税收优惠范畴，建议改为更具体的规定："公民、法人和其他组织捐赠财物用于慈善活动，按照法律、法规的规定准予在计算所得税应纳税所得额时扣除。"我们认为：一是"优惠"的提法是广义上的，并非税务专业术语，故在《中华人民共和国公益事业捐赠法》及《救灾捐赠管理办法》中都有"优惠"的提法；二是不宜写得太具体，涉税事项以专门的国家税收政策为准，万一将来相关税收政策有其他优惠，会有局限性，故按照《公益事业捐赠法》的相关提法修改《条例》的上述条文为："公民、法人和其他组织捐赠财物用于慈善活动，按照国家规定享受所得税方面的税收优惠。"《条例》上述条文的后一句规定"税务部门应当优先办理慈善捐赠的涉税事项并简化办事程序，方便捐赠人办理有关减免税手续"，该规定在操作上虽然没有多大实质性意义，但出发点是促使税务部门给予办税便利。然而有地税部门的专家认为公益性捐赠税前扣除不属于减免税事项，纳税人无须专门到税务机关进行办理，建议删去此款规定。这就令人矛盾：捐赠人的税前扣除往往是滞后的，即款物捐出时，并不能立即办理税前扣除，而是款物捐出去很久了才能办理税前扣除（给捐赠人税前扣除部分），办理税前扣除的程序又十分烦琐，拖拉的时间又特别长。曾任民政部救灾司司长的王振耀先生在 2005 年接受人民网专访时，提及其就捐赠税收抵扣做的一个试验，很有说服力。王振耀在其仍任职民政部司长时，通过中华慈善总会为慈善事业捐款 500 元，按照规定可以享受税收抵扣款 50 元整，但是为了拿回这 50 元税款，王先生通过财务，办理了足足 10 道手续，历时两个月。王振耀感叹道：我是一个负责全国捐赠事务的司长，办理这些手续还用了这么长时间，社会上一般的百姓又会怎样呢？我怀疑是不是要用一年时间，甚至根本就没法执行?![①] 但是广东省地税部门的专家又告诉我们"纳税人无须到税务机关进行办理"，那么税务机关如何才能保证捐赠人在捐出财物时及时享受税前扣除政策？与此同时，我们了解到深圳和重庆为方便普通人办理捐赠退税，在推动简化慈善捐赠税收优惠的办理办法这方面做出的一些努力，很值得我们在立法中参考。深圳市在 2010 年 2 月9 日提出，于年内推出慈善捐赠税收优惠办理操作办法，拟通过使用捐赠收据直接扣抵所得税，避免捐赠之后办理退税；初步拟定的具体办法是：变退税为税前抵扣，即个人或者企业拿捐赠收据至本单位财务部门，由财务部门计算捐赠方所得税扣额，税务部门据此在扣缴申报或个人自行申报时，对捐赠方允许税前扣除。[②] 重庆市依据财政部、国家税务总局出台的捐赠税前扣除政策，规定有资质的公益性社会团体和基金会，要取得捐赠税前扣除资格，只须向重庆市民政局申报，由民政局审核后再送财政局、国税局、地税局统一确认。捐赠票据也只需带着相关证明到民政局去领取

---

① 《人民视点：专访民政部王振耀司长解读慈善纲要》，http://opinion.people.com.cn/GB/1034/3887032.html，2005 - 11 - 24。

② 郑远长：《慈善事业稳步发展——2010 年中国慈善事业发展分析》，杨团主编《中国慈善发展报告》（2011），社会科学文献出版社，2011，第 6 页。

即可，民政局再向财政局统一领取、核销。重庆还就退税流程出台办法规定，个人所得税由扣缴义务人（支付个人收入的单位或个人）代扣代缴的，个人进行公益救济性捐赠后，应在当期向扣缴义务人提供捐赠票据原件及复印件，扣缴义务人按税收相关政府规定计算捐赠者允许个人所得税税前扣除的捐赠额，向主管税务机关申报扣除。自行申报个人所得税的纳税人发生公益救济性捐赠后，应在当期按照税收相关政策规定计算个人捐赠允许税前扣除的捐赠额，向主管税务机关申报扣除。根据以上两地的做法，或许建议政府有关部门就此制定细化的简化捐赠税收流程的办法会更为实际，我们将进一步与政府有关部门进行研究探讨简化捐赠税收流程、落实捐赠税收优惠政策的可行性。

其二，规定"慈善组织按照国家规定享受税收优惠……慈善组织的收入应当享受相应的税收优惠：（1）非营利性收入按照国家规定免税；（2）政府购买服务所得免税；（3）依法拍卖捐赠物品（含其他非货币财产）的收入免税"。

对此也有两种意见。一是有关部门认为，这些想法愿望是好的，但于法无据。所谓于法无据，指的是这三项免税政策，国家税务总局尚未出台政策，采取的是由中央、国务院及有关部门"一事一议"的个案处理方式来处理，例如，汶川地震救灾等大型自然灾害才能开口子免税。另一种意见认为，作为地方立法，于情于理是可以有所突破的。既然是于法无据，但法律、行政法规又未明确禁止，为什么不可以有所突破呢？再者，国家税法等法规并无规定慈善组织取得的政府购买服务所得和依法拍卖捐赠物品（含其他非货币财产）的收入为营利性收入；于情于理，这两类收入应属于慈善组织的非营利性收入。而根据国家税法规定，被认定为非营利性组织的非营利性收入可取得免税。据此，我们拟按第二种意见将《条例》原文修改为："慈善组织按照国家规定享受税收优惠。慈善组织获得的政府购买服务所得及拍卖捐赠物品（含其他非货币财产）收入免税。"

其三，《条例》希望在免除政府收费方面有所突破，拟作出规定："政府对利用慈善捐赠建设的救助项目、开展的救助活动，除国家规定收取的费用外，按慈善捐赠额所占相关项目或活动的比例，减免地方政府收取的费用。"减免政府收费是给予慈善事业实际扶持的一个途径，然而因为政府收费中既有国家规定收费，也有地方政府收费，地方性法规无权减免国家规定收费，只能减免地方政府收取的费用。

（二） 关于政府对慈善事业发展的扶持、 奖励

政府对慈善事业的扶持，除了税收方面的政策外，我们目前在三个方面有所努力。

在表彰激励制度的建立方面：一是地方各级人民政府应对慈善活动发展有突出贡献或社会影响较大的公民、法人和其他组织予以表彰，并设立专门奖项表彰慈善组织及其工作人员；二是广东省人民政府设立"广东慈善奖"，每两年表彰一次；三是捐赠人对于其捐赠的慈善项目可以留名纪念；四是政府评定各种荣誉称号、奖项时，应优先评选在慈善活动中做出较大贡献的公民、法人和其他组织。

在政府资助方面，一般采取政府购买服务方式给予资助，并以公开招标方式鼓励慈善组织公平竞争、优存劣汰。

在政府信息公开方面，首先，政府对救助需求信息进行搜集和公开，并规定各级民政部门应建立社会组织网站作为信息平台进行长期的信息公开，方便慈善组织确定救助项目，便利社会各界参与慈善活动；其次，通过新闻出版、电信、广播影视等部门及其他文化宣传单位进行慈善宣传，为慈善组织公开信息提供便利或优惠。

（三） 关于慈善文化建设问题

慈善文化建设是否写进《条例》，存在不同意见。有人主张不写，因为慈善文化建设包括的内容十分广泛，如果写也只怕会挂一漏万；而且慈善文化的建设是一个漫长、持续、不能用法规强制性规范的过程。也有人认为，慈善文化建设十分重要，如果没有浓厚的慈善文化，慈善事业是不可能健康快速发展的；尽管慈善文化建设包罗万象，但通过地方立法正面规定一些慈善文化建设的措施，是有益的、必要的。《条例》拟采纳后一种意见，设一章专讲慈善文化建设，条文的核心是要求地方政府、国家机关及其他组织、文化宣传单位、教育机构积极进行引导、宣传和教育，并设立"扶贫济困日"进行全省范围的慈善文化宣传，从而在全社会倡导正

确的慈善观，使慈善意识和社会责任深入民心。

我们认为，慈善文化建设严格意义上讲是不宜放在地方法规中做出硬性规定的。因此，我们所拟定的相关条文都是软性的规定，是一种宣传性、号召性规定。但慈善文化建设又十分重要，没有慈善文化，制定多少个地方法规也无济于事。《条例》中对慈善文化设定专章，正是为促使社会各界极大地关注慈善文化研究，推动政府和全社会共同投身于慈善文化建设，营造"人人慈善"的社会氛围，为实施好《条例》，推动慈善事业又好又快发展做出贡献。慈善文化涉及意识形态、宗教制度、政治、经济和社会制度，涉及人权观和人权事业的发展，涉及社会的方方面面。我们必须研究如何总结、传承我国优秀慈善文化；必须研究、学习借鉴中国港、澳、台地区和国外慈善文化建设经验；必须研究如何破解抑制慈善文化建设的意识形态、文化、政治、经济、社会等体制、机制的有效理论和方法。这是我们这一代和今后若干代人艰巨而复杂的任务。万里之行，始于足下，作为国民我们应当有所行动。

结　语

中国的慈善事业仍处于起步阶段，公民慈善意识需要不断培养，慈善组织队伍需要不断培育壮大，慈善立法刻不容缓。直至本文完稿，《广东省慈善事业条例》草案已在广东省民政厅厅务会议上讨论一次，会议对其他方面没有分歧，但社会组织管理局仍坚持不降低慈善公募准入条件（担心管不过来），即除公募基金会外，不设定社团、私募基金会符合条件时成为有权公募的筹款型公募慈善组织；我们则坚持放开，目前尚无定论。慈善立法需要我们解决和面对的问题有很多，本文整理归纳的广东省立法中遇到的困惑或许无法在目前获得完满的解决，仅希望我们的立法研究工作对立法者做出相关判断有所帮助，并对推动慈善立法有所助益。

参考文献

[1] 王振耀：《社会福利与慈善事业》，中国社会出版社，2009。

［2］郑远长：《慈善事业稳步发展——2010 年中国慈善事业发展分析》，杨团主编《中国慈善发展报告（2011）》，社会科学文献出版社，2011。

［3］朱卫国：《慈善组织法律规则的现状与立法展望》，杨团主编《中国慈善发展报告（2011）》，社会科学文献出版社，2011。

［4］王名、贾西津：《中国非营利组织：定义、发展与政策建议》［EB/OL］. http：//www. lwlib. com/html/shehuilunwen/qitashehuixuelunw/2009/1108/138363 ＿ 2. html，2009 － 11 － 08。

［5］王劲颖：《美国基金会发展现状及管理制度的考察与借鉴》［EB/OL］. http：//www. chinareform. org. cn/society/organise/Experience/201104/t20110425 ＿ 107483 ＿ 2. htm，2011 － 04 － 25。

［6］金锦萍：《论非营利法人从事商事活动的现实及其特殊规则》［EB/OL］. http：//www. ccelaws. com/shangshifaxue/2009 － 12 － 09/8639. html，2009 － 12 － 9。

［7］方海洲：《略论对慈善资金的审计监督》［EB/OL］. http：//www. scf. org. cn/csjjh/node4/node23/node2406/node2453/u1a10685. html，2010 － 7 － 30。

［8］张建华，郑天虹：《网络募捐遭遇"信任危机"网络公益发展困局待解》［EB/OL］. http：//news. xinhuanet. com/2011 － 05/21/c＿ 121442143. htm，2011 － 5 － 21。

［9］杨团主编《中国慈善发展报告（2011）》，社会科学文献出版社，2011。

［10］陆建銮：《"金泉少侠"登门道歉谢三秀愿退所有捐款》［EB/OL］. http：//gzdaily. dayoo. com/html/2011 － 03/27/content＿ 1304177. htm，2011 － 03 － 27。

［11］杨亚：《他们十字街跪地求助救母》［EB/OL］. http：//epaper. gui-linlife. com/glwb/html/2011 － 06/22/content＿ 1341862. htm，2011 － 6 － 22。

［12］王亦君：《"花瓶规定"难以推动慈善信息公开》［EB/OL］. http：//zqb. cyol. com/html/2011 － 09/04/nw. D110000zgqnb＿ 20110904＿ 1 － 03. htm，2011 － 9 － 4。

［13］黄维：《人民视点：专访民政部王振耀司长解读慈善纲要》［EB/OL］. http：//opinion. people. com. cn/GB/1034/3887032. html，2005 － 11 － 24。

图书在版编目(CIP)数据

以法促善：中国慈善立法现状、挑战及路径选择 /
王振耀主编 . —北京：社会科学文献出版社，2014.9
ISBN 978 - 7 - 5097 - 6386 - 5

Ⅰ.①以… Ⅱ.①王… Ⅲ.①慈善事业 - 立法 - 研究 -
中国 Ⅳ.①D922.182.04

中国版本图书馆 CIP 数据核字(2014)第 193797 号

以法促善

——中国慈善立法现状、挑战及路径选择

主　　编 / 王振耀
副 主 编 / 章高荣

出 版 人 / 谢寿光
项目统筹 / 吴　超
责任编辑 / 刘　丹

出　　版 / 社会科学文献出版社·人文分社 (010) 59367215
　　　　　　地址：北京市北三环中路甲 29 号院华龙大厦　邮编：100029
　　　　　　网址：www. ssap. com. cn
发　　行 / 市场营销中心 (010) 59367081　59367090
　　　　　　读者服务中心 (010) 59367028
印　　装 / 三河市尚艺印装有限公司

规　　格 / 开 本：787mm × 1092mm　1/16
　　　　　　印 张：21.5　字 数：342 千字
版　　次 / 2014 年 9 月第 1 版　2014 年 9 月第 1 次印刷
书　　号 / ISBN 978 - 7 - 5097 - 6386 - 5
定　　价 / 79.00 元